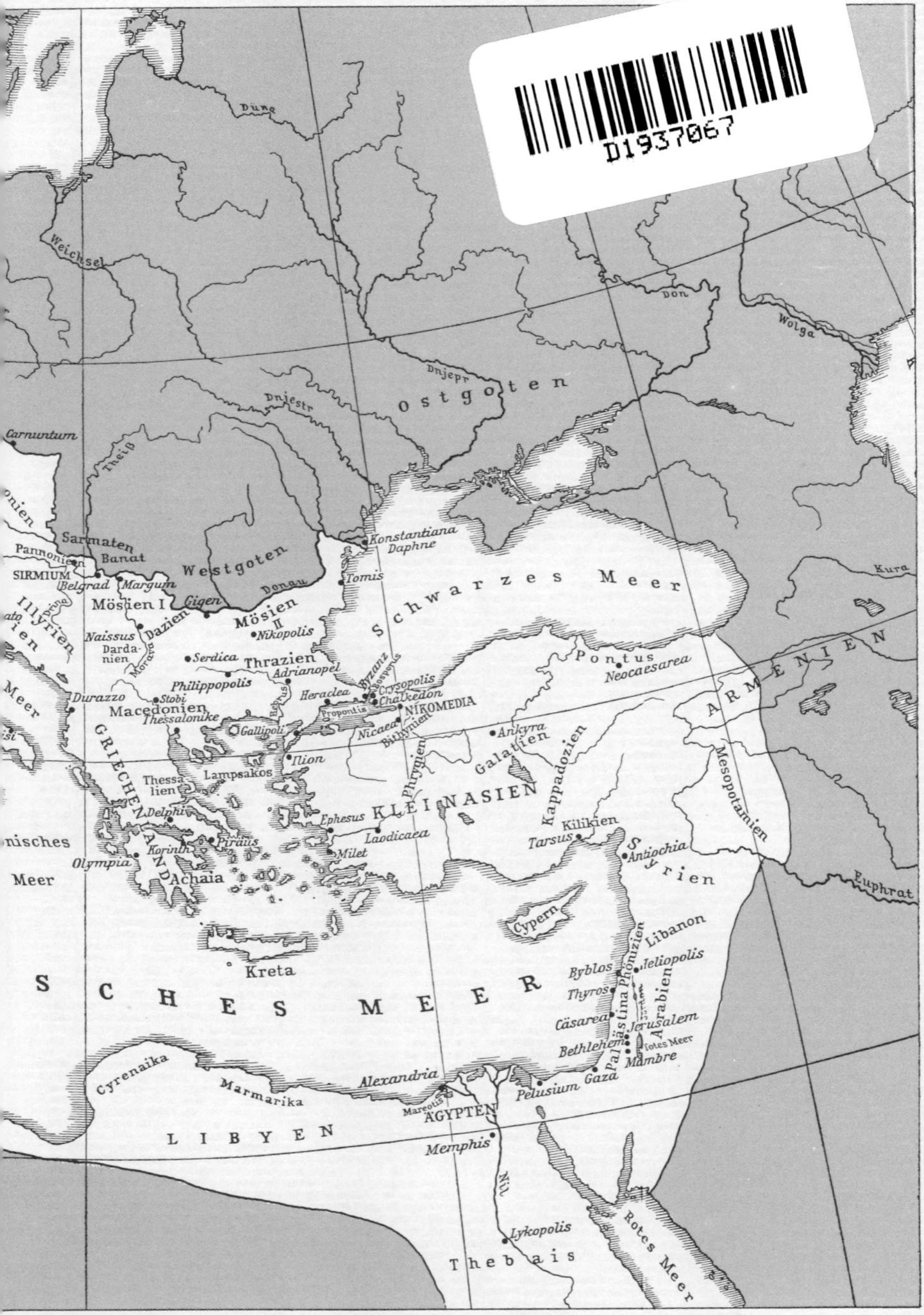

Düna
Weichsel
Dnjepr
Dnjestr
Ostgoten
Don
Wolga
Carnuntum
Theiß
Sarmaten
Banat
Pannonien
SIRMIUM
Belgrad
Margum
Westgoten
Donau
Gigen
Konstantiana
Daphne
Tomis
Schwarzes Meer
Kura
Illyrien
Mösien I
Mösien II
Nikopolis
Naissus
Dazien
Dardanien
Serdica
Thrazien
Adrianopel
Philippopolis
Byzanz
Bosporus
Crysopolis
Chalkedon
Heraclea
Propontis
NIKOMEDIA
Nicaea
Bithynien
Durazzo
Stobi
Macedonien
Thessalonike
Gallipoli
GRIECHENLAND
Ilion
Lampsakos
Thessalien
Delphi
Piräus
Korinth
Olympia
Achaia
Ephesus
Laodicaea
Milet
KLEINASIEN
Phrygien
Ankyra
Galatien
Kappadozien
Pontus
Neocaesarea
ARMENIEN
Mesopotamien
Kilikien
Tarsus
Antiochia
Syrien
Euphrat
Cypern
Libanon
Phönizien
Heliopolis
Byblos
Thyros
Arabien
Cäsarea
Palästina
Jerusalem
Bethlehem
Totes Meer
Mambre
Gaza
Pelusium
Kreta
Meer
Alexandria
Mareotis
ÄGYPTEN
Memphis
Nil
Lykopolis
Thebais
Rotes Meer
Cyrenaika
Marmarika
LIBYEN

Eberhard Horst
Konstantin der Große

Eberhard Horst

Konstantin der Große

Eine Biographie

Claassen

Gedruckt auf säurefreiem Papier

Die Deutsche Bibliothek – CIP-Einheitsaufnahme

Horst, Eberhard:
Konstantin der Große : eine Biographie / Eberhard Horst. -
Hildesheim: Claassen, 1993
(Claassen extra)
ISBN 3-546-00067-6

Claassen extra

Umschlagmotiv: Enrico Pellegrino
Satz: Dörlemann-Satz, Lemförde
Gesetzt aus der Times der Fa. Hell
Papier: Steinbeis-Temming, Glückstadt
Druck und Bindung: Ebner, Ulm
Printed in Germany
ISBN: 3-546-00067-6

Im Gedenken an Abbé Franz Stock
meinen Chartrenser Freunden gewidmet

Die römische Welt war reif dafür, christlich zu werden, und Konstantin kam dem Gebot der Stunde nach, weil er sich als Christen glaubte. Heinrich Kraft

Es gibt in der Geschichte kaum eine zweite Persönlichkeit, deren Ausstrahlungskraft so ungebrochen über siebzehn Jahrhunderte reicht. Rudolf Hernegger

Inhaltsverzeichnis

Einleitung

1 Die Tetrarchen von Venedig

An der Außenecke der Schatzkammer von San Marco, links neben dem Eingang zum Dogenpalast, der Porta della Carta, steht eine porphyrene Figurengruppe, die von jeher – seit ich zum erstenmal nach Venedig kam – meine Neugier geweckt hat. Es sind zwei Paare kriegerisch gerüsteter Männer, dreiviertel lebensgroß. Mich bewegte die Gestik und der Ausdruck der Männer und das Rätsel ihrer Herkunft. In gleicher Haltung, die rechte Hand schwer auf die Schulter des Partners gelegt, ohne ihn anzusehen, umarmen die Paare einander, und jeder der Vier umspannt mit der Linken kraftvoll den raubvogelköpfigen Schwertgriff.

War es der dunkelrote Porphyr oder die stumpfe, fremdländische Physiognomie der Figuren, daß der Volksglaube sie *mori* nannte, maurische Krieger, versteinert beim Versuch, den Schatz von San Marco zu rauben? Doch aus Porphyr wurden Götter- und Kaiserbildnisse geschlagen. Eines ist gewiß: Die beiden Paare wurden aus mächtigen Porphyrsäulen herausgebrochen und gelangten als venezianisches Beutegut im dreizehnten Jahrhundert in die Lagunenstadt. Mit ihnen wie mit zahlreichen anderen erbeuteten, kirchenfremden Kunstwerken schmückten die Venezianer die Außenfront der Basilika.

Stilvergleiche und Kleidung verweisen auf eine spätantike Entstehungszeit im beginnenden vierten Jahrhundert. So lag die Vermutung nahe, daß die vier gleichgewandeten, gleichrangig ausgestatteten Männer jene Tetrarchen darstellen, die Vierkaiser, die zwischen 293 und 305 sich in die Herrschaft über das großrömische Imperium teilten; neben Diokletian waren das die Mitkaiser Maximianus, Galerius und Constantius Chlorus. Demnach könnte einer der porphyrenen Tetrarchen Constantius Chlorus sein, der Vater Konstantins, wenn die Skulpturen in der Jugendzeit Konstantins geschaffen worden wären.

Der Oberkaiser Diokletian residierte in Nikomedia (dem heutigen Izmit, jenseits des Bosporus am Marmarameer), und er hätte für das Denkmal der von ihm eingerichteten Tetrarchie keinen anderen Platz als die Hauptstadt gewählt.

Der junge Konstantin hat zeitweise am Hof in Nikomedia gelebt und hätte so das zweigeteilte Denkmal vor Augen gehabt. Es war - wie üblich - eine Auftragsarbeit, die dem Betrachter eine kaum verborgene Spannung mitteilt: einmal die doppelte zeremoniöse Umarmung, das Zeichen der Einheit oder Zusammengehörigkeit; dann das Gerüstetsein, die trotzige oder auch mißtrauische Selbstbehauptung jedes einzelnen, offenbar bedacht auf das Gleichgewicht innerhalb der Viererherrschaft.

Ein überraschender Fund bei Ausgrabungen Mitte der sechziger Jahre in Istanbul klärte das Rätsel um die Herkunft der Porphyrgruppe auf. Im Schutt vor einem antiken Rundbau beim Myrelaion (Bodrum Camii) entdeckten die Archäologen ein dreißig Zentimeter großes Stück, das am Sockel und am linken Fuß der rechten Figur fehlte. Gewißheit besteht nun, daß die Porphyrgruppe zuletzt in Konstantinopel stand und nach der Eroberung durch die Venezianer im Jahre 1204 oder wenig später geraubt wurde.

Der ursprüngliche Standort kann nicht weit von der Fundstelle entfernt sein. Als gesichert gilt ein Platz, den Konstantin nach der Gründung Konstantinopels zwischen 330 und seinem Todesjahr 337 mit Säulen und Statuen schmücken ließ. Die später entstandene Volksüberlieferung nannte den Platz oder das Platzviertel Philadelphion und bezog den Namen - Bruderliebe - auf ein Statuenpaar, das zwei sich umarmende Söhne Konstantins darstellte.

Im Jahre 335 verfügte Konstantin die Vierteilung seines Imperiums, ähnlich wie ein Menschenalter vor ihm der Augustus Diokletian. Jedem der drei Söhne Konstantins, dazu seinem Halbneffen Dalmatius wurden klar umgrenzte Reichsgebiete zugewiesen. Zwei Jahre später, nach dem Tod Konstantins, zerbrach die Viererharmonie, falls sie je bestanden hat. Folglich könnte die venezianische Porphyrgruppe, wenn die vier Männer Konstantins Söhne mit Dalmatius darstellen sollten, allenfalls in den Jahren 335/336 entstanden sein. Aber zu diesem Zeitpunkt war der jüngste Sohn, Constans, zwölf Jahre alt, und die Bildnisse jener Zeit, Porträtbüsten, Medaillons, Münzprägungen, unterscheiden sehr genau die Altersstufen des jeweils Dargestellten. Die Porphyrpaare zeigen erwachsene, reife Männer, ein jüngeres und ein älteres Paar.

Rätselhaft bliebe auch, auf die Söhne bezogen, die paarweise Gruppierung. Sie wiederum verweist eher auf Diokletians Tetrarchie, nachdem ihr die beiden älteren *Augusti* Diokletian und Maximianus und die beiden jüngeren *Caesares* Galerius und Constantius Chlorus angehörten.

Das gefundene Bruchstück weist auf den letzten Aufstellungsort in Konstantinopel, widerspricht aber nicht einer früheren Entstehung des Bildwerks am Anfang des vierten Jahrhunderts. Dreißig Jahre danach ließ Konstantin zur Ausschmückung seiner neuen Hauptstadt am Bosporus aus zahlreichen Städten des Reichs Kunstwerke, Säulen, Statuen, selbst Götterbildnisse herbeischaffen. Zumindest nicht auszuschließen ist die Vermutung, Konstantin habe die Porphyrpaare aus Nikomedia herüberholen lassen, das ihm vertraute Denkmal der Tetrarchie, zumal sein von ihm verehrter Vater, Constantius Chlorus, einer der Tetrarchen war.

Der mehrere Jahrhunderte später aufgekommene Platzname Philadelphion kann aus Unkenntnis über die ursprüngliche Herkunft der Porphyrpaare entstanden sein. Schon der zeitgenössische Biograph Konstantins, Eusebius von Caesarea, gab einem Wunschdenken Auftrieb, indem er schrieb: »Der dreimalselige Kaiser wurde in der Nachfolge seiner Söhne vervielfältigt, so daß er auch mitsamt seinen Söhnen bei allen Völkern durch die Errichtung von Standbildern verehrt wird.« In Wirklichkeit scheiterte unmittelbar nach dem Tod Konstantins die von ihm bestimmte Vierernachfolge. Dalmatius wurde ermordet. Von den verbleibenden drei Söhnen Konstantins fiel einer im Bruderkampf.

Wie immer der Name Philadelphion entstanden ist, auf jeden Fall bestätigt das in der Nähe gefundene Bruchstück die Beziehung Konstantins zu den Porphyrpaaren. Er ließ sie nach der Gründung seiner Hauptstadt, der er seinen Namen gab, herbeischaffen und aufstellen. Ich nenne sie die Tetrarchen, weil mir keine andere Zuweisung einleuchtender wäre.

Was mir Anlaß gab, so nachdrücklich auf die venezianischen Porphyrpaare aufmerksam zu machen, hat folgenden Grund: Kunstwerke heben aus dem Fluß des Zufälligen, aus den vielen, verstreut aufgefangenen Eindrücken den einen bleibenden Ausdruck hervor. Es gibt kein besseres, kein sprechenderes Bilddokument jener Zeit, in der Konstantin aufwuchs und die ihn geprägt hat, als die porphyrenen Tetrarchen. Vor allem dadurch, weil der Bildhauer in der Komposition das Verhältnis der Vierkaiser zueinander vergegenwärtigt: Umarmung und schroffe, mißtrauische Machtbehauptung.

Unter den bis zu den Waden herabfallenden Schultermänteln tragen die Tetrarchen den kaiserlichen Kriegspanzer. Die langen Schwerter halten sie fest umgriffen. Es stand nicht gut um das Römische Reich. Feindliche Einbrüche an der Rheingrenze, der Donaugrenze, in Kleinasien und Syrien sorgten für einen permanenten Kriegszustand. Im Inneren, politisch, wirtschaftlich, im religiösen Leben verstärkte sich die Krisensituation, und auch die Sorge der Herrschenden um die Erhaltung der persönlichen Macht nahm zu.

Die Stirnen der runden, kräftigen Köpfe, bärtig jeweils der linke, sind von Sorgenfalten gefurcht. Es sind rauhe, starknackige Gestalten, unbeholfen in der menschlichen Zuneigung, stärker geprägt durch äußere, körperliche Strapazen als durch geistige oder gar feinsinnige Beschäftigung. Sie verkörpern den Typus des Soldatenkaisers, der nicht mehr aus dem römischen Senatsadel, sondern aus dem Kriegsdienst hervorgegangen ist, der nicht mehr gewählt, sondern von der eigenen Truppe ausgerufen wurde.

Auch Konstantin wurde fern von Rom und Nikomedia, in Britannien, von seinen Soldaten zum Kaiser ausgerufen, gegen den Willen Diokletians, gegen die herrschende Machtkonstellation. Die Gunst des Augenblicks und kluges Taktieren brachten ihm bald die rechtliche Anerkennung. Aber es wird oft vergessen, daß sein erster Griff zur Macht einer Usurpation gleichkam.

Über die frühen Lebensjahre während der ersten Tetrarchie weiß man wenig. Erst ab 312, von seinem siebenundzwanzigsten Lebensjahr an, gibt es »Selbstzeugnisse« von Konstantin, seine Briefe, Erlasse, seine im Sammelwerk des *Codex Theodosianus* überlieferten Gesetze. Porträtbildnisse, Statuen und Bildwerke ergänzen die schriftliche Überlieferung, vermitteln Eigenschaften des Kaisers, seine Vorliebe für Schmuck und herrscherlichen Pomp, sein ausgeprägtes Selbstbewußtsein und Sich-in-Szene-Setzen. Sein »Talent für Regie« nennt Richard Delbrueck »genial«. Die datierbaren Münzen zeigen im Porträt nicht nur die Lebensphasen Konstantins. Die Zugabe bestimmter Symbole und Attribute läßt die Entwicklung des religiösen Selbstbekenntnisses erkennen.

Nach Diokletian und der durch ihn eingeleiteten Christenverfolgung war Konstantins Hinwendung zum Christentum ein ungeheuerlicher Vorgang, beispiellos in der römischen Geschichte. Denn er blieb bis zuletzt, bis zu seinem Tode, Pontifex maximus, Vorsteher des römischen Priesterkollegiums, trotz seiner Abkehr von der Staatsreligion und seiner Taufe auf dem Sterbelager. Schon die antike Geschichtsschreibung ist von dieser Problematik gefärbt. Für die Christen war er der rechtschaffene und »gottgeliebte Kaiser«, für die Verteidiger des altrömischen Glaubens wie Zosimos oder Julian Apostata war er der »Gotteslästerer«, der sich »von den heiligen Gebräuchen lossagte«. Für die einen war er der Großmütige und Spendenfreudige, den anderen galt er als ein der Genußsucht und Verschwendung Verfallener und wurde darum von ihnen als *pupillus,* eines Vormunds bedürftig, verspottet.

Der Bischof Eusebius von Caesarea, der noch zu Lebzeiten Konstantins die erste Kirchengeschichte und später die erste, wenn auch nicht lückenlose Lebensgeschichte Konstantins verfaßte, war dem Kaiser eng verbunden. Jacob Burckhardt nannte ihn den »widerlichsten aller Lobredner« und seine Berichte »verächtliche Erfindungen«. Die neuere Forschung hat Burckhardts radikaler Aburteilung widersprochen und die Glaubwürdigkeit des Eusebius, soweit nachprüfbar, gesichert. Vor allem konnte die Echtheit zahlreicher von Eusebius zitierter Briefe und Dokumente weithin nachgewiesen werden. So kann ihm eine »absichtliche Entstellung der Tatsachen nicht zur Last gelegt werden«.

Es läßt sich leicht sagen, Eusebius habe die Schwächen des Kaisers verschwiegen und dessen Verdienste übertrieben. Verständlich wird seine Absicht aus der neuen und eben durch Konstantin herbeigeführten Situation der Christenkirche. Eusebius vermittelt »kein idealisiertes, sondern ein ideales Porträt« des Kaisers, an dessen »gottgefälligen Taten«, zumal auf die Kirche bezogen, das Handeln Gottes erkennbar werden soll oder, anders gesagt, die Erfüllung biblischer Verheißung. Nur unter dieser »kirchlich-theologisch orientierten« Voraussetzung bleibt das Zeugnis des Eusebius glaubwürdig. Und in dieser von ihm selbst betonten Eingrenzung haben sich die mitgeteilten historischen Fakten und überlieferten Dokumente als zuverlässig erwiesen.

Dieses gilt nicht weniger für einen zweiten wichtigen Zeitgenossen, den von Jacob Burckhardt zu voreilig als »Liebhaber dramatischer Fiktionen« geschmähten Laktanz. Konstantin hatte den ehemaligen, zum Christentum übergetretenen Rhetor Laktanz um 317 nach Trier geholt als Erzieher des wohl zwölfjährigen Kaisersohnes Crispus. Kurz danach verfaßte Laktanz seine Schrift *Von den Todesarten der Verfolger*, in der er das Gottesgericht an den Christenverfolgern nachzuweisen sucht. Laktanz, wie Eusebius, spricht aus, was in der jungen Kirche gedacht wurde. Beide Autoren sind »Wortträger der kollektiven Stimme der Kirche«. In den schrecklichen, dann jäh zum Guten umgeschlagenen Ereignissen jener Jahre erkannte die Kirche »in besonderem Maße das Eingreifen Gottes selber zur Bewahrung seiner Gemeinde«. Aus solchem Glauben lag es nahe, in Konstantin das »Werkzeug Gottes« zu sehen.

Schon bei Eusebius und Laktanz überdeckte die religiöse, »kirchlich-theologisch orientierte« Bedeutung das menschliche Bild Konstantins und sein Handeln in anderen Bereichen. Diese zentrale, aber auch einengende und darum zur Legendenbildung verführende Thematik setzte sich in nahezu der gesamten umfangreichen Konstantinliteratur und -forschung fort. Bis in die Gegenwart steht die Frage nach der Religiosität, nach der (umstrittenen) Bekehrung Konstantins im Vordergrund, ergänzt durch die weitreichende Problematik des durch Konstantin eingeleiteten religiösen Umschwungs.

Es ging nicht nur um Tolerierung und Anerkennung der eben noch verfolgten Christenkirche, sondern um ihre Institutionalisierung und um ihre Einbettung in das Staatsgefüge, um das Bündnis von Staat und Kirche, dessen Folgeerscheinungen über das Mittelalter bis in die Neuzeit reichen.

Was unter Konstantin begann, prägte maßgebend die Kirche als religiöse Institution und über ihr Verhältnis zum Staat die abendländische Geschichte bis ins zwanzigste Jahrhundert. Zutreffend ist die Bemerkung von Rudolf Hernegger: »Es gibt in der Geschichte kaum eine zweite Persönlichkeit, deren Ausstrahlungskraft so ungebrochen über siebzehn Jahrhunderte reicht.«

Allerdings wird man hinzufügen müssen, daß ein Prozeß in Gang gekommen ist, der »zwischen dem institutionalisierten Christentum und der auf ihr Eigensein bedachten Welt« eine schwerlich überbrückbare Kluft aufbrechen ließ. So offen und unabsehbar die Zukunft einer sich verändernden Welt sein mag, eine Fortsetzung der durch Konstantin begründeten christlich-kirchlichen Welt- und Staatsübereinkunft kann es schon darum nicht geben, weil die Kraft des Faktischen eine Neubesinnung auf die christlichen Glaubensinhalte erzwingt. Wenn heute vom Ende des Konstantinischen Zeitalters gesprochen wird, so gewinnt der Rückblick auf die Anfänge entscheidende Bedeutung zur Klärung des geschichtlichen Verständnisses.

Im Rahmen einer Biographie kann diese aktuelle Thematik nur angesprochen werden, soweit sie die Person Konstantins einbezieht. Überhaupt soll der Versuch unternommen werden, den unter der Last religionspolitischer Fragestellungen vielfach verdeckten oder vernachlässigten Menschen Konstantin stärker, greifbarer und begreifbarer herauszustellen, die Beweggründe seines persönlichen Handelns. Ein Versuch der Annäherung, darauf angelegt, die Züge im Bild des Menschen und Kaisers Konstantin, Farben und Schattierungen sichtbar zu machen, befreit von den Übermalungen der Jahrhunderte.

Die Wahrheit der Geschichte, gebündelt aus historischer Bedingtheit und menschlichem Verhalten: ist sie überhaupt rekonstruierbar? Wie verhält es sich mit einer herausgenommenen geschichtlichen Person, geprägt von variablen Zufälligkeiten, deren Prägewerte umstritten sind und die, schon auf die Person bezogen, unterschiedlich einwirken, nach Herkunft, angeborenen Eigenschaften, familiärem und heimatlichem Milieu, nach sozialen, zeitgebundenen und historischen Umständen? Läßt sich ein solches Kompositum, das wir Persönlichkeit nennen, überhaupt in restloser Stimmigkeit und Wahrhaftigkeit darstellen?

Konstantin war ein Sohn seiner Zeit, abhängig von den geschichtlichen Bezügen und Bedingtheiten. Ohne Zweifel wußte er »die geschichtliche Entwicklung in seinem Sinne auszunützen«. Seine historische Größe, die selbst sein unerbittlicher Kritiker Jacob Burckhardt anerkennt, zeigte sich darin, daß er die »Kräfte seiner Zeit erkannte« und eine Entscheidung traf, die den Umbruch, eine lautlose Revolution bewirkte.

Aber er wäre nicht denkbar ohne die vorgegebenen »geschichtlichen Kräftefelder«, ohne das politische und religiöse Umfeld seiner Zeit. Er wäre nicht denkbar ohne Diokletian, der noch einmal die altrömische Staatsordnung zu festigen suchte, nicht ohne die Tetrarchen, deren einer Konstantins Vater war und deren Regierung er vom achten bis zum zwanzigsten Lebensjahr aus nächster Nähe miterlebte, nicht ohne die Soldatenkaiser, die das Erbe Roms, ein schon brüchig gewordenes Erbe, mit dem Schwert verteidigten.

Erster Teil

Antike Welt im Umbruch

2 Soldatenkaiser im dritten Jahrhundert

Es war noch immer ein Weltreich, das Konstantin von Diokletian und den Tetrarchen übernahm. Es erstreckte sich vom Nil bis zum Hadrianswall in Britannien, von den nordafrikanischen Randländern bis zur Donau- und Rheingrenze, vom Schwarzen Meer und Mesopotamien bis zur spanischen Atlantikküste. Aber dieses gewaltige Imperium war in seinen Grundfesten erschüttert, im Inneren wie im Äußeren, an seinen Grenzen. Selbst Diokletian, der hochtalentierte Staatsorganisator, der als einziger Kaiser des dritten Jahrhunderts zwanzig Jahre regierte, ein Vicennium, und als einziger freiwillig abdankte, vermochte nicht, das Auseinanderbrechende zu festigen.

Der römische Dichter Horaz hatte seinen Friedenskaiser Augustus mit emphatischen Worten gefeiert: »Dich bewundert der Cantabrer, der einst unbezwingbare, der Meder und Inder und der flüchtige Skythe: Du stets wachsamer Schutz Italiens und der Herrin Rom. Dein Wort dringt bis zum Nil, der seine Quelle verheimlicht, selbst zum reißenden Tigris und bis zum fernen, tierreichen Ozean Britanniens. Dich verehren die Gallier, die den Tod nicht scheuen, und die auf der harten Erde Spaniens Lebenden.«

Der Name des Augustus war zum höchsten Kaisertitel geworden, doch längst gehörte die *pax Augusta,* von Horaz als »Gipfel des Glücks« gepriesen, der Vergangenheit an.

Im dritten Jahrhundert sah Aurelius Victor das Höchste mit dem Niedersten gemischt, nach oben gekommene verabscheuungswürdige Männer, die ihr Spiel mit dem Reich und der Amtswürde trieben. Der Senat, seiner Vorrechte beraubt, erwies sich als handlungsunfähig, verachtet von den herrschenden Kaisern, formal geduldet als Zustimmungsorgan zu dem, was anderswo beschlossen wurde. Ein einziges Mal besuchte Diokletian Rom, zur Feier seines Regierungsjubiläums im Jahre 303. Er verließ die Stadt vorzeitig und mißgestimmt, »da er den Freimut der Römer nicht ertragen konnte«.

Diokletian residierte vorzugsweise in Nikomedia, jenseits des Bosporus, gleich weit entfernt von den Kriegsschauplätzen an den Stromgrenzen von Donau und Euphrat, von den Kämpfen, die seit Jahrzehnten, wechselnd zwischen Erfolgen und Mißerfolgen, kein Ende nahmen. Im Osten widersetzte sich das unter den Großkönigen Ardaschir und Schapur I. erstarkte neupersische Reich der Vorherrschaft der Römer und beanspruchte die Länder bis zur Meerenge, die Europa und Asien trennte. Wie Heuschreckenschwärme fielen die schnellen Reiterscharen in Syrien, Mesopotamien und Armenien ein. An der Nordgrenze drängten die starken Kampfverbände der Goten, mit ihnen Heruler und Karpen, über die Donau. Die Markomannen konnten die obere Donau überschreiten und in Norditalien einfallen. Am Rhein kämpften die Legionen, um das Vordringen der Alamannen und Westgermanen abzuwehren.

Die Vorstöße feindlicher Truppen an den zahlreichen Fronten bedrohten die Substanz des Reichs. Unter der Last außenpolitischer Notwendigkeiten beugte Rom den Nacken. Die nahezu fortwährenden Verteidigungskriege führten zur Rekrutierung der nachwachsenden Generationen, und von der dezimierten Bevölkerung verlangte man erhöhte Steuern. Die Gelder wanderten in die Kriegskasse, wurden rasch verbraucht für Versorgung, Ausrüstung und Besoldung der Truppen. Die Heeresverbände verlangten Nachschub an Material und Verpflegung, während die überforderten Kernländer dem wirtschaftlichen Ruin zusteuerten. Einer geschwächten Bürgerschaft, einem schwachen, kriegsfernen Senat standen die zum unüberhörbaren Machtfaktor ausgewachsenen Heeresverbände gegenüber. Ihr Ruf nach einem starken Imperator, einem Herrscher aus ihren Reihen, fähig, der Gefahr Herr zu werden, begründete das Soldatenkaisertum.

Die Schwerpunkte der Truppenkontingente lagen in den am stärksten bedrohten Ländern südlich der Donau, und längst rekrutierten sich die Legionen vorwiegend aus Illyrern und Pannoniern, den Bewohnern der Balkanländer. Von allen Reichsangehörigen galten sie als die tapfersten. So kam es, daß wiederholt einheimische Soldatenführer von ihren Truppen den kaiserlichen Purpur empfingen. Diokletian war gebürtiger Dalmatiner; sein Mitkaiser Maximianus stammte aus Pannonien; Konstantin wie sein Vater Constantius Chlorus und Galerius stammten aus Illyrien.

In den fünfzig Jahren vor Diokletian waren die Soldatenkaiser meist niederer Herkunft, hochgediente, bei ihren Soldaten beliebte Truppenführer oder solche, die nicht nur Tatkraft bewiesen hatten, sondern mit Versprechungen und Sonderprämien nicht geizten. Es waren Männer, wie Aurelius Victor überliefert, »ohne edle menschliche Bildung, aber vertraut mit den Strapazen der Landarbeit und des Krieges«.

Sie dachten durchaus römisch und glaubten, auf ihre Weise Rom zu dienen. Einige Soldatenkaiser erwarben hohe Verdienste bei der Verteidigung des Reichs wie der Dardaner Claudius Gothicus, der seinen Beinamen dem Sieg über die Goten verdankte, im Jahre 269 bei Naissus (Nisch), der Geburtsstadt Konstantins. Später wird Konstantin, um sich von seinen niedrig geborenen Mitkaisern abzuheben, durch einen Lobredner verbreiten lassen, er sei ein Nachfahre des »guten Kaisers Claudius«.

Der Nachfolger des Claudius Gothicus auf dem Kaiserthron, der aus dem donaunahen Mösien, dem heutigen Serbien, stammende Aurelian, ein Mann von eiserner Energie und ungestümem Ehrgeiz, erwies sich als der fähigste und erfolgreichste Soldatenkaiser. In den ersten siebziger Jahren des dritten Jahrhunderts brachte er die wiederum über die Donau stürmenden Goten und Vandalen zum Stehen, schlug die in Oberitalien eingefallenen Markomannen. Im Osten eroberte Aurelian das abgefallene palmyrenische Sonderreich der Zenobia zurück, im Westen die durch den Usurpator Postumus abgetrennten gallischen Länder. Aurelian, gelobt als *restitutor orbis,* stellte die verlorene römische Reichseinheit wieder her. Er bereitete vor, auch durch eine geistige, religiöse Erneuerung und seine Berufung auf den Sonnengott, was später in der altrömischen Restauration Diokletians und in der weiterführenden Einheitsbemühung Konstantins verwirklicht werden konnte.

Solche Verdienste zum Nutzen Roms und seiner Bürger konnten allerdings nicht überdecken, daß die Herrschaft der Soldatenkaiser eine brutale Militärdiktatur, eine Pervertierung des früheren römischen Prinzipats mit Willkür, Grausamkeit und Mord war. In den fünfzig Jahren vor Diokletian trugen nicht weniger als zweiundzwanzig Kaiser den Purpur, nicht gezählt die zahlreichen rasch beseitigten Teil- und Gegenkaiser. Kaum einer von ihnen starb eines natürlichen Todes. Sie wurden von der eigenen Truppe erschlagen oder endeten elend in der Gefangenschaft. Der um das Reich hochverdiente Aurelian fiel der Tücke seines Privatsekretärs zum Opfer. Auf Aurelians letztem Feldzug gegen die Perser verbreitete sein gekränkter Sekretär eine gefälschte Liste mit den Namen angeblich zur Hinrichtung bestimmter Krieger, die daraufhin ihrem Kaiser zuvorkommen wollten und ihn ermordeten.

Schwierig wurde es, wenn Heeresgruppen an verschiedenen Orten jeweils ihren Kaiser proklamierten. Für manchen Truppenführer, manchen Gardepräfekten war die Übernahme der kaiserlichen Insignien, des Purpurmantels und des Diadems, das Ziel seiner Laufbahn. Um das zu erreichen, ermordeten die Gardepräfekten, als Heereskommandeure dem Kaiser nächststehend, oft den amtierenden Herrscher, oder sie beanspruchten die Rolle des Kaisermachers. In der Regel stellte eine kleine, willfährige oder bestochene Führungselite ihren Kandidaten dem Heer zur Akklamation vor. Der Ehrgeiz, einen Mann aus den eigenen Reihen auszurufen, verhalf manchem Unwürdigen zu kaiserlichen Ehren.

Schon Septimius Severus, dessen drastische Reformen die Grundlagen für das Soldatenkaisertum schufen, standen nach der Ermordung der Vorgänger Commodus und Pertinax im Jahre 193 drei Gegenkaiser gegenüber. Septimius Severus, von der Donauarmee ausgerufen, überwand den von der römischen Garde durch enorme Geldbestechungen Erkorenen und die Gegenkaiser der anderen Provinzialheere durch List, rohe Gewalt und Mord. Weil die Anhänger des von der Ostarmee proklamierten Kaisers in Byzanz Widerstand boten, ließ der unbarmherzig zuschlagende Septimius Severus die für die Verteidigung der Ostprovinzen unersetzbare Stadt am Bosporus zerstören und die Besatzung und die Beamten töten.

Zum Schrecken der Römer zog der neue Kaiser mit seinen Truppen in Rom ein und hinauf zum Kapitol. Er begründete die erste militärische Autokratie und entmachtete den Senat, nachdem er renitente Senatoren und Patrizier hatte hinrichten lassen. Die bisher aus Italern gebildeten Prätorianer, die einen der Gegenkaiser auserwählt hatten, jagte er davon und ersetzte sie durch Soldaten aus den Donauländern und aus Syrien. Überhaupt begann schon jetzt eine Bevorzugung von Illyrern und Pannoniern bei der Besetzung unterer wie höherer militärischer Kommandostellen, obwohl der Kaiser selbst aus einer punischen Familie stammte.

Die Lebensstationen des Septimius Severus verdeutlichen die Größe des Imperiums: geboren im nordafrikanischen Leptis Magna (nahe Tripolis); zum Kaiser ausgerufen in Carnuntum an der Donau (östlich von Wien); gestorben im britannischen Eboracum (York), wo auch Constantius Chlorus sterben und Konstantins Kaisertum beginnen wird. Eine schwache Vorstellung von den Feldzügen des Septimius Severus vermittelt sein Triumphbogen, der auf dem Forum in Rom im Jahre 203 errichtet wurde. Die üppige bildnerische Ausschmückung zeigt Szenen aus den Kriegen gegen die Parther und die Huldigungen unterworfener Völker.

Trotz der militärischen Triumphe des Septimius Severus oder der späteren Soldatenkaiser Gallienus, Claudius Gothicus, Aurelian und anderer, deren Namen verblaßt sind, blieben die Reichsgrenzen bedroht, und noch Konstantin wird gegen die unablässig vordringenden Fremdvölker an Rhein und Donau kämpfen müssen und am Ende seines Lebens gegen die Perser rüsten. Diese geschichtlich bedingten Aufbrüche und Einbrüche in das ja ebenfalls durch radikale kriegerische Expansion entstandene Imperium können den Soldatenkaisern nicht zum Vorwurf gemacht werden.

Schwerer wiegt bei der Beurteilung der Soldatenkaiser ein anderer Umstand, der über ihr skandalöses Verhalten hinaus prinzipielle Bedeutung gewinnt. Es geht nicht mehr um private Allüren und Gewaltakte irgendeines despotischen Kaisers, sondern um die insgesamt pervertierte Qualität des Kaisertums, die seit der Begründung des Prinzipats durch Augustus zumindest vorgegeben war. Die Pervertierung des Kaisertums zeigt am deutlichsten die Zwangsläufigkeit eines

Prozesses, der ausgelöst wurde durch militärischen Druck von außen, durch einen rapiden wirtschaftlichen Niedergang und durch die fortwirkende Zersetzung der überlieferten moralischen und religiösen Wertvorstellungen.

In der schrecklichen Bilanz der Soldatenkaiser, taumelnd zwischen Militäranarchie und totaler Militärdiktatur, werden die Symptome einer generellen und die Einzelerscheinungen weit übergreifenden Krise erkennbar, einer Umbruchszeit, die schließlich in den unterschiedlichen Ordnungsansätzen Diokletians und Konstantins aufgefangen wird.

Der für derbe und freimütige Aussprüche bekannte Septimius Severus soll seinen Söhnen den väterlichen Rat gegeben haben: »Seid einträchtig, macht die Soldaten reich, und verachtet alle anderen.« Sicher ist es, daß die Soldatenkaiser bis auf wenige Ausnahmen keine moralischen Skrupel kannten, wenn sie Patrizier, Bürger und Bauern rücksichtslos ausbeuteten. Die rohe Militärgewalt verdrängte jede rechtsbewußte Verbindlichkeit, jede grenzensetzende Vernunft und beschleunigte den moralischen wie den wirtschaftlichen Niedergang.

3 Wirtschaftliche und soziale Krisen

Konstantin wurde in die fortschreitende Krise, die unter dem Regime der Soldatenkaiser ihren Höhepunkt erreichte, hineingeboren, und er gab ihr durch seine Hinwendung zum Christentum einen neuen, revolutionierenden Akzent, der nicht nur den religiösen Bereich betraf, sondern die Lebenswirklichkeit und die Sozietät der Reichsangehörigen insgesamt. Doch weder er noch vor ihm Diokletian, am wenigsten die Soldatenkaiser konnten dem wirtschaftlichen und sozialen Verfall, dem die Bevölkerung hilflos bis zur Verelendung ausgeliefert war, auf Dauer wirksame Mittel entgegensetzen.

Wenn man wie der Historiker William Seston den »eigentlichen dramatischen Konflikt« als »von außen« gekommen konstatiert, wird man die Soldatenkaiser milder beurteilen. Sie waren es, die ihre ausschließliche Aufgabe in der Abwehr der mit aggressiver Gewalt vordringenden Feindvölker sahen.

Vor allem die kriegerischen Goten fielen wiederholt in die Grenzprovinzen südlich der Donau ein, in Mösien, Dakien, Thrakien, mordeten und plünderten und verstellten der nur schwach entwickelten Wirtschaft dieser Länder jede Möglichkeit zu einer auch nur halbwegs rentablen Erholung. Weitere Kampfverbände der Goten nahmen den Seeweg durch den Bosporus, eroberten und plünderten Byzanz und Nikomedia, fuhren mit ihren Schiffen durch die Ägäis bis Athen und Sparta. Auf ihren Landraubzügen verheerten sie thessalische und epirotische Gebiete, während wiederum andere Flottenverbände an der kleinasiatischen Küste bis Ephesus vorstießen und dort den Tempel der Artemis, eines der Sieben Weltwunder, in Brand steckten. Nach diesen jahrelangen Vorstößen der barbarischen Goten war ihre Besiegung durch Claudius Gothicus im Jahre 269 eine unschätzbare Wohltat für die Bevölkerung, für das Reich.

Dieser militärische Sieg wendete das Schlimmste ab, jedoch für eine allzu kurze Zeit. Die Bedrohung blieb bestehen, an der Donau wie an den anderen ungesicherten Reichsgrenzen. Zu der von außen zufallenden Unsicherheit kam eine wachsende Zerrüttung der Lebens- und Wirtschaftsverhältnisse innerhalb der Reichsterritorien. Neben der Militäranarchie, die nicht selten zu wilden Requisitionen und kriegerischen Plünderungen in den eigenen Provinzen führte, bildeten sich Räuberbanden, die auf den Landwegen und auf den kaum noch kontrollierten Seestraßen ihr Unwesen trieben.

Das wirtschaftliche Gefüge, ohnedies in der Mitte des Jahrhunderts durch Hungersnöte und verheerende Seuchen geschwächt, zerbrach unter den anarchischen Umtrieben. Der römische Fern- und Seehandel, einst das Unterpfand wirtschaftlicher Prosperität, geriet jahrelang vollends ins Stocken. Vorüber waren die Zeiten, in denen der römische Kaufmann ungehindert über die Handelsstraßen zog, über die Meere fuhr und auf friedliche Weise zur Integration des weiträumigen Imperiums beitrug. Vorüber waren die Zeiten des marktbeherrschenden römischen Handels und eines weltwirtschaftlichen Systems auf der Basis einer einheitlichen und verläßlichen Geldwährung. Immerhin hatte dieses von privaten Unternehmern und Gesellschaften getragene Wirtschaftssystem einmal den Zusammenhalt des römischen Weltreichs garantieren können.

Es hieße allerdings, das Zusammenwirken von Wirtschaft, Gesellschaft und Politik zu verkennen, würden die Ursachen des wirtschaftlichen Zerfalls ausschließlich in der äußeren Zerrüttung des Gemeinwesens gesucht.

Durch die von der Bevölkerung erpreßten Naturallieferungen und überhöhten Steuerzahlungen war der Soldatenstand reich und mächtig geworden und trotz des allgemeinen Elends Nutznießer von Prämien und Donativen. Ausschließlich der Militärdienst bot die Chance zum Aufstieg. Während die zivile Staatsverwaltung wie der einst bestimmende römische Senat entmachtet und zum Vollzugsorgan der Militärherrschaft erniedrigt wurde, rückten mehr und mehr im Kriegsdienst aufgestiegene Männer in die Ritterschaft und in die führenden Staatsämter und Prokuraturen.

Unter dem Diktat der Soldatenkaiser vollzog sich eine soziale Umschichtung, in der das Unterste nach oben geschwemmt wurde und »die Moral so tief sank, daß die meisten mehr an ihren eigenen Vorteil dachten als an den des Staates«, wie Aurelius Victor beklagte.

Schon dem ersten Soldatenkaiser, Maximin Thrax, warf der Historiker Herodian vor: »Er hätte sich durch seine Taten im Kriege Ruhm erworben, wenn er nicht seinen eigenen Völkern und Untertanen furchtbare Lasten aufgebürdet hätte. Was nützte es, daß er Barbaren tötete, wenn die Zahl der Morde in Rom und in den Provinzen noch größer war? Was half es, daß er von den Landesfeinden Beute eintrieb, wenn er seine eigenen Untertanen ausplünderte? . . . Täglich konnte man Leute sehen, die gestern noch die Reichsten gewesen und jetzt Bettler waren . . . Viele, denen Provinzen und Heere anvertraut, die Konsuln und ruhmreiche Sieger gewesen waren, wurden auf geringfügige und unbedeutende Angebereien hin verschleppt, mißhandelt oder getötet.«

Über die wirtschaftlichen Verhältnisse klagt später auch Laktanz. Sein Vorwurf richtet sich gegen Diokletian, trifft jedoch ebenso auf die vorangegangenen Jahrzehnte zu. »So sehr stieg allmählich die Zahl der Empfänger über die Zahl der Geber, daß bei der Maßlosigkeit der Auflagen die Kräfte der Landleute sich erschöpften, die Ländereien verlassen wurden und die Saatfelder sich in Wald verwandelten ... Statthalter in Menge mit zahlreichen Unterbeamten übten den Druck ihrer Herrschaft aus über jedes Gebiet und fast schon über jede Stadt ... Die Einforderungen unzähliger Dinge kehrten nicht bloß häufig wieder, sondern dauerten immerfort, und bei der Einhebung kam es zu unerträglichen Ungerechtigkeiten ... Aus Furcht brachte man nichts Verkäufliches mehr auf den Markt, und die Teuerung nahm in weit schlimmerem Grade zu.«

Der krasse spätrömische Währungsverfall, der die armen und kleinen Leute am stärksten traf, war nicht verwunderlich. Einerseits stiegen die Staats- und Heereskosten ins unermeßliche. Andererseits hielt die wirtschaftliche Depression an, erreichte die römische Handelsbilanz einen Tiefstand wie nie zuvor, und aufgrund der politischen Verhältnisse erlahmte jede Initiative zu einer produktiven wirtschaftlichen Leistung. Bald überschwemmten neugeprägte Münzen, vor allem die Silberdenare, die Länder des Reiches. Doch die Vermehrung und der ständig reduzierte Feingehalt der Münzen führten zwangsläufig zu einer rapiden Wertminderung des Geldes und zur Inflation.

Der Silberdenar der Augustus-Zeit hat am Ende des zweiten Jahrhunderts noch ein Drittel seines Wertes und »verliert bis zu seinem praktischen ›Verschwinden‹ etwa in der Mitte des dritten Jahrhunderts 95 Prozent seiner alten Parität«. In der gleichen Zeit verliert die stabilere und weniger in Umlauf gebrachte Goldmünze, der Aureus, 45 Prozent ihres einstigen Wertes.

Die fortschreitende Geldentwertung brachte den Produzierenden von heute auf morgen unkalkulierbare Verluste, den Käufern andauernde enorme Preisanstiege. Bezeichnet man die Preislage Mitte des zweiten Jahrhunderts mit 100, so stieg sie nach zwei Jahrzehnten auf 107 bis 113, nach einem Jahrhundert auf 160 bis 180 und nach weiteren zwei Jahrzehnten, beim Regierungsantritt Diokletians, auf die gewaltig hochgeschnellte Bemessungszahl 4000. Ein Beispiel für die Preisexplosion: »Zwei Kamele, die im Jahre 144 noch 500 Drachmen gekostet hatten, standen im Jahre 289 auf 134 000 Drachmen; eine Sklavin, die im Jahre 129 für 1200 Drachmen zu kaufen war, verteuerte sich im Jahre 293 auf 90 000 Drachmen.«

Auch die »Hyperinflation« jener Zeit, wie der Finanzexperte Wilhelm Hankel nachwies, kann nicht herausgelöst und als Einzelerscheinung, allein als »Krankheit des Geldes« gewertet werden. »Im Falle Spätroms steckt nicht das kranke Geld die Wirtschaft und Gesellschaft an. Die Krankheit von Gesellschaft und Wirtschaft schlägt auf das Geld, seinen Wert und seine Verbreitung durch.«

Bemerkenswert für den Gesamtkomplex des spätrömischen Niedergangs ist, »daß bisher jeder monokausale Erklärungsversuch versagte«. Nicht allein die furchtbaren »Barbareneinfälle« haben schuld am spätrömischen Zerfallprozeß, nicht allein die Zerrüttung der Wirtschaft oder andere einzelne Krisenfaktoren, ebensowenig allein die durch das militärpolitische Übergewicht geschaffenen Verhältnisse mit allen schrecklichen Folgen für die Bevölkerung.

Ein Zeitgenosse hat auf die Folgen des wuchernden Militärwesens hingewiesen und auf das, was für den Staat und die Menschen besser wäre. Dem im Jahre 282, nur wenige Jahre vor der Geburt Konstantins, ermordeten Kaiser Probus legt sein Biograph die Worte in den Mund: »Es werde dem Staat erst gutgehen, wenn er keine Soldaten mehr brauche.« – »Dann«, so führt der Biograph dieses »tiefe Wort« weiter aus, »wird der Staat allein regieren und alles in Ruhe genießen. Der Erdkreis wird keine Waffen mehr fabrizieren, er wird keine Verproviantierung mehr aufzubringen haben. Die Ochsen werden im Pflug stehen, die Pferde für friedliche Arbeit geboren werden. Es wird keine Kriege mehr geben, keine Gefangenschaft mehr. Überall wird Friede sein, überall werden die Gesetze und die Gerichte herrschen. Das Kriegsvolk, das jetzt den Staat mit Bürgerkriegen heimsucht, würde das Land bebauen, die Zeit darauf verwenden, sich in friedlicher Arbeit zu bilden, Schiffahrt treiben.«

4 Wechselnde Götterkulte

Jacob Burckhardt bezeichnete die Staatsreligion der Kaiserzeit als »griechisch-römischen Polytheismus, wie er sich durch die Urverwandtschaft und spätere Amalgamierung dieser beiden Kulte gebildet hatte. Aus Naturgöttern und Schutzgöttern aller möglichen Lebensbeziehungen war ein wunderbarer Kreis übermenschlicher Gestalten erwachsen, in deren Mythus doch der antike Mensch überall sein eigenes Bild wiedererkannte.« Dieser Polytheismus beanspruchte seiner Natur nach nicht die Alleinverehrung einheimischer Götter, sondern ließ in seinem Pantheon fremde Götter, fremde Kulte gelten, sofern die politische Einheit des Imperiums gewahrt blieb.

In der frühen und großen Kaiserzeit galt die Vielzahl der Götter und ihre Verehrung als Zeichen der Stärke. »Die Frömmsten unter den Sterblichen« nannten sich die Römer. Cicero, der das Ende der Republik erlebte, bezeugte die Vortrefflichkeit der römischen Religiosität. »Wir haben die Völker der Erde bezwungen dank unserer Frömmigkeit und Gottesfurcht, dank der Einsicht, daß alles durch den Wink der Götter gelenkt und geleitet werde.«

Jedoch lösten die unterworfenen Völker des Ostens einen unabsehbaren Prozeß aus, der in der verworrenen und chaotischen Zeit der Soldatenkaiser bis zu Konstantin die römische religiöse Vorstellungswelt radikal veränderte. Die östlichen Völker, Griechen, Ägypter, Syrer, die Kleinasiaten, waren zwar politisch bezwungen, aber während sie römische Götterkulte kaum aufnahmen, drang aus dem Orient eine Flut von Mysterienkulten und Erlösungsreligionen nach Westen. Rom wurde zum Zentrum der orientalischen Götterverehrung. »Durch Mischung mit den Kulten der unterworfenen Provinzen und des Auslandes [wurde] die klassische Religion getrübt und gebrochen. Wir stehen im Zeitalter der vollendeten Theokrasie [Göttermischung].«

Aus Phrygien kommt der uralte Kult der Kybele, der Großen Mutter, und ihres Lieblings Attis, der sich selbst entmannt und dabei den Tod findet. Ursprüngliche Vegetationsgötter, deren eingeweihte Anhänger Leben, Fruchtbarkeit, Sterben und Auferstehen rauschhaft feierten. Ebenso in Phrygien heimisch ist der mit Dionysos gleichgesetzte Vegetations- und Himmelsgott Sabazios.

Aus Ägypten kommen die Mysterien der Isis und des passiven, getöteten und neu zum Leben erweckten Osiris, des ihnen verbundenen Sarapis und des schakalköpfigen Anubis.

Aus Syrien kommt der orgiastische Kult des Baal, aus dessen Tempel in Emesa am Orontes der Kaiser Elagabal das Idol des heiligen Steins nach Rom überführt.

Die aus Thrakien stammende Orphik wie die Eleusinischen Mysterien blühen erneut auf, finden Anhänger, die durch den Vollzug der geheimen Riten Erlösung in einem seligen Jenseits erhoffen.

Am weitesten verbreitet ist der in Persien heimische Mithraskult. In Mithras erkennen seine Anhänger den unbesiegten Licht- und Sonnengott, den Sol Invictus, der durch die Tötung des heiligen Stiers die Schöpfung befreit. In Mithras vergöttlicht sich das Prinzip des Kampfes gegen die Kräfte des Bösen, gegen den Gott des Bösen. Mithras wird zum Beschützer von Gerechtigkeit und Wahrheit, der am Ende der Zeiten auf die Erde zurückkehrt und den Seelen der guten Gläubigen Unsterblichkeit verleiht. Vor allem in den römischen Militärlagern in Nordafrika, im Osten, ebenso am Niederrhein und an der Donau verbreitet sich der Mithraskult.

»Es ist Ein Gott, Mithras«, sagen seine Anhänger. Der Monotheismus, die von den Mysten verlangte sittliche Bewährung, einzelne Riten wie Taufe und mystisches Mahl haben Ähnlichkeit mit dem Christentum. Überhaupt verstehen und übernehmen die frühen Christen im Sinne einer frühen, allgemeinen Offenbarung manche der vorhandenen oder gleichzeitigen religiös-mythischen Vorstellungen.

Der Mithraskult gehört noch ganz zu den Mysterienkulten, die Befreiung und Erlösung verheißen. Im Vollzug der geheimen Weihekulte, rauschhaft bis orgiastisch gefeiert, wiederholt sich das mythische Schicksal des Kultgottes. Aus dieser mystischen Wiederbelebung schöpfen die Eingeweihten die Hoffnung, die Schrecknisse einer undurchschaubaren Welt und des Todes zu überwinden.

Wie der Mithraskult kommt auch der Manichäismus, der in der zweiten Hälfte des dritten Jahrhunderts nach Westen dringt und sich ungemein rasch ausbreitet, aus Persien. Er ist kein Mysterienkult, sondern eine gnostische Religionslehre. Ihr Begründer, der 216 geborene hochadelige Perser Mani, nannte sich »Gottgesandter und Bringer einer Offenbarung«, die vollenden sollte, was vordem Moses, Buddha, Zarathustra und Jesus verkündet hatten. In Manis dualistischer

Lehre kämpft das Reich der Finsternis gegen das Reich des Lichtes, dem erst nach der zeitlichen Katastrophe der Sieg zufällt. Erkenntnis (Gnosis) soll dem Menschen das Heil bringen, Erkenntnis seines Wesens in der Gegensätzlichkeit von Gut und Böse, Geist und Materie, Seele und Leib. Nur Askese, Enthaltung von leiblichem und geschlechtlichem Genuß, gewährt den Menschen die Teilnahme am Lichtreich.

Es ist erstaunlich, daß der sittenstrenge und zur Weltflucht und Weltverachtung verleitende Manichäismus im gesamten erreichbaren Kulturkreis der Spätantike seine Gemeinden hatte. Für das frühe Christentum war der Manichäismus ein gefährlicher Konkurrent, den es abzuwehren galt, weil von der dualistischen Weltinterpretation eine »Verführungskraft« ausging, die für die nach Heiligung strebenden Christen beträchtlich war.

Im Gegensatz zu den Mysterienkulten kam der Manichäismus schon früh in Konflikt mit der Staatsreligion. Mani selbst wurde ein Opfer der Staatspriester. Nach langen Jahren der Förderung durch den persischen Großkönig Schapur I. ließ der Herrscher Mani in Ketten legen und nach einem schmählichen Tod dessen Leichnam zerstückeln. Im Westen wird Diokletian im Jahre 297 den Manichäismus durch ein überaus scharfes Edikt verbieten.

Nicht nur das Volk und besonders die Soldaten, wie zahlreiche Funde in den Legionslagern an den Reichsgrenzen bezeugen, sondern die Kaiser selbst ließen sich in die aus dem Orient kommenden Mysterienkulte einweihen. Commodus übernahm die Mysterien der Isis, der Magna Mater und des Mithras. Septimius Severus begünstigte die punischen Götter seiner Heimat und hing im Glauben an die Gestirngötter einem astrologischen Fatalismus an. Caracalla verehrte die ägyptischen Gottheiten Sarapis und Isis. Der Kaiserjüngling Elagabal, der sich nach dem Baal von Emesa, dessen Priester er war, nannte, brachte den Sonnenkult nach Rom. Seine Ausartung in widerlichen Orgien endete nach der Ermordung des achtzehnjährigen Kaisers rasch.

Gallienus, der nach fünfzehnjähriger Regierung im Jahre 268 starb, gab dem kultischen Pluralismus einen neuen Akzent, der die ungeheure religiöse und geistige Vielfalt der vorkonstantinischen Jahrzehnte zum Ausdruck bringt. Gallienus, wie Hadrian der griechischen Geisteswelt zugewandt, ließ sich in die Eleusinischen Mysterien einweihen. Er verehrte und förderte den genialen zeitgenössischen Philosophen Plotin, dessen Neuplatonismus noch einmal eine Zusammenschau griechischen Philosophierens darstellte.

Ausgehend von der platonischen Lehre, daß das wahre Sein ein geistiges Sein sei, abgesondert von der Erscheinungswelt, sah Plotin im Hinstreben der menschlichen Seele zur höchsten Einheit die Erfüllung. Der Mensch, in der Erscheinungswelt verhaftet, steigt auf zur Gottheit, indem er sich durch Verinnerlichung befreit, durch Abwendung von der Sinnlichkeit und der materiellen Scheinwelt, vollzogen im reinen Denken und in der Ekstase.

»Da die Seele aus Gott stammt, sehnt sie sich notwendig nach ihm, um liebevoll mit ihm eins zu werden.« Ein Leitsatz wie dieser könnte ähnlich von Augustinus geschrieben worden sein und erweist noch seine Ausstrahlungskraft in der gesamten abendländischen Mystik bis zu Meister Eckhart und Angelus Silesius. Schon auf das junge, theologisch-wissenschaftlich noch nicht gefestigte Christentum übte Plotins Neuplatonismus einen erheblichen Einfluß aus. Plotin vor allem trug dazu bei, daß in die christliche Theologie das antike Erbe griechischer, platonischer Denkvorstellungen einströmte.

Geplant war es von Plotin wie von Kaiser Gallienus allerdings anders. Sie wollten durch das verbindliche philosophische System, auch durch die geplante Gründung einer Philosophenstadt in Kampanien, eine »Grundlage im Abwehrkampf gegen das Christentum« schaffen. Doch weder die geistige und religiöse noch die staatspolitische Erneuerung und Überwindung der allgemeinen Krise konnten gelingen.

In dieser Hinsicht mehr Glück, auch mehr Kriegsglück bei der Rückgewinnung abgefallener Provinzen hatte Kaiser Aurelian, der fünf Jahre regierte, bis er 275, ein Jahrzehnt vor Konstantins Geburt, ermordet wurde. Wie Elagabal, doch ohne dessen orgiastische Laster, stellte Aurelian das Reich unter den Schutz des Sonnengottes, des Sol Invictus. Nach der Besiegung der palmyrenischen Königin Zenobia am Orontes in Syrien sagte Aurelian: »Der Sonnengott von Emesa hat seine Heimat verlassen und Rom den Sieg geschenkt.« Aurelian verfügte die staatskultische Verehrung des Sonnengottes. Er ließ ihm auf dem Marsfeld von Rom einen prächtigen Tempel weihen und Priester zum Kultdienst verpflichten. Das war staatspolitisch äußerst klug, denn in der Gestalt des Sol Invictus erkannten auch die Mithrasanhänger und andere Gläubige, die Verehrer des Apollo oder des Sarapis, ihren Gott.

Der Sol Invictus »nahm in der göttlichen Hierarchie den höchsten Rang ein und war zum speziellen Beschützer der Kaiser und des Reichs geworden«. Noch Konstantin wird zum Verehrer des unbesiegbaren Sonnengottes. Bis zum Jahre 321, neun Jahre nach seinem Sieg an der Milvischen Brücke, tragen seine Münzen das Bild des Sol Invictus.

Die erneuerte Sicherung der alten Reichsgrenzen im Osten und im Westen, ebenso der Schritt zur religiösen Einigung im Sonnenkult machten Aurelian zum Wegbereiter Diokletians und Konstantins. Aber Aurelian beanspruchte zugleich wie nach ihm Diokletian, *dominus et deus,* Herr und Gott, zu sein. Über allen kultischen Pluralismus und Synkretismus hinaus galt dies als das unumstößlich Verbindende und Verbindliche, das den Zusammenhalt des Imperiums garantieren sollte: die göttliche Erhöhung des Kaisers zu Lebzeiten, seine kultische Verehrung nicht nur durch das Hofzeremoniell wie die Proskynese, sondern durch das Opfer, das dem Gottkaiser darzubringen war. Schon gegen Ende des zweiten Jahrhunderts hatte der christliche Autor Tertullian den Anhängern des Kaiserkults vorgeworfen: »Ihr dient dem Kaiser mit größerer Angst als selbst dem olympischen Jupiter, ihr mißachtet eure Götter, indem ihr einer menschlichen Macht mehr Ehre antut als ihnen; ihr schwört leichter einen Meineid bei allen Göttern als bei dem Genius des Kaisers.«

Auch die Nichtchristen ließen erkennen, daß der staatlich verfügte Zwangskult mit der göttergleichen Verehrung des Kaisers keineswegs bedenkenlos hingenommen wurde. Kritisch urteilte der spätrömische Historiker Aurelius Victor: »Nicht wenige Kaiser, die kaum ein Begräbnis verdienen, werden aus reiner Willkür unter die Götter versetzt. Hätten solche Leute nicht die Wahrhaftigkeit der Geschichte gegen sich, die weder das Verdienst um den Preis seines Andenkens bringen, noch Unwürdige zu dauerhaftem Ruhm und Glanz gelangen läßt, dann würde wahrer Wert sich umsonst bemühen.«

Die »Wahrhaftigkeit der Geschichte« setzte auch den Bemühungen des Soldatenkaisers Aurelian eine Grenze. Trotz seiner Klugheit, trotz seiner Erfolge blieb er den Zwängen seiner Zeit, des späten dritten Jahrhunderts, verhaftet. Der Niedergang, der Verfall des altrömischen Erbes zeigte sich in allen Lebensbereichen. Die wechselnden Götterkulte, die weite Verbreitung romfremder Mysterienkulte und Erlösungsreligionen sind ein Symptom des dem Ende zusteuernden Zeitalters. Die vielfältigen Kulte, auch der wiederholt auftretende Drang zur Verinnerlichung und Reinigung durch Weltabkehr, auch die sektiererischen Abirrungen und orgiastischen Auswüchse werden erklärbar aus der Suche nach einer religiösen Sinngebung angesichts der bedrängenden und nicht mehr begreifbaren Welt- und Lebensverhältnisse.

Um die Mitte des Jahrhunderts schrieb Cyprian, der Bischof von Karthago, einem sophistischen Rhetor, was nicht nur der Zeitstimmung und der Zuversicht der Christen in jenen Jahren entsprach: »Die Welt ist alt geworden. Sie steht nicht mehr in der Fülle der Kraft, nicht mehr in der Frische, die sie ehedem auszeichnete ... Die Quelle, aus der früher einst Kraft in überströmenden Adern sprudelte, versiegt im Alter, und es quillt kaum noch in wenigen Tropfen ... Es ist ein Gesetz Gottes, daß alles Entstandene vergeht und alles Gewachsene altert, daß das Starke schwach und das Große klein wird und daß es ein Ende nimmt, wenn es schwach und klein geworden ist ... Unsere Zeit aber steigt herauf.«

5 Die junge Christenkirche

Eines zeigen die vielfältigen Kulte und ihre weite Verbreitung mit Sicherheit: Die Zeit der Soldatenkaiser, die vorkonstantinischen Jahrzehnte waren zutiefst religiös. Genaugenommen war ein Halbjahrhundert durchdrungen von Erlösungssehnsucht, von Hoffnung auf die geheimnisvolle Kraft der Götter oder einer Gottheit. Die Heilsbotschaft der Christen, das Evangelium, drang keineswegs in einen »religiösen

Leerraum« ein, »sondern in eine Welt voller religiöser Überzeugtheit und kultischer Riten, die trotz aller Unterschiede im einzelnen auch gemeinsame Züge aufwies und gerade deshalb als Konkurrenz empfunden wurde«.

Man kann auch nicht vorbehaltlos von der »Zersetzung des Heidentums« sprechen, obwohl es anscheinend äußere Anzeichen, die Überlagerung durch fremde Kulte, die Mischung der Götter, sektierische Auswüchse einzelner Kulte, dafür gibt. Aber die Aufgeschlossenheit gegenüber fremden Göttern entsprach der inneren, polytheistischen Struktur römischer Religionsübung. Sie wurde als Stärke empfunden und verbürgte in der ungehinderten Götterverehrung die Toleranz gegenüber der vielsprachigen und kulturell pluralistischen Völkergemeinschaft des Imperiums.

Ohne weiteres konnte der Kaiser selbst die Weihen eines fremden Mysterienkultes empfangen oder eine romfremde Gottheit verehren, ohne dadurch anderen Göttern oder dem altrömischen Jupiter abschwören zu müssen. Aurelian übernahm von seinen palmyrenischen Feinden den Sonnengott von Emesa, und er sagte ausdrücklich, der Sol Invictus habe seine Heimat verlassen und Rom den Sieg geschenkt.

Dieses Bekenntnis zeigt eine Eigentümlichkeit römischer Religiosität, die noch Konstantins Hinwendung zum Gott der Christen entscheidend bestimmt. Das Göttliche wurde nicht als weltfernes, jenseitiges Phänomen empfunden, sondern als wirkende Macht, die dem Menschen in seinen weltlichen Angelegenheiten zum Nutzen oder Schaden gereichen kann. Ein Gott, der dem Anrufer Beistand und tatkräftige Hilfe gewährt, ist der Verehrung würdig. Dem Verhältnis zu den Göttern lag das aus dem römischen Rechtsdenken stammende Prinzip des *do ut des* zugrunde, vom verehrenden Menschen her gesehen die Erwartung, daß der angerufene Gott durch sein Wirken und Eingreifen eine Gegenleistung erbringt.

Auch Konstantin, »so revolutionär sein Denken und Wollen war, blieb doch ein Sohn seiner Zeit und brauchte göttlichen Beistand oder, wie man damals sagte, göttliche ›Geleitsmänner‹«. Konstantins Hinwendung zum Christentum war »nicht eine Bekehrung im Sinne einer Entscheidung zwischen wahrem und falschem Gott«. Ihn leitete nicht eine konsequent christlich verstandene Glaubensüberzeugung, sondern eine andere Erfahrung. Konstantin glaubte, der von ihm vor der Schlacht an der Milvischen Brücke im Jahre 312 angerufene Gott der Christen habe ihm zum Sieg verholfen. Er fühlte sich diesem Gott verpflichtet, auch um dessen göttlichen Beistand für zukünftige Unternehmungen zu erlangen. Diese Inanspruchnahme von Leistung und Gegenleistung setzte keine Abkehr von der Verehrung des Sol Invictus voraus, dessen Bild Konstantin bis zum Jahre 321 auf seine Münzen prägen ließ. Das war römisch gedacht, entsprach ganz und gar den Vorstellungen römischer Religiosität.

Die Tolerierung und Anerkennung fremder Götter, die Verehrung des Göttlichen als einer übernationalen, universellen Macht kam der Verbreitung des frühen Christentums entgegen. Zunächst bestand kein Anlaß, den Christiani, wie sie nach ihrem Stifter benannt wurden, das Existenzrecht zu verweigern. Man hielt sie für eine Sekte wie andere, die über Syrien, Kleinasien und Griechenland in den Westen gelangt war. In der jüdischen Diaspora, vorwiegend in den Städten, entstanden die ersten Gemeinden, bald erweitert durch den Zulauf kleiner Leute, Freigelassener oder Handwerker, die von den Gebildeten verachtet wurden. Es gab Vorahnungen, Vorprägungen in anderen Kulten, so im Monotheismus des Mithraskultes, in einzelnen seiner Riten. Auch die Mithrasanhänger hofften, durch geheime Weihen und ein auf Gerechtigkeit bedachtes Leben die Unsterblichkeit der Seele zu erlangen.

Die Christengemeinden waren bereits durch den gemeinsamen Glauben weithin gefestigt, als der Öffentlichkeit, den Amtsträgern wie den Andersgläubigen, bewußt wurde, daß das Christentum in den religiösen Bereich eine andere und neue Dimension einbrachte. Die Christen glaubten an den *einen* persönlichen Gott, der sich in Jesus Christus offenbart hatte. Die Gewißheit ihres Glaubens bezog sich nicht auf ein mythisches, sondern auf ein geschichtliches Ereignis. Doch wichtiger als diese Absonderung von den vertrauten Mysterienkulten war der durch den Ein-Gott-Glauben bedingte Absolutheitsanspruch, der dem mosaischen Gebot entsprach: »Du sollst keine fremden Götter neben mir haben.«

Dieser Absolutheitsanspruch war eine unerhörte Herausforderung und widerstrebte den zeitgenössischen religiösen Vorstellungen. Er paßte nicht in das polytheistische Spektrum römischer Religiosität und widersetzte sich sträflich dem, was überhaupt die Grundlage römischer Götterverehrung bildete. So wird verständlich, daß in der zeitgenössischen Polemik gegen die Christen der Vorwurf der Götterlosigkeit, des Atheismus, erhoben wurde.

»Daher werden wir auch Gottlose genannt«, bekannte der Märtyrer Justin, der um 165 in Rom den Tod fand, »und wir bekennen, im Hinblick auf die Verehrung solcher Götter gottlos zu sein, nicht aber in bezug auf den wahrhaftigen Gott und Vater der Gerechtigkeit und Besonnenheit und der übrigen Tugenden, frei von Schlechtigkeit.«

Ein Menschenalter nach Justin notierte der in Karthago lebende Tertullian, der in seinen apologetischen Schriften das Christentum mit kämpferischer Leidenschaft rechtfertigte, was den Christen zum Vorwurf gemacht wurde: »Die Götter verehrt ihr nicht, und für den Kaiser bringt ihr kein Opfer dar.« Dies allerdings, das Kaiseropfer, die kultische und göttergleiche Verehrung des Kaisers oder seines Bildes, war unvereinbar mit dem Glauben der Christen an den einen und wahren Gott. Diese Kultverweigerung vor allem, die als »Tatbestand des Religionsfrevels in Verbindung mit Majestätsbeleidigung« bezeichnet wurde und als Bedrohung der religiös verfaßten Staatsordnung, löste das Vorgehen der Staatsorgane gegen die Christen aus.

Es gab kein Gesetz, wonach die christliche Religion verboten gewesen wäre, jedenfalls nicht bis zu den Edikten der Soldatenkaiser und den verschärften Verfolgungsedikten Diokletians. Jedoch rührte die Verweigerung des Staatskultes und des Kaiseropfers an die Grundfesten der politisch-religiösen Ordnung und wurde schon in der Frühzeit mit der Todesstrafe geahndet.

Dieses harte Vorgehen, aber auch die Rechtsunsicherheit der Amtsträger bezeugt ein Briefdokument aus dem Jahre 112. Der jüngere Plinius, als Statthalter nach Bithynien versetzt, erbittet von Kaiser Trajan die Klärung der Frage, ob die Zugehörigkeit zum christlichen »Aberglauben« an sich strafbar sei, wenn keine andere Straftat vorliege. Er habe indessen diejenigen, die das staatliche Kultopfer verweigerten, hinrichten lassen. Trajan bestätigte das Vorgehen seines Statthalters. Der gerichtlich als Anhänger des Christentums Überführte sei zu bestrafen. Er soll straffrei entlassen werden, sofern er vor dem Kaiserbild opfert. Trajan ergänzt, man möge nach den Christen nicht offiziell fahnden und auf anonyme Anzeigen nicht eingehen.

Auch in der Folgezeit lag es nicht selten im Ermessen der Statthalter und Amtsträger, Christenprozesse einzuleiten oder duldsamer zu verfahren. Bis zu den Soldatenkaisern und noch bis zum Ende des dritten Jahrhunderts wechselten harte Zeiten der Christenverfolgung, in denen zahllose Gläubige den Märtyrertod fanden, mit langjährigen Perioden der Ruhe. Die Christen konnten ihre Gemeinden ordnen und beständig machen, sie konnten neue Gemeinden gründen und bis nach Gallien und Spanien missionieren. Im Gegensatz zu den Erwartungen wirkte gerade der Märtyrertod vieler Christen so überzeugend und stärkte die Gemeinden mit neuen Anhängern aus allen Schichten und Berufen.

Es gab keinen Rechtstitel, keine institutionelle Verfassung, die den Zusammenhalt der Gemeinden garantierte. Die wachsenden Ortsgemeinden lebten und wirkten selbständig, zunächst von Ältesten geleitet, dann von Bischöfen, die als Nachfolger der Apostel geachtet wurden. Das Übergreifende und Verbindende war der gemeinsame Glaube an den alleinigen Gott und an das »Volk Gottes«. Dieses Bewußtsein festigte die über die ganze damalige Welt verstreuten Christen auch gegenüber abweichenden und ketzerischen Tendenzen, so daß Cyprian, der Bischof von Karthago, um die Mitte des dritten Jahrhunderts sagen konnte: »Diese Einheit müssen wir festhalten, und wir müssen für sie einstehen, besonders wir Bischöfe, um auch den Episkopat als Eines und ungeteilt zu erweisen ... Es ist ein Gott und ein Christus und eine Kirche und ein Lehrstuhl, der durch das Wort des Herrn auf Petrus gegründet wurde.«

Die so eindeutig formulierte Einheit im Glauben begründete im sozialen Leben der Gemeinden eine neue Sittlichkeit. Das zeigte sich – wie in keiner anderen religiös und kultisch verbundenen Gruppe – in der vom Staat vernachlässigten Fürsorge der Armen, Witwen, Arbeitsunfähigen und Kranken. Vielfach wurde eine Gütergemeinschaft praktiziert, an der jeder teilhatte. Dem Liebesgebot des Evangeliums folgte die Achtung des geringsten Menschen, unabhängig von Stellung und Beruf, ob Freier oder Sklave. Sklaven fanden in den Gemeinden brüderliche Aufnahme. Die Gläubigen wurden angehalten, ihre Sklaven freizulassen, obwohl die Standesordnung, auch die Institution der Sklavenhaltung, unangetastet blieb. Die Christen lehnten die meist aus wirtschaftlicher Not geübte Kindaussetzung als sündhaft ab und ebenso die menschenverachtenden mörderischen Gladiatorenkämpfe.

Diese sittlichen Verhaltensregeln wird später, nach dem Jahre 318, Konstantin in seiner Gesetzgebung aufgreifen: rechtliche und soziale Stärkung der Schwachen, Witwen und Armen; humane Behandlung der Sklaven und Begünstigung ihrer Freilassung (bei genereller Beibehaltung der Sklaverei); Abstellung der Gladiatorenkämpfe und Verbot der Kreuzigung. Die Kindaussetzung, der Kinderverkauf wurden nicht verfolgt, aber die Anlässe, die im wirtschaftlichen Elend der Eltern lagen, wurden durch staatliche Hilfe beseitigt oder gemildert.

Zunächst, in der vorkonstantinischen Zeit, waren die Christengemeinden und ihr abweichendes Verhalten Grund, sie als obskure Sekte zu verdächtigen. Hinzu kam, daß Christen den Kriegsdienst und den Staatsdienst verweigerten, weil sie dem Staatskult und dem Kaiseropfer nicht hätten ausweichen können. »Wie kann man Krieg führen«, schreibt dazu Tertullian, »ja selbst im Frieden Soldat sein ohne das Schwert, das der Herr fortnahm? Denn wenn auch Soldaten zu Johannes kamen und von ihm die Regel ihrer Pflichten erhielten, und obwohl der Centurio gläubig wurde, so hat doch der Herr späterhin Petrus entwaffnet und damit jedem Soldaten das Schwert genommen.« Die Frage, ob sich der Kriegsdienst generell mit dem christlichen Glauben vereinbaren läßt, die Tertullian verneint, wird in den Gemeinden mit aller Schärfe ausgetragen.

In den Augen der andersgläubigen Mehrheit, der die Verweigerung unverständlich bleibt, entziehen sich die Christen ihren staatlichen Pflichten. In der zweiten Hälfte des zweiten Jahrhunderts wirft der platonische Philosoph Celsus den Christen vor: »Wenn alle es machen wollten wie ihr, so würde der Kaiser bald einsam und verlassen dastehen. Das ganze Reich müßte in die Hand der rohen und wilden Barbaren fallen, und dann würde eure Religion ebenso von der Erde verschwinden wie die wahre Philosophie.«

Origenes, ein einflußreicher frühchristlicher Theologe, der am Anfang des dritten Jahrhunderts die Katechetenschule von Alexandria leitete, griff die Anklagen des Celsus in seiner Entgegnung *Contra Celsum* direkt auf: »Wir helfen den Kaisern, wo es nottut, mit wirksamerer Hilfe als die Soldaten, mit Gebet und Fürbitte. Wie die Priester der Götter ihre Hände unbefleckt halten müssen um ihrer Opfer willen und keinen Kriegsdienst leisten, so müssen erst recht die Christen, sie alle Priester und Diener Gottes, ihre Hände rein von Blut halten, um für Kaiser und Heer in gerechter Sache zu beten ... Wir bilden ein eigenes Heer der Frömmigkeit durch unser Eintreten bei der Gottheit.«

Die tiefreichende Problematik des Kriegsdienstes oder seiner Verweigerung blieb ungelöst und durchzieht seit den ersten Jahrhunderten die gesamte Geschichte der Christenheit bis in die Gegenwart.

Unter Konstantin, dem »gottgefälligen Kaiser«, von dem Eusebius sagte, »er habe sich offen als Knecht und Diener des höchsten Herrschers bezeichnet«, entstand eine neue, radikal veränderte Lage. Konstantin tolerierte, schützte und begünstigte das Christentum. Schon im Jahre 313, ein Jahr nach seinem Sieg an der Milvischen Brücke, hob er den Staatskult auf. Konstantin verzichtete auf das von seinen kaiserlichen Vorgängern bis zur Androhung der Todesstrafe geforderte Kaiseropfer. Die Christen sahen sich veranlaßt, ihr Verhältnis zu Kaiser und Staat neu zu bedenken. Wie konnten sie dem Kaiser den Gehorsam versagen, der zum erstenmal uneingeschränkt zu erfüllen schien, was Clemens, der Bischof von Rom, im Jahre 95 an die Gemeinde von Korinth geschrieben hatte: Kaiser und Obrigkeit seien von Gott eingesetzt.

Die Wunden, zugefügt durch die Christenverfolgung des Diokletian, der härtesten und folgenschwersten aller römischen Verfolgungen, waren noch nicht geheilt, neue Wunden schlugen die innerchristlichen Auseinandersetzungen um die rechte Lehre, als die Bischöfe einen ersten Versuch unternahmen, mit Kaiser und Staat ins reine zu kommen. Bereits im

Jahre 314, in der nun schon von Konstantin geförderten und begünstigten Bischofssynode von Arles, werden die ersten Beschlüsse gefaßt. Christen können und dürfen staatliche Ämter bekleiden. Jedoch haben sie sich gegenüber ihrem Bischof zu verantworten und die Vereinbarkeit des Staatsamtes mit der christlichen Lehre zu beachten.

Über den Waffendienst entschied die Synode: »Wer im Frieden die Waffen wegwirft«, verwirkt die Teilnahme an der Gemeinschaft der Gläubigen. Der Beschluß der Bischöfe macht den Militärdienst zur Pflicht. »Nicht minder wichtig ist, wo der Entscheid innehält: das Töten im Kriege wird in diese Pflicht nicht einbezogen. Die Staatsordnung zu erhalten ist Gebot, aber die Bedenken gegen den Kriegsdienst sind nicht beiseite geschoben.«

Die Beschlüsse von Arles zeigen ein Zögern, auch eine gewisse Unsicherheit der Bischöfe gegenüber weltlichen Angelegenheiten. Für den Kaiser Konstantin war diese erste und noch vorbehaltliche Einbindung der Christen in den Staat außerordentlich wichtig. Zwar stellten die Christen, gemessen an der Gesamtbevölkerung, eine Minderheit dar, jedoch in ihrer Glaubenseinheit trotz innerer Auseinandersetzungen ein unübersehbares Potential an gewaltloser Macht, die durch die Lebensordnung der Christen und ihre wachsenden Gemeinden eine zukunftweisende politische Bedeutung gewann.

In vierzig Jahren staatlicher Duldung, seit Gallienus im Jahre 260 die christenfeindlichen Edikte seiner Vorgänger Valerian und Decius aufhob, hatte sich das Christentum trotz grausamer Verfolgung durch Diokletian in allen Provinzen des Imperiums ausbreiten und festigen können.

Die Gesamtzahl der christlichen Minderheit um die Wende zum vierten Jahrhundert, in der Jugendzeit Konstantins, wird »bei etwa fünfzig Millionen Einwohnern des Römischen Reiches auf sieben bis fünfzehn Millionen« geschätzt. Auf die einzelnen Provinzen fielen unterschiedliche Anteile. In den kleinasiatischen Provinzen und in Armenien bekannte sich gut die Hälfte der Bevölkerung zum Christenglauben. Im Westen war der Anteil bis auf größere Gemeinden in Thrakien, Makedonien und an den griechischen Küsten wesentlich geringer. Schwerpunkte bildeten die Bischofssitze Rom (dort schätzte man achtzigtausend Christen), Karthago, Alexandria, Antiochia und Corduba.

Im Gegensatz zu Konstantin, der die zunehmende politische Bedeutung der Christen und ihre nicht mehr auszulöschende Glaubenskraft erkannte, versuchte Diokletian, die Christen dem Staatskult zu unterwerfen. Es war Diokletians größter Fehler, daß er die Zeichen der Zeit verkannte und mit erschreckender Gewalt hemmen wollte, was nicht mehr aufzuhalten war.

Aber Diokletian erhoffte von seiner Erneuerung der altrömischen Ordnung und Religiosität, von der Verpflichtung auf die römischen Götter die Überwindung der anarchischen Verhältnisse im Römischen Reich. In den ersten zehn oder fünfzehn Jahren hatte er damit Erfolg, da er »mit ebensoviel Glück wie Energie und Klugheit zu regieren begann«.

6 Diokletians altrömische Ordnung

Als Diokletian im Herbst 284 bei Nikomedia, dem heutigen Izmit an der kleinasiatischen Bucht des Marmarameers, den kaiserlichen Purpur empfing, war ein für die Zeit der Soldatenkaiser fast übliches Ereignis vorausgegangen. Auf einem Feldzug gegen die Perser war Kaiser Carus nach zehnmonatiger Herrschaft ermordet worden. Seinen Söhnen, die bereits Caesaren waren, fiel die kaiserliche Nachfolge zu: Carinus sollte über den Westen, den er schon verwaltete, herrschen, der jüngere Numerian über die östlichen Provinzen. Numerian führte die Legionen erfolgreich aus dem Perserkrieg zurück, aber wegen eines Augenleidens zeigte er sich selten und überließ die Befehlsgewalt seinem Gardepräfekten Aper, der gleichzeitig sein Schwiegervater war. Im Feldlager bei Nikomedia in Bithynien entdeckten die Leibwachen in der kaiserlichen Sänfte einen toten, ermordeten Kaiser. Des Mordes beschuldigt wurde der Gardepräfekt Aper.

Unter Mißachtung des zweiten Augustus, des Carinus, rief die Heeresversammlung den vom Rat der Truppenführer erkorenen Diokletian, den Befehlshaber der kaiserlichen Leibwache, zum Augustus aus. Nach der Akklamation wandte sich Diokletian dem nahestehenden Gardepräfekten zu. »Dies ist der Mörder des Numerian!« Mit diesen Worten zog er sein Schwert und stieß es Aper in den Leib. Es heißt, lange vorher habe dem nun annähernd fünfzigjährigen Diokletian eine Druidenfrau geweissagt, er werde nach der Tötung eines Ebers (lateinisch *aper*) die Kaiserwürde erlangen. Die Prophezeiung erfüllte sich, in der wunder- und mysteriengläubigen Zeit für Diokletian wie für seine Soldaten eine Fügung der Götter.

Gegen Carinus führte Diokletian seinen ersten Feldzug, ein Mißerfolg mit einer verlorenen Schlacht an der Morawa im heutigen Serbien. Als auch Carinus von einem seiner Offiziere ermordet wurde, unterwarf sich das führerlose Heer Diokletian. So fiel ihm, nun auch durch den römischen Senat anerkannt, im Frühjahr 285, im Geburtsjahr Konstantins, die Alleinherrschaft zu.

Keiner der früheren Soldatenkaiser übernahm ein schwereres Erbe. Wie nie zuvor schien das Imperium unaufhaltsam in die Anarchie und in die wirtschaftliche und staatliche Katastrophe zu treiben. Fremdvölker drängten über die Grenzen. Aufstände in den entlegenen Provinzen drohten das Staatsgefüge zu zerschlagen. Es ist nicht abwegig, wenn der Historiker William Seston vermutet, es sehe »fast so aus, als habe eine Generalsrevolte Diokletian gegen seinen Willen an die Macht gebracht«. Und doch wurde dieser ungebildete Bauer aus Dalmatien, aus der Nähe von Salona (wo er später seinen Palast und Alterssitz errichten läßt), der sich in der Truppe hochgedient hatte, eine der markantesten Gestalten der römischen Kaisergeschichte.

Diokletian wurde zum Reformator und Staatsorganisator, der das Auseinanderbrechende noch einmal zusammenschloß. Er schuf eine Reichsordnung, deren pragmatische Gesichtspunkte unverkennbar sind, die aber gleichwohl von einem hohen ethischen Anspruch getragen war, von der Erneuerung altrömischer Leitgedanken. Schon die kaiserliche Namenwahl setzte ein Zeichen. Seinen ursprünglichen griechischen Namen Diocles latinisiert er zu Diocletianus, und er bezieht sich in seinem vollen Kaisernamen Gaius Aurelius Valerius Diocletianus auf sein Vorbild Marcus Aurelius, den »Göttlichen Marcus, unseren Bruder, den frommen Kaiser«.

Nichts zeigt Diokletians innerste Überzeugung, zeigt sein religiös begründetes Leitziel deutlicher als die Einleitung zu seinen 295 verabschiedeten Ehegesetzen: »Unserm frommen und religiösen Sinn erscheint das, was durch die römischen Gesetze rein und heilig festgesetzt ist, höchst ehrwürdig und wert, durch ewige Befolgung bewahrt zu werden . . . Die unsterblichen Götter werden dem Römischen Reich gewogen sein, so wie sie es immer waren, wenn wir sicher sein können, daß sich alle Bewohner unseres Reiches eines frommen, religiösen, ruhigen und sittsamen Lebenswandels befleißigen.«

Der Mann, der sich diesem hohen Anspruch verpflichtete, erwies sich durchaus als Praktiker, dessen beste Fähigkeiten und dessen zähe Energie der Neuorganisierung des gesamten Staatswesens zugute kamen. Diokletian verordnete dem Imperium eine Gewaltkur, die aber imstande war, die Anarchie zu überwinden, die Reichsverwaltung einfacher, überschaubarer zu machen und die Staatslasten gerechter zu verteilen.

In der Reichsverwaltung wurde die Eigenmacht der Statthalter beschnitten: durch die Trennung von ziviler und militärischer Gewalt, durch Verkleinerung der Provinzen, die um das Doppelte auf rund hundert vermehrt und in zwölf übergeordneten Diözesen zusammengefaßt wurden. Eine umfassende Steuerreform mit einer neuartigen, alle fünf Jahre fälligen Schätzung schuf ein klares, kalkulierbares Verhältnis zwischen Staatseinnahmen und -ausgaben. Das heißt: »Zum erstenmal hatte das Römische Reich einen Staatshaushalt.« Die neue Steuerbemessung richtete sich nach dem Ertragswert des Grundbesitzes und der Kopfzahl der arbeitenden Leute. Zur Eindämmung der kaum noch regulierbaren Geldinflation verfügte Diokletian eine Münzreform. Nicht mehr lokale, sondern ausschließlich kaiserliche Prägestätten gaben ein einheitliches Reichsgeld heraus. Goldmünzen und im Wert verminderte Silberdenare wurden vermehrt neu geprägt.

Die Währungsreform scheiterte. Die Preise, zumal für lebensnotwendige Waren, stiegen maßlos, so daß im Jahre 301 ein rigoroser Eingriff in das Preisgefüge erfolgte. Für Lebensmittel vom Getreide bis zum Ei, für Waren jeder Art, für Löhne und jegliche Dienstleistung wie die Frachtbeförderung wurden reichseinheitlich Höchstpreise festgesetzt.

Einzelne dieser Maßnahmen sind umstritten, waren es schon zu Lebzeiten Diokletians, wie eine düstere Schilderung des Laktanz zeigt, der die fortdauernde »ungeheure Teuerung«, die »unerträglichen Ungerechtigkeiten« bei der Steuererhebung und die Aufblähung des Beamtenapparates bemängelt. Dennoch und trotz schwerwiegender Vorbehalte bleibt zu beachten, daß Diokletian chaotische Verhältnisse übernahm, daß er am Ende eines Jahrhunderts willkürlicher Kaiserherrschaft und Ausbeutung als erster Kaiser versuchte, tatkräftig Abhilfe zu schaffen und die Lebensverhältnisse zu ordnen. Diokletians neue Reichsordnung und die Wiederherstellung der Staatsautorität kamen der Bevölkerung zugute. Das meinte wohl Jacob Burckhardt, wenn er Diokletian »einen Retter des Reiches und der Zivilisation« nennt. Durch eine umgreifende Heeresreform, eine Stärkung der Grenztruppen und die Schaffung einer beweglichen Reservearmee gelang es Diokletian, das Imperium nach außen zu festigen. Die Legionen wurden verkleinert, einer strafferen Führung unterworfen, jedoch in ihrer Gesamtzahl auf siebzig verdoppelt. Die neue Formierung, dazu die Stärkung der Reiterei, entsprach mehr den Einsatzbedingungen der an verschiedenen Fronten stehenden Legionen: in den Verteidigungskriegen gegen Franken und Alamannen, gegen Goten und Sarmaten; bei der Niederwerfung eines Bauernaufstandes in Gallien; bei der Rückgewinnung von Britannien und Ägypten, wo Usurpatoren die Macht an sich gerissen hatten; bei den wiederholten Kämpfen gegen die Perser. Noch vor der Jahrhundertwende konnte Diokletian die militärischen Operationen beenden, waren die Grenzen an Rhein und Donau und in Mesopotamien am Tigris gesichert, und die Perser erkannten die römische Oberhoheit über Armenien an.

Die nüchterne Aufzählung überdeckt die gewaltigen Leistungen dieser Zeit. In allem war Diokletian der große Planer und Organisator, der unbeirrbar seinem Ziel, der Erneuerung des Imperiums, zustrebte. Seinen Arbeitseifer dokumentieren neben den offiziellen Edikten mehr als zwölfhundert kaiserliche Reskripte, an wechselnden Orten ausgefertigt.

Ein herausragender Feldherr war Diokletian keineswegs. Fast alle der genannten Siege verdankte er seinen Helfern. Aber er war klug genug, seine Helfer so auszuwählen und mit höchsten Ehren in sein Regierungssystem einzubinden, daß von ihnen keine Usurpation zu befürchten war. Bereits 285, ein Jahr nach seinem Regierungsantritt, ernannte er seinen früheren Waffengefährten Maximianus zum Caesar und im Folgejahr zum Augustus, zum Mitkaiser. Der Erwählte stammte aus Pannonien, ein robuster Bauernsohn, eine rauhe, cholerische Soldatennatur, doch charakterlich zuverlässig, tüchtig und erfahren als Truppenführer.

Maximianus übernahm das Oberkommando für die westliche Reichshälfte. In Gallien warf er den Aufstand der Bauern, der Bagauden, nieder. Er kämpfte erfolgreich gegen die über den Rhein vorstoßenden Germanen, die zeitweise vor Trier standen. Ein Feldzug gegen den in Britannien abtrünnigen Carausius blieb zunächst erfolglos.

In den Zwischenzeiten residierte Maximianus in Mailand oder Aquileia als zweiter Kaiser, doch letztlich Diokletian unterstellt. Das drücken auch die göttlichen Beinamen beider Kaiser aus: Diokletian stellte sich unter den Schutz Jupiters und nannte sich *Iovius;* Maximianus kam der Titel *Herculius* zu, Schutzbefohlener des Herkules, der in der Götterhierarchie als Gehilfe Jupiters dem obersten Gott untergeordnet war. Die Kaiser verstanden sich nicht nur als Schutzbefohlene, sondern beanspruchten eine engere, unmittelbare Beziehung zu den Göttern als deren Abkömmlinge. Eine zeitgenössische Inschrift ist »Unseren Herren Diocletian und Maximian, den unbesiegten Augusti, den von den Göttern Erzeugten und den Schöpfern von Göttern« gewidmet.

»Schöpfer von Göttern« bezieht sich auf die nach siebenjährigem Doppelkaisertum im Jahre 293 zusätzliche Ernennung zweier Caesaren. Diese erste Tetrarchie war Diokletians erstaunlichste Maßnahme. Sie kennzeichnet seine Fähigkeit, das Praktische, das politisch-militärisch Notwendige mit seinen ideellen, religiösen Vorstellungen zu verbinden. Angesichts der vielschichtigen, nicht nur militärischen Aufgaben in den weit auseinanderliegenden Reichsgebieten war eine geteilte kaiserliche Präsenz notwendig geworden. Auch die Kaisernachfolge wurde verändert und der Willkür der bisher üblichen Kaiserausrufung entzogen. Die Caesaren sollten nach der Abdankung der beiden Kaiser an deren Stelle rücken und sodann wiederum zwei Caesaren ernennen.

Diokletian, der die östlichen Reichsgebiete bevorzugte, residierte in Nikomedia jenseits des Bosporus und ernannte dort zu seinem Caesar den aus Dakien stammenden Galerius, einen vom Viehhüter zum bewährten, resoluten Truppenführer aufgestiegenen Mann. In Mailand empfing von Maximianus der Prätorianerpräfekt Constantius Chlorus, der Vater Konstantins, die Caesarwürde. Die Erwählten waren etwa gleichen Alters, um dreiundvierzig und somit um die fünfzehn Jahre jünger als Diokletian, und stammten beide aus einem Balkanland. Constantius war Illyrer.

Wie die beiden Augusti sich schon offiziell als Brüder, als *fratres,* bezeichneten, so wurden ihre Caesaren in die Kaiserfamilie und gleichzeitig in das theokratische Regierungssystem eingebunden. Galerius erhielt nach der Trennung von seiner bisherigen Frau die einzige Tochter Diokletians, Valeria, zur Gattin. Constantius Chlorus hatte sich schon einige Jahre zuvor von Helena, der Mutter Konstantins, getrennt und die Stieftochter des Maximianus, Theodora, geheiratet. In einem weiteren Verknüpfungsakt wurden die Schwiegersöhne von ihren Augusti durch Adoption zu Söhnen gemacht und damit in die jovische und die herkulische Dynastie aufgenommen.

Wenn auch die Jüngeren nur den Titel Caesar trugen, so verfügten sie doch in ihren Ländern über die uneingeschränkte kaiserliche Gewalt.

Diokletian behielt den gesamten Osten, Kleinasien, Pontus am Schwarzen Meer, Syrien und die an das Perserreich grenzenden Gebiete. Er strebte danach, seine Residenz Nikomedia in »grenzenloser Baulust . . . zur Größe der Stadt Rom zu erheben«, wie Laktanz berichtet. Galerius übernahm die Balkanländer südlich der Donau von Thrakien über Illyrien bis Pannonien. Sein kaiserlicher Hof wechselte zwischen Sirmium an der Save und Thessalonike. Maximianus beherrschte das italienische Festland, dazu Nordafrika und Spanien. Wie zuvor residierte er in Mailand und Aquileia. Constantius Chlorus fiel Gallien und die Sicherung der Rheingrenze zu, außerdem Britannien, das er von den Usurpatoren zurückeroberte. Seine Kaiserstadt war Trier und später zeitweise Eboracum (York).

Die regionale Aufteilung der Herrschafts- und Operationsgebiete war keine Vierteilung des Imperiums. Die Tetrarchen bildeten eine Einheit, und so will ihre Darstellung in der venezianischen Porphyrgruppe verstanden sein.

Trotz der Eigenmacht der vier Kaiser, persönlichem Hofstaat, eigener Rechtsprechung und eigener Münzprägung, blieb Diokletian die höchste Autorität, obwohl sein Vorrang in keiner Weise gesetzmäßig konstituiert war. Seine Entscheidungen wurden in ungewöhnlicher Einmütigkeit befolgt. Was er zur Neuordnung des Staatswesens verfügte, geschah reichseinheitlich. Eine Versuchung zur Usurpation lag durchaus nahe, denn Diokletians Staatsdiktatur und seine die Vorgänger noch überbietende kaiserliche Autokratie fanden genug Widerspruch. Doch das komplizierte Gebilde der Tetrarchie hielt zwölf Jahre bis zur Abdankung des Kaisers.

Diokletians Berufung auf Jupiter, die höchste altrömische Gottheit, und die Erneuerung des Jupiterkultes als Staatskult, verbindlich für alle Bürger, entsprechen konsequent seinem religiös-ethischen Leitziel, wie es in der Einleitung seiner Ehegesetze zum Ausdruck kam. Die »Gunst der Götter« und die Wiederbelebung des überlieferten Erbes sollten dem Römischen Reich Größe und Beständigkeit verleihen.

Der Dalmatiner Diokletian, aus niederem Stand und wahrscheinlich »als Sklave geboren«, war im Sinne seines Staatsbewußtseins der römischste aller Römer. Darum verwundert, daß Rom selbst - Zentrum des Römertums und *caput mundi* - unter Diokletian (ebenso unter Konstantin) vollends in den Schatten geriet. Einige Bauwerke wie seine an Pracht und Ausmaß unübertroffenen Thermen ließ Diokletian in Rom errichten. Aber er hat die Stadt nur einmal besucht und wandte sich von ihr enttäuscht ab. Für Diokletian blieben Rom und römische Lebensart unbekannte, seinem Wesen fremde und nie begriffene Größen. Außerdem bestand seit dem Militärregime der Soldatenkaiser eine starke Aversion gegen den römischen Senat, der zwar noch geduldet war, aber keine Rechte mehr hatte. Insgesamt erforderten die politischen und militärischen Verhältnisse eine häufig wechselnde Präsenz des Kaisers in den früheren Randprovinzen, die nun zu Brennpunkten der Reichspolitik geworden waren.

Nicht Rom war für Diokletian der Träger des altrömischen Erbes, sondern er selbst, der Kaiser, auf den nicht nur ein

Abglanz des Jupiter fällt, sondern der mit Maximianus von seinen Lobrednern als »von den Göttern« gezeugt und als »sichtbar und gegenwärtig gewordener Jupiter und Hercules« gefeiert wird.

Diokletian hat das Kaisertum, *sein* Kaisertum, hoch über die menschlichen Niederungen, über das Gewöhnliche und Zufällige emporgehoben. Es sollte unantastbar und jeder profanen Berührung entzogen sein. Er allein war der *dominus et deus,* der Herr und Gott, der seiner nächsten Umgebung eine sakrale Würde verlieh, wie sein Palast zum *sacrum palatium* wurde und sein Beraterkollegium zum *sacrum consistorium.* Sinnfällige Zeichen dieser monarchisch-göttlichen Erhabenheit sind das Hofzeremoniell, Insignien und Ornat des Kaisers. Statt des herkömmlichen Purpurs trägt er seidene, goldbestickte Gewänder und eine mit Gold und Edelsteinen geschmückte Fußbekleidung. In weihevoller Abgeschiedenheit thront er in seinem *sacrum palatium* in Nikomedia oder wo immer er hofhält. Wer sich ihm naht, wird von Kammerherren und Eunuchen geleitet und muß sich zur Proskynese, zur kniefälligen Anbetung, vor dem Herrscher niederwerfen und den Saum seines Gewandes küssen. Diese Adoratio gilt auch für Angehörige und höchste Würdenträger.

Die frühere Annahme, Diokletian habe seine feierliche Repräsentation und die Proskynese aus der altpersischen Königssitte entlehnt, wurde in der jüngeren Forschung ergänzt durch den Verweis auf ebenso »starke italisch-römische Wurzeln«. Nur, was bei römischen Vorgängern vereinzelt und ohne Dauer auftrat, wird von Diokletian als staatsprägendes Element seines theokratischen Kaisertums hervorgehoben und nimmt so die byzantinische Theokratie schon vorweg.

Politisch vollendete Diokletian den bei den Soldatenkaisern vorgezeichneten Staatsabsolutismus. Mit ihm endete unwiderrufbar das von Augustus begründete *Prinzipat,* und es begann das *Dominat,* die absolute Kaiserherrschaft. Möglicherweise handelte Diokletian weniger aus persönlichem Machttrieb als aus idealen oder ideologischen Gründen. Seine Einrichtung der Tetrarchie, seine freiwillige Abdankung im Jahre 305 könnten das nahelegen. »Während er sich als *Dominus* anreden ließ, zeigte er sich in der Tat als Vater seiner Untertanen«, schreibt Aurelius Victor.

Ob Diokletians »politisches Andenken ganz anders dastände, wenn er im Jahre 302 gestorben wäre«, fragt sich Jacob Burckhardt. In diesem Jahr begann die Christenverfolgung, die Diokletian in seinen letzten Regierungsjahren zu unvorstellbarer Grausamkeit steigerte. In seinem Verhältnis zum Christentum einerseits und in der zwanghaften Restauration altrömischer Religiosität zum Staatskult andererseits zeigt sich, daß Diokletian nicht der »scharfsichtigste Beurteiler seiner Zeit« war. Er war blind gegenüber einem geschichtlichen Fortgang, der durch keine Restauration des alten Erbes aufzuhalten war.

Konstantin, empfänglich für Prunk und kaiserliche Selbstdarstellung, übernahm von Diokletian die monarchische Repräsentation einschließlich der Proskynese. Er übernahm die diokletianische Staatsordnung und konnte auf das von Diokletian Geschaffene aufbauen. Undenkbar wäre Konstantin ohne den Mann, an dessen Hof, in dessen nächster Nähe er aufwuchs. *Ein* allerdings entscheidendes Grundelement trennt Konstantin von seinem Vorgänger und macht das konstantinische Kaisertum geradezu zum Gegenbild. Konstantin verzichtet für seine Person auf den göttlichen Anspruch und auf den Opferkult. Und er sieht die geschichtliche Notwendigkeit, das Christentum zu tolerieren und anzuerkennen.

Zweiter Teil

Die Jugendzeit Konstantins

7 Constantius Chlorus

Die Kenntnis über Konstantins Kindheit und Jugend ist gering. Es fehlen verläßliche zeitgenössische Auskünfte, weil antike Historiker generell Lebensdarstellungen erst im vorgerückten Alter beginnen lassen. Eusebius, der zeitgenössische und erste Biograph Konstantins, beschreibt lediglich das »gottgefällige Leben« des Kaisers, an dem das Handeln Gottes zugunsten seiner Gemeinde sichtbar wurde. Das »Zweckdienlichste und für die Nachwelt Denkwürdigste« betrifft auch seine wenigen Angaben über Herkunft und Jugend Konstantins.

Als erschwerend kommt hinzu, daß Konstantin sich selber nicht nur auf Münzbildnissen sorgsam idealisieren ließ, sondern ebenso in mündlichen und schriftlichen Äußerungen. Konstantin war ein Meister der Selbstrepräsentation und der Selbstdarstellung.

Im Hinblick auf seine Herkunft ließ der Fünfundzwanzigjährige verbreiten, er sei kaiserlicher Abstammung, ein Enkel des guten und hochverehrten Kaisers Claudius Gothicus. Wer anders als Konstantin selbst konnte diese nützliche Legende dem Trierer Lobredner, der sie im Jahre 310 zum erstenmal verkündete, in den Mund gelegt haben? Sie verlieh Konstantin einen genuinen Vorrang gegenüber seinen damaligen niedriggeborenen Mitkaisern. Doch wäre die kaiserliche Abstammung zutreffend gewesen, so hätte Constantius Chlorus, der im Jahre 306 gestorbene Vater Konstantins, kaum versäumt, zu Lebzeiten seine Herkunft bekanntzugeben oder in einer Münzprägung kenntlich zu machen. Spätere Vermutungen, Constantius Chlorus sei ein illegitimer Sohn oder der Neffe oder Großneffe des Kaisers Claudius gewesen, können auch nicht als Beweis herangezogen werden.

Als gesichert gilt, daß der Gotenbezwinger Claudius wie auch Constantius Chlorus und Konstantin aus der gleichen illyrischen Provinz stammen. Außerdem hatte Kaiser Claudius seinen entscheidenden Sieg über die aggressiven Goten bei Naissus, der Geburtsstadt Konstantins, erfochten. Das war im Jahre 269 und noch in guter Erinnerung.

Naissus, heute Nisch an der Nissava in Serbien, war zur Geburtszeit Konstantins eine lebhafte Handels- und Garnisonsstadt, günstig gelegen an der Durchgangsstraße der Balkanländer südlich der Donau, Zentrum Dardaniens, wie die Provinz nach Diokletians neuer Provinzeinteilung hieß. Hier wurde Konstantin wahrscheinlich im Jahre 285 geboren.

Der etwa fünfunddreißigjährige Vater Constantius Chlorus war wohl um diese Zeit noch Statthalter der Provinz, jedenfalls war er es unter Kaiser Carus (282/283). Er kam aus niedrigem Stand, nicht anders als Diokletian oder die späteren Mitkaiser. Seine militärische Laufbahn hatte in der kaiserlichen Leibwache begonnen. Am Perserfeldzug des Carus und Numerian nahm er nicht teil, ebensowenig an der Kaisererhebung Diokletians bei Nikomedia. Wahrscheinlich hielten ihn die Provinzaufgaben zurück, und wahrscheinlich gehörte er zu den Gefolgsleuten des Carinus, die nach dessen Ermordung im Frühjahr 285 von Diokletian übernommen wurden. Seine Tüchtigkeit sicherte ihm ein hohes Ansehen. So ernannte ihn Maximianus, Diokletians Mitkaiser, wenige Jahre nach der Geburt Konstantins zum Prätorianerpräfekten und holte ihn an den kaiserlichen Hof.

Als Konstantin geboren wurde, lebte Constantius schon mehrere Jahre mit seiner um ein Jahr jüngeren Lebensgefährtin Helena in Naissus. Helenas Herkunft ist ungewiß. Ob sie in Bithynien beheimatet war oder in Drepanum nahe Nikomedia, ist unbewiesen. Als *stabularia,* als Herbergswirtin, wie Ambrosius zuverlässig bezeugt, hatte Constantius Chlorus sie kennengelernt. Da einem hohen Beamten oder Offizier die Heirat mit einer einheimischen Frau verwehrt war, lebte das Paar im Konkubinat, eine übliche, keineswegs ehrenrührige Sitte.

Die Bildnisse Helenas zeigen eine schöne, zierliche Frau mit zartem, länglichem Gesicht und leicht gebogener Nase, eine anmutige, klug blickende Erscheinung. Constantius

Chlorus, nach seinem Beinamen blaß- oder bleichgesichtig, wird von Laktanz eine »schwächliche Gesundheit« zugeschrieben. Aber das kann erst für die letzten Lebensjahre gelten. Lebenskraft und Pflichtbewußtsein zeigen die Bildnisse, auf denen ein kantiger, von Strapazen geformter Kopf mit wachen Augen und kräftiger Nase hervortritt.

Bereits um das Jahr 289, als Prätorianerpräfekt, trennte sich Constantius Chlorus von seiner Konkubine Helena und dem vierjährigen Konstantin. Er erhielt Theodora, die Stieftochter des Kaisers Maximianus, zur Frau. Der Aufnahme in die Kaiserfamilie folgten im Jahre 293 die Ernennung zum Caesar, die Adoption durch Maximianus und die Zuteilung der Herrschaft in den westlichen Ländern Gallien und Britannien.

In seiner Residenzstadt Trier ließ der Caesar an der Stelle der später errichteten Doppelbasilika von Dom und Liebfrauenkirche die zerstörte Villa urbana wieder aufbauen. Dort wohnte er mit seiner Gemahlin Theodora, der Tochter der schönen Syrerin Eutropia, die Maximianus geheiratet hatte, und der kaiserlichen Familie. Der Aufbau eines neuen Palastbezirks mit den Kaiserthermen wurde begonnen, das Amphitheater wiederhergestellt und eine große Rennbahn, der Circus maximus, im Osten der Stadt angelegt. Trier, am Eingang zur lothringischen Ebene gelegen, durch die Mosel mit dem Rhein verbunden und gleich weit von den Grenzmetropolen Köln und Mainz entfernt, sollte nun als römische Kaiserresidenz auch in seinen Bauwerken Macht und kaiserlichen Glanz repräsentieren.

Wie seine Mitkaiser erfüllte Constantius Chlorus seine Aufgaben hart und energisch. Erfolgreich schlug er die Franken und Alamannen, die Picten und Scoten. Verdienstvoll waren seine Maßnahmen zum Schutz und zur friedlichen Entwicklung der anvertrauten Länder. Die rheinischen Städte ließ er mit Mauern und Türmen umwehren, und in verödeten Gebieten Ostgalliens siedelte er Bauern an.

Sein größter Erfolg wurde die Landung an der britannischen Küste im Jahre 296. Einige Jahre zuvor war schon Gesoriacum (Boulogne), der gallische Stützpunkt der britannischen Usurpatoren, bezwungen worden. Doch nun gelang Constantius Chlorus die Rückeroberung des abtrünnigen

Sonderreichs Britannien. Der siegreiche Caesar fuhr die Themse aufwärts und hielt in Londinium (London) seinen feierlichen Einzug. Auf einem Goldmedaillon huldigt eine Allegorie der Stadt kniend dem Sieger, dem *redditor lucis aeternae* (Bringer ewigen Lichtes), denn der Kaiser verehrte den Sol Invictus, den unbesiegten Sonnengott. Zur zweiten Kaiserresidenz bestimmte der Caesar die in der nordenglischen Ebene an der Ouse gelegene römische Koloniestadt Eboracum (York).

Im Gegensatz zu seinen Mitkaisern, vor allem zu Maximianus und Galerius, deren rüde und zur Grausamkeit neigende Soldatennatur in der kommenden Christenverfolgung zügellos ausartete, erhält er allein menschliche, liebenswerte Züge. Nur ihn nennen die antiken Autoren über die kriegerischen Verdienste hinaus wiederholt einen milden Herrscher. Galerius habe ihn verachtet, weil er »von Natur aus mild« gewesen sei, schreibt Laktanz. »Nur mein Vater hat Werke der Milde geübt«, sagt Konstantin von ihm. Das beste und in seiner Konkretheit glaubhafte Zeugnis hat der altrömische Historiker Eutropius überliefert: »Ein ausgezeichneter Mann von außerordentlicher Leutseligkeit, besorgt um das Wohlergehen der ihm unterstellten Länder und Menschen, nicht bloß um die Interessen des Staatsschatzes ... bescheiden in seiner Lebensführung ... der allgemeinen Liebe und Verehrung wert.«

Nachweislich hat Constantius Chlorus seine Untertanen nicht ausgebeutet, nicht als Barbaren behandelt, sondern in ihnen römische Bürger gesehen. Seine maßvolle Steuerpolitik orientierte sich am ohnedies begrenzten Wohlstand der Bürger. Persönlich galt er im Gegensatz zu seinen Mitkaisern als ein beherrschter Mann mit bescheidenen Lebensansprüchen. So erzählte man, er habe »für größere Tischgesellschaften das Tafelsilber von Freunden ausleihen« müssen.

In den acht Jahren nach der Rückgewinnung Britanniens bis zu seinem Tode hielt sich der Caesar abwechselnd in seinen Residenzen Eboracum und Trier auf. Die meiste Zeit verbrachte er jedoch in Trier, wo ihm Theodora drei Söhne und drei Töchter gebar und wo die kaiserliche Familie in der Villa urbana lebte.

Unterdessen wuchs Konstantin in der Obhut seiner Mutter Helena heran. In den Kindheitsjahren wird Helena ihren

Jungen gut und gewissenhaft umsorgt haben. Zeit seines Lebens war Konstantin seiner Mutter, die er unmittelbar nach seinem Regierungsantritt an seinen Hof holte, innig zugetan. Die außereheliche Geburt brachte dem jungen Konstantin keine Nachteile. Der Vater sorgte für eine angemessene Erziehung. Offenbar hatte Constantius Chlorus mit seinem erstgeborenen Sohn von vornherein hohe Pläne, denn er öffnete dem Kind und Knaben den besten Weg zu einer vielversprechenden Laufbahn. Im Jungenalter kam Konstantin an den Hof Diokletians in Nikomedia und genoß dort eine prinzliche Ausbildung.

Seine Herkunft und die höchstrangig geförderte Ausbildung bewirkten bei Konstantin einen Vorsprung gegenüber den früheren Soldatenkaisern oder den regierenden Tetrarchen. Wahrscheinlich hat der durch einige Schriften schon berühmt gewordene Laktanz den Jungen unterrichtet. Diokletian hatte den etwa vierzigjährigen Nordafrikaner um 290 als Lehrer der lateinischen Beredsamkeit an den Hof in Nikomedia verpflichtet. Dort lehrte der Rhetor, bis er kurz vor der Christenverfolgung (303) zum Christentum übertrat. Konstantins Vertrauen in Laktanz war so groß, daß er dem alt gewordenen Rhetor und Schriftsteller in Trier im Jahre 317 die Erziehung seines erstgeborenen Sohnes überantwortete.

In zwei Berichten werden Ereignisse aus Konstantins Knabenjahren erwähnt, die ihn beide Male fern von Nikomedia zeigen. Um 300 wurde der jugendliche Konstantin in Aquileia mit Fausta, der wohl erst dreijährigen Tochter des Kaisers Maximianus und der Eutropia, verlobt. Auf einem Gemälde im Speisesaal des kaiserlichen Palastes zu Aquileia überreicht die kleine Fausta dem etwa fünfzehnjährigen Jungen Helm und Schild. Der Bericht schildert die Bemühungen des Malers um das Stillhalten des kleinen Mädchens.

Nicht lange vor oder nach seinem Aquileia-Aufenthalt begleitete Konstantin, wie Eusebius mitteilt, den Kaiser Diokletian auf dessen Zug durch Palästina. Demnach kümmerte sich Diokletian persönlich um Konstantins militärische Ausbildung. Eusebius schreibt weiter: »Kaum aus den Knabenjahren ins Jünglingsalter getreten, wurde er bei den Mitregenten seines Vaters schon der höchsten Auszeichnung für würdig erachtet... An Anmut und Schönheit des Körpers wie an Leibesgröße war nicht einer ihm zu vergleichen, und an Kraft und Stärke übertraf er seine Altersgenossen so sehr, daß er ihnen sogar furchtbar erschien.«

Die Charakterisierung deutet eher auf jene Zeit, in der Diokletian seinen Schützling dem Caesar Galerius anvertraute und Konstantin, wohl kaum vor seinem siebzehnten Lebensjahr, unter Galerius Kriegsdienste an der Donau leistete. Es waren nur kurze Einsätze, denn beim Beginn der Christenverfolgung lebte der Achtzehnjährige am Hof in Nikomedia und wurde Zeuge der ersten christenfeindlichen Erlasse Diokletians, wie er später selbst mitteilt.

Konstantins Erziehung und geistige Bildung verliefen ganz nach altrömischer Sitte, nach den kultischen Bräuchen jener Religiosität, die in der Verehrung der alten Götter und im Staatskult ihren Ausdruck fand. Unter der Obhut Diokletians war etwas davon Abweichendes undenkbar. Auch Helena wird ihren Sohn, solange sie bei ihm war, in diesem Sinne erzogen haben. Die Mutter mußte berücksichtigen, daß Konstantin als Sohn des Caesars Constantius zur herkulischen Dynastie gehörte. Eine Christin war Helena nicht. Erst später, erst nach Konstantins eigener Hinwendung zum Christentum und unter seinem Einfluß wird Helena »zu einer großen Dienerin Gottes«.

Sicherlich begegnete Konstantin am Hof Anhängern des Christentums. Die Christen wurden zunächst geduldet, wenn auch die Vorbehalte gegenüber der obskuren Sekte niemals verstummten. Aber selbst Diokletians Gemahlin Prisca und einzige Tochter Valeria, die mit Galerius vermählt war, galten als Christinnen. Es gab Christen in der Hofgesellschaft und Dienerschaft; es gab christliche Soldaten, was darauf schließen läßt, daß der vorgeschriebene Opferkult weniger streng gehandhabt oder umgangen wurde. Christen waren in das öffentliche Leben hineingewachsen. Erst die im Februar 303 beginnende Christenverfolgung brachte dem gesamten Staatsgefüge eine furchtbare und folgenschwere Zäsur.

Natürlich blieb Konstantin dieser Zugriff der Staatsgewalt nicht verborgen. Spätere Äußerungen lassen vermuten, daß ihn die Haltung der Verfolgten, die er »ehrwürdige, gottesfürchtige Männer« nennt, tief beeindruckt hat.

Mit seinem Vater in Trier oder Eboracum unterhielt Konstantin in diesen Jahren einen regen Kontakt. Er wußte also vom Verhalten des Constantius Chlorus während der Christenverfolgung, die, Diokletians Edikten entsprechend, noch die letzten Winkel des Reichs erfassen sollte. Konstantin wußte, daß sein Vater von den Praktiken der Mitkaiser abwich und christenfreundlich handelte. Diese Zurückhaltung des Caesars ist wichtig, nicht nur zu seiner Charakterisierung, sondern weil Konstantin nach seiner Kaisererhebung die tolerante Haltung seines Vaters aufnahm und in ihm den »Vorläufer, den Wegbereiter seiner eigenen Sendung« sah.

Constantius Chlorus war kein christlicher Kaiser. Wenn Eusebius schreibt, daß der Caesar »bei all seinen Handlungen den Erlöser-Gott angerufen « und »sein ganzes Haus ... dem einzigen und höchsten Herrscher« geweiht habe, dann bezieht sich das eher auf den Monotheismus des Constantius Chlorus, auf seinen Ein-Gott-Glauben, der vom Götterglauben der Mitkaiser abwich. Die Verehrung des als Tetrarch und Herkulier loyalen Caesars galt dem Sonnengott, wenn auch der Glaube an *einen* Gott, den Konstantin von seinem Vater übernehmen wird, dem Christenglauben entgegenkam.

Der Caesar Constantius hat die christenfeindlichen Edikte Diokletians nur zögernd oder in geforderter Konsequenz überhaupt nicht ausgeführt. In seinen Ländern gab es keine brutale Verfolgung von Menschen um ihres Glaubens willen. Vielleicht hat er, nach Laktanz, einige Kirchen zerstören lassen, doch Eusebius widerspricht dem ausdrücklich: »Er zerstörte weder Kirchengebäude, noch traf er sonstwie Maßnahmen gegen uns.« Gesichert ist lediglich, daß der Caesar, um ein Minimum der reichsverbindlichen Edikte zu erfüllen, ein Versammlungsverbot erließ. Darauf bezieht sich Konstantins erste Verordnung nach seiner Kaisererhebung, indem er »den Christen die Ausübung ihrer Religion wieder« gestattete.

Die christenfreundliche Haltung des Caesars Constantius war »nicht politisch« motiviert, denn im Westen, zumal in Gallien, gab es nur kleine Gemeinden, unbedeutend im politischen Machtspiel. Was ihn veranlaßte, so zu handeln, entsprach ganz und gar seinem milden Charakter und kam sicherlich nicht ohne den Einfluß seiner Gattin Theodora und der kaiserlichen Familie zustande. Theodora war Christin wie ihre Mutter Eutropia. Daß Constantius' zweite Tochter den eindeutig christlichen Namen Anastasia, die »Auferstandene«, erhielt, geht auf Theodoras Einfluß zurück. Auch die erste Tocher, Constantia, wird schon früh, vor dem Jahre 312, als gläubige Christin bezeichnet.

Der Historiker Hans Lietzmann sieht das Haus des Constantius von »christlicher Luft« durchweht, mit Recht. Am Hof in Trier hatte sich eine starke christliche Gemeinde gebildet. Kleriker lebten am Hof, versammelten die Gläubigen regelmäßig zu Gottesdiensten, in denen für den milden Caesar gebetet wurde. An den Gottesdiensten wird Theodora mit ihren Kindern teilgenommen haben. Die christliche Glaubenszelle in der kaiserlichen Residenz und in der eigenen Familie konnte an einem Mann wie Constantius Chlorus nicht vorbeigehen.

Wie sehr das Verhalten des Caesars nachwirkte, zeigt ein Ersuch donatistischer Bischöfe, die sich im Jahre 313 in ihrer Streitsache an Konstantin wandten. Die Donatisten baten um gallische Richter, weil Konstantins Vater als einziger die Christen nicht verfolgt habe und Gallien von den Verbrechen der Verfolger unberührt geblieben sei. Noch im fünften Jahrhundert vermerkt der Kirchenhistoriker Sozomenos, während der Christenverfolgung im ganzen Reich hätten es die Bewohner Galliens und Britanniens »nicht für ungesetzlich zu erachten brauchen, das Christentum zu bekennen«. Das sei dem Caesar Constantius zu verdanken.

8 Christenverfolgung

Jacob Burckhardt sah den Auslöser für die größte und blutigste Christenverfolgung in der Absicht der Christen, den Staat umzustürzen. »Die Kaiser glaubten offenbar, einem Komplott auf der Spur zu sein.« Diese Hypothese gewann unter den Geschichtsforschern keine Anhänger, und ihr widersprechen auch die tatsächlichen Ereignisse.

Die Ursachen lagen im Absolutheitsanspruch des Kaisertums und der von Diokletian neubelebten römischen Religiosität. Die vom Staatskult angestrebte wirksame Verehrung der altrömischen Götter und die Anerkennung altrömischer Gesetze sollten die Einheit und den Zusammenhalt des Imperiums garantieren. In diesem Rahmen stand der Verehrung fremdstämmiger Gottheiten nichts im Wege. Der Kult des Sonnengottes war ebenso anerkannt wie der Mithraskult, dem Diokletian selbst anhing, obwohl er als Jovius dem römischen Jupiter den Vorrang gab und den Staatskult dem höchsten römischen Gott weihte.

Mit den Christen verhielt es sich anders. Das junge Christentum stand außerhalb dieser römischen Religionsauffassung. Die von den Christen erkannte und gelebte Glaubenswirklichkeit führte zu einem eigenen Absolutheitsanspruch, der den Widerspruch provozierte. Es war nur eine Frage der Zeit, wann Diokletian um der inneren Einheit des Imperiums willen von den Christen die Unterwerfung forderte.

Wenn Diokletian verhältnismäßig spät gegen die Christen vorging, so lag das an den vordringlichen militärischen Operationen, die um das Jahr 298 abgeschlossen waren. Sein langes Zögern mag auch aus seiner eigenen eher bedächtigen, grüblerischen Natur erklärbar sein. In seinem ersten Edikt wollte er noch Blutvergießen vermeiden, und erst dann hemmte er den Verlauf nicht mehr, offensichtlich von den Scharfmachern in seiner Umgebung angetrieben. Aber es mußte Diokletian erschreckt und verbittert haben, daß die Christen in seinen östlichen Provinzen den größten Zulauf hatten, daß sie im öffentlichen Leben Einfluß gewannen, selbst in Nikomedia ihre Gottesdienste feierten und ihm die eigene Frau und die einzige Tochter entfremdeten.

Einige neuzeitliche Historiker sehen nicht in Diokletian, sondern in seinem Caesar Galerius den Urheber der christenfeindlichen Aktionen oder deren »Haupttriebfeder«. »Die Christenverfolgungen waren seine Waffe und sein Werk«, bemerkt Henri Grégoire unter Berufung auf Laktanz. Galerius sei, so berichtet Laktanz, gegen Jahresende 302 aus Illyrien nach Nikomedia gekommen, »von Frevelmut entflammt, um den wankelmütigen Greis, der bereits den Anfang gemacht, zur Verfolgung der Christen aufzustacheln«. Diokletian selbst hatte einige Zeit zuvor erleben müssen, wie bei einer Opferzeremonie die Eingeweideschau durch anwesende, sich bekreuzigende Christen gestört wurde und negativ verlief. Er reagierte wutentbrannt und leitete bereits zu diesem Zeitpunkt, ohne den Berater Galerius zu konsultieren, erste Maßnahmen gegen die Christen ein.

Diokletian war ein bedachtsamer Mann. Während der Wintermonate 302/303 ließ er sich nicht nur von Galerius beraten, sondern ebenso von anderen wie dem Christenhasser Hierokles, dem Statthalter von Bithynien. Er ließ die Götter und das Orakel von Milet befragen, dessen Rat allerdings zwangsläufig die Feindschaft schürte.

Wenn Laktanz die Urheberschaft der Verfolgung Galerius zuschreibt, so wäre zu bedenken, »wie weitgehend er in den geschichtlichen Vorgängen nur Argumente für seine vorgefaßte Meinung vom schrecklichen Tod der Verfolger gesehen hat«. Seine Argumentation entsprach dem programmatischen Titel seiner Schrift »Von den Todesarten der Verfolger«. Der qualvolle Tod des Galerius im Jahre 311 sollte als Sühne des Hauptschuldigen eine theologisch-religiöse Beweiskette schließen, für die es gewiß schwerwiegende Anhaltspunkte gab.

Der Einfluß des Galerius darf nicht geringgeschätzt werden. Er hatte das Heer gegen die Perser geführt, sein Sieg im Jahre 298 hatte ihm Ruhm gebracht und seine Position in der Tetrarchie gestärkt. Seine Soldaten verehrten ihn. Er war ein Kriegsmann, körperlich groß und kräftig, tapfer bis zur Tollkühnheit, skrupellos im Gebrauch der Mittel, die ihn voranbrachten. Im Verlauf der Christenverfolgung erwies er sich als brutal und grausam und tatsächlich als der erbarmungsloseste Antreiber. Vielleicht hatte seine Mutter, eine abergläubische Frau, die kurz vor der Geburt ihres Sohnes von jenseits der Donau in die Nähe Serdicas übergesiedelt war, ihren Christenhaß an Galerius weitergegeben. Genug Hinweise, die Galerius während der Verfolgung als wohl rabiateste Triebkraft erkennen lassen, jedoch nicht genug, um den Oberkaiser Diokletian und seine Entscheidung zu entlasten.

In den zentralen und das ganze Imperium betreffenden Fragen entschied der Oberkaiser. Die Christenverfolgung, die wichtigste und einschneidendste Maßnahme während der ersten Tetrarchie, entsprach viel zu sehr dem religiösen und politischen Wollen Diokletians, als daß man von seiner Urheberschaft absehen könnte.

Diokletians innerste Absicht zeigt sich bereits überdeutlich in seinem Vorgehen gegen die Sekte der Manichäer im Jahre 297. In seinem in Alexandria erlassenen Edikt heißt es: »Die alte Religion darf nicht von einer neuen getadelt werden ... Es ist das größte Verbrechen, zu widerrufen, was einmal von den Alten bestimmt und festgesetzt ist und seinen sicheren Gang innehält ... Darum sind wir eifrig darauf bedacht, die böswillige Hartnäckigkeit schlechter Menschen zu bestrafen, die neue und unerhörte Sekten den alten Götterdiensten entgegensetzen, um nach ihrer schändlichen Willkür zunichte zu machen, was uns einst von den Göttern gewährt wurde.« Diokletians Verdammung überlieferte die Häupter der Manichäer samt ihren heiligen Schriften dem Feuertod. Die Anhänger, sofern sie nicht von ihren »ruchlosen Bräuchen und verkehrten Gesetzen« abließen und dem Kaiser opferten, wurden ebenfalls hingerichtet oder in die Bergwerke geschickt.

Die Einleitungssätze des Manichäeredikts enthalten ein Signal, eine unüberhörbare Warnung, die in ihrer entschiedenen Schärfe nicht weniger den Christen galt. Der Zusammenhang zwischen Manichäer- und Christenverfolgung, dazu Diokletians bekenntnishafte religiöse Begründung geben seinem weiteren Vorgehen eine erschreckende Konsequenz.

Zunächst, wohl um die Jahrhundertwende, begann eine »Sichtung und Säuberung« der Armee. Offenbar hatte die laxe Handhabung der Opfervorschrift das für den Kaiser erträgliche Maß überschritten oder zur Dienstverweigerung christlicher Soldaten geführt. Vielleicht, nach Laktanz, hing der verschärfte Opferzwang mit der durch anwesende Christen gestörten Eingeweideschau und der dadurch ausgelösten zornigen Reaktion Diokletians zusammen. Eusebius spricht von einer auf das Heer beschränkten »Probe«, der dann – nach den Beratungen während des ganzen Winters – im Februar 303 das erste Edikt gegen die Christen folgte. Die nicht geringe Zahl der Gläubigen in den östlichen Provinzen, die Furcht vor der Entfesselung eines Bürgerkriegs mag Diokletians Hinauszögern nach der Heeressäuberung erklären.

Aber schon das erste Edikt übertrifft in seiner Schärfe das christenfeindliche Vorgehen früherer Kaiser. Die ausgeklügelte Konsequenz zeigt die Handschrift Diokletians, nicht anders als seine Forderung im Manichäer-Edikt: »Die Seuche dieser Bosheit soll mit der Wurzel ausgerottet werden.« Demnach mußten Kirchen und Versammlungshäuser der Christen zerstört werden; die heiligen Schriften, die liturgischen Gegenstände mußten ausgeliefert und verbrannt werden; das Kirchengut wurde konfisziert; religiöse Zusammenkünfte wurden verboten; die Christen verloren ihre bürgerlichen Rechte, verloren jegliche Ämter und Würden, gleichgültig, wie hoch sie als Standesperson gestellt waren.

Geplant war eine Ausrottung auf kaltem Wege, nach dem Willen Diokletians »ohne Blutvergießen«, während Galerius von vornherein für die Opferverweigerer den Feuertod forderte. Jedoch gleich nach der Verkündigung des Edikts begann das Unheil und steigerte sich bald zu einem nicht mehr kontrollierbaren Blutrausch.

Ein Militärkommando plünderte und zerstörte in Nikomedia die dem Kaiserpalast gegenüberliegende christliche Kirche. Die Christen waren über den ersten brutalen Gewaltakt aufgebracht, und einer von ihnen riß das öffentlich angeschlagene Edikt ab. Der mutige, aber auch unbedachte Mann büßte sein Vergehen auf dem Scheiterhaufen. Als dann wenige Tage später im kaiserlichen Palast ein Brand ausbrach, beschuldigte man, offensichtlich grundlos, doch wohlberechnet, die Christen der Brandstiftung. Konstantin, der sich in diesen Tagen in der Umgebung Diokletians aufhielt, spricht später von einem »Blitz« als Ursache für das Palastfeuer. Laktanz sah in Galerius den Brandstifter, er habe das Feuer gelegt, um die Schuld den Christen zuzuschieben und den Haß gegen sie zu schüren.

Der Palastbrand trieb den ängstlichen Kaiser zu verschärften Maßnahmen, vorerst in Nikomedia. Auf der Suche nach den Schuldigen wurden Folterungen angewandt, wurden die ersten Todesstrafen verhängt. Die gesamte Dienerschaft, alle Mitglieder des Hofes, auch Prisca, die Gemahlin des Kaisers, und die Tochter Valeria, wurden zum Kultopfer gezwungen. Wer das Opfer verweigerte, verfiel der Hinrichtung durch das Schwert oder durch Feuer.

Unabhängig von den Vorgängen in Nikomedia galten in allen Provinzen des Imperiums die Verordnungen des ersten Edikts. Außer Constantius Chlorus, der sich in Gallien und

Britannien auf eine Minimalerfüllung beschränkte, sorgten die Mitkaiser Maximianus und erst recht Galerius für drakonische Aktionen gegen die verachteten Christen. Aber es war noch nicht genug. Als im Frühjahr oder frühen Sommer im kappadozischen Melitene und in Syrien Aufstände gegen die Kaiserherrschaft ausbrachen, legte man auch sie den Christen zur Last. Dem folgte ein zweites Edikt, das die Einkerkerung aller Kleriker, der Bischöfe, Priester, Diakone und Lektoren, befahl. Diese Verordnung wurde angesichts überfüllter Gefängnisse wenige Monate danach durch ein drittes Edikt ergänzt. Es verfügte die Freilassung derjenigen, die ihrem Glauben abschworen und opferten, drohte jedoch den Opferverweigerern Folterungen und Tod an.

Im November 303 reiste Diokletian nach Rom, um dort gemeinsam mit Maximianus seine – wie üblich um ein Jahr vorgezogenen – Vicennalien, sein zwanzigjähriges Regierungsjubiläum, zu feiern. Der Kaiser konnte sich diesem einzigen Aufenthalt in Rom nicht entziehen. Im Mittelpunkt des Festes stand die Verehrung des kapitolinischen Jupiters, seines Staatsgottes, stand der Dank für die Hilfe der Götter und das Bekenntnis seiner eigenen und allen Bürgern zur Pflicht gemachten Religiosität. Das städtische Volk erfreute sich an den mit dem Kaiserbesuch verbundenen Spielen und Spenden. Aber Diokletian mißfielen das städtische Treiben und die Lebensart der Römer. Er verließ Rom vorzeitig, ohne den Jahresanfang und Beginn seines Konsulats abzuwarten, und reiste über Ravenna zurück nach Nikomedia.

Auf der winterlichen Reise, bei Kälte und Regen meist in der Sänfte getragen, erkrankte Diokletian schwer und blieb in Nikomedia einige Monate verborgen hinter den Palastmauern. Man vermutete schon, der Kaiser sei dem Sterben nahe, und betete für ihn zu den Göttern. Vielleicht trieben Diokletian die schwere Erkrankung und seine Befürchtung, er könnte sein religiöses Erneuerungswerk unvollendet zurücklassen, zu einem nun letzten und radikalsten Vorgehen gegen die Christen. Jedenfalls erließ der Kaiser im Frühjahr 304 sein viertes Verfolgungsedikt ohne den Berater Galerius, den Laktanz in diesem Zusammenhang nicht erwähnt.

Das berüchtigte vierte Edikt löste die voraufgegangenen nicht ab, sondern verschärfte sie nochmals, indem es jedermann, der sich als Christ bekannte oder als solcher verdächtigt wurde, zum vogelfreien Verfolgungsobjekt machte. Wer immer das Kaiseropfer verweigerte, wer nicht vom Opferwein und Opferfleisch kostete, sollte ohne Gerichtsverfahren der Folterung oder dem Tod auf dem Scheiterhaufen oder dem langsameren Sterben in den Bergwerken verfallen. Nun waren durch Staatsgesetz jeder Roheit, jeder Grausamkeit, jedem menschenunwürdigen Gewaltakt die Tore geöffnet. Die Folgen sind nachzulesen im achten Buch der Kirchengeschichte des Eusebius oder in den Märtyrerakten, mag man auch die Verläßlichkeit einzelner Berichte anzweifeln oder vor einer Verallgemeinerung warnen.

Schon wenige beispielhafte Zitierungen vermitteln, was vorwiegend in den Eusebius vertrauten östlichen Provinzen über die bekennenden Christen hereinbrach.

»Die einen starben während der Foltern, andere fanden durch Hunger den Tod, wieder andere wurden gekreuzigt, die einen in der bei Verbrechern üblichen Art, die anderen zur größeren Qual mit dem Kopf nach unten angeheftet und am Leben belassen, bis sie an den Balken verhungerten ... Und das alles trieb man nicht etwa einige Tage oder nur kurze Zeit, sondern volle Jahre hindurch. Bald wurden ihrer mehr als zehn, bald über zwanzig hingerichtet, ein andermal gegen sechzig und bisweilen sogar hundert Männer nebst kleinen Kindern und Frauen an einem einzigen Tage getötet, zu Martern in buntem Wechsel verurteilt. Auch wir haben in jenen Gebieten gesehen, wie an einem einzigen Tage mehrere zugleich teils enthauptet, teils verbrannt wurden. Das Richtschwert wurde stumpf und als verbraucht zerbrochen, und die Henkersknechte mußten sich vor Ermüdung gegenseitig ablösen ... In Phrygien umzingelten Soldaten ein ganzes von Christen bewohntes Städtchen, warfen Feuer hinein und verbrannten die Insassen samt Frauen und Kindern, die laut zu Gott, der über allem ist, um Hilfe riefen ...«

»Wozu soll ich jetzt noch die übrigen Namen erwähnen oder die Menge der Männer aufzählen und die verschiedenartigen Qualen der bewunderungswerten Märtyrer schildern? Die einen wurden mit dem Beil hingerichtet, wie es in Arabien geschah, andern wurden die Beine zerbrochen, wie es denen in Kappadokien erging, wieder andere wurden mit dem Kopf nach unten an beiden Füßen aufgehängt und ein schwelendes Feuer darunter entfacht, so daß sie an dem aus dem glimmenden Holze aufsteigenden Qualm erstickten. So verfuhr man in Mesopotamien. Andern schnitt man Nase, Ohren und Hände ab und verstümmelte sie an den übrigen Gliedern und Teilen des Körpers, wie es in Alexandrien der Fall war. Und was soll ich das Andenken derer in Antiochien erneuern, die auf Feuerherden, nicht damit sie stürben, sondern zwecks langer Peinigung gebraten wurden oder lieber die Rechte in die Flamme steckten, als das unheilige Opfer berührten? Einige davon wichen vor der Prüfung aus und stürzten sich, ehe sie in die Gewalt und die Hände der Henker fielen, von den Dächern hoher Häuser herab, den Tod als Gewinn ansehend gegenüber der Bosheit der Gottlosen.«

»Schauerlich schon zum Anhören sind die Leiden der Märtyrer im Pontus. Man trieb ihnen scharfes Schilfrohr von der Spitze der Nägel an durch die Finger der Hände. Andern goß man im Feuer geschmolzenes Blei, solange die Masse noch kochte und glühte, über den Rücken und verbrannte ihnen so die notwendigen Körperteile. Wieder andere erlitten an den Eingeweiden und den Organen, die man nicht nennen mag, erbarmungslos häßliche und unbeschreibliche Qualen, die die edlen und gesetzestreuen Richter in regem Wetteifer ersannen, ihre Grausamkeit als eine Art hervorragender Weisheit darin zur Schau stellend. Wie wenn es um Kampfpreise ginge, suchten sie sich gegenseitig in Erfindung stets neuer Foltern zu überbieten.«

Wenn in Gallien und Britannien eine derart brutalisierte Verfolgung überhaupt nicht stattfand, so wurde die Ausführung des vierten Edikts auch in anderen Regionen im Osten wie in Italien, Afrika, Spanien unterschiedlich gehandhabt. So zählte man in der Provinz Palästina in den zehn Verfolgungsjahren »keine hundert Märtyrer«, während in anderen Provinzen ein qualvolles Massensterben verzeichnet wurde. Unter den Statthaltern, Beamten und den Henkern gab es strikte und widerwillige Befolger der kaiserlichen Verfügung, gab es – wie immer bei solchen Anlässen – solche, die ihrer pervertierten Veranlagung freien Lauf ließen, oder Mitläufer, die sich auf den Kaiserbefehl beriefen. Und es gab Statthalter, die sich einen Rest von Menschlichkeit vorbehielten, die das Schlimmste zu vermeiden wußten oder die Christen zum Scheinopfer ermunterten.

Wenn Christen überlebten, so lag das an der unterschiedlichen Ausführung des Kaiserbefehls oder daran, daß nicht im öffentlichen Leben stehende Christen sich anonym verhielten oder verbargen. Es ist allerdings auch erwiesen, daß nicht wenige Märtyrer aus einer »unwiderstehlichen Gottessehnsucht nach dem himmlischen Paradies« zum »erlösenden Tod« drängten. Angesichts der furchtbaren und tödlichen Herausforderung reagierten die frühen Christen wie Verfolgte zu allen Zeiten. Neben einer schon entrückten Todesbereitschaft stehen Beispiele besonnener Standhaftigkeit oder solche menschlicher Schwächen. Um den Qualen zu entgehen, opferten Christen zum Schein, oder sie lieferten die heiligen Schriften aus, besonders in Nordafrika. Das Verhalten jener »Auslieferer«, Traditores genannt, führt nach der Verfolgungszeit in der Christenkirche zu weitreichenden Konflikten, die der angerufene Kaiser Konstantin zu regulieren sucht.

Obwohl schon Eusebius davon spricht, daß Richter und Henker »des Mordens müde und des Blutvergießens satt und überdrüssig« wurden, dauerte die strenge, vorwiegend im Osten konzentrierte Verfolgung vier Jahre fort und weitere fünf Jahre mit wechselndem Vollzug. Erst Konstantin wird der Verfolgung auch im Osten ein Ende setzen.

Dem Urheber Diokletian brachte die Christenverfolgung eine erschreckende, im tieferen Sinne tragische Bilanz, nicht nur, weil sein Gewaltgericht scheiterte und das Christentum aus der Verfolgung gestärkt hervorging. Diokletian, der so klug und erfolgreich zu regieren begann, dessen zunächst erkennbare persönliche Integrität und Tatkraft in der Wiederherstellung der Reichseinheit ihm fast zur Größe gereichten, wurde zum Verräter an sich selbst. Er hat mit der Christenverfolgung genau das preisgegeben, an das er glaubte und das er erneuern wollte, das geistige Erbe Roms, das religiös begründete Ethos und das Rechtsdenken der Römer.

9 Diokletians Abdankung

Am härtesten verurteilte Laktanz den Kaiser, der ihn selbst nach Nikomedia berufen hatte und an dessen Hof der Rhetor an die fünfzehn Jahre lebte. »Diokletian, groß in Erfindung von Verbrechen und im Anstiften von Unheil, konnte bei dem allgemeinen Verderben, das er verbreitete, auch von Gott die Hand nicht zurückhalten. Zwei Eigenschaften wirkten bei ihm zusammen, um den Erdkreis zu verderben: seine Habsucht und seine Furchtsamkeit.« Die Schlußfolgerung von Laktanz wiegt schwer, obwohl man nur weiß, daß er nach seinem Übertritt zum Christentum sein Lehramt verlor, jedoch nicht, wie er der verschärften Verfolgung entgehen konnte. Er blieb bis zur Abdankung Diokletians im Jahre 305 in Nikomedia, wahrscheinlich noch ein weiteres Jahr, um dann außerhalb Bithyniens zu leben.

Allerdings charakterisiert Laktanz den Kaiser nicht vorurteilsfrei. Als Christ, als Mitbetroffener und Augenzeuge der Verfolgung wollte er in seiner Schrift ausschließlich die Schuld der Verfolger und das über sie gekommene Strafgericht Gottes herausstellen. Deswegen war der Autor kaum darauf bedacht, ein differenziertes und das ganze Denken und Handeln Diokletians erhellendes Charakterbild zu zeichnen.

Furchtsam war Diokletian gewiß und im Gegensatz zu den skrupellosen Tat- und Militärnaturen Galerius und Maximianus eher abwägend und grüblerisch. Persönliche Habsucht wird man ihm schwerlich nachsagen können. Das Urteil des Laktanz, das maßgebend Diokletians überliefertes Bild geprägt hat, muß gerechterweise durch die Charakterzeichnung eines altgläubigen Biographen der Historia Augusta ergänzt werden: »Er war ein hervorragender Mensch, klug, eifrig für den Staat, eifrig für die Seinigen, gerüstet, welche Aufgabe auch an ihn kommen mochte, stets unergründlich in seinen Gedanken, bisweilen verwegen, sonst vorsichtig; die Bewegung des unruhigen Innern drängte er durch gewaltige Beharrlichkeit zurück.«

Die gegensätzliche Beurteilung Diokletians zwingt jedes biographische Unternehmen zur Bescheidenheit, auch wenn wir die Voraussetzung der Urteilenden zu kennen glauben.

Es wäre denkbar, daß eine »beklemmende Ahnung vom Scheitern« der Christenverfolgung Diokletian in seinem Willen zur Abdankung bestärkte. Vielleicht bedrückten ihn die Eskalation seiner Verfolgung, die furchtbaren Ausartungen, die ja nicht verborgen blieben. Sicherlich fühlte der kränkelnde, wohl siebzigjährige Oberkaiser seine physischen Kräfte schwinden und nicht mehr den harten Anforderungen des Regierens gewachsen. Aber seine Abdankung war keine Entscheidung des Augenblicks, und sie war nicht »gegen seinen eigenen Willen durch Galerius« erpreßt.

Die freiwillige Abdankung entsprach Diokletians Vorstellung von der Tetrarchie, und sie war als Doppelabdankung vorbereitet. Im November 303 in Rom hatte sich der Mitaugustus Maximianus eidlich verpflichtet, anläßlich der Feier seiner Vicennalien mit Diokletian das Kaiseramt niederzulegen. Wie vorgesehen sollten die beiden bisherigen Caesaren die kaiserliche Nachfolge antreten, sollten erneut zwei Caesaren ernannt werden. Der einige Jahre jüngere und noch rüstige, machtbesessene Maximianus folgte der Aufforderung widerstrebend. Aber er gehorchte, was noch einmal Diokletians unbedingte Autorität in der Tetrarchie beweist.

Während Maximianus am 1. Mai 305 in Mailand den kaiserlichen Purpur ablegte, vollzog sich am selben Tag auf dem Jupiterhügel bei Nikomedia ein spektakuläres Schauspiel. Es war derselbe Ort, an dem Diokletian im Jahre 284 sein Kaisertum begonnen und wo er Galerius zu seinem Caesar ernannt hatte. Von seiner Tribüne herab überblickte Diokletian das in Paraderüstung angetretene Heer, endlos gruppierte Karrees der Soldaten mit ihren Feldzeichen. Der Kaiser im goldgestickten Triumphalornat saß erhöht auf seinem Thronsessel, umgeben von Würdenträgern und engsten Vertrauten, darunter der zwanzigjährige Konstantin. Man kann sich vorstellen, wie sehr Diokletian, der den zeremoniösen Prunk liebte, seinen letzten öffentlichen Auftritt auskostete. Er hatte Tränen in den Augen, als er zu seinen Soldaten sprach, ihnen erklärte, er sei alt und krank geworden, er bedürfte nach den langen, schweren Regierungsjahren der Ruhe. Darum wollte er die Herrschaft auf jüngere, kräftigere Schultern legen und andere Caesaren berufen.

Die kaiserliche Erhebung von Galerius und Constantius

Chlorus (in Mailand) bot keine Überraschung. Doch wem würde Diokletian den Purpur des Caesaren übergeben? Laktanz, Augenzeuge dieser bewegenden Szene, schildert, wie »alle auf Konstantin blickten« und an seiner Wahl »keinerlei Zweifel« hegten. Entgegen der allgemeinen Erwartung verkündet Diokletian die Namen zweier unbekannter Männer: Severus und Maximin Daia.

»Oben auf der Tribüne stand Konstantin. Man war unschlüssig, ob nicht der Name Konstantins geändert worden sei. Da griff Galerius vor aller Augen mit der Hand nach rückwärts und zog unter Zurückdrängung Konstantins den Maximin Daia hervor. Dieser mußte die gewöhnliche Kleidung ablegen und in die Mitte treten.« Diokletian, so berichtet Laktanz, warf dem erwählten Caesar den eigenen Purpur über die Schulter, worauf er, der Kaiser, wieder Diokles wurde. Die Einkleidung und Amtsübernahme des Caesaren Severus erfolgte in Mailand.

Laktanz wird seine Schilderung nicht übertrieben haben. Eine durchaus verständliche Erwartung richtete sich auf den jungen Konstantin. Zumindest einem Teil der Soldaten, den Leibwachen wie der Hofgesellschaft konnte nicht entgangen sein, daß Konstantin als bevorzugter Schützling Diokletians oft in dessen engster Begleitung auftrat. Er hatte sich in mehreren Kriegseinsätzen bewährt und als »Tribun obersten Ranges« eine Auszeichnung erhalten. Seine »kriegerische Tüchtigkeit« und sein rechtschaffenes und umgängliches Verhalten waren in der Truppe bekannt. Zudem war er verlobt mit der Tochter des Maximianus, vorgesehen zur Aufnahme in die kaiserliche Familie.

Andererseits besteht die Frage, ob Diokletians System der Tetrarchie die Erblichkeit nicht ausschloß und aus diesem Grund dem Sohn des Constantius Chlorus die Ernennung verwehrt blieb. Denn ebenso zerrann eine zweite Erwartung und ließ Enttäuschte zurück. Wie Konstantin, so wurde Maxentius, der Sohn des Kaisers Maximianus und bereits verheiratet mit der Tochter des Galerius, bei der Caesarerhebung übergangen.

Jedoch beweiskräftiger als diese Vermutung ist das Votum des Galerius. Bei der Berufung der Caesaren läßt sich sein ehrgeiziger Einfluß nicht bestreiten, zumal er, Diokletians

Adoptiv- und Schwiegersohn, als einziger der Mitkaiser beratend zur Verfügung stand. Er verachtete Constantius Chlorus wegen dessen milder Regierungspraxis und schien in Konstantin eine Bedrohung seiner eigenen Machtpläne zu befürchten. Konstantins »Zurückdrängung« auf der Tribüne, um dem Mann der eigenen Wahl Platz zu schaffen, ist ein symbolträchtiges Bild. Wie sehr Galerius seinen Einfluß geltend machte, zeigt die Wahl seiner beiden Kreaturen.

Maximin Daia war ein aus Dakien stammender Neffe des Galerius, der ihm an Selbstsucht und Herrschgier nicht nachstand. Verdienste in der Truppe oder der Verwaltung konnte der Erwählte nicht vorzeigen, um so mehr war er der Trunksucht und allen rasch zu befriedigenden Begierden verfallen. Als Caesar wird der abergläubische, stets von Wahrsagern umgebene Mann zum Christenverfolger, der an Grausamkeit Galerius noch übertrifft. Sicherlich rechnete Galerius mit der Willfährigkeit des Sohnes seiner Schwester, der sein Caesar und von ihm adoptiert wurde. Aber merkwürdigerweise behielt sich Galerius vor, die Herrschaft in Kleinasien und Pontus am Schwarzen Meer selbst zu übernehmen außer seinen Stammländern Illyrien und Thrakien. Vielleicht wollte er den unerfahrenen Maximin Daia erst erproben, denn er überließ dessen Machtbefugnis lediglich die Diözesen Syrien und Ägypten.

Der zweite, Constantius Chlorus zugewiesene Caesar Severus konnte wenigstens eine Bewährung im Kriegsdienst vorweisen. Der illyrische Bauernsohn Severus hatte am Perserfeldzug unter Galerius teilgenommen und gehörte zu den trinkfesten Offiziersfreunden seines kaiserlichen Feldherrn. Auch ihm hatte Galerius als ergebenem und lenkbarem Mann zur Caesarwürde verholfen. Severus übernahm Italien, Nordafrika und Spanien, die bisherigen Machtbereiche des Maximianus. Der Augustus Constantius Chlorus, innerlich wie äußerlich fern von den mit der Abdankung der beiden Oberkaiser verbundenen Machenschaften, behielt seine westlichen Länder Gallien und Britannien.

Die neue, die zweite Tetrarchie war eingerichtet, doch sie war kein staatsmännisches Meisterstück des alten Kaisers Diokletian. Sie trug bereits, weil die Unfähigkeit und mangelnde Würde der Ernannten zu offensichtlich waren, den

Keim des Verfalls in sich. Aber Diokletian resignierte nach einundzwanzig Regierungsjahren, müde geworden, geplagt von Mißerfolgen, geschwächt von seiner schweren Krankheit. Ein enttäuschter, ruhebedürftiger Greis stieg nach seinem letzten Akt von der Tribüne auf dem Jupiterhügel hinab. Unten, sichtbar allen Teilnehmern dieses feierlichen Abschiedsschauspiels, stand schon der Reisewagen bereit, der ihn nach der Überquerung des Bosporus über die staubigen Straßen Thrakiens, Makedoniens und Illyriens zu seinem Alterssitz an der dalmatinischen Küste bringen sollte.

Diokletian kehrte zurück in die Gegend seiner Geburt und Kindheit. Südlich der römischen Kolonie Salona (heute Solin) und nahe der kleineren Griechensiedlung Aspalathos hatte er an einer geschützten Bucht seit der Jahrhundertwende seinen Alterspalast bauen lassen. Es war weniger eine ländliche Kaiservilla als eine Fluchtburg, ein kastellartiger Komplex, dessen Grundlage aus der Architektur römischer Militärlager entwickelt wurde. Ein riesiges, ummauertes, türmebewehrtes Karree, durchschnitten vom Achsenkreuz der Lagerstraßen. Die sorgfältig geplante Palastanlage repräsentiert noch einmal Diokletians Ordnungssinn und Organisationstalent, aber auch seine Ängstlichkeit, sein Mißtrauen.

An den Landseiten schützten den Palast achtzehn Meter hohe und zwei Meter dicke Mauern, an der Ost- und Westseite in einer Länge von 215 Metern. Nach Süden zog eine 181 Meter lange Mauerfront die Grenze zum Meer. Hier, in einer neun Meter hoch liegenden, mit Säulen und Arkaden geschmückten Wandelhalle mit Blick auf das Meer, konnte Diokletian seinen Gedanken nachgehen. Unterhalb der Wandelhalle führte, falls Gefahr drohte, ein unterirdischer Fluchtgang zur Seepforte.

Der emeritierte Weltherrscher war mit großem Gefolge in seine noch nicht ganz vollendete Altersresidenz eingezogen. In der Nordhälfte lagen die Truppenunterkünfte, die Wirtschafts- und Verwaltungstrakte. Im südlichen Teil erstreckten sich die kaiserlichen Gemächer, Repräsentationsräume, Bibliotheken, Speisesaal, Brunnen und Bäder, wie es der römischen und hellenistischen Wohnkultur entsprach. Frischwasser kam aus dem Bergfluß Jader, über einen acht Kilometer langen Aquädukt, der das bergige Hinterland überbrückte, herabgeleitet in die Palastzisternen. Das Wasser war Diokletian wichtig, nicht nur aus lebensnotwendigen Gründen, sondern zur Bewässerung der Gemüsekulturen, die der alte Mann mit Fleiß anpflanzte und pflegte.

An zentraler Stelle im Südteil ließ der Jovius Diokletian einen Jupitertempel errichten, ihm gegenüber sein Mausoleum, ein Oktogon, umschlossen von vierundzwanzig Säulen und überwölbt von einer Zentralkuppel. Das Mausoleum blieb in seiner Struktur erhalten, denn es wurde Mitte des siebten Jahrhunderts in eine christliche Kathedrale umgewandelt. Einige Jahrzehnte zuvor hatten Flüchtlinge aus dem bedrohten Salona im verlassenen Palastbezirk Schutz gesucht. Seitdem war der Palast von Einheimischen bewohnt, wurde er zu einer kleinen Stadt, von den Einwohnern nach der älteren Griechensiedlung Spalato genannt.

Aus der Keimzelle des diokletianischen Palastbezirks, über Spalato, entwickelte sich eine Stadt, eine jugoslawische Großstadt, das heutige Split. Zwischen der Südfront des Palastes und der Meeresbucht zieht heute eine breite, vielbefahrene Straße und eine palmenbewachsene Promenade. Es ist mühsam, in der von hohen Wohnhäusern und Geschäften durchsetzten Mauerfront die einstige Porta Aurea zu finden. Wer das Tor durchschreitet, gelangt nach einem dunklen Gang in eine Mischwelt von Heute und Gestern, in ein lebhaftes Menschentreiben zwischen Mauerresten, Ruinen und Säulen, zwischen Anbauten, abgetragenen oder wohnhaft gemachten Gebäudetrakten und später errichteten Wohnhäusern, zwischen Cafés, Geschäften und bunt bestückten Verkaufsständen. Noch heute leben zwischen den Palastmauern in der Altstadt Splits mehr als dreitausend Einwohner.

Was übrigblieb von Diokletians Fluchtburg und Altersresidenz, sein Mausoleum, Säulen aus ägyptischem Marmor, Teile ägyptischer Kolossalplastiken, Mauerstücke aus einheimischen Steinbrüchen, das mutet an wie Überreste einer gigantischen Theaterkulisse, stehengeliebene Requisiten nach dem Abgang der Mimen.

Er selbst, Diokletian, der ehemals mächtigste Herrscher des Erdkreises, göttlicher Verehrung teilhaftig, hatte seinen Abgang endgültig gemacht. Die Weltgeschäfte, das Regieren und die Machtspiele der nach ihm Herrschenden waren ihm in die

Ferne gerückt. Nur noch einmal wurde seine Ruhe gestört, als seine kaiserlichen Nachfolger ihn im Jahre 308 nach Carnuntum an der Donau riefen. Galerius bat ihn angesichts verwirrender und die Reichseinheit bedrohender Streitigkeiten der Kaiser, die Ordnung wiederherzustellen und erneut die Kaiserwürde zu übernehmen. Diokletian winkte ab mit der Bemerkung: »Ich wünschte, ihr könntet den Kohl sehen, den ich in Salona mit eigenen Händen pflanze. Dann würdet ihr für immer von solchen Versuchen absehen, mich zurückzuholen.«

Diokletian lebte in seiner heimatlichen Absonderung noch weitere acht Jahre. Er starb in den ersten Dezembertagen 316, zur selben Zeit, als die beiden letzten Mitkaiser Konstantin und Licinius auch den staatspolitischen Entwurf Diokletians zu Grabe trugen. Der abgeschiedene Kaiser wurde in seinem Mausoleum beigesetzt in einem mit Purpur umhüllten Sarkophag. Später, nach über einem Jahrhundert, wurde er nun doch gewaltsam aus seiner Ruhe gerissen. Grabräuber drangen in sein Mausoleum ein und raubten den Sarkophag mitsamt den Gebeinen.

10 Konstantin entkommt Galerius

Nach dem ersten Maitag des Jahres 305 gewann Galerius eine Machtstellung, in der er sich »als den alleinigen Herrn des Erdkreises« betrachtete. Diokletian wählte die Rolle des unbeteiligten Zuschauers. Der zweite Altkaiser, Maximianus, zog sich auf sein Landgut in Lukanien zurück, sicherlich grollend, weil er tatenlos hinnehmen mußte, wie sein Sohn Maxentius bei der Caesarerhebung übergangen wurde.

Galerius haßte den kleinwüchsigen, unkriegerischen Maxentius, obwohl er ihm seine Tochter aus erster Ehe zur Frau gegeben hatte. Aber das war unter der früheren politischen Konstellation erfolgt, um die Verbindung zum damaligen Augustus Maximianus enger zu knüpfen, vielleicht auch »einer Kombination des alten Oberkaisers zuliebe«. Von seinem Schwiegervater, das wußte Maxentius, hatte er nichts zu erwarten. Er wird bald zur Selbsthilfe greifen. Vorläufig beschränkt er sich darauf, an seinem Wohnort in der Nähe

Roms Pläne auszuhecken, die ihn zu konspirativen Verbindungen mit den römischen Prätorianern und der in Albanum stationierten zweiten parthischen Legion führen.

Einstweilen, für ein gutes Jahr, genießt Augustus Galerius seine uneingeschränkte Macht. Maximin Daia und Severus dienen als willige Helfer, obwohl der in Mailand residierende Severus als Caesar dem Constantius Chlorus zugesellt ist. Constantius Chlorus nimmt zwar die Position des rangältesten Augustus ein wie vordem Diokletian, sein Name erscheint bei der gemeinschaftlichen Titulatur der beiden Augusti an erster Stelle. Aber auch dieser Vorrang bleibt ohne richtungweisende Bedeutung für die politische Praxis in den von Galerius, Maximin Daia und Severus beherrschten Ländern. Das dreifache Übergewicht des Galerius setzte eigene Maßstäbe.

Lakonisch vermerkt Laktanz: »Nach der Erlangung der höchsten Gewalt richtete Galerius nunmehr sein Augenmerk auf die Mißhandlung des Erdkreises, der ihm nun offenstand.« Wie schon die von Eusebius berichteten unmenschlichen Ausartungen der Christenverfolgung vorwiegend in den Galerius unterworfenen Regionen stattfanden, so wurden die christenfeindlichen Maßnahmen unter dem Alleinherrscher und seinem östlichen Caesar Maximin Daia noch gesteigert. Die Folterungen nahmen zu. Auch sonst herrschte Galerius despotisch. Die antiken Autoren nennen nicht Galerius, jedoch Diokletian »Vater seiner Untertanen«.

Der neue Oberkaiser plante, nach persischem Brauch seine Untertanen wie Leibeigene und Hörige zu behandeln. »Weil er dies nicht offen befehlen konnte«, raubte er ihnen zunächst die Freiheitsrechte. Die Ehrenrechte wurden gelöscht. So konnte jeder dem Herrscher mißfallende Mann, auch schon bei geringfügigen oder bürgerlichen Streitfällen, der Folterung unterworfen werden. »Die Beredsamkeit war abgeschafft, die Anwaltschaft aufgehoben, die Rechtsgelehrten waren verwiesen oder ums Leben gebracht, Wissenschaft wurde unter die verderblichen Künste gerechnet . . . Anstelle der aufgehobenen Gesetze trat allgemeine Willkür, die den Richtern eingeräumt wurde.« Augustus Galerius ordnete für alle Provinzen und Städte verbindliche erhöhte »Kopf- und Vermögenssteuern« an, die er unnachsichtig einziehen ließ.

Der nordwestliche Herrschaftsbereich blieb von diesen Vorgängen unberührt. Constantius Chlorus ordnete seine Länder Gallien und Britannien nach eigenen Gesetzen. Seit Beginn der Christenverfolgung scheinen Trier und Eboracum, die Residenzen des Constantius, wie auf einem anderen Kontinent zu liegen. Fern von den Ereignissen in Nikomedia, Mailand oder Sirmium bestimmte der Einfluß der kaiserlichen Familie das Leben am Trierer Hof. Die christliche Theodora, die Tochter des Maximianus, gebar ihrem Gemahl Constantius drei Söhne, Dalmatius, Julius Constantius und Hannibalianus; der älteste zählte zu dieser Zeit zwölf oder dreizehn Jahre. Auch die Töchter, Constantia, Anastasia und Eutropia, waren um das Jahr 305 noch nicht erwachsen.

Constantius Chlorus, der schon die Edikte Diokletians milde befolgte, handelte auch als Augustus eher christenfreundlich. Als rangältester Oberkaiser blieb er ungebunden, unangetastet von Weisungen seines Mitkaisers, wenigstens im eigenen Machtbereich.

Allerdings verfolgte Galerius im Vollgefühl seiner Machtüberlegenheit die Vorgänge in Gallien und Britannien mit wachsendem Mißtrauen. Zwischen Trier und Sirmium oder Nikomedia trugen zahlreiche Verbindungsleute ihre Informationen von Hof zu Hof. Die zunehmenden Spannungen zwischen den Oberkaisern bestimmten zwangsläufig Konstantins Position am Hof des Galerius. Wahrscheinlich war der Sohn des Constantius Chlorus für Galerius eine Art Geisel.

Frühe Bildnisse Konstantins zeigen ein ebenmäßiges, offenes, schmalköpfiges Gesicht mit großen, intelligent blickenden Augen, über dem vollippigen Mund ein leichter modischer Schnurrbart. Wie er lebte um diese Zeit, was ihn persönlich interessierte oder wie er auf andere wirkte, bleibt auf Andeutungen beschränkt. Die knappen Auskünfte der Biographen sind, wie man weiß, wohlwollend und stilisiert. Aus den von Eusebius wie von Laktanz genannten Eigenschaften formiert sich das Bild eines jungen Helden: körperlich anmutig, stark, groß, voll hohen Mutes, kriegerisch tüchtig, selbstbeherrscht, rechtschaffen, leutselig, liebenswürdig, von seltener Unbescholtenheit, beliebt beim Volk und beim Heer. Man darf jedoch annehmen, daß ein junger Mann seines hitzigen sanguinischen Temperaments, seiner Lebe- und

Prunksucht, seiner Härte sich selbst und anderen gegenüber auch seine Schwächen hatte.

Ob und in welcher Weise Konstantin die Verbindung zu seiner Verlobten Fausta aufrechterhielt, ist ungewiß. Sicherlich lebte das wohl achtjährige Mädchen bei seinen Eltern in Lukanien. Aber offenbar nahm niemand, auch nicht der zukünftige Schwiegervater Maximianus, Anstoß daran, daß Konstantin trotz seines Verlöbnisses ein Liebesverhältnis mit einer Konkubine namens Minervina unterhielt. Mit Liebesbeziehungen scheint er äußerst locker umgegangen zu sein. Später, während seiner Ehe mit Fausta, tat er es fast Caesars freizügigem Lebensstil gleich, freilich ohne dessen oft politisches Kalkül.

Sicher ist, daß Konstantin, anders als die Kaiser Maximianus, Maxentius oder Maximin Daia, »niemals seine Kaisergewalt zu rohem Zwange« oder zu Ausschweifungen mißbraucht hat. Doch scheint er während seiner Ehe »kaum je ohne Liebschaft gewesen zu sein, was zwar weder das Gesetz noch die Moral des Heidentums verbot, wohl aber die christliche«. Seinen eigenen Söhnen hat er »keine Tugend fester eingeprägt als die Keuschheit«, und in seinen letzten Lebensjahren wird er ein Edikt erlassen, das Ehemännern verbot, neben der rechtmäßigen Frau eine Konkubine zu unterhalten. Doch das geschah schon unter christlichem Einfluß.

Seine Konkubine Minervina gebar ihm um das Jahr 305 den Sohn Crispus, der in seinem äußeren Erscheinungsbild wie in seiner Begabung dem Vater ähnlich werden sollte. Minervina scheint bald vergessen, vielleicht abgefunden worden zu sein, im Gegensatz zu Helena, der ja ebenfalls nicht ehelichen, dennoch hochgeehrten Mutter Konstantins. Crispus wird nach 306 am Trierer Hof aufwachsen und von Helena erzogen. Als Kind und Heranwachsender genießt Crispus die uneingeschränkte Zuneigung des erstgeborenen Sohnes.

In das Geburtsjahr des Sohnes fallen zwei charakterlich aufschlußreiche Begebenheiten, die, falls sie von den Biographen übertrieben wurden, doch zeigen, was Konstantin zugetraut wurde. Im Sommer oder Herbst nach dem Regierungswechsel nahm der junge Offizier an einem Feldzug gegen die Sarmaten teil. Er forderte einen der Sarmatenführer zum Zweikampf heraus und besiegte ihn. Am Hof des Galerius besteht Konstantin, der zu dieser Zeit noch ein Anhänger der Gladiatorenspiele war, siegreich den Kampf gegen einen Löwen. Es ist ungeklärt, ob die beiden Kämpfe Zeichen von Tapferkeit waren oder ob Konstantin herausgefordert oder durch Galerius »hinterlistig in Gefahr gebracht« wurde, wie Laktanz nahelegt. Das verwegene freiwillige Kräftemessen wäre dem kraftstrotzenden jungen Offizier und seinem furchtlosen Temperament durchaus zuzutrauen. Er bewies später bei kriegerischen Unternehmungen seine außerordentliche Tapferkeit. Es reizte ihn geradezu, sich der Gefahr auszusetzen und an der Spitze seiner Truppe zu kämpfen.

Gleichwohl zeigen die weiteren Ereignisse, daß Konstantin sich nicht unbegründet am Hof des Galerius bedroht fühlte. Unbewiesen bleibt die Vermutung, er sei »in die Hofintrigen seit der Christenverfolgung«, möglicherweise durch seinen zum Christentum konvertierten Lehrer Laktanz, »stark verflochten gewesen«. Aber es gab genug Gründe, die den Argwohn oder den Haß des Galerius weiter schürten. Dem Oberkaiser waren der Ehrgeiz des zurückgesetzten Kaisersohnes, dessen militärische und menschliche Begabung und Beliebtheit bei der Truppe nicht entgangen. Der Zweikampf mit dem Sarmaten wie der Löwenkampf, möglicherweise durch Galerius in listiger Absicht angestiftet, hatten Konstantins Ansehen vermehrt. Galerius witterte im Sohn des Constantius Chlorus eine noch nicht greifbare, doch zukünftige unabschätzbare Gefährdung seiner Machtpläne. Er hielt einen eigenen Kandidaten bereit, den robusten Daker Licinius, der ihm als Offizier im Perserfeldzug gedient hatte, Kampfgefährte und ergebener Freund wie Severus. Wahrscheinlich hätte Galerius schon anstelle des Maximin Daia lieber seinen Mitkämpfer gesehen und war dessen Caesarerhebung »nur deshalb unterblieben, weil die Adoption eines gleichaltrigen, wenn nicht gar älteren Mannes nicht nur den Gesetzen widersprach, sondern auch den Spott des Publikums wachzurufen drohte«. Im Herbst oder Winter des gleichen Jahres hatte Galerius Grund, auf eine bald akut werdende Nachfolge zu hoffen, um Licinius nun doch, vielleicht als Mitaugustus, in die Tetrarchie zu holen.

Constantius Chlorus schrieb wiederholt Briefe, in denen er Galerius bat, den Sohn freizugeben und zu ihm zu schicken. Laktanz deutet eine schwere Erkrankung des wohl fünfundfünfzigjährigen Constantius an und erwähnt dessen verständlichen Wunsch, den Sohn »noch einmal zu sehen«. Zugleich liefen jedoch Vorbereitungen zu einem Feldzug gegen die aufrührerischen Picten und Scoten in Britannien, so daß Constantius in seinem Sohn einen tatkräftigen Unterfeldherrn erwartete. Auf jeden Fall war das Verlangen des ranghältesten Augustus mehr als berechtigt.

Galerius zögerte, denn solange Konstantin unter seiner Aufsicht und Beobachtung lebte, waren dessen Schritte kontrollierbar. Außerdem gab es Mittel, am Kaiserhof in Nikomedia oder Sirmium einer Behinderung der kaiserlichen Pläne vorzubeugen.

Im Frühjahr 306 konnte Galerius die dringlicher werdende Forderung seines Mitaugustus nicht länger verweigern. Er entschied überraschend schnell und stellte Konstantin den kaiserlichen Geleitbrief aus, forderte jedoch, Konstantin müsse sich am nächsten Morgen bei ihm melden, um Aufträge zu empfangen und dann erst abzureisen. Laktanz spricht von »Hintergedanken« des Galerius. Er habe Konstantin »aus irgendeinem Grund zurückhalten« oder eine Botschaft an Severus senden wollen, damit Severus, durch dessen Gebiet Konstantins Weg führte, den Reisenden festhalte. Nun bleibt fraglich, wie ein Außenstehender von der Absicht des Galerius oder seiner Geheimbotschaft wissen konnte. Aber der Autor stützte seine Behauptung auf eine höchst dramatische Wende der Ereignisse.

Offenbar befürchtete Konstantin eine Vereitelung seiner Abreise und machte sich noch am Abend heimlich und übereilt auf den Weg. An den Wegstationen, wohl vorwiegend in Illyrien und Pannonien, ließ er die zum Wechseln bereitstehenden Pferde, die er nicht benötigte, töten. So entging er Nachstellungen, verhinderte, daß Reiter mit einem Mordbefehl ihn einholen konnten. Diese Flucht im Frühjahr 306 durch die Balkanländer, donauaufwärts zum Rhein und durch Gallien bis zur Kanalküste, war ein kühnes, strapaziöses Unternehmen, das körperliche Kraft, Zähigkeit, aber auch Willensstärke und einen abenteuerlichen Mut verlangte.

Einen ähnlichen Gewaltritt unternahm Caesar zu Beginn des Gallischen Krieges, als er von Rom nach Genf ritt, täglich 140 bis 150 Kilometer zurücklegend, und am achten Tag sein

Ziel erreichte. Konstantins Flucht war jedoch zusätzlich gefährdet. Die Tötung der Postpferde wird an der einen oder anderen Sattelstelle Verdacht erregt haben. Falls Konstantin den kaiserlichen Hof in Sirmium an der Save verließ, hatte er eine rund dreimal längere Wegstrecke als Caesar zu bewältigen. Er wird kaum weniger als drei Wochen unterwegs gewesen sein.

Wahrscheinlich erfuhr Konstantin in Trier, daß sein von der Krankheit geheilter Vater an der Kanalküste die Einschiffung seiner Truppe vorbereitete. Er erreichte Constantius Chlorus in Gesoriacum (Boulogne) rechtzeitig, um sich mit ihm zur Überfahrt nach Britannien und zum Feldzug gegen die Picten und Scoten einzuschiffen. Einer der späteren Lobredner rühmte die Ankunft Konstantins in der damals bei festlichen Anlässen üblichen Redeweise: »Nicht mit der Post, sondern in einem von den Göttern gesandten Wagen schienest du herangeflogen zu sein.«

11 Ausrufung Konstantins zum Kaiser

Nach dem siegreichen Abschluß des Feldzugs in Britannien befiel Constantius Chlorus im Juli 306 eine schwere, kurze Krankheit, an der er in seiner Residenz Eboracum starb. Da über die Art der Erkrankung nähere Angaben fehlen, wäre denkbar, daß der gesundheitlich geschwächte Constantius infolge der Kriegsstrapazen einen Rückfall erlitt. Damit fände die voraufgegangene, von Laktanz erwähnte Krankheit eine nachträgliche Bestätigung. Der Tod des Constantius traf die kaiserliche Familie nicht unvorbereitet. Um sein Sterbebett in Eboracum waren seine Söhne und Töchter, unter ihnen Konstantin, versammelt.

Konstantin wird, sobald die britannischen Verhältnisse geregelt sind, mit der kaiserlichen Familie nach Trier aufbrechen und seinen verstorbenen Vater nach dort überführen. Da aber in Trier weder Hinweise auf die Beisetzung noch Spuren eines Kaisergrabes vorhanden sind, kam die fragwürdige Vermutung auf, die Gebeine des Constantius seien später nach dem Tod der Helena (um 330) nach Rom überführt worden. Constantius sei mit Helena in jenem Doppelsarkophag aus kaiserlichem Porphyr beigesetzt worden, der als »Sarkophag der Helena« erhalten ist.

Schon die mit dem Tod des Constantius und seiner Nachfolge verbundenen Vorgänge geraten in den Strudel von legendären Erfindungen, von Wunschdenken und Halbwahrheiten. Hat Constantius vor seinem Tod Konstantin als Erben der Kaiserwürde »eingesetzt«, wie Eusebius festhält? Ein solcher Verstoß gegen die Prinzipien der Tetrarchie wäre dem loyalen Constantius schwerlich zuzutrauen. Konnte Constantius seine legitimen, wenn auch noch jugendlichen Söhne aus der Ehe mit Theodora übergehen? Eine später aufgekommene Rechtfertigung lautet verblüffend einfältig: »Der Vater sah, daß Konstantin kräftig war, und überging die Söhne der Theodora.« Ein anderer Autor, Zonaras, behauptet: »Constantius Chlorus lag krank und grämte sich darüber, daß seine übrigen Kinder so sehr mißraten waren; da erschien ihm ein Engel und befahl ihm, die Herrschaft Konstantin zu hinterlassen.« Diese nachträglichen und höchst zweifelhaften Erklärungen dienten offensichtlich der Legitimierung der kaiserlichen Nachfolge, wobei der Autor den abwegigen Hinweis auf die angeblich mißratenen anderen Kinder nicht scheute.

Allenfalls glaubhaft wäre ein Wunsch, eine Empfehlung des Constantius, wie Laktanz vermerkt, vorbehaltlich der Zustimmung des Augustus Galerius. Die tatsächliche Ausrufung Konstantins zum Kaiser, zum Augustus, erfolgte am 25. Juli 306 durch die Truppe. Dabei müssen die traditionelle Akklamation des Heeres und der Wunsch, die Nachfolge des verehrten Augustus Constantius durch dessen ältesten Sohn gesichert zu sehen, zusammengewirkt haben. Konstantin hatte sich im Feldzug gegen die schottischen Truppen als Heerführer bewährt. Ein Befürworter seiner Kaiserproklamation war der Alamannenkönig Erocus, der mit einem starken Aufgebot seiner Soldaten an den Kämpfen teilgenommen hatte und der von Konstantin die Fortführung der Regierungspraxis des Constantius erwartete.

Später schildert ein Trierer Lobredner den Hergang in ergreifender, gefühlsbetonter Redeweise: »Schon beim ersten Ausritt warfen dir, dem Weinenden, die Krieger den Purpur über ... Du wolltest dieser Bezeigung der eifrigen Anhänglichkeit entfliehen und gabst dem Pferde die Sporen; aber das war, aufrichtig zu reden, ein jugendlicher Irrtum! Welches Roß wäre schnell genug gewesen, dich der Herrschaft zu entziehen, die dir folgte?«

Solche Lobreden, anläßlich der kaiserlichen Hochzeit oder bei Regierungsjubiläen gehalten, preisen die Taten des Gefeierten. Sie betonen die Legitimität der Kaisererhebung oder verdeutlichen bestimmte Vorstellungen und Absichten Konstantins. Hinter ihnen steht der direkte oder indirekte Einfluß des Kaisers. Die Lobredner sind fast Sprachrohre zur Selbstdarstellung Konstantins, zumindest haben sie sein volles Einverständnis. Das gibt ihren Reden eine entschiedene Kompetenz.

Der Trierer Lobredner, der Rhetor Eumenius, leitete die von Constantius Chlorus wie von Konstantin geförderte Redeschule in Augustodunum (Autun). Derselbe Eumenius wird im Jahre 310 in Trier jene Festrede halten, in der zum erstenmal Konstantins dynastischer Vorrang vor seinen Mitkaisern ausgesprochen wird, seine angebliche Abstammung von Claudius Gothicus: »So hoch ist der Adel deiner Herkunft, daß dir das Imperium gar keine höhere Würde verleihen konnte ... Nicht die zufällige Übereinstimmung anderer, nicht eine plötzliche Gunst hat dich zum Herrscher gemacht; durch deine Geburt schon verdientest du die Herrschaft als ein Geschenk der Götter.«

Mir scheint, diese weihevolle und hohe Berufung auf die kaiserliche Herkunft stellte auch, von Konstantin veranlaßt, den Versuch dar, seine Kaiserproklamation durch die Truppe zu rechtfertigen. Offenbar empfand Konstantin das Unzulängliche der Soldatenwahl, suchte sein stark ausgeprägtes »Berufungsbewußtsein« die höhere Legitimation als Nachkomme zweier Kaiser, des Constantius Chlorus und des Claudius Gothicus, und als »Geschenk der Götter«.

Im Hinblick auf die tetrarchische Herrschaftsstruktur war der zum Augustus ausgerufene Konstantin ein Usurpator. Er wußte das, denn er zögerte, wie die rührende Umschreibung des Eumenius erkennen läßt. Sicherlich wußte er von der Absicht des Heeres, ihm durch Akklamation die Kaiserwürde zu verleihen. Ebenso wußte er, schon aus seinem langjährigen Umgang am Hof Diokletians, daß seine Ernennung im Widerspruch zum diokletianischen System stand. Einen Tag oder mehrere Tage blieb er im Sterbehaus seines Vaters zurückgezogen, ehe er sich der Soldatenwahl stellte. Danach sandte er an Galerius eine Botschaft, in der er, politisch nun äußerst geschickt, dem rangältesten Augustus anheimstellte, die Kaiserwahl anzuerkennen.

Galerius stand vor vollendeten Tatsachen. Die rasche Kaiserwahl im fernen Eboracum zerschlug seine eigenen Pläne. Sein Freund Licinius rückte wiederum auf die Warteliste. Eine Verweigerung des Galerius hätte die Gefahr einer Absonderung Galliens und Britanniens heraufbeschworen. Ein Kriegszug gegen die gut geführten und gerüsteten Legionen Konstantins wäre ein aussichtsloses Unternehmen gewesen. Außerdem war Konstantin im Donauheer des Galerius beliebt, und die Zurückdrängung des Kaisersohnes bei der vorjährigen Caesarerhebung war nicht vergessen.

Galerius fand angesichts seiner mißlichen Lage einen Ausweg, indem er im Sinne der diokletianischen Tetrarchie handelte. Er ernannte den Caesar Severus zum Augustus und wies Konstantin neben Maximin Daia die zweite Stelle als Caesar zu.

Es wird nicht ausdrücklich vermerkt, daß Galerius die Soldatenwahl Konstantins zum Augustus für ungültig erklärte. Doch setzte die neue Rangzuweisung die Korrektur voraus. Galerius »schickte Konstantin den Purpur, gleich als hätte er ihn freiwillig zur Regierungsgemeinschaft berufen«. Nach üblichem Brauch ließ der Augustus das Bild des neuernannten Caesars neben den Bildnissen der drei regierenden Kaiser aufstellen.

Konstantin war klug genug, seine im Rang verminderte, dafür nun legitime Caesarerhebung zu billigen. Das war keine »großherzige Entsagung«, sondern die realpolitisch einzige und beste Lösung. Konstantins Einverständnis wie der ganze Vorgang zeigt schon jetzt eine politische Überlegenheit, die das Machbare richtig erkennt und zugleich über den Augenblick hinaus denkt.

Wir heutigen, verwöhnt durch direkte Vermittlung von Nachrichten und zeitlich ungekürzte Präsenz von räumlich weit entfernten Ereignissen, vergessen allzu leicht die distanzschaffende Dauer der Beförderung von Nachrichten durch berittene Eilkuriere. In welcher Zeit konnte damals eine Botschaft aus Eboracum, dem heutigen nordenglischen York, an den Kaiserhof in Sirmium, dem heutigen serbischen Sremska Mitrovica, gelangen? Wieviel Zeit verging, bis die Antwort des Galerius über den umgekehrten Weg Konstantin erreichte?

Erschwert wird die Zeitbestimmung generell, weil die antiken oder spätantiken Berichter ein anderes Zeitempfinden voraussetzen. Sie schildern die ihnen wichtigen Ereignisse, setzen eines an das andere, überspringen in der Abfolge Wochen und Monate. Information war nicht Selbstzweck, sondern steht, jedenfalls bei Eusebius und Laktanz, in einem religiös-theologischen Wirkzusammenhang, der in seiner zeitübergreifenden Beispielhaftigkeit von den damaligen Lesern verstanden wurde.

In unserem Fall konnte Konstantin die Entscheidung des Galerius, die Ernennung zum Caesar, kaum vor Ende September empfangen haben. Wahrscheinlich befand er sich bereits in Trier, denn ein Frankeneinfall rief ihn alsbald zurück nach Gallien und an den Rhein. Von vornherein handelte Konstantin als Regent, nahm er seine Aufgaben als Nachfolger des Constantius Chlorus wahr. Er sichert die gefährdete Rheingrenze gegen die Einbrüche der Germanenstämme, vor allem der Franken und Alamannen; er besucht die gallischen Provinzen; er macht sein übernommenes, in Grenzkriegen bewährtes Heer noch schlagkräftiger. In allem ist er darauf bedacht, seine in Eboracum angetretene Herrschaft zu festigen, sein nordwestliches Teilimperium unabhängig von den politischen Ereignissen in den anderen Reichsgebieten zu regieren.

Seine innere Einstellung steht ganz in der Tradition des Vaters. Er übernimmt dessen Grundsätze, dessen tolerante Haltung gegenüber Minderheiten wie den Christen nicht als bequeme Anpassung an das Vorgegebene, sondern »bewußt und absichtlich«, ohne »in Widerspruch mit seiner eigenen Überzeugung« zu geraten. Das Vorbild des Vaters wirkt bis in Konstantins frühe Münzprägung in der Angleichung seines Porträts an das massivere Bildnis des Constantius. Die Münzprägungen bis zum Jahre 310, fast die einzigen und zuverlässigsten Zeugnisse für Konstantins religiös-politische Haltung in dieser Zeit, bezeugen seine Zugehörigkeit zur herkulischen Dynastie. Er betrachtete sich als Herculius und bekannte sich wie sein Vater und seine Mitkaiser zu den alten Göttern, zur altrömischen Religion.

Jedoch schon jetzt unterscheidet ihn sein Verhalten gegenüber den Christen radikal von seinen Mitkaisern. Noch bevor Galerius auf die Erhebung Konstantins zum Augustus reagierte, traf Konstantin eine Entscheidung, die ausdrücklich als seine »erste Verordnung« bezeichnet wird. Er folgt nicht nur der toleranten Haltung seines Vaters, sondern geht einen Schritt weiter. Das von Constantius Chlorus verfügte Versammlungsverbot, die Minimalerfüllung der diokletianischen Edikte, hebt Konstantin auf, und er gestattet »den Christen die Ausübung ihrer Religion wieder«.

Diese in der Konstantinliteratur meist nur beiläufig zitierte oder übergangene Verordnung enthält bereits im Kern die spätere christenfreundliche Haltung Konstantins. Politisches Zweckdenken lag seiner Entscheidung nicht zugrunde; dafür waren die Christengemeinden in Gallien und Britannien zu unbedeutend im Gegensatz zu den größeren Gemeinden im Osten. Eine Zuneigung aus religiösen Gründen bleibt für den Kaiser, der sich der altrömischen Religiosität verpflichtet weiß, ausgeschlossen.

Konstantins Einstand als Regierender, sein Handeln in der Frage seiner Anerkennung wie in der Christenfrage, bezeugt spontan seine besten Eigenschaften. Schon jetzt tritt seine Überlegenheit gegenüber den Mitkaisern deutlich hervor, seine staatspolitische Klugheit und seine menschliche, charakterliche Stärke, seine Sicherheit in der richtigen Entscheidung und sein Mut zum unabhängigen, tatkräftigen Handeln.

Manche dieser Eigenschaften werden im Verlauf seiner dreißigjährigen Regierungszeit abflachen, werden von schrofferen staatspolitischen Maßnahmen oder von menschlichen Schwächen überdeckt. Man muß nicht unbedingt jene abwertende Charakterisierung altrömischer Autoren wörtlich nehmen, die Konstantin in den ersten zehn Jahren vortrefflich nennen, in den zwölf folgenden einen Räuber, in den zehn letzten einen *pupillus,* eines Vormunds bedürftig wegen unmäßiger Verschwendung. Aus solchen Worten spricht das altgläubige Vorurteil gegen Konstantins spätere schrittweise Hinwendung zum Christentum. Aus der Sicht der Christen ergab sich eine nahezu gegenläufige Wertung. Doch unabhängig von diesen parteigebundenen Urteilen werden Konstantins vortreffliche staatsmännische Begabung und menschliche Ausstrahlung zu keiner Zeit sichtbarer als am Anfang und im ersten Jahrzehnt seiner Herrschaft.

Dritter Teil

Nachfolger des Constantius Chlorus

12 Die Kaiserresidenz Trier

Im Herbst 306 mit dem Hof nach Trier zurückgekehrt, sah es zunächst so aus, als habe der Caesar Konstantin nichts anderes im Sinn, als sich der Nachfolge seines Vaters würdig zu erweisen. Für sechs Jahre bleibt er in Trier und im Bereich seiner gallischen Provinzen. Ob schon der Einundzwanzigjährige weiterreichende Pläne erwog, muß offenbleiben. Zwar bemerkte der antike Historiker Eutropius, Konstantin habe »nach der Herrschaft über die Welt« gestrebt. Aber das wurde aus der Kenntnis seines abgeschlossenen Lebens gesagt und setzt vom Ende her die Zwangsläufigkeit einer geradlinigen Entwicklung voraus. Viel mehr, als das die nachträgliche zeitraffende Geschichtsbetrachtung wahrhaben will, sind Entscheidungen abhängig von Gegebenheiten und Zufälligkeiten, von einer bestimmten Konstellation, die das Handeln des einzelnen, auch das Handeln Konstantins, beeinflußt oder herausfordert oder gar erst möglich macht.

Natürlich wäre denkbar, daß es den Caesar Konstantin reizte, über sein gallisch-britannisches Reich hinaus Macht und Einfluß zu gewinnen. Dafür sprechen sein ausgeprägtes Selbstbewußtsein und seine Fähigkeiten. Sein langjähriger Umgang mit Diokletian und Galerius hat ihn gelehrt, wie die Instrumente zur Machtgewinnung und Machterhaltung zu handhaben sind. Doch schon sein Verhalten in der Frage seiner Anerkennung und Legitimierung als Caesar zeigt ihn als Realpolitiker, der die Grenzen des Machbaren erkennt. Greifbarer, beweiskräftiger werden Pläne, die über das bisher Erreichte hinauszielen, erst im Jahre 310, als er durch den Mund seines Lobredners Eumenius in Trier seinen Vorrang vor den Mitkaisern anmeldet.

Zunächst verfolgt Konstantin die politische Entwicklung

in den anderen Teilen des Imperiums aus der Distanz. Mit einer gewissen Gelassenheit beobachtet er beginnende und rasch eskalierende Auseinandersetzungen um die Herrschaftsbereiche der Mitkaiser, ausgelöst durch die im Spätherbst 306 in Rom erfolgte usurpatorische Machtergreifung des Maxentius, des Sohnes des abgedankten Kaisers Maximianus.

Unterdessen richtete sich Konstantin in seiner Residenzstadt Trier ein, ganz im Sinne seines Vaters. Der von Constantius Chlorus begonnene Ausbau der Stadt wurde fortgesetzt, vor allem durch die bauliche Ausgestaltung des kaiserlichen Palastbezirks. Im Mittelpunkt dieses Bezirks entstand die monumentale, rechteckige, aus massivem Ziegelmauerwerk errichtete Halle der Palastaula, der Aula Palatina. Um das Jahr 310 vollendet, ist dieses Bauwerk, ursprünglich von Höfen mit Wandelhallen und Vorbauten umgeben, das repräsentativste architektonische Zeugnis Konstantins auf deutschem Boden. Noch heute vermittelt die klare, strenge Architektur der überdimensionalen Halle, die im letzten Krieg schwer beschädigt und danach wiederaufgebaut wurde, einen Eindruck machtvoller Erhabenheit.

Die Außenwände trugen einen grauweißen, durch beigemischten Ziegelsplitt rötlich schimmernden Verputz. Die riesigen inneren Wandflächen waren durch hochstrebende Bogenfenster und eine farbig gemusterte Marmorverkleidung aufgelockert. Wer die stützenlose, dreißig Meter hohe Palastaula betrat, erschien klein vor der Majestät des Kaisers, der auch hier das vom Hof Diokletians mitgebrachte höfische Zeremoniell pflegte. In der weiträumigen Apsis an der nördlichen Stirnwand, erhöht unter einem Baldachin, thronte der Kaiser, umgeben vom Hofstaat und den höchsten Würdenträgern, bei offiziellen Staatsakten und festlichen Empfängen.

Die Stadt, in der ausgedehnten Moselbucht liegend, geschützt durch die Höhenzüge von Eifel und Hunsrück, klimatisch angenehm für die aus dem Süden Kommenden, bot die besten Voraussetzungen als Kaiserresidenz und gallisches Verwaltungszentrum. Trier lag im Schnittpunkt der Verbindungsstraßen zwischen dem gallischen Hinterland und dem Rhein, zwischen dem Rhonetal und der Kanalküste. Moselaufwärts führte der Weg nach Metz und Toul; moselabwärts, nach Koblenz, zogen die Versorgungschiffe für die am Rhein kämpfenden Truppen.

Wer vom zentralen Gallien oder von der Kanalküste, vom Niederrhein oder von Köln herkam, passierte die Moselbrücke und gelangte durch das Westtor in die Stadt. Unmittelbar gewann der Anreisende den Eindruck einer wohlhabenden Stadt. Zur Rechten sah er dicht am Fluß die Säulenhalle und den hochragenden Bäderkomplex der Barbarathermen, zur Linken zogen sich moselabwärts die Hafenanlagen, in Ufernähe riesige Warenspeicher, die Horrea. Vom Westtor führte die gepflasterte Hauptstraße, der Decumanus maximus, geradlinig stadteinwärts und kreuzte sich im Mittelpunkt der Stadt, am Forum, mit der zweiten Hauptstraße, dem Cardo maximus, der die Nord-Süd-Achse der Stadt bildete.

Die bebaute Stadtfläche war eingeteilt nach dem rechteckigen Rastersystem der römischen Lagerarchitektur, durchschnitten vom Achsenkreuz der beiden Hauptstraßen, an deren Enden im Westen und Osten, im Norden und Süden die wehrhaften Stadttore standen. Das rechtwinklig angelegte Straßennetz teilte schachbrettartig die Insulae genannten Wohn- und Geschäftsviertel, die gesamte Anlage der Stadt auf.

Vom Forum nach Norden führte der Cardo maximus, eine breite, an den Seiten von Arkaden und Laubengängen gesäumte Prachtstraße, zur doppeltorigen Porta Nigra, dem Ausfalltor für die Straßen zum Mittelrhein und nach Mainz, für die direkte Verbindung zu den Grenzwällen des Limes. Dieses gewaltige, aus schweren Sandsteinquadern ohne Mörtel zusammengefügte Nordtor stand bereits, als Constantius Chlorus und Konstantin in Trier residierten. Es war wie die Moselbrücke und die alte Stadtmauer gegen Ende des zweiten Jahrhunderts errichtet worden.

Erst im Lauf der Jahrhunderte, bedingt durch Witterungseinflüsse, durch das Altern des Steines und moosige Kleinstpflanzen, die im Sommer verdorrten, überzog die hellen Steinblöcke eine schwärzliche Patina, so daß schon im Mittelalter der Name Porta Nigra aufkam. Um diese Zeit, im elften Jahrhundert, wurde in dem massiven, zweistöckigen Bauwerk, flankiert von zwei mächtigen Türmen, eine Ober- und eine Unterkirche eingerichtet. Der sakralen Zweckbestimmung verdankt die Porta Nigra, daß sie nicht wie die drei anderen Stadttore den Steinräubern zum Opfer fiel, sondern als das am besten erhaltene Stadttor der Römerzeit die Jahrhunderte überdauerte.

Die Porta Nigra blieb unvollendet, wie noch heute unfertige Architekturteile zeigen, aber doch architektonisch und in vollkommener Zweckerfüllung ein imposantes wehrhaftes Bollwerk und zugleich ein repräsentatives Prunktor. Für den vom Mittelrhein und von der bedrohten Grenze her Anreisenden war die Porta Nigra monumentaler Ausdruck der abwehrbereiten Kaiserstadt. Die Germanenfürsten, die das in die Stadtmauer eingebaute Festungstor durchschritten und über den Cardo maximus zur Palastaula geführt wurden, um dem Kaiser zu huldigen als dienstwillige Parteigänger, Bittende oder zur Unterwerfung, mußten allein schon durch diese architektonische Machtbekundung beeindruckt gewesen sein.

Auf der Stadtseite wirkte die Porta Nigra palastähnlich, repräsentativ, ein Eindruck, den die neben den beiden Torbögen ansetzenden, die Straßenflucht stadteinwärts säumenden hohen Arkaden verstärkten. Wer zur Zeit Konstantins die Stadt betrat, befand sich in der Geborgenheit eines geordneten und vitalen Lebensbezirks, der keinen Mangel litt.

Schon in der Mitte des ersten Jahrhunderts hatte der Römer Pomponius Mela Trier als sehr wohlhabende Stadt, als *urbs opulentissima,* bezeichnet. Aber erst unter Constantius Chlorus und nun gefördert durch Konstantin entfalteten sich Reichtum und Repräsentanz der Kaiserstadt. Zwischen den alten Stadtmauern lebten an die achtzigtausend Bürger, vorwiegend keltisch-germanischer Herkunft, durchsetzt von den hier stationierten römischen Soldaten, von römischen Dienst- und Geschäftsleuten. Die Bürger profitierten von den kaiserlichen Baumaßnahmen, von den Bedürfnissen des Hofes und der Verwaltung, von der Belieferung der Rheinarmee mit Versorgungsgütern. Handel und Transportunternehmen nahmen einen Aufschwung wie nie zuvor.

Weit ins gallische Hinterland reichten die wirtschaftlichen Verbindungen, bis Reims, Paris oder zum fernen Bordeaux im Südwesten Frankreichs. Eine in Lyon entdeckte Inschrift besagt: »Hier waren trierische Wein- und Geschirrhändler ansässig, deren Beziehungen bis Mailand reichten.« Der Gewerbefleiß der Bürger wurde belohnt. Arbeit gab es mehr als genug: für die Wein- und Agrarbauern, für die Hersteller von Tuchen und Lederwaren, für Bauleute, Steinmetzen und Bildhauer, für die Hersteller von Bronzegeschirr und Töpferwaren. Am Südrand der Stadt, nahe der Mosel, lagen die Töpferviertel, deren Erzeugnisse, ornamental verzierte Gefäße, Lampen oder weiß- und rottonige Terrakottafigürchen, begehrte Exportartikel waren.

Archäologische Funde sprechen unmittelbar vom zeitgenössischen wirtschaftlichen und künstlerischen Aufschwung der Trierer. Steinerne Reliefdarstellungen zeigen ein Moselschiff, vollbeladen mit Weinfässern, oder die keltische Göttin Epona, als Schutzgöttin der Pferde reitend dargestellt, auf die schon seit der Zeit Caesars gerühmte Pferdezucht der Treverer verweisend.

Kunstvoll geformte, verzierte Gläser und Glasschmuck, darunter zierliche gläserne Fingerringe und Armbänder, bezeugen die hohe Kunst trierischer Glasmacher zur Kaiserzeit. Eine solche Glasmacherwerkstatt lag östlich der von der Porta Nigra zum Forum führenden Hauptstraße nahe der durch Constantius Chlorus wiederaufgebauten Villa urbana, dem Wohnsitz der kaiserlichen Familie, im heutigen Dombezirk. Zahlreiche bei den Ausgrabungen gefundene Abfallfragmente oder Schmuckstücke aus Glas tragen christliche Symbole. Hier also lebten und arbeiteten Christen, während zur gleichen Zeit in anderen Teilen des Imperiums die Christenverfolgung wütete.

»In dieser Zeit aber stammen die Glasmacher überwiegend aus dem Osten, meist aus Syrien.« Es liegt nahe, »in den aus dem Osten stammenden Handwerkern und Kaufleuten Christen zu erkennen, die wahrscheinlich die ganze Insula bewohnten und dort als rechtlich anerkannter Verein zusammenkamen, auch Gottesdienst und Feste feierten«.

Die Nachbarschaft zur kaiserlichen Residenz erlaubt einen weiteren Schluß. Der altgläubige Kaiser Constantius Chlorus duldete die Christen, auch wenn er im Zuge der diokletianischen Verfolgungsedikte sein Verrsammlungsverbot erließ.

Vor dem Versammlungsverbot konnte die Kaiserin Theodora als Christin »mit ihren Kindern an den Gottesdiensten auf der anliegenden Insula teilgenommen haben, und die christlichen Priester dürften ihrerseits zu der hohen Nachbarin gekommen sein mit der Bitte um Rat und Hilfe, besonders beim Ausbruch der Christenverfolgung 303«.

Ohne christliche Gemeinde wäre das Christentum der Theodora undenkbar gewesen. Doch diese Verbindung macht eine umstrittene Bemerkung des Eusebius glaubhaft, wonach »Diener Gottes«, Priester also, am Hof des Constantius Chlorus Zugang fanden, zu einer Zeit, als die Mitkaiser die Christen ihres Glaubens wegen verfolgten und auszurotten suchten.

Vielleicht ließen die Mitkaiser den Neuling in ihrer Tetrarchie gewähren, weil sie wußten, daß Konstantin das Imperium an der Rheingrenze gegen die aggressiven Germanenstämme verteidigte. Auch diesen Krieg gegen die über den Rhein drängenden Franken, die Chamaven, Brukterer, Cherusker und die Alamannen hatte Constantius Chlorus seinem einundzwanzigjährigen Nachfolger hinterlassen. Aber der im Ostheer und unter Galerius militärisch geschulte Konstantin führte den Krieg energischer, schroffer, gewalttätiger als sein Vater. In den ersten Jahren, während die Residenzstadt befestigt und ausgebaut wurde, während das wirtschaftliche und soziale Leben ungehindert aufblühte, waren die Kämpfe in voller Härte entbrannt. Hier zum erstenmal bewährte sich der Heerführer Konstantin in eigener Verantwortung, bewährte er sich als überlegener Stratege, vor allem im Überraschungsangriff, der die Feinde verwirrte.

Als die Brukterer mit einem starken Aufgebot gegen den Niederrhein heranrückten, überschritt Konstantins Heer völlig unerwartet den Rhein und überraschte die feindlichen Truppen mit einem spontanen Angriff.

»Daher wurden unzählige niedergemetzelt, viele gefangen; was sich an Vieh fand, wurde geraubt oder niedergehauen, sämtliche Dörfer eingeäschert. Wer von Erwachsenen in römische Hände fiel und sich wegen Unzuverlässigkeit nicht zum Kriegsdienst oder wegen seines Trotzes nicht zum Sklaven eignete, wurde zur Strafe bei Schauspielen verwendet.«

Erbarmungslos reagierte Konstantin auf die zerstörerische

Wut unablässiger und noch lange nicht beendeter Überfälle der germanischen Stämme. »Die Franken wissen«, so sagte der Trierer Lobredner Eumenius, »daß sie wohl über den Rhein kommen, daß sie aber weder auf Sieg noch auf Gnade hoffen dürfen.«

Konstantins persönlicher Mut und seine strategische Tüchtigkeit sicherten ihm das Vertrauen seiner Soldaten, so daß sein Heer nach wenigen Jahren auf ihn und auf seine bewegliche Kriegführung, seine taktischen Manöver eingeschworen war. Wenn er sich später »immer wieder auf sein Heer beruft« als Voraussetzung seiner Erfolge, wenn er als »Soldatenkaiser« gelten will, wie seine Münzprägungen zeigen, so sind die Trierer Jahre dafür der Ausgangspunkt.

Gut sechs Jahre dauerten die Germanenkämpfe, bis die Grenzen gesichert waren. In dieser Zeit ließ Konstantin den von seinem Vater begonnenen Ausbau der Grenzbefestigungen und den wehrhaften Ausbau der Grenzstädte am Rhein fortsetzen. Bei Köln wurde im Jahre 310 eine gedeckte, feste Brücke über den Rhein gesetzt, auf der Deutzer Seite geschützt durch einen festungsartigen Brückenkopf.

In ruhigeren Zeiten bereiste der Kaiser seine gallischen Provinzen und kümmerte sich um die Belange der Bürger. So hart und gewalttätig der ja als Soldat unter Soldaten aufgewachsene Kriegführer durchgreifen konnte, im Verhältnis zu den Bürgern seines Landes suchte er seinem toleranten Vater nachzueifern und »zeigte dabei die größte Menschenfreundlichkeit«. Diese Bemerkung des Eusebius dürfte nicht übertrieben sein, mißt man das Verhalten Konstantins an den gleichzeitigen Verfolgungs- und Zwangsmaßnahmen seiner Mitkaiser, zumal an der despotischen Herrschaft des Galerius. Dem Erben des Constantius Chlorus war es selbstverständlich, daß er dessen bürgerfreundliche Haltung fortsetzte.

Nur in einer Sache, im familiären Bereich, verfügte Konstantin schon im Herbst 306 eine radikale Änderung, die ihm kaum den Zuspruch des Vaters gebracht hätte. Zunächst war es ein achtbarer Akt der Pietät, daß der Caesar seine Mutter Helena mit seinem eigenen unehelichen einjährigen Sohn Crispus nach Trier holte. Als sie nach Trier kam, war sie eine reife Frau, eine Mittfünfzigerin, doch offenbar empfand sie das Zusammenleben mit Theodora als nicht zumutbar. Schon bald mußte Theodora mit ihren drei Söhnen die Residenz räumen. Konstantin wies ihr und seinen Stiefbrüdern einen Wohnsitz im gallischen Tolosa zu, dem heutigen Toulouse. Natürlich sorgte Konstantin für einen standesgemäßen Wohnsitz und eine der Kaiserin würdige Hofhaltung. Aber es war eine Verbannung der Kaiserin und Ehegattin des Vaters aus ihrer vertrauten Umgebung.

Fortan nahm Helena die Stellung der Kaiserin Theodora als Erste Dame des Trierer Hofes ein. Der Caesar adelte seine Mutter, er ernannte sie zur *nobilissima femina*. Wenn Konstantin seinem früheren Schutzherrn Diokletian in einem nacheiferte, so in der glanzvollen kaiserlichen Repräsentation und im prunkenden Hofzeremoniell. Er kannte seine Mutter zu gut, um zu wissen, daß sie, die ehemalige Gastwirtin, den repräsentativen Pflichten nicht nur gewachsen war, sondern durch ihre Anmut und Würde die Trierer Kaiserresidenz bereicherte. Ihre Bildnisse, die modebewußte Frisur mit dem Perlenkranz und die Geste ihrer Hand, strahlen höfische Eleganz aus. Auch das Ehrenrecht eigener Münzprägungen, Helenas spätere Ernennung zur Augusta und die Erlaubnis, das Diadem als Majestätszeichen tragen zu dürfen, bezeugen ihre außergewöhnliche Stellung.

Im Gegensatz zu der Christin Theodora gehörte Helena zu den altrömisch Gläubigen, wie es die Staatsreligion gebot. Erst später, erst nach Konstantins eigener Hinwendung zum Christentum, wurde Helena, so berichtet Eusebius, zur »großen Dienerin Gottes«. Das kann frühestens gegen Ende des Jahres 312 nach Konstantins Sieg an der Milvischen Brücke vor Rom gewesen sein. Sicherlich war sie bereits Christin, als Laktanz im Jahre 317 aus Nikomedia nach Trier berufen wurde, um den Kaisersohn Crispus zu unterweisen. Weder Konstantin noch Helena hätten den erstgeborenen Kaisersohn einem christlichen Lehrer anvertraut, wenn nicht ihre eigene Überzeugung zu dieser Zeit christlich gewesen wäre.

Während Konstantin im Frühsommer 312 seine Kaiserresidenz verließ, um sein Heer gegen Rom zu führen, blieb Helena, nun erst recht dominierende Dame und Sachwalterin ihres kaiserlichen Sohnes, bis zum Jahre 322 am Trierer Hof. Mit einem Kranz von Legenden suchten vor allem Autoren des Mittelalters Helenas Trierer Zeit nahezukommen, um so mehr, als zeitgenössische verläßliche Zeugnisse fehlen. Eine dieser frommen Überlieferungen spricht vom »Haus der heiligen Helena«.

Demnach, so berichtet der Mönch Altmann von Hautvilliers in seiner Lebensgeschichte Helenas, sei der älteste Trierer Dombau auf eine Schenkung der Kaisermutter zurückzuführen. Der Mönch schreibt um 880, man könne es »bis heute« sehen, der Dom sei in Wahrheit »ihr Haus, das zu Ehren des heiligen Apostelfürsten Petrus zur bischöflichen Metropolitankirche geweiht ward und danach die erste Kathedrale des belgischen Gallien heißt und ist«. Berichte aus dem elften Jahrhundert überliefern, die Kaisermutter habe ihr Haus dem Bischof Agritius geschenkt, und dieser Trierer Bischof habe »den prunkvoll ausgestatteten Bau in eine christliche Kirche verwandelt«.

Agritius wird in den ältesten Bischofslisten als vierter Bischof in Trier genannt. Bezeugt ist seine Teilnahme an der durch Konstantin geförderten Bischofssynode von Arles im Jahre 314, was noch einmal bestätigt, daß um diese Zeit und schon früher in der Moselstadt eine größere, bischöflich geleitete Christengemeinde lebte.

Die Legende vom »Haus der heiligen Helena«, die von der Forschung als »ein Konglomerat von unrichtigen Behauptungen mit phantastischer Ausmalung« bezeichnet wurde, wäre kaum anders zu werten, hätte nicht ein geradezu sensationeller Fund in jüngerer Zeit ihre Glaubhaftigkeit bekräftigt. Grabungen im Inneren des Trierer Domes, begonnen in den Nachkriegsjahren und fortgesetzt in den späten sechziger Jahren, förderten »unter den Böden frühchristlicher Anlagen Reste eines prachtvoll ausgemalten Saales« zutage.

In jahrzehntelanger, mühevoller Grabungs- und Werkstattarbeit konnte aus zahllosen verstreuten Bruchstücken die Deckenmalerei des Prunksaales wieder zusammengefügt werden. Noch im fragmenthaften Zustand ein bewegendes Zeugnis der konstantinischen Hofkunst und zugleich ein Zeugnis von hohem informativen Wert. Die Deckenbemalung zeigt in Kassettenfeldern neben den Bildern tanzender Eroten die meist überlebensgroßen Brustbilder von vier Frauen und drei Männern.

Es wäre kaum anders denkbar, als in den Frauen, durch Nimbus und bestimmte Insignien gekennzeichnet, Angehörige der kaiserlichen Familie zu sehen. Offenbar entstand die Deckenmalerei anläßlich eines festlichen Ereignisses im Jahre 321 zu Ehren Helenas, denn ihr hervorgehobenes, einziges En-face-Bild nimmt das Mittelfeld ein. Ein bärtiger Mann im Philosophengewand, der als Laktanz gedeutet wurde, und ein Rhetor widmen der Kaisermutter ihre Werke, »ein Brauch, der in den höchsten Kreisen der römischen Gesellschaft am Natalicium, dem Geburtsfest, üblich war«. Die Widmung könnte auf den siebzigjährigen Geburtstag Helenas verweisen, wenn wir der Datierung folgen, wonach die Kaisermutter um das Jahr 251 geboren wurde und sie ein Jahr jünger war als Constantius Chlorus.

Über dem im Jahre 326 abgebrochenen Prunksaal und den niedergelegten Palasträumen wurde noch im selben Jahr der Bau einer großen dreischiffigen Basilika begonnen, parallel zu einer bereits vorhandenen, südlich gelegenen Palastbasilika. Auf diese ältere Palastkirche, datierbar durch Grabungen und Münzfunde, verweist eine Bemerkung des Eusebius, die Konstantins Aufenthalt in Trier anläßlich der festlichen Ereignisse im Jahre 321 zugewiesen wurde. In der Palastkirche habe der Kaiser »mit denen, die im Palast weilten, die vorgeschriebenen Gebete« verrichtet.

Nun schließen solche Deutungen immer einen Rest von Ungewißheit ein. Als Deutungsversuche sind sie legitim, denn sie machen anschaulich, was die dürftige oder legendäre Überlieferung verdeckt. Mit Gewißheit bestätigt die wiederhergestellte Deckenmalerei des Prunksaales im »Haus der Helena« den Vorrang der Kaisermutter als Erste Dame des Hofes. Auch nachdem Konstantin in seinem zweiten Trierer Jahr, 307, seine sehr junge Verlobte Fausta heiratete, blieb Helenas Vorzugsstellung ungeschmälert. Sie prägte das Leben am Trierer Hof. Selbst modische Details in der Kleidung und Haartracht übernahmen die Damen des Hofes wie auch die Kaiserin Fausta von der eleganten und graziösen Kaisermutter.

Der in den späteren Jahren nachweisliche Einfluß Helenas auf ihren Sohn wird schon in der Trierer Zeit wirksam gewesen sein. Das zeigen die frühen Bildnisse Konstantins in ihrer

»natürlichen Ähnlichkeit besonders mit der Mutter«, bevor eine stärkere Anpassung an das Kaiserbild des Vaters erfolgte.

Für Konstantin waren seine sechs Trierer Jahre Erprobung und Bewährung im eigenen Herrschaftsbereich, bis sein auf das gesamte Imperium gerichteter Anspruch erkennbar wird. Die zunächst ungeteilte Wahrnehmung der Aufgaben als Erbe des Constantius Chlorus, die Sicherung und Stärkung seines Teilimperiums und sein abwartendes Verhalten brachten ihm den größten Gewinn. Er brauchte, selbst wenn seine Zurückhaltung kalkuliert war, nicht aktiv einzugreifen, um weitreichenden Plänen den Weg zu ebnen. Die Entwicklung der politischen Verhältnisse in den Herrschaftsgebieten der Mitkaiser, vor allem in Italien, verlief zu seinen Gunsten.

13 Maxentius, Usurpator in Rom

Nicht in Trier, noch weniger in Mailand, Sirmium oder Nikomedia, den Residenzen der vier Kaiser, sondern in Rom fiel die Entscheidung, die den politischen Weg des von den Tetrarchen regierten Imperiums bestimmte. Seit dem Regime der Soldatenkaiser hatte Rom sich ducken müssen, seinen Rang als Hauptstadt des Weltreichs und Privilegien eingebüßt, gemieden oder geschmäht von den Herrschenden. Keiner der Soldatenkaiser und Tetrarchen achtete noch den römischen Senat, einst die höchste politische Instanz, nun zur Farce degradiert. Der Stolz der Römer war verletzt. Nicht vergessen war, daß der mächtige Diokletian seinen einzigen Rombesuch mißgestimmt abbrach. Sein Nachfolger Galerius fand es nicht einmal der Mühe wert, sich den Römern zu zeigen und dem kapitolinischen Jupiter zu opfern.

Wie wenig Galerius seine Römer kannte, zeigte sich im Herbst 306. Als der Oberkaiser auch die letzten verbliebenen Privilegien aufhob, die Befreiung der Römer von indirekten Steuern, und er zugleich die Auflösung der Prätorianergarde befahl, war das Maß des Erträglichen überschritten. Die in Rom kasernierte Prätorianergarde, begründet als Leibgarde des Kaisers, war eine Elitetruppe geblieben, bevorzugt und einflußreich im politischen Leben Roms, ein Machtfaktor bei mancher Kaiserwahl. Für die traditionsbewußten Römer verkörperten die Prätorianer das alte Rom, einen Rest des einstigen Glanzes, aber auch eine Schutzmacht ihrer Stadt.

Der mit der Auflösung und der erneuten Steuerschätzung betraute Augustus Severus, Herrscher über Italien, Spanien und Nordafrika, residierte in Mailand, und schon deswegen schlug dem unbeliebten Kaiser der Haß der Römer entgegen.

In dieser explosiv geladenen Situation wirkte die Nachricht von der Kaisererhebung Konstantins durch seine Soldaten und von dessen Legitimierung als Caesar wie ein zündender Funke. Galerius hatte ja, wie es Brauch war, Konstantins Bildnis neben den Bildnissen der anderen Kaiser in Rom aufstellen lassen. Aber der gesamte Vorgang war den hellhörigen Römern bekannt. Warum sollte, was im britannischen Eboracum gelang, nicht in Rom gelingen? Die zeitliche Abfolge macht den Zusammenhang überdeutlich.

Kaum drei Monate nach der Kaiserwahl in Eboracum rebellierten die zur Auflösung bestimmten Prätorianer und mit ihnen die unzufriedenen Bürger Roms. Auf ihren Aufruf zur Usurpation wartete schon in seinem Landsitz an der Via Labicana nahe Praeneste der Mann, der wie Konstantin bei der Caesarernennung anläßlich der Abdankung Diokletians übergangen worden war: Maxentius. Er war fünf oder sechs Jahre älter als Konstantin, charakterlich geradezu ein Gegentypus, dargestellt als »häßlich und unansehnlich von Gestalt, ebenso hochmütig wie unfähig, grausam, wollüstig und abergläubisch«. Doch höher schätzten die Aufrührer bei dem Erwählten offenbar den Adel seiner kaiserlichen Geburt und sein mögliches Anrecht auf Legitimation: als Sohn des Altkaisers Maximianus und der Syrerin Eutropia, somit Stiefbruder der Theodora und Bruder der Konstantin zugesprochenen Fausta. Zudem war er der Schwiegersohn des Galerius, auch wenn ihn Galerius längst fallengelassen hatte.

Sicherlich hätte der kriegerisch unerfahrene, ängstliche Maxentius den legalen Weg zur Kaisererhebung vorgezogen. Dem Zwang der Verhältnisse konnte er sich aber nicht mehr entziehen, und schließlich fiel seinem Ehrgeiz die Genugtuung zu, dem ihm übel gesinnten Galerius eine vollendete Tatsache zu präsentieren. Doch ganz sicher war er sich seiner

Sache nicht, als die rebellierenden Prätorianer ihn am 28. Oktober 306 mit dem kaiserlichen Purpur bekleideten. Er verzichtete auf den ihm angetragenen Kaisertitel und nannte sich, bemerkenswert klug die altrömische Tradition erneuernd, Princeps. So wagte er es, den Oberkaiser Galerius um Anerkennung zu ersuchen, auf gleiche Behandlung wie Konstantin hoffend.

Die römische Truppe, auf die er sich stützen konnte, war klein, verwöhnt durch das städtische Lagerleben, im Gegensatz zu den kampferprobten Legionen des Galerius und des Severus. Einstweilen hielt der Princeps die Römer und Prätorianer durch Versprechungen, Spiele und verschwenderische Geldgeschenke bei guter Laune. Als dann Severus im Auftrag des empörten Galerius mit einer starken Heeresmacht von Mailand gegen Rom vorrückte, die Rebellion niederzuschlagen und den Usurpator zu strafen, war die Hoffnung des Maxentius auf friedliche Anerkennung zunichte.

Der verzweifelte Maxentius wandte sich an seinen Vater und bat ihn, erneut die Kaiserherrschaft zu übernehmen und die tödliche Bedrohung Roms abzuwenden. Dem um sechsundsechzig Jahre alten Maximianus, der auf seinem Landgut in Lukanien lebte, war das Treiben seines Sohnes zuwider. Er zögerte. Andererseits grollte er dem Gang der Ereignisse. Seiner Löwennatur mißfiel die von Diokletian erzwungene Abdankung, das Verharren in Tatenlosigkeit. Er schrieb an Diokletian vorwurfsvoll, drängte auf ein gemeinsames Wiederergreifen der Kaiserherrschaft, um die verworrene Lage zu ordnen. Aber der Choleriker Maximianus wartete die Antwort nicht ab und begab sich im Februar 307 nach Rom.

Die Römer feierten den alten Herkulier, dessen Vitalität und Ehrgeiz ungebrochen waren. Jetzt duldete er, seine als Makel empfundene Abdankung durch einen imperatorischen Akt überwindend, daß ihn Volk und Senat von Rom erneut zum Augustus ausriefen. Feierlich bekannte er sich zu »seiner Pflicht, das Reich in so bedrohtem Zustande nicht länger seiner Fürsorge entbehren zu lassen«.

Später, bei seinem Aufenthalt in Trier, versicherte sein Lobredner Eumenius mit der anspruchsvollen Kühnheit solcher Huldigungen, Jupiter selbst habe dem Herkulier Maximianus den Purpur unwiderruflich verliehen: »Ich habe dir die Herrschaft nicht als Leihgabe übertragen, sondern zu stetem Besitz; ich nehme sie nicht zurück, sondern erhalte dich darin.« In der politischen Realität nahm sich die römische Kaisererhebung allerdings anders aus. Sie versetzte der von Diokletian so sorgsam geschmiedeten Tetrarchie den Todesstoß.

Maxentius hatte Rom um diese Zeit bereits verlassen. Obgleich er seinen Vater um Hilfe gebeten hatte, störte ihn jetzt der hochgeachtete und wieder Macht beanspruchende Augustus in seinen eigenen Machtplänen. Er brauchte die Hilfe des Maximianus nicht mehr. Was war geschehen?

Severus hatte als Caesar und nun Augustus nicht nur die Reichsgebiete des Maximianus übernommen, sondern auch dessen Heer, dem vorwiegend lange im Dienst stehende afrikanische Soldaten angehörten. Als Severus vor Rom stand, siegessicher angesichts der ungleichen Kampfstärke des Usurpators, schlug die Stimmung im Heer um zugunsten des alten, unvergessenen Imperators. Die Gunst übertrug sich auf den Sohn Maxentius, in dem die Soldaten den eigentlichen, unrechtmäßig zurückgedrängten Erben ihres Kaisers erkannten. Offenbar hatte es Severus nicht verstanden, das Vertrauen seiner Soldaten zu gewinnen. Der größte Teil seines Heeres samt dem Gardepräfekten Anullinus desertierte zu Maxentius, der den unverhofften Lagerwechsel mit großzügigen Geldgeschenken belohnte.

Mit unglaublicher Schnelligkeit vollzog sich ein Umschwung, der dem Usurpator die blutige Niederlage ersparte und ihm darüber hinaus eine schlagkräftige Armee zuführte. Severus verließ panikartig mit einem kläglichen Rest seiner Truppe den Schauplatz seines Mißerfolgs und floh nach Norden, verfolgt von Maxentius und etwas später, nach der römischen Kaisererhebung, von Maximianus.

In Ravenna suchte der gejagte Severus Zuflucht, keineswegs aussichtslos, um der Belagerung zu widerstehen, bis sein Mitaugustus Galerius ein Entsatzheer schickte. Der Zugang zum Hafen blieb gesichert. Ausgedehnte Sümpfe auf der Landseite der befestigten Stadt boten Schutz vor Überraschungsangriffen. Aber der Kriegsmann Severus war durch den Verlust seines Hauptheeres entmutigt, und er fürchtete, auch seine Resttruppe würde zu ihrem alten kaiserlichen

Feldherrn überlaufen. Bald nach der Ankunft des Maximianus im Lager vor Ravenna erklärte Severus seine Bereitschaft zu Verhandlungen. Maximianus versicherte eidlich, das Leben des Severus bleibe unangetastet. Daraufhin lieferte Severus die Stadt und sich selbst den Belagerern aus. Keine zwei Jahre hatte er den Purpur getragen, in seinem Kaiseramt überfordert, unbeliebt, glücklos, als Erfüllungsgehilfe des Galerius aufgestiegen und nun gedemütigt endend.

Was nun folgt, geht nicht zu Lasten des Augustus Maximianus. Vielmehr schürte es die schon bestehende Spannung zwischen ihm und seinem Sohn bis zum öffentlichen Bruch. Von Ravenna aus eilte Maximianus nach Gallien zu Konstantin, um ihn als Bundesgenossen gegen Galerius zu gewinnen, und er kehrte erst im Herbst desselben Jahres (307) nach Rom zurück.

Inzwischen hatte Maxentius seinen Gefangenen nach Rom überführt, ihn dort dem Pöbel zur Schau gestellt und ihn an der Via Appia eingekerkert. Als dann Galerius mit seinem Heer anrückte und bei Terni sein Lager aufschlug, ließ Maxentius, das eidliche Versprechen mißachtend, Severus ermorden. Aber auch Galerius erging es nicht anders als vordem seinem Mitaugustus. Teile des Heeres meuterten, desertierten zu Maxentius. Verhandlungen, eingeleitet durch Licinius, den Feldherrn des Galerius, scheiterten. Galerius mußte mit seinem Restheer abziehen.

Dem Usurpator war ein dritter waffenloser Sieg zugefallen. Er schwamm auf einer Woge glückbringender Zufälle. Er fühlte sich stark genug, um den Titel Princeps abzulegen und gleiche Rechte wie Galerius zu beanspruchen, indem er sich zum Augustus ausrufen ließ. Spanien und Afrika, die Herrschaftsgebiete des beseitigten Severus, unterwarfen sich. Ein grenzenloser Übermut scheint Maxentius mitgerissen zu haben. Wenn man der Darstellung des Eusebius glauben kann, so fürchteten die Römer den Tyrannen und »litten schwer unter seiner Gewaltherrschaft«, unter seinen Übeltaten und Schändungen, seiner lasterhaften Ausschweifung, Roheit und Mordlust.

Maximianus, nach dem Rückzug des Galerius im Herbst wieder in Rom, will den mißratenen Sohn öffentlich zur Rechenschaft ziehen, will ihn vor einer Volks- und Heeresversammlung degradieren. Aber die Versammlung versagt ihm den Gehorsam, und der alte Augustus Maximianus flieht erneut nach Gallien zu Konstantin.

Man muß die dramatische Entwicklung und die Herrschaftsgewinnung des Maxentius genau vor Augen haben, denn Maxentius wird im Jahre 312 den Anlaß zu Konstantins Zug gegen Rom, zu dessen Eingriff in das verworrene Reichsgefüge und zur entscheidenden Wende geben. Um Konstantin in jeder Hinsicht zu verteidigen, erscheint das Charakterbild des Maxentius bei Eusebius und in der durch ihn bestimmten Überlieferung düsterer, »als es durch die historische Wirklichkeit gerechtfertigt ist«. Damit soll nicht geleugnet werden, daß die kaum durch eigenes Vermögen, sondern nahezu tatenlos zugefallene Macht den eher schwächlichen Maxentius in den kommenden Jahren zunehmend zu despotischen Übergriffen verführte.

Jedoch in *einem* für Konstantins späteres Handeln wichtigen Punkt bedarf das überlieferte Bild des Maxentius einer Korrektur. Entgegen der Legende vom Verfolger der Christen erwies sich Maxentius als deren Wohltäter. Er war nicht »der erste Wohltäter des Christentums«, wie Henri Grégoire vermerkt, denn vor ihm hat Konstantin den Christen in Gallien und Britannien die volle Religionsfreiheit zurückgegeben. Aber unmittelbar nach seiner Machtergreifung im Oktober 306 in Rom befahl Maxentius »seinen Untertanen, die Christenverfolgung einzustellen«. Das überliefert Eusebius, der eher bereit war, den Übeltäter Maxentius zu schildern. Allerdings fügt er hinzu, der Kaiser habe geheuchelt, um »dem römischen Volk zu gefallen und ihm zu schmeicheln«.

Maxentius hing dem altrömischen Glauben an, nicht anders als Konstantin zu dieser Zeit. Seinem labilen Charakter entsprach aber eine stärkere Abhängigkeit von abergläubischen Riten und Orakelsprüchen. Doch die eigene Einstellung hinderte ihn nicht, die Christen zu tolerieren und zugefügte Schäden wiedergutzumachen. Kultgebäude und konfiszierte Kirchengüter wurden zurückerstattet. Im Jahre 307 erlaubte Maxentius die seit der Christenverfolgung unterbrochene Wahl des Bischofs von Rom. Bei ersten Auseinandersetzungen innerhalb der römischen Christengemeinde erwies sich Maxentius als wohlwollender Vermittler.

Ob Maxentius unter dem Einfluß seiner christlichen Mutter Eutropia handelte, ist ungewiß, wahrscheinlicher sind politische Beweggründe. Der belgische Historiker Henri Grégoire nannte das Regime des Maxentius »eine echte Rebellion gegen das Prinzip der Tetrarchie, das gleichbedeutend mit der Idee der Christenverfolgung« war. Wahrscheinlich suchte Maxentius »Verbündete unter den römischen Christen und vor allem auch in der mächtigen Kirche Afrikas«. Dort jedenfalls blieb die Erinnerung an den Augustus Maxentius lange über seinen Tod hinaus erhalten. Um 365 schrieb Optatus, der Bischof von Mileve, Maxentius habe die Freiheit der Christen wiederhergestellt.

14 Konstantin heiratet Fausta

Uneigennützig, auf väterliche Bündnishilfe für Maxentius bedacht, war die Reise des Maximianus im Frühjahr 307 zu Konstantin keineswegs. Das nicht leicht durchschaubare Spannungsverhältnis zwischen Vater und Sohn bestand schon lange vor dem offenen Bruch. Es wurde überdeckt durch die gemeinsame Fronde gegen die herrschende Tetrarchie, vor allem gegen Galerius. Aber nicht weniger als Maxentius pochte der alte Löwe Maximianus auf seinen Machtanspruch, zumal er vordem als Kaiser Italien, Spanien und Afrika beherrscht hatte. Selbstlosigkeit hätte kaum zum Charakter des robusten und machtgierigen alten Mannes gepaßt.

Maximianus fühlte sich bestätigt, weil seinetwegen die Truppen des Severus zu Maxentius desertiert waren, weil die Römer ihn zum Augustus ausgerufen hatten. Auf die Tetrarchie bezogen, war seine Kaisererhebung zwar illegitim, doch als rangältester Augustus verlangte er Priorität, beanspruchte er, dem hochmütigen und unwürdigen Treiben des Maxentius Einhalt zu gebieten. Maxentius hingegen, dem der Vater in der anfänglichen Bedrängnis gut genug für einen Hilferuf war, unternahm alles, das Heer durch Bestechungen und Versprechungen an seine Person zu binden. Wenigstens in diesen Bemühungen, begünstigt durch die äußeren Umstände, zeigte er ein erstaunliches Talent.

Die bis zum Haß und zu Morddrohungen vorgetriebene Entzweiung macht verständlich, daß Zweifel an der Vaterschaft des Maximianus aufkamen. Ein Gerücht behauptete, Maxentius sei »von seiner Mutter Eutropia untergeschoben worden«, sein wirklicher Vater sei ein Syrer gewesen. Tatsächlich sind auch die Münzbildnisse des Maxentius »dem Vater ganz unähnlich«. Aber das besagt allenfalls, daß Maxentius keinen Wert auf die Anpassung seiner Bildnisse an Maximianus, keinen Wert auf dessen Vorbild legte. (Anders bei Konstantin, der sein frühes Münzbild dem seines Vaters anglich.)

Schon vor seiner Reise nach Gallien, möglicherweise vorbereitend, hatte Maximianus die Verbindung mit seinem künftigen Schwiegersohn Konstantin enger geknüpft. Am Jahresanfang übernahm er gemeinsam mit Konstantin das römische Konsulat für das Jahr 307. Das traditionsreiche Zweipersonenamt, einst Roms höchste leitende Instanz, war beibehalten worden, eine bloße, politisch unbedeutende Dekoration, aber doch als Ehrenamt von hohem Prestigewert, meist den Kaisern selbst oder deren Favoriten vorbehalten.

Es ist unsinnig, die Initiative zur Übernahme des Konsulats Konstantin zuschieben zu wollen. Mit größter Aufmerksamkeit verfolgte er das Auseinanderbrechen der Tetrarchie. Jedoch fern von Rom, gebunden durch die zur selben Zeit entbrannten Germanenkämpfe und durch den Ausbau des väterlichen Erbes, war er viel zu sehr mit der Festigung seiner gallisch-britannischen Kaiserherrschaft beschäftigt, um aktiv in die Machtintrigen einzugreifen. In schlauer Berechnung, so muß vermutet werden, überredete ihn Maximianus und gewann ihn als Mitkonsul. Immerhin herrschte Konstantin als legitimer Caesar, und sicherlich half bei seiner Zusage die Erinnerung an den Vater, ein Gefühl der Verpflichtung gegenüber dem von Maximianus adoptierten und in die herkulische Dynastie aufgenommenen Constantius Chlorus.

Das von Maximianus und Konstantin beanspruchte Konsulat für 307 verdeutlicht, wie nuanciert Machtintrigen gesponnen wurden, und weil es alle derzeit Herrschenden einschließlich Maxentius auf den Plan rief. Es wurde als Gegenkonsulat proklamiert, denn zuvor hatte der Oberkaiser Galerius seine eigenen Konsuln ernannt.

Mit seinem raffinierten Schachzug gelang es dem alten Maximianus tatsächlich, Konstantin auf seine Seite zu ziehen. Nur hatte Maximianus seine Rechnung ohne den übergangenen Maxentius gemacht. Als der Kaiser auf dem Weg nach Trier war, leitete Maxentius einen verwegenen Gegenzug ein. Er wagte dreist eine Annäherung an Galerius. Doch Galerius, erbost über die Niederlage und Einkerkerung seines Mitaugustus Severus, reagierte, wie zu erwarten war. Er rüstete und zog mit seinem Heer im Sommer 307 gegen Rom, gegen Maxentius. Es wurde bereits erwähnt, daß Maxentius daraufhin den eingekerkerten Severus ermorden ließ und daß Galerius vor Rom scheiterte und zum Rückzug gezwungen wurde.

So war die Lage, als Maximianus im Frühjahr und bis zum Spätsommer 307 in Trier am Hof Konstantins weilte. Konstantin scheint, zunächst jedenfalls und noch bei der Übernahme des Konsulats, vom Einklang zwischen Maximianus und dessen Sohn überzeugt gewesen zu sein, ahnungslos gegenüber den beiderseitig eingefädelten Intrigen. Hätte er sonst ohne Zögern Münzen schlagen lassen, »deren Umschrift die beiden Beherrscher Italiens als regierende Augusti anerkannte«? Demnach bestätigte Konstantin beide römischen Kaisererhebungen als rechtmäßig. In seinen Ländern ließ er die Bildsäulen des Severus umstürzen und dessen Namen auf öffentlichen Denkmälern auslöschen.

Auf Maxentius bezogen, änderte sich Konstantins Haltung bald nach der Ankunft des Maximianus, der offenbar nichts unterließ, seinen mißratenen Sohn als untauglich und intrigant herabzusetzen. In der großen Festrede anläßlich der Trierer Ereignisse wird Maxentius nicht einmal erwähnt. Schwerlich könnte dieses auffallende Verschweigen als »Rücksicht auf Galerius« gedeutet werden. Dafür war die Frontstellung vor allem des antreibenden Maximianus zu eindeutig. Maximianus als rangältester Kaiser erneuerte feierlich Konstantins von der Truppe in Eboracum empfangenen, doch von Galerius abgelehnten Augustustitel. Konstantin wiederum bestätigte die Augustuswürde des Maximianus.

Wie vordem sein Vater, so wird Konstantin adoptiert und offiziell in die Dynastie der Herkulier aufgenommen, und der Trierer Lobredner feiert Maximianus und Konstantin als *imperatores semper Herculii.* Die während des festlichen Staatsaktes am Hof an die beiden Kaiser gerichtete und in deren Auftrag verfaßte Rede des Rhetors Eumenius läßt keinen Zweifel über die staatspolitische Bedeutung dieser dynastischen Verbindung. Dem Redner geht es darum, »die der tetrarchischen Ordnung widerstreitende Herrschaft der Augusti Maximianus und Konstantin zu rechtfertigen und die Dynastie der Herkulier des Westens von den Joviern des Ostens unabhängig zu machen«.

Das war im Hinblick auf die strittige Legalität ein äußerst geschicktes Argumentieren. Die mythisch-religiös gefestigte Selbstbehauptung der beiden Westkaiser distanzierte sie von den östlichen Herrschern Galerius und Maximin Daia, bekräftigte sozusagen ihre unter dem Schutz der Götter stehende Autonomie. Jupiter selbst, so versichert der Lobredner, habe dem Herkulier Maximianus die immerwährende Kaiserwürde verliehen. Konstantin sei durch die dynastische Verbindung mit Maximianus, aber auch durch die eigene Erbfolge und durch seine herrscherliche Tüchtigkeit des Kaisertums würdig. Gleich dreifach, über jeden Zweifel erhaben, begründet der Rhetor Eumenius den Augustustitel Konstantins.

Es müssen Tage und Wochen der Eintracht und des Glücks in Trier gewesen sein, fast herausgelöst aus den andernorts unvermindert weitergeführten Machtkämpfen und Intrigen. Kein anderer Ort, keine andere Residenz war für diese, wenn auch zeitlich begrenzte Zusammenkunft geeigneter als Trier. Den Höhepunkt bildete dann die festliche Vermählung Konstantins mit Fausta.

Der alte Kaiser hatte seine etwa zehnjährige Tochter Fausta und seine Gattin Eutropia mitgebracht, um durch die von Konstantin ebenso erwünschte Hochzeit die dynastisch-familiäre Vereinigung zu krönen. Aber auch dies war schlau berechnet und kennzeichnet die »ganze Hintergründigkeit« des alten Herkuliers. Er erwartete von seinem Schwiegersohn nicht nur theoretische, sondern militärische Bündnishilfe gegen Galerius, wahrscheinlich auch gegen Maxentius. Bei den derzeitigen Verhältnissen in Italien wäre Konstantins hervorragend gerüstete, kampferprobte und disziplinierte Rheinarmee fähig gewesen, als Ordnungsfaktor einzugreifen und die Auseinandersetzungen zu beenden. Aber Konstantin versagte dem drängenden Maximianus die Waffenhilfe, und seine strikte Ablehnung bestätigt noch einmal seine von politischer Klugheit diktierte abwartende Haltung. Er, der Zweiundzwanzigjährige, nicht Maximianus, war in Trier der Gewinner.

Ob Konstantin Zuneigung zu der wohl erst zehnjährigen Fausta empfand, kann man allenfalls vermuten. Politische Gründe standen bei der Eheschließung im Vordergrund und überwanden die Altersgrenze, denn nach römischem Recht konnte ein Mädchen nicht vor dem zwölften Lebensjahr verheiratet werden. Eine vollgültige Ehepartnerin wird das sehr junge Mädchen am Hochzeitstag nicht gewesen sein. Eher ist anzunehmen, daß die christliche Eutropia ihre Tochter noch für die nächste Zeit unter ihrer Obhut hielt.

Sicherlich blieb der jungen Fausta die politische Zweckbestimmung ihrer Heirat verborgen. Es gab ja noch, das vergißt man leicht unter dem Übergewicht der politischen Konstellation, den Bereich des Privaten, Familiären, den Bereich der Kinder und des täglichen Zusammenlebens mit allen möglichen Freuden und Kümmernissen, mit glücklichen Ereignissen, Lachen, Tränen, Erwartungen und Sorgen, abgelöst von den politischen Schachzügen und Machtkämpfen der Herrschenden.

Wie verhielt sich ein zehnjähriges, in Rom geborenes Mädchen, dessen Aufenthalte in Mailand, Aquileia, auf einem Landsitz in Lukanien verbürgt sind, das nach weiter, beschwerlicher Reise über die Alpen und durch Gallien mit seinen Eltern in Trier eintrifft und mit einem Kaiser vermählt wird? Durch die Verlobung in Aquileia und vielleicht spätere gelegentliche Treffen war Konstantin dem Mädchen kein Unbekannter. Man wird ihm von Konstantin erzählt haben, von seinen Erfolgen in Britannien und am Rhein. Wahrscheinlich freute sich das offenbar temperamentvolle Mädchen auf das Wiedersehen und die Vermählung mit Konstantin, nahm es mit wachen Augen die neue Umgebung wahr, entzündete sich seine mädchenhafte Phantasie am zeremoniellen Glanz der Hochzeitsfeier und der festlichen Tage in der Stadt an der Mosel.

Auf einem in Trier geprägten »vermutlich echtesten, ziemlich frühen Münzbild der Fausta« hat sie den runden Kopf ihres Vaters Maximianus und dessen Stülpnase. Aus der gleichen Zeit stammt eine Marmorbüste der Fausta, dem Münzbild ähnlich, unter dem aufgesteckten Haarkranz ein noch kindlich unbeschriebenes Mädchengesicht mit vollen Lippen und großen fragenden Augen, überdacht von geschwungenen, an der Nasenwurzel zusammengewachsenen Brauen. Erst auf späteren Münzbildnissen wird die Nasenform korrigiert, wirkt Faustas Profil elegant, fraulich, majestätisch, und gegen Lebensende trägt sie die Frisuren Helenas, läßt sie ihr Bildnis dem ihrer Schwiegermutter angleichen.

Nicht nur in dieser Äußerlichkeit und nicht nur später dominiert der Einfluß Helenas. Die Mutter Konstantins blieb auch nach der Heirat des Kaisers die einflußreichste Dame am Trierer Hof. Ihre starke Persönlichkeit, die Zuneigung Konstantins, ihre Vertrautheit mit dem zwar illegitimen, aber erstgeborenen Kaisersohn Crispus, der im Jahre 317 als Caesar das Kommando in Gallien übernehmen wird, gaben Helena einen unbestreitbaren Vorrang.

Allerdings tritt bei der Hochzeit in Trier und in den folgenden Jahren eine zweite, nicht weniger achtbare, nach Einfluß drängende Persönlichkeit hervor: Eutropia, die Gemahlin des Maximianus. Die schöne Syrerin hatte die Vermählung Theodoras, ihrer Tochter aus erster Ehe, mit Constantius Chlorus erlebt, und nun wurde ihre und des Maximianus Tochter Fausta die Gattin Konstantins. Es gibt keine konkreten Auskünfte über Eutropias Verhalten in Trier. Doch liegt es nahe, daß Eutropia die zu so hohen Ehren gekommene Konkubine Helena als Rivalin empfand, um so mehr, als Helena die Verbannung Theodoras und deren Kinder vom Kaiserhof veranlaßt hatte. Vermutlich gab es Spannungen zwischen den beiden Schwiegermüttern. Und sicherlich wird die als »unternehmende und kluge Frau« geschilderte Eutropia das Zustandekommen der Vermählung ihrer Tochter mit Konstantin kräftig gefördert haben. Für sie war die Trierer Kaiserhochzeit, zumal gegenüber Helena, eine familienpolitische Genugtuung.

Ob Fausta und in welcher Weise sie sich neben Konstantin behauptete, ob sie als gereifte Frau Anteil nahm oder Entscheidungen des Kaisers beeinflußte, entzieht sich unserer Kenntnis. Sie war die einzige eheliche Frau Konstantins und gebar ihm in neunzehn Ehejahren bis zu ihrem tragischen Tod im Jahre 326 drei Söhne und zwei Töchter.

Im Gegensatz zu Helena und zu Eutropia, deren »große Wohltaten« und Frömmigkeit Konstantin nach 312 in einem offiziellen Schreiben hervorhebt, bleibt das Bild der Fausta blaß und unbestimmt. Nur der genannte Marmorkopf oder Bildnisse auf Münzen und Gemmen vermitteln einen Eindruck ihrer Persönlichkeit. Auf einigen Lampenbildern aus der Spätzeit sieht man die Kaiserin mit dem Christogramm auf der Brust oder der Taube auf dem Haupt. Es wäre denkbar, daß Eutropia ihre Tochter schon vor oder in Trier christlich beeinflußt hat und daß Fausta die spätere Hinwendung Konstantins zum Christentum unterstützte. Aber die Hochzeit in Trier wie die Aufnahme Konstantins in die herkulische Dynastie steht ganz und ungeteilt unter dem Zeichen der alten römischen Götter.

15 Kaisertreffen in Carnuntum

Während sich noch der Oberkaiser Galerius im Vollgefühl seiner Macht als Weltherrscher wähnte, beendet Laktanz eine Abhandlung über ihn mit der lakonischen Bemerkung: »Aber Gott, den er sich zum Feind gemacht, hat all seine Berechnungen vereitelt.« Gewiß spricht aus diesem Satz die Genugtuung des Christen Laktanz, noch ehe er seine religiöstheologische Beweiskette schließt. Doch das Gemeinte wird einsichtig, wenn man es umsetzt in die realen Vorgänge der Herrschaftsjahre des Augustus Galerius seit der Abdankung Diokletians.

Die Christenverfolgung, von Galerius und Maximin Daia in ihren Ostländern rigoros, ja gesteigert weitergeführt, traf nicht nur mit furchtbarer Grausamkeit die Christen, sondern schlug auf den Hauptverfolger zurück. Sie schwächte die moralische Autorität des Galerius, und sie wurde in der machtpolitischen Auseinandersetzung zu einem Politikum, dessen Tragweite Maxentius erkannte und zu nutzen wußte. Die

Duldungspolitik des römischen Usurpators machte die Christen in Italien wie in Afrika zu seinen Verbündeten gegen Galerius.

Galerius fehlte ganz und gar die staatsmännische Autorität und Größe, die Diokletian auszeichnete, trotz allem, was gegen den Altkaiser spricht. Selbst seine Popularität bei den Soldaten, deren Idol Galerius war, half ihm nicht mehr, als er mit seinem Heer vor Rom stand und zum jämmerlichen Rückzug gezwungen wurde. Vollends scheiterte die legitime kaiserliche Autorität des Galerius an der Löwennatur des alten Maximianus. Allein Diokletian hätte den rabiaten Machtdrang seines früheren Mitaugustus bändigen können. Maximianus blieb zwar nach den jüngsten Ereignissen Kaiser ohne Land, doch seine wiedererlangte Kaiserwürde machte ihn zu einem unübersehbaren Faktor im politischen Machtfeld, wie sehr, das hatte er durch seine dynastisch-familiäre Verbindung mit Konstantin bewiesen.

Konstantin, das muß noch einmal wiederholt werden, spielte angesichts der offenen oder versteckten, durch Intrigen geschürten Machtkämpfe eine Sonderrolle. Aus der in Trier besiegelten Verbindung mit Maximianus zog er Gewinn. Doch die Waffenhilfe gegen Galerius verweigerte er, und dies nicht nur, weil sein Heer durch die Germanenkriege am Rhein gebunden war. In seiner Selbstbehauptung gegenüber Galerius, durch seine erneuerte Kaisererhebung, seinen kaiserlichen Erbanspruch und die Anerkennung des Maximianus ging er so weit, wie es ihm politisch opportun erschien. Auf den von Maximianus verlangten totalen Bruch mit Galerius verzichtete er klugerweise.

Galerius, das konnte der Beobachtung Konstantins nicht entgangen sein, stand gegen Ende des Jahres 307 als derjenige da, der dem Erbe des großen Diokletian nicht mehr gewachsen war. Etwas mußte geschehen, um den Zerfall des Imperiums aufzuhalten. Galerius rief seinen Schwiegervater zu Hilfe, den greisen Diokletian, der in seinem Alterspalast an der dalmatinischen Küste grollend verfolgte, wie sein Lebenswerk, die Tetrarchie, auseinanderbrach. Ein erstes Signal kam von Diokletian, als er mit Galerius im Jahr 308 das Konsulat übernahm, dem sich jedoch Maxentius in Rom widersetzte. Die Römer, deren Antipathie gegen Diokletian und

Galerius wieder einmal durchschlug, unterstützten Maxentius, der am 1. April sich selbst und seinen Sohn Romulus herausfordernd als Gegenkonsuln proklamierte.

Diokletians Konsulat änderte überhaupt nichts an der verworrenen Lage, und noch einmal warf der emeritierte Kaiser seine ganze ungebrochene Autorität in die Waagschale, um das Imperium in Ordnung zu bringen und die Tetrarchie zu retten. Es war ein beinahe rührendes Unternehmen des alten Mannes. Er berief die Kaiser im Herbst des Jahres 308 zu einem Treffen nach Carnuntum, der zentralen römischen Lagersiedlung an der Donau östlich von Wien. Er selbst hatte das pannonische Hauptquartier des Donauheeres dem göttlichen unbesiegbaren Mithras geweiht, und auch nun sollten die Beschlüsse mit sakralen Weihen den Schutz der Götter erhalten.

Neben Diokletian erschienen die beiden Augusti Galerius und Maximianus. Falls Konstantin geladen wurde, so hielt er sich zurück, vielleicht begründet durch Unabkömmlichkeit, doch eher durch seine selbstauferlegte politische Zurückhaltung. Seine Interessen vertrat möglicherweise sein Schwiegervater. Doch Maximianus erwartete vor allem die Bestätigung der eigenen Kaiserwürde und die Wiedergewinnung seiner früheren Herrschaftsgebiete, die der Usurpator Maxentius beherrschte. Man kann sich vorstellen, wie er mit robustem Ungestüm Diokletian beschwor, den Purpur wieder anzulegen, denn dessen erneute Kaiserherrschaft würde auch die seine rechtfertigen. Ebenso drängte Galerius seinen Schwiegervater, wenn auch aus anderen Gründen, zur Wiederaufnahme der Kaiserwürde.

Diesem Ansinnen verweigerte der greise Diokletian hartnäckig seine Einwilligung. Seine Abdankung erklärte er für unwiderruflich. Er sehnte sich zurück nach Spalato, nach seinen Gärten und der philosophischen Beschaulichkeit an seinem Altersort. Es war schon erstaunlich, daß er die Reise nach Carnuntum unternommen hatte, und er erwartete, daß sein Machtwort wie früher die Streitigkeiten beenden würde.

Bei den Beschlüssen zur Wiederherstellung der Tetrarchie kam nicht Maximianus zum Zug, sondern zu dessen größter Verärgerung um so stärker Galerius. Maximianus, so wurde ihm gesagt, sollte dem Beispiel Diokletians folgen und in das

Privatleben zurückkehren, in den Augen des cholerischen Altkaisers eine infame Degradierung, die er nur ertrug, solange ihm in Carnuntum die Persönlichkeit Diokletians Gehorsam abnötigte.

Neben dem Augustus Galerius wurde als Nachfolger des ermordeten Severus zum Mitaugustus Licinius bestimmt. Endlich also konnte Galerius seinen in Reserve gehaltenen Waffengefährten und Freund in das höchste Kaiseramt berufen. Der illyrische Bauernsohn Licinius, bereits ein Mittfünfziger, erhielt am 11. November 308 den kaiserlichen Purpur; ihm wurde Pannonien und der italische Reichsteil zugewiesen. Er übernahm damit die heikle Aufgabe, den römischen Usurpator Maxentius in die Schranken zu weisen. Maxentius blieb selbstverständlich unberücksichtigt und gebrandmarkt als tyrannischer Usurpator.

Maximin Daia und Konstantin wurden als Caesaren bestätigt, was gegenüber dem eigenwillig handelnden Konstantin auf ein gewisses Wohlwollen schließen läßt. Doch von staatspolitischer Klugheit und Weitsicht zeugte die Berufung nicht. Beide Herrscher reagierten empört, weil der Neuling Licinius ihnen vorgezogen wurde. Konstantin empfand es als Zumutung, nach seiner im Jahr zuvor groß gefeierten Trierer Erhebung zum Augustus nun ein zweites Mal die Zurückstufung auf den Caesartitel dulden zu müssen. Sein Heer, Garant seiner Herrschaft, hätte in ihm einen Schwächling gesehen. Auch das ihm für das kommende Jahr (309) neben Licinius übertragene Konsulat lehnte er ab.

Galerius versuchte einzulenken, indem er den Caesartitel aussetzte und statt dessen Maximin Daia und Konstantin mit dem offiziellen Titel *filii Augustorum,* Söhne der Augusti, schmückte. Konstantin scheint, um eine weitere Zuspitzung zu vermeiden, den Titel halbwegs übernommen zu haben, wie die ihm zu Ehren im Sommer 310 in Trier gehaltene Lobrede zeigt. Jedoch hebt gerade diese für das politische Wollen Konstantins aufschlußreiche Rede seinen höchsten kaiserlichen Anspruch und seinen dynastischen Vorrang vor den Mitkaisern hervor.

Eine vorbehaltlose Gefügigkeit kann ihm sowenig zugewiesen werden wie Maximin Daia. Der allerdings ging einen Schritt weiter und wagte die offene Brüskierung. Maximin

Daia übernahm den ihm in Carnuntum verweigerten Augustustitel durch die Ausrufung seines Heeres. Diese Eigenmächtigkeit des Ostherrschers wog besonders schwer, denn er, bisher als einziger Kaiser, genoß das volle Vertrauen des Galerius. Zähneknirschend mußte Galerius die Selbsternennung der beiden Augusti hinnehmen. Jeden der Tetrarchen bestätigte er als Imperator.

Diokletian und Galerius hatten eine Kettenreaktion ausgelöst, die ihre Pläne rücksichtslos überrollte. Diokletian, zurückgekehrt in seinen Palast an der dalmatinischen Küste, mußte mit Verbitterung seinen Mißerfolg konstatieren und erleben, wie jeder Herrscher machtgierig aus dem Reichskörper sein Stück herausriß. Der müde Altkaiser griff nie wieder in die politischen Geschäfte des Imperiums ein.

Vielleicht waren es persönliche Gründe, die Diokletian veranlaßt hatten, so weitgehend den Wünschen des Galerius nachzugeben. Galerius war mit Valeria, dem einzigen ehelichen Kind Diokletians, verheiratet, und der Kaiser liebte seine Tochter. Er selbst hatte Valeria durch die höchste Auszeichnung geehrt und ihr die Würde einer regierenden Augusta zuerkannt. Aber wo immer die Gründe für die Beschlüsse von Carnuntum lagen, es war Diokletians Schuld, daß er die Entscheidung Galerius überließ und zu hohe Erwartungen auf dessen politische und militärische Fähigkeiten setzte, ein für die Reichspolitik unverzeihlicher Irrtum.

Das Ergebnis spricht eine deutliche Sprache. Sechs Kaiser beanspruchten den Augustustitel: Galerius und der neuernannte Licinius, Konstantin und Maximin Daia, Maximianus und Maxentius. Die beiden letztgenannten trugen ihren Titel zwar illegal, doch im Falle des Maxentius war dies eine bloße Formalität, denn in Wirklichkeit beherrschte er uneingeschränkt Rom und Italien. Der legal ernannte Licinius blieb in Pannonien (dem heutigen Nordjugoslawien und Westungarn bis zur Donau bei Wien). Er unternahm nichts, sein Reichsgebiet mit Waffengewalt von Maxentius abzufordern. Wahrscheinlich erinnerte er sich des vor Rom gescheiterten Feldzugs, bei dem er im Auftrag des Galerius mit dem Usurpator verhandelt hatte. Trotz seiner rechtskräftigen und wohlklingenden Augustuswürde war Licinius, nicht anders als der alte Maximianus, ein Kaiser ohne Land.

Nochmals komplizierter wurden die Reichsverhältnisse, nachdem um die Mitte des Jahres 308 in Afrika eine Rebellion begann, derzufolge ein siebter Kaiser den Purpur anlegte. Die Afrikaner, Volk und Soldaten, hielten ihrem früheren Kaiser Maximianus die Treue, seinetwegen hatten sie den Princeps Maxentius anerkannt. Im Streit zwischen Vater und Sohn entschloß sich das afrikanische Heer zum Widerstand gegen Maxentius, und dessen Ächtung durch die Beschlüsse von Carnuntum konnte die Rebellion nur antreiben. Drohungen des Maxentius, der zum Kriegszug rüstete, aber wegen der schlechten Zeichendeutung seiner Auguren auf die gewaltsame Unterwerfung verzichtete, blieben wirkungslos. Der Vikar der afrikanischen Diözese, der Phryger Domitius Alexander, stellte sich an die Spitze des Aufstandes und wurde von der Truppe zum Kaiser ausgerufen.

Maxentius scheint aus mangelndem politischen Geschick zum Abfall Afrikas beigetragen zu haben, denn nicht Machtgier trieb Domitius Alexander, einen »Greis von ruheliebender und furchtsamer Natur«, zum Kaisertum. Er gab zögernd dem Drängen des Heeres und der afrikanischen Bevölkerung nach.

Für Rom und Italien waren die Folgen verheerend. Der Verlust der wichtigen Kornkammer Afrika löste durch die ausbleibenden Getreidelieferungen eine Versorgungskrise aus. Furchtbare Hungersnöte führten in Rom zu Aufständen der verzweifelt nach Brot verlangenden Stadtbürger. Maxentius ließ die Aufständischen durch seine Prätorianer niederschlagen. Nicht zuletzt brachten ihm seine erbarmungslosen, in blutigen Straßenkämpfen ausgetragenen Gewaltmaßnahmen den Ruf eines Tyrannen ein.

Nach drei Jahren (311) konnte der Prätorianerpräfekt des Maxentius mit seiner Truppe Afrika zurückerobern und den Usurpator Domitius Alexander überwältigen. Maxentius feierte die Wiedereroberung. Doch blieb ihm nur ein kurzer, letzter Triumph.

16 Maximianus' unrühmliches Ende

Nach den Geschehnissen von Carnuntum suchte Maximianus im Spätherbst 308 Zuflucht am Trierer Hof, dem einzigen Ort, an dem er eine ehrenvolle Aufnahme erwarten durfte. Die Beschlüsse hatten seiner so kühn beanspruchten »immerwährenden« Kaiserherrschaft ein jähes Ende gesetzt. Er war unzufrieden, erbost, wutentbrannt gegen Diokletian und Galerius, gegen sich selbst, weil er seiner aufgenötigten Abdankung zugestimmt hatte. Seinem aufbrausenden Temperament entsprechend, kann es nur so gewesen sein, daß er bei Konstantin seinem Zorn freien Lauf ließ und auf Rehabilitierung sann. Der alte Mann brachte Unruhe an den Trierer Hof, und er wird über die gebotene Ehrerbietung hinaus die Geduld seines Schwiegersohnes reichlich strapaziert haben, denn er blieb ein gutes Jahr.

Konstantin war empört über seine Zurücksetzung und die Kaisererhebung des Licinius. Aber er ließ sich nicht auf ein ungewisses Abenteuer ein, das ihn in die Illegalität getrieben hätte. Was immer Maximianus verlangt haben mag, die erneute Anerkennung als Kaiser oder gar einen Kriegszug gegen Galerius, er fand kein Gehör. Zudem bedrängten Konstantin Aufgaben in Gallien und die Sicherung der unentwegt bedrohten Rheingrenze. Als massive fränkische Kampfverbände über den Rhein nach Westen vorstießen, brach im Frühjahr 310 erneut ein Germanenkrieg aus, der seinen Spielraum einengte.

Während Konstantin an der Rheinfront kämpfte, hielt Maximianus sich in Arelate (Arles), dem südgallischen Hauptquartier, auf. Der unverbesserliche etwa Siebzigjährige nutzte die Gunst der Stunde und griff zur Selbsthilfe. Er ließ sich von seiner kleinen, ihm hörigen Begleittruppe erneut den Purpur anlegen, er raubte die in Arelate deponierte Kriegskasse, um mit dem erbeuteten Geld Soldaten und Bürger dienstbar zu machen. Eine Wahnsinnstat, die zeigt, wie der maßlos enttäuschte, rabiate Mann auch die letzte Selbstbeherrschung verloren hatte. Was bezweckte er mit seinem hochverräterischen Vertrauensbruch? Wollte er eine Truppe zum Kampf gegen Galerius oder gegen Maxentius aufstellen? Oder konspirierte er bereits mit seinem Sohn Maxentius,

»um von dessen Flotte Entsatz und Beistand zu erhalten«, gegen seinen Gastgeber Konstantin? Auch das wurde vermutet, ohne glaubhaft bezeugt zu sein.

Maximianus' drittes Kaisertum währte nur kurze Zeit, denn unverzüglich rückte der benachrichtigte Konstantin mit einer Truppe heran, zuerst zu Fuß, dann auf Booten die Saône und die Rhone abwärts. Von Arelate war Maximianus in die befestigte Stadt Massilia (Marseille) gezogen und hatte sich dort verschanzt. Seine eigenen Soldaten, von der Sinnlosigkeit des Widerstands überzeugt oder reuig wegen der Gegenwart ihres rechtmäßigen Kaisers, öffneten die Tore und ließen die Truppe Konstantins in die Stadt. Der vor seinen Schwiegersohn geführte Maximianus muß der Kaiserwürde endgültig entsagen, er muß die schwersten Vorwürfe hören, doch Konstantin schenkt ihm Leben und Freiheit. Einige Tage nach der Begnadigung findet man den Altkaiser erhängt in seinem Schlafraum im Palast von Massilia.

Der nie ganz aufgeklärte Tod des Maximianus löste wilde Spekulationen aus, bereits bei den antiken Geschichtsschreibern. Eines natürlichen Todes, wie Zosimos annimmt, starb er nicht. Aber war es Selbstmord? Gab Konstantin den Mordbefehl? Laktanz berichtet, »man« habe Maximianus »die freie Wahl des Todes gestattet«, und er habe sich erhängt. Zur Erklärung erzählt Laktanz eine merkwürdige Geschichte: Nach seiner Begnadigung zettelte Maximianus erneut ein Komplott an, er wollte Konstantin in der Nacht erdolchen und überredete Fausta zur Mithilfe. Seine Tochter ging auf den Mordplan ein, listigerweise, denn insgeheim informierte sie Konstantin, an dessen Stelle ein Eunuch den Tod fand. So habe man den Mörder »auf frischer Tat ertappt«.

»Ein absurdes Märchen«, schreibt Jacob Burckhardt. Vermutlich übernahm Laktanz eines der bei solchen Gelegenheiten rasch aufkommenden Gerüchte, denn er lebte um diese Zeit im fernen Bithynien. Überhaupt ist die Anwesenheit der etwa dreizehnjährigen Fausta in Massilia unglaubhaft oder fraglich. Kaum denkbar, daß sie Konstantin auf dem strapaziösen Eilmarsch von der Rheinfront nach Südgallien begleitet haben soll.

Die offizielle, am Trierer Hof verbreitete Nachricht spricht vom Selbstmord des Maximianus. Eine solche Tat wäre dem impulsiven, ungezügelten Choleriker nach seinem letzten Scheitern und unwiderruflichen Zerbrechen aller Machtpläne zuzutrauen. Doch Gründe genug hätte Konstantin gehabt, sich des lästigen, querköpfigen alten Mannes, der als Hochverräter nach dem Gesetz sein Leben verwirkt hatte, auf verschwiegene Weise zu entledigen. Doch dafür gibt es keine Beweise.

Die Vorgänge in Massilia zeigen einmal mehr, wie schnell die Berichter auf abschüssiges Gelände geraten und vergeblich Halt in Vermutungen suchen. Die Verwirrung hält an bei der Darstellung der weiteren Ereignisse des Jahres 310.

Nach dem neuzeitlichen Biographen Karl Hönn hätte Konstantin unmittelbar nach dem Tod des Maximianus Spanien annektiert, nach einer anderen Version bereits im voraufgegangenen Jahr. Die Datierung ist wichtig, weil sie, falls sie stimmt, Aufschluß gäbe über die damalige religiöse Einstellung Konstantins. Eine persönliche Beziehung Konstantins zum Konzil von Elvira (nahe Granada), das in dieser Zeit, »vielleicht im Jahre 311/312«, stattfand, läge nahe, möglicherweise eine kaiserliche Förderung des Konzils. Spanien war weitgehend christianisiert, und die Beschlüsse der spanischen Bischöfe »sprechen für ein ausgeglichenes Verhältnis zwischen dem heidnischen Staat und den Christen«. Als verantwortlich für die juristische Formulierung der Konzilsbeschlüsse wird Bischof Ossius von Corduba genannt, derselbe, der später, zuerst 313, als energischer und einflußreicher Berater Konstantins in religiösen Fragen bezeugt ist.

Äußere wie innere Gründe lassen jedoch eher vermuten, daß Konstantin weder im Jahre 309 noch 310 in Spanien einmarschierte. Seine in diesen Jahren erkennbare realpolitische Zurückhaltung läßt sich kaum mit der Vorstellung eines expansiven Abenteuers vereinbaren. Der Germanenkrieg forderte seine Präsenz, duldete zumindest keine allzu weite Entfernung von den umkämpften oder bedrohten Gebieten. Es hätte der politischen Vernunft, mehr noch dem ausgeprägten soldatischen Pflichtgefühl Konstantins widersprochen, unter diesen Umständen nach Spanien zu ziehen. Nachweislich zog er sich nach Maximianus' Tod von Marseille zurück nach Trier und hielt sich dort während des Sommers 310 auf.

Wahrscheinlich hatte Konstantin zum Konzil von Elvira und zu Ossius von Corduba keine direkte Verbindung, aber aufgrund der Religionspolitik des Spanien beherrschenden Maxentius liegt es nahe, daß das Konzil »nach der heute vorherrschenden Meinung unter seiner Regierung angesetzt« wurde. Wenn auch die Christen vom altrömisch-gläubigen Maxentius aus politischen Gründen nur geduldet wurden, so hatten sie doch eine bemerkenswerte religiöse Freiheit.

Politische Motive, so scheint es jedenfalls, bestimmten auch des Maxentius erstaunliche Reaktion auf den Tod seines Vaters. Er, der Maximianus gehaßt und verjagt hat, erhebt den Toten unter die Götter Roms und läßt ihm zu Ehren eine Gedenkmünze prägen. Die Schuld am Tod des Altkaisers lädt er Konstantin auf, denn der Divus Maximianus konnte kaum einer unrühmlichen Tat und des Selbstmords bezichtigt werden.

Weniger Pietät als das Verlangen, seine ungesicherte, usurpatorische Machtstellung in Rom, Italien und Spanien durch »einen gewissen Rechtstitel« zu festigen, werden Maxentius' Handeln bestimmt haben: als Erbe und Sohn des göttlichen Maximianus. Die Gedenkmünze zeigt die erwünschte Verbindung in der Widmung: *Divo Maximiano Patri Maxentius Aug[ustus].*

Konstantin ließ in Gallien die Bildsäulen des Maximianus umstürzen und dessen Inschriften tilgen. Angesichts des schweren kaiserlichen Hochverrats eine übliche, konsequente *damnatio memoriae,* deren Unterlassung unweigerlich den Verdacht auf Konstantin gelenkt hätte.

Für Konstantin hatte der Tod seines Schwiegervaters und Herkuliers Maximianus Folgen, die seinem persönlichen Leben, seiner politischen wie auch religiösen Zielsetzung eine entscheidende Neuorientierung gaben. Dieses Jahr 310, nicht erst das Jahr 312 mit seinem Zug gegen Rom, markiert eine Wende im politischen Denken und Planen des Kaisers, in seinem universalen Herrschaftsanspruch. Damit soll nicht die Bedeutung des Jahres 312 für die Öffnung und Hinwendung Konstantins zum Christentum herabgemindert werden. Jedoch alle persönlichen wie staatspolitischen Überlegungen gründen in den zwei Jahre zuvor sichtbar werdenden Ansätzen.

Die Meinung, der Tod des alten Herkuliers habe die Pläne Konstantins »aufs empfindlichste durchkreuzt«, Maximianus habe seinem Schwiegersohn einen »schlimmeren Streich gespielt als je in seinem Leben«, kann ich nicht teilen. Ganz im Gegenteil deuten die Zeugnisse geradezu auf das Gefühl einer Befreiung Konstantins. Entschiedener als je zuvor wird er sich seiner kaiserlichen Souveränität bewußt, bekennt er den unabhängigen Vorrang seines Kaisertums. Gewiß machte die *damnatio memoriae* des Maximianus frühere Vereinbarungen hinfällig, also auch die Aufnahme Konstantins in die herkulische Dynastie. Aber dies stärkte nur das eigenmächtige Vorgehen des Kaisers und die Rückbesinnung auf die eigene kaiserliche Erbfolge.

Als sich Konstantin von der herkulischen Dynastie und damit von den Göttern der Tetrarchie löste, rückte an deren Stelle der von Constantius Chlorus und Claudius Gothicus verehrte Sol Invictus, der Sonnengott, den Kaiser Aurelian zum Reichsgott erhoben hatte. Die enge Verbindung zwischen dem »Wahl- und Begleitgott« und Konstantin zeigen fortan die Münzen, bisweilen mit dem Doppelprofil von Kaiser und Sonnengott.

Die Hinwendung Konstantins zum Sol Invictus war sowohl eine politische als auch eine »ganz persönliche Entscheidung und darin ein Zeichen seiner religiösen Bereitschaft«. Der Sonnengott verbindet die antiken synkretistischen Glaubensvorstellungen. »Er eignet sich besonders dazu, alle Götter in sich zu vereinen und eine sich über den Polytheismus erhebende unpersönliche *divinitas* zu repräsentieren.« Er ist ein Übergott, dessen Eigenschaften und universale göttliche Autorität auf den unter seinem Schutz stehenden Kaiser übertragen werden.

Die große Lobrede von Ende Juli 310 in Trier läßt erkennen, daß die vollzogene Hinwendung zum Sonnengott als »religionspolitische Maßnahme« von höchster Tragweite erkannt wurde. Wie auf den Münzen der Sonnengott als Weltherrscher erscheint, so leitet der Lobredner geradezu selbstverständlich aus der Beziehung zum Sonnengott Konstantins »Recht auf die Oberherrschaft« ab.

Um diesen Anspruch genealogisch zu festigen, wird in derselben Rede zum erstenmal die angebliche Abstammung

Konstantins von Kaiser Claudius Gothicus hervorgehoben. Die zweifache kaiserliche Herkunft (im Zusammenhang mit Constantius Chlorus schon erwähnt) sollte den dynastischen Vorrang Konstantins kennzeichnen. Damit beanspruchte er als einzig Legitimer neben seinen niedriggeborenen und zufällig gewählten oder ernannten Mitkaisern das Amt des obersten Herrschers. Mit dieser Berufung auf die Erbmonarchie durchbrach Konstantin das Prinzip der diokletianischen Tetrarchie.

Auf seinem Rückmarsch von Marseille nach Trier bog Konstantin nahe dem heutigen Neufchâteau von der Heerstraße nach Westen ab und besuchte den berühmten Apollotempel von Grand. Für den Trierer Lobredner Eumenius ist Apollo identisch mit dem Sol Invictus, und hier erkennt Konstantin sich als künftigen Weltherrscher. »Du, Konstantin, hast, wie ich glaube, deinen Apollo gesehen, begleitet von der Siegesgöttin Victoria, der dir Lorbeerkränze reichte, jeder mit einer Inschrift, die dreißig Jahre verhieß ... Du hast dich gesehen und wiedererkannt in jener Gestalt, der nach den Liedern der Seher die Herrschaft über die ganze Welt gehört.« Nach vorherrschender Meinung soll das Zahlzeichen XXX auf den Lorbeerkränzen »die ewige Dauer der Herrschaft Konstantins zum Ausdruck bringen«.

Dieses symbolträchtige Ereignis war Anlaß einer neuen Deutung der »Bekehrung« Konstantins. Demnach wäre, wie es zuerst Henri Grégoire in den dreißiger Jahren herausstellte, die »heidnische Vision« im Jahre 310 die »ursprüngliche Fassung«. Die christlichen Autoren hätten sie zu der späteren christlichen Vision Konstantins im Jahre 312 umgedeutet. Aus dem Zahlzeichen, dem Votazeichen der gallischen Kränze, wäre das durch Laktanz überlieferte christliche Monogramm, das die Soldaten Konstantins vor der Schlacht an der Milvischen Brücke auf ihre Schilde setzten, abgeleitet worden.

Glaubhafter sind die Argumente, die eine Abhängigkeit ausschließen, denn das vom Jahr 310 Mitgeteilte ist grundverschieden von der viel besser bezeugten christlichen Vision im Jahre 312. Aus der panegyrischen Rede läßt sich nicht mehr entnehmen als die mögliche, von Konstantin geglaubte Verheißung einer universalen, zeitlich unbegrenzten Herrschaft.

Der Redner spricht nicht ausdrücklich von einer Vision. Aber es gibt zu denken, daß er in seinen wenigen Sätzen dreimal kurz nacheinander sagt, Konstantin habe etwas *gesehen,* dreimal ein *vidisti.* Das Ereignis muß, jedenfalls in der Meinung des von Konstantin inspirierten Redners, »etwas Einmaliges und Besonderes« gewesen sein. Hätte er sonst am Anfang vom Eingriff der Schicksalsgöttin Fortuna gesprochen?

Volle Bedeutung gewinnt das Ereignis im gallischen Tempel im Zusammenhang mit Konstantins staats- und religionspolitischen Maßnahmen, die das Jahr 310 zu einem Entscheidungsjahr machen.

Der fünfundzwanzigjährige Konstantin, obwohl noch an sein gallisch-britannisches Teilimperium gebunden, meldet seinen Anspruch auf Oberherrschaft, ja auf Weltherrschaft an.

17 Das Toleranzedikt von Serdica

Eine dramatische Zuspitzung der Ereignisse kündigte sich in den politisch klugen, doch unmißverständlichen Zeichen Konstantins an. Seine nach dem Tod des Maximianus sichtbar werdende neue staats- und religionspolitische Orientierung diente gewiß nicht nur der Legitimierung der gallisch-britannischen Kaiserherrschaft im Rahmen der Tetrarchie.

Nach dem Historiker Otto Seeck »dachte [Konstantin] an keine Erweiterung seines Gebietes, sondern trachtete ehrlich, nach den Ideen seines politischen Lehrmeisters die Einheit des Reiches mit der Vielherrschaft zu verbinden«. Diese eher verharmlosende Interpretation unterschätzt das progressive staatspolitische Denken des jungen Kaisers, sie widerspricht der politischen wie der psychologischen Logik, widerspricht erst recht dem Gang der Ereignisse nach 310. Denn ohne Zweifel zerschlug Konstantins singulärer kaiserlicher Anspruch das System der Vielherrschaft, der diokletianischen Tetrarchie.

Nur scheinbar steht die Hervorhebung des Vorrangs vor den Mitkaisern im Widerspruch zu Konstantins bemerkenswerter Loyalität gegenüber dem Oberkaiser Galerius. Wenn man an seine fünf Jahre zuvor erfolgte Flucht vom Hof des Oberkaisers nach Gallien zu Constantius Chlorus denkt, gab es genügend Gründe für Spannung. Doch Konstantin brauchte die Anerkennung des Oberkaisers. Er vermied den Bruch mit Galerius und versagte seinem unbesonnenen Schwiegervater die Waffenhilfe im Feldzug gegen Galerius. Die Loyalität war begrenzt, wo es um die kaiserliche Selbstbehauptung Konstantins ging.

Nicht anders ist seine Anerkennung des römischen Konsulats von Galerius und Maximin Daia für 311 zu werten. Die jährliche Ernennung der beiden Konsuln war ein schöner, dekorativer Prestigeakt, doch in der politischen Praxis bedeutungslos, zumal der in Rom herrschende Maxentius für dasselbe Jahr sofort zwei Gegenkonsuln ernannte. Konstantin machte in seinem Reichsteil das Konsulat von Galerius und Maximin Daia bekannt, und das sicherte ihm die Sympathie der beiden legitimen Kaiser.

Konstantin wußte, daß der etwa sechzigjährige Galerius zur selben Zeit, von einer grausamen, tödlichen Krankheit befallen, in seinem Palast in Serdica (Sofia) dahinsiechte. Laktanz (etwas weniger drastisch auch Eusebius) überliefert genau den Krankheitsverlauf, der sich über ein ganzes Jahr erstreckte. Ausgehend von einem bösartigen Geschwür im Bereich der Genitalien zersetzte der Krebs in einem schauerlichen Prozeß die innersten Eingeweide und zerfraß einzelne Körperteile. Die Heilkunst der Ärzte versagte wie die Anrufung der Götter. Unter Qualen starb Galerius an einem der ersten Maitage 311.

Die ins Detail gehende minutiöse Schilderung des Laktanz ist nicht frei von der Genugtuung über das Strafgericht Gottes, das den Christenverfolger Galerius »mit einem unheilbaren Schlag traf«. Laktanz verfaßte oder publizierte seine Schrift mit dem kennzeichnenden Titel *De mortibus persecutorum,* Von den Todesarten der Verfolger, in seinen Trierer Jahren, wohl um 318. In seiner Widmung spricht er von der Absicht, »Beispiele zu zeigen, aus denen die späteren Geschlechter lernen sollen, daß es einen einzigen Gott gibt, der zugleich Richter ist und der gebührende Strafe über die gottlosen Verfolger verhängt«. Oder er sagt direkt: »Die wider

Gott anstürmten, liegen darnieder; die, welche die Gerechten zu Tode quälten, haben unter Schlägen von Gottes Hand in verdienten Qualen die schuldige Seele ausgehaucht.« Nur wenige Tage vor seinem Tode hat Galerius seine Verfolgungsmaßnahmen öffentlich widerrufen und Ende April 311 in Serdica ein Toleranzedikt erlassen, das größtes Aufsehen erregte. Es war zeitgeschichtlich, für die Geschichte Konstantins und unmittelbar für die betroffenen Christen ein Ereignis von unschätzbarer Bedeutung. Der dem Tod geweihte Galerius ließ das Ende der achtjährigen erbarmungslosen Christenverfolgung verkünden.

Laktanz wie Eusebius sehen im Gesinnungswandel des Oberkaisers die Wirksamkeit des göttlichen Strafgerichts, den durch das eigene Leiden geweckten Wunsch des Galerius nach Versöhnung mit dem Gott der verfolgten Christen. »Im Kampfe mit solchen Leiden wurde er sich der Verbrechen bewußt, welche er gegen die Gottesfürchtigen begangen hatte. Er ging in sich und bekannte zuerst vor dem Gott des Alls seine Schuld. Sodann befahl er, ohne Zögern die Verfolgung der Christen einzustellen. Aufgrund kaiserlichen Gesetzes und Ediktes sollten sie schleunigst ihre Kirchen wiederaufbauen und die gewohnten Gottesdienste abhalten, betend für das Kaiserhaus.«

Die Veröffentlichung des Edikts erfolgte wie üblich bei solchen das gesamte Imperium betreffenden Anordnungen im Namen der vier rechtmäßigen Kaiser. Allerdings ist in den letzten Tagen des Galerius nur die Anwesenheit des Licinius bezeugt. Licinius, der frühere Waffengefährte und lebenslange Freund, war aus seiner pannonischen Residenz in Sirmium an der Save, nicht allzu weit von Serdica, gekommen. Ihm empfahl der sterbende Kaiser »Gemahlin und Sohn und vertraute sie seinem Schutze an«.

Die Frage, ob der schwerkranke Galerius aus eigenem Antrieb handelte oder unter dem Druck eines seiner Mitregenten, ist umstritten. Gäbe es auch nur den geringsten Anhaltspunkt für Konstantins Mitwirkung, hätten Eusebius oder Laktanz dies nicht unerwähnt gelassen.

Ein Einfluß des Licinius, obwohl ebenfalls unbewiesen, liegt schon näher und wurde in der jüngeren Forschung herausgestellt. »Nicht nur liebevolle Besorgnis«, so argumentiert Henri Grégoire, habe Licinius zu dem sterbenden Kaiser geführt, sondern »der Wunsch, sich das Erbteil nach dem ältesten Augustus zu sichern«. Licinius habe dem Sterbenden das Toleranzedikt abgerungen, um vor allem im Ostreich die Unterstützung der Christen zu erlangen gegen den als Christenverfolger verhaßten Rivalen Maximin Daia. Aber auch diese Vermutung überzeugt nicht und kann lediglich als interessanter Erklärungsversuch gelten. Anders als bei Konstantin kann ein derzeitiges Wohlverhalten des Licinius gegenüber den Christen nicht nachgewiesen werden. Noch weniger trifft das angeführte politische Motiv. Wie hätte Licinius die Christen gewinnen können, wenn seine Urheberschaft verborgen blieb? Das Toleranzedikt nennt seinen Namen wie die Namen der Mitkaiser, an erster Stelle Galerius. Laktanz, der zu dieser Zeit in Bithynien lebte, nennt Galerius den alleinigen Urheber.

Der Text des Edikts zeigt noch in seiner »unbeholfenen Aufrichtigkeit« die Handschrift des Galerius. Auch Henri Grégoire gesteht zu, »der mürrische, ja grollende Ton« einiger Passagen stimme »genau mit den Gefühlen überein, die Galerius stets zum Ausdruck gebracht hat, und mit dem physischen und seelischen Zustand, in dem er sich im April 311 befunden haben muß«.

Zunächst spricht das Edikt von der Bemühung um die notwendige und verpflichtende staatliche Ordnung, von der Sorge um die Rückkehr der Christen »zu vernünftiger Gesinnung«, die aber auf ihrem Starrsinn beharrten, weshalb man gegen sie »Anklagen auf Leben und Tod« habe erheben müssen. Dann aber wird eingestanden, daß die staatlichen Zwangsmaßnahmen vergeblich gewesen seien, daß die Christen weder den alten Göttern noch ihrem eigenen Gott den schuldigen Dienst erwiesen hätten. Aus diesem Grund und »in Anbetracht unserer mildesten Schonung« verfügt Galerius, »daß sie von neuem Christen sein und ihre Versammlungsstätten wiederherstellen dürfen, jedoch so, daß sie nichts wider die öffentliche Ordnung unternehmen«. Im Schlußsatz wird den Christen aufgetragen, zu ihrem Gott für das Wohl des Kaisers, für das Wohl des Staates und für ihr eigenes Heil zu beten, »damit das Gemeinwesen in jeder Hinsicht unversehrt erhalten bleibt«.

Der als erbarmungslosester Christenverfolger und Despot berüchtigte Galerius traf mit seinem Edikt eine von staatspolitischer Verantwortung getragene und menschlich bewegende Entscheidung. Es ist einer der raren Fälle der Weltgeschichte, wo ein Herrscher spät, aber nicht zu spät zur Einsicht gelangt und sich zum Widerruf überwindet.

Wichtig ist das Eingeständnis des Scheiterns der Christenverfolgung. Diese Erkenntnis des Galerius erklärt seinen Gesinnungswandel mindestens gleicherweise wie die von den beiden christlichen Autoren gesehene Motivierung des Leidens und der Todesangst. »Kleinmütig in der Bedrängnis«, wie der Historiker Otto Seeck die letzte Entscheidung des Kaisers charakterisiert, handelte Galerius gewiß nicht.

Der Wortlaut des Edikts bezeugt eine staatspolitisch vernünftige Einsicht ebenso eindringlich wie das Bemühen, das eigene Handeln im Sinne der altrömischen Staatsräson zu rechtfertigen. Eindeutig spricht aus dem Edikt der Polytheist Galerius, der auch den Christengott in dieses der altrömischen Religiosität gemäße Vielgöttersystem einbezieht. Es beruht auf einem Mißverständnis vom Christengott, wenn der Polytheist Galerius den Christen vorwirft, sie hätten ihren Gott nicht richtig verehrt. Obgleich auch in diesem nur beiläufigen Vorwurf der Versuch einer Rechtfertigung der Verfolgung steckt, so muß man betonen, daß Galerius ausschließlich aus seiner römisch-religiösen Sicht den Gott der Christen begreift. Er erkennt die Macht des Christengottes an und folgerichtig auch dessen für das Gedeihen des Staatswesens notwendige Verehrung. Seine Aufforderung, für das Wohl des Kaisers und des Staates zu beten, war selbstverständlich. Das Gebet für Kaiser und Staat haben die Christen ihrerseits nie verweigert.

Als Reichsgesetz wurde das Toleranzedikt von Serdica zur Grundlage für das künftige Verhältnis von Staat und Christentum. Das Edikt beendete nicht nur die langjährige Christenverfolgung, die Zwangsmaßnahmen gegen die nicht opferwilligen Christen, die Folterungen und Hinrichtungen zahlloser Bekenner, sondern es stellte das Christentum gleichberechtigt neben die anderen Götterkulte als *religio licita,* als erlaubte Religion. Das geschah vor Konstantins Hinwendung zum Christentum, und es mutet geradezu paradox an, daß der ehemals rabiateste Christenverfolger Galerius bereits vorwegnimmt, was später, freilich umfassender und konkreter, mit dem Namen Konstantins verbunden sein wird.

In den Westreichen, im Herrschaftsgebiet des Maxentius wie im gallisch-britannischen Teilimperium Konstantins, wo die Christen ohnedies geduldet wurden, brachte das Edikt keine wesentliche Neuerung. Allerdings bot das Edikt auch in diesen Ländern die staatsrechtliche Gewähr für die Duldung der Christen und die freie Ausübung ihrer Religion. Im Hinblick auf die weitere religionspolitische Entwicklung gewinnt das Toleranzedikt von 311 seine volle richtungweisende Bedeutung. Seine gesetzliche Verbindlichkeit für das gesamte Imperium macht das Edikt des Galerius zum »Ausgangspunkt für Konstantins Christenpolitik« in den kommenden Jahren.

Vierter Teil

Das neue Siegeszeichen

18 Nach Galerius' Tod

Eines muß man dem Herrscher Galerius zubilligen: sein Bemühen um die Einheit des Imperiums, um die Erhaltung der Tetrarchie, der gleichberechtigten Regentschaft der vier Kaiser, auch wenn das diokletianische System bereits durchbrochen war durch die Usurpation des Maxentius. Die rechtmäßigen Kaiser respektierten grundsätzlich Person und Amt des Oberkaisers, trotz ihres Opponierens, trotz der von Maximin Daia und Konstantin seit 310 deutlich beanspruchten kaiserlichen Selbstbehauptung.

Galerius sah die Gefahr, die das Imperium durch den politischen Ehrgeiz des einen oder anderen Herrschers bedrohte. Die Vermutung, der sterbende Kaiser habe mit seinem Duldungsedikt auch der politischen Reichseinheit einen letzten Dienst erweisen wollen, ist keinesfalls abwegig. Gerade weil Galerius die nicht mehr wegzudenkende Realität des Christentums erkannte, liegt der Gedanke nahe, er habe durch die reichsgesetzliche Duldung des Christentums verhüten wollen, »daß die miteinander rivalisierenden Herrscher die Christenfrage für ihre persönlichen Machtbestrebungen ausbeuteten«. Wie berechtigt diese Vorsorge war, zeigt die unmittelbar nach dem Tod des Oberkaisers ausbrechende Rivalität zwischen Licinius und Maximin Daia.

Der Ostkaiser Maximin Daia, nun der rangälteste Augustus, war bei der früheren Gebietszuweisung mit den Diözesen Syrien und Ägypten allzu knapp bedacht worden. Er beanspruchte die nach dem Tod des Galerius herrscherlosen kleinasiatischen Provinzen und Pontus am Schwarzen Meer. Er stand schon mit seinem Heer bereit und durchquerte in Eilmärschen Kleinasien. Bis zum Marmarameer und zum Bosporus drang er vor, mühelos nahm er Bithynien und die kaiserliche Residenz Nikomedia in Besitz. Rasch gewährte Steuernachlässe sicherten ihm die Gunst der Bevölkerung, und er ließ sich als neuer Herrscher feiern.

Nur hatte Maximin Daia seine Rechnung ohne Licinius gemacht. Der war ebenfalls unzufrieden mit seinem auf Pannonien und Rätien begrenzten Herrschaftsgebiet, denn Italien beherrschte Maxentius. Also bemächtigte sich Licinius unverzüglich der frei gewordenen Donau- und Balkanländer und eilte mit seinem Donauheer zum Bosporus, um auch Kleinasien zu annektieren. Maximin Daia war ihm zuvorgekommen. Im Frühsommer 311 standen sich die beiden Kaiser diesseits und jenseits des Bosporus mit ihren kampfbereiten Truppen gegenüber.

Wahrscheinlich waren die Rivalen wegen ihres überhasteten Aufbruchs schlecht gerüstet und zogen deshalb einen friedlichen Ausgleich vor, der nach Laktanz »mitten auf der Meerenge durch Handschlag bekräftigt« wurde. Sie kamen überein, daß jeder in den Ländern, die er – nach eigenem Gutdünken – besetzt hatte, herrschen sollte. Vorläufig war der Frieden gesichert.

Die Christen in Kleinasien wie in den anderen Diözesen des Maximin Daia wurden bald zu den Leidtragenden dieser Herrschaftsübernahme. Zunächst schien Maximin Daia ganz im Sinne des Toleranzedikts zu handeln. Vor allem die kleinasiatischen Christengemeinden waren beträchtlich gewachsen. Der neue Herrscher brauchte die Unterstützung der Christen zur Festigung seiner Herrschaft, auch als Gegengewicht zur milderen Christenpolitik des Rivalen Licinius, der wie Konstantin das Toleranzedikt veröffentlicht hatte und entsprechend handelte. Das heißt, erstmals zu diesem Zeitpunkt, ausgelöst durch das Edikt des Galerius, wird die Christenfrage zum Politikum, verknüpft mit der Gewinnung und Erhaltung staatlicher Macht.

Maximin Daia unterdrückte zwar das Toleranzedikt, aber er gab seinem Gardepräfekten Sabinus mündliche Anweisung, die Verfolgung einzustellen und die Christen »vor Belästigung und Gefahr« zu schützen. Daraufhin wurden die eingekerkerten und in Bergwerken strafverpflichteten Christen freigelassen. Eine Welle »von unsagbarer Freude und einer Zuversicht, die sich nicht in Worte fassen läßt«, trug die eben noch verfolgten Christen. »Scharen um Scharen wanderten dahin, mitten auf den Heerstraßen und Marktplätzen in Liedern und Psalmen Gott preisend.«

Wie sehr man der Duldung und dem Wohlwollen des Ostkaisers Glauben schenkte, zeigt die Tatsache, daß Valeria, die Witwe des Galerius, und deren Mutter Prisca, die beide Christinnen waren, nicht bei Licinius Schutz suchten, sondern bei Maximin Daia. Dabei mag der Wunsch der Frauen mitgespielt haben, in die aus der früheren Zeit vertraute Residenz von Nikomedia zurückzukehren. Als Maximin Daia, dem ein ausschweifender Lebenswandel nachgesagt wurde, von Valeria die Heirat erzwingen wollte, lehnte die um ihren verstorbenen Gatten Trauernde ab. Zornentbrannt versetzte Maximin Daia die Witwe seines einstigen Freundes in Acht, raubte ihre Güter und verbannte sie mit ihrer Mutter nach Syrien.

Nach sechs Monaten, im Spätherbst 311, endete die trügerische Duldung der Christen im Ostreich, in Kleinasien, Syrien und Ägypten. Offensichtlich im Bewußtsein gefestigter Machtverhältnisse kannte Maximin Daia keine Toleranz und Rücksichtnahme mehr. Erneut ließ er die Christen verfolgen, ließ er christliche Bekenner, die nach seiner Meinung den alten Göttern die Verehrung schuldig blieben und im Aberglauben verharrten, einkerkern oder verbannen, foltern oder hinrichten. Vielleicht handelte Maximin Daia aus überzeugter altrömischer Religiosität, aus der Furcht, das Christentum könnte den Vielgötterglauben vollends verdrängen. Seine Erlasse zur Religionspolitik, die Eusebius in seiner Kirchengeschichte überliefert, zeigen ihn als einen Mann, dem daran lag, »daß man in ihm einen aufgeklärten Beschützer der Staatsreligion und nicht einen brutalen Despoten sieht«.

Maximin Daia ging äußerst geschickt gegen die Christen vor. Insgeheim veranlaßte er Stadtgemeinden zu Bittgesuchen, in denen unter dem Vorwand der Friedensstörung die Ausweisung von Christen beantragt wurde. Um Genehmigung brauchten die Antragsteller nicht zu bangen. Der Kaiser sorgte für die Verbreitung aller erdenklichen Verleumdungen und Beschuldigungen der Christen. Er ließ durch Folterungen Geständnisse über angebliche Greuel bei christlichen Kultveranstaltungen erpressen.

Geradezu modern wirkt seine Methode der angewandten Geschichtsfälschung. Er befahl die Bekanntgabe gefälschter Akten des Pilatus über den Prozeß Jesu, und die Schulkinder mußten diese wahrheitswidrigen Erfindungen auswendig lernen. Angebliche Gerichtsdokumente, die Christus als nichtswürdigen Menschen kennzeichneten und das Christentum seiner Grundlage beraubten, wurden nicht nur durch Maueranschläge öffentlich bekanntgegeben, sondern der nachwachsenden Generation als geschichtliche Wahrheit aufgezwungen. Zur Stärkung des altrömischen Glaubens ordnete Maximin Daia die Priesterschaft nach christlichem Vorbild. Den Opferpriestern oblag auch die Überwachung der Christen und die Auslieferung der nicht opferwilligen gläubigen Bekenner an die Gerichte.

Der Rückfall des Maximin Daia, seine Mißachtung des Toleranzedikts blieb den Mitkaisern Licinius und Konstantin nicht verborgen und löste erneut Spannungen aus. Es ist anzunehmen, daß es dabei weniger um eine besondere Sympathie für die Christen ging, vielmehr um ein politisches Grundkonzept, um einen Rest von Gemeinsamkeit innerhalb der Tetrarchie. Die Mitkaiser mußten im reaktionären Verhalten des Maximin Daia einen gefährlichen Störfaktor erkennen, um so mehr, als ein weiteres expansives Vorgehen des Ostkaisers nicht auszuschließen war.

Wenn Maximin Daia gegen Jahresende 312 seine Christenverfolgung einstellte, so darum, weil ihn Vorhaltungen des Licinius und vor allem ein energisches Schreiben Konstantins zum Einlenken veranlaßten. Auch aus innenpolitischen Gründen war Maximin Daia auf das Einvernehmen mit seinen Mitkaisern angewiesen. Nach dem ausgebliebenen Winterregen war in Kleinasien eine Hungersnot ausgebrochen, dazu wütete die Pest in weiten Teilen des Landes. Dann zwang ihn ein Aufstand der christlichen Armenier, seine Truppen vom Bosporus abzuziehen und zum Krieg gegen die Armenier zu führen. Aber auch sonst blieben die erwarteten Erfolge seiner antichristlichen Maßnahmen aus. Maximin Daia gab seinem Gardepräfekten Sabinus Anweisung, die Christen von nun an »durch Belehrung und Freundlichkeit zum Dienste der Götter zurückzurufen«.

Zu diesem Zeitpunkt, Ende 312, war die reichspolitische

Situation gründlich verändert. Konstantin war mit seinen Truppen in Italien eingefallen und hatte Maxentius vor Rom besiegt.

Bereits im Herbst oder Spätherbst 311 hatte Konstantin die Annäherung an Licinius gesucht, und es kam zu einem Bündnis. Genaue Angaben über den Inhalt sind nicht überliefert, jedoch gibt es zwei untrügliche Bestätigungen: Konstantin verlobt seine Stiefschwester Constantia mit Licinius, und er übernimmt mit Licinius für das kommende Jahr 312 das Konsulat, wobei er an erster Stelle genannt wird und ihm damit der Vorrang zufällt. Ein zunächst jedenfalls verblüffendes Bündnis, denn kaum drei Jahre zuvor hatte Konstantin gegen die bevorzugte Kaisererhebung des Licinius protestiert. Konstantin und der etwa fünfundzwanzig Jahre ältere Licinius, ein robuster, ungebildeter Kriegsmann, waren gegensätzliche Naturen, gegensätzlich in ihrer Machtpolitik, wenn man von ihrer Übereinstimmung in der Duldung der Christen absieht.

Erst die folgenden Ereignisse, auch Konstantins Feldzug gegen Maxentius, geben diesem Bündnis mit Licinius eine stichhaltige Begründung. Konstantins Plan war im Herbst 311 so weit gediehen, daß der Eroberung Italiens und Roms nichts mehr im Wege stand. Ein erster, politisch klug vorbereiteter Schritt auf dem Weg zur Universalherrschaft, zu der er sich nach seiner Herkunft und bestärkt durch seine Vision im gallischen Tempel legitimiert fühlte. Der Tod des Galerius, die danach entstandene konfuse Situation innerhalb der Tetrarchie durch die Machtausweitung der östlichen Mitkaiser befreiten ihn von jeglicher Rücksichtnahme.

Ohne das Bündnis mit Licinius, ohne dessen Einverständnis wäre ein Kriegszug durch Italien ein gefährliches Abenteuer geworden. Anders gesagt, es kam Konstantin darauf an, »bei einem etwaigen Angriff auf Italien durch ein Abkommen mit Licinius seine Flanke zu decken«.

Für Licinius mögen zwei Gründe maßgebend gewesen sein. Einmal stärkte das Bündnis seine Position gegenüber Maximin Daia. Es war noch nicht abzusehen, ob Maximin Daia nicht doch in nächster Zeit den Sprung über den Bosporus wagen würde. Zum zweiten haßte Licinius den Usurpator Maxentius, der die ihm von Galerius zugewiesenen italischen Provinzen und Rom okkupiert hatte. Andererseits, sollte Konstantin wie er selbst als Feldherr des Galerius eine Niederlage erleben müssen, so hatte er in der Rolle des Zuschauers nicht viel zu verlieren. Ob der in politischer Diplomatie und Voraussicht ziemlich unbedarfte Licinius die Folgen seines Bündnisses zu Ende gedacht hat, muß allerdings bezweifelt werden.

Bereits das Bündnis löste bei den Mitkaisern Unruhe aus, denn Maximin Daia reagierte, indem er Gesandte nach Rom schickte und Maxentius einen Freundschaftspakt anbot. Der römische Kaiser, dem nicht entgangen war, was sich gegen ihn zusammenbraute, griff willig nach dieser unerwarteten Allianz. Es kam wie üblich zur gemeinsamen Aufstellung beider Kaiserbildnisse. Bei Konstantins Einfall in Italien nützte der Pakt ihm nichts.

19 Konstantins Zug gegen Maxentius

Seit dem Tod des Altkaisers Maximianus hatten die Spannungen zwischen Maxentius und Konstantin zugenommen. Maxentius, der aus opportunistischen Gründen seine späte Sohnesliebe entdeckte und Maximianus zu göttlichen Ehren erhöhte, lastete Konstantin den Tod des Kaisers an. Aufgrund der ungeklärten Begleitumstände um den selbstgewählten, erzwungenen oder befohlenen Tod gab er Konstantin dafür die Schuld. Wie Konstantin das Andenken des hochverräterischen Maximianus auslöschte, so ließ Maxentius die Bildnisse Konstantins in seinem Reichsgebiet umstürzen. Das war ein schwerwiegender, aber doch interner Vorgang ohne Aggressionsabsicht.

Der eher furchtsame, unkriegerische, dem Lebensgenuß verfallene Maxentius war kein kämpferischer Mann. Er wollte das ihm von den Römern verliehene Kaisertum und die ihm kampflos zugefallenen Territorien erhalten, nicht mehr. Zudem hatte er genug zu tun, um der Lage im eigenen Land Herr zu werden. Eine verheerende wirtschaftliche und soziale Krise hatte zu Aufständen der hungernden Bevölkerung geführt, die Maxentius mit brutaler Gewalt niederschlagen ließ. Erst die Rückeroberung der abgefallenen Diözese Afrika durch den Prätorianerpräfekten Volusianus im Jahre 311 und wieder einsetzende Getreidelieferungen brachten der wirtschaftlichen Not eine Abhilfe.

Konstantin unterstellte Maxentius keineswegs eine aggressive kriegerische Absicht. Seine geschickt vorbereitende, gegen Maxentius gerichtete Propaganda galt dem Tyrannen, der Rom unterdrückte, und nebenbei ließ er das Gerücht verbreiten, Maxentius sei ein Bastard, er sei das von seiner Mutter Eutropia unterschobene Kind eines Syrers und somit ein illegitimer Herrscher. Konstantin, so wird berichtet, habe »Mitleid mit den bedrückten Einwohnern Roms« empfunden, er habe die Stadt von der »Knechtschaft eines Tyrannen« befreien wollen. Eusebius schildert die Gewaltherrschaft und das schändliche Treiben des römischen Kaisers in schwärzesten Farben. Der spätrömische Biograph Aurelius Victor nennt Maxentius »roh, gefühllos und durch seinen Hang zur Wollust noch verabscheuenswerter«.

Maxentius stand in seinen Gewaltmaßnahmen den anderen zeitgenössischen Herrschern, Konstantin und dessen Vater ausgenommen, nicht nach. Eusebius zufolge übertraf Maxentius an Eigensucht und Lasterhaftigkeit noch Maximin Daia. Vielleicht war er wirklich eine Geißel Roms, weshalb nicht wenige Bürger und Adlige ein Ende seiner Tyrannis herbeisehnten. Allerdings ist nicht bekannt, daß von irgendeiner Seite an Konstantin der Ruf zum kriegerischen Eingreifen ergangen wäre. Der Verdacht, Eusebius habe seine Schilderung überzogen, um Konstantins Kriegszug in jeder Hinsicht zu rechtfertigen, liegt nahe. Gewißheit besteht zumindest über das von der Forschung längst nachweislich korrigierte Verhältnis des Maxentius zum Christentum.

Wie bereits erwähnt, gewährte Maxentius vor dem Toleranzedikt von 311 in seinem Herrschaftsgebiet den Christen eine höchstmögliche religiöse Freiheit. Er kümmerte sich fördernd und vermittelnd um die Angelegenheiten der römischen Bischofsgemeinde, er ließ den Christen die in den Verfolgungsjahren konfiszierten Güter zurückgeben und übertraf mit dieser Maßnahme noch das Toleranzgebot des Galerius. Am 13. April 312 konnten die römischen Christen ungehindert und öffentlich das Osterfest feiern. Die Legende vom Christenverfolger Maxentius hat sich als ebenso falsch erwiesen wie die Legende vom Kreuzzug Konstantins zur Befreiung der Christen.

So unklar auch die konkreten, den Konflikt unmittelbar auslösenden Gründe sein mögen, alle Vorzeichen deuten darauf hin, daß »nicht frommer Eifer, sondern politische Berechnung« Konstantin zu seinem Kriegszug gegen Maxentius trieb.

Es ist unsinnig, den Krieg oder auch nur den Plan einer Aggression Maxentius zuschieben zu wollen. Er war ganz auf die Defensive eingerichtet und hatte zu diesem Zweck in Rom allerdings eine enorme Streitmacht zusammengezogen und die Vorratslager füllen lassen. Er hatte noch nicht einmal die norditalienischen Grenzen, die nach Gallien führten, hinreichend gesichert. Es wäre leicht gewesen, die nordwestlichen Paßstraßen durch einen militärischen Sperriegel zu schützen, um einen erwarteten Angriff abzuwehren.

Lediglich kleinere Heeresgruppen lagen in einigen oberitalienischen Städten. Eine stärkere, gutgerüstete Abteilung unter dem Gardepräfekten Ruricius Pompeianus schützte Verona, aber dies zur Abwehr eines Angriffs von Nordosten. Das heißt, offensichtlich erwartete Maxentius einen Kriegszug des Licinius, nachdem Licinius die Donau- und Balkanländer beherrschte und er den Anspruch auf die ihm zustehenden italienischen Provinzen nie aufgegeben hatte.

Konstantin hatte seinen Kriegszug nicht nur durch sein Bündnis mit Licinius und die Maxentius anklagende Propaganda zielbewußt vorbereitet, sondern ebenso militärisch. Er verfügte über ein schlagkräftiges, diszipliniertes, in den ständigen Germanenkämpfen erprobtes Heer, eingeübt in die bewegliche Kriegführung seines kaiserlichen Feldherrn, dessen Vorbild die Leistungsbereitschaft der Soldaten im Kampf wie auf Gewaltmärschen steigerte.

Doch gab es ein unabschätzbares Risiko, das schon bei der unmittelbaren Vorbereitung nicht verborgen blieb. Würde es gelingen, die Festung Rom zu belagern und zu erobern? Konstantins Chancen waren äußerst gering. Seine erfahrenen Truppenführer äußerten Bedenken. Sie wußten, daß in Rom eine an Zahl weit überlegene Streitmacht stand, daß die Magazine genug Proviant bargen, um einer dauerhaften Belagerung zu widerstehen, und sie wußten, daß bei diesem Unternehmen weder die Mobilität der konstantinischen Truppen noch das taktische Geschick Konstantins entscheidend helfen konnten.

Die Haruspices, die nach üblicher Weise vor Kriegszügen durch eine Eingeweideschau den Rat der Götter erfragten, warnten und rieten Konstantin von seinem Unternehmen ab. Ihr eindeutiger Bescheid läßt auf eine realistische Einschätzung der militärischen Lage schließen, aber auch auf ein Verkennen dessen, was Konstantin antrieb und was als sein »Sendungsbewußtsein« bezeichnet wurde. Er fühlte sich rechtens berufen durch die Verheißung der höchsten Gottheit, durch seine Herkunft und Befähigung, die Universalherrschaft anzutreten und die Reichsordnung wiederherzustellen. Wenn Konstantin seinen riskanten, folgenschweren Kriegszug *contra haruspicum monita,* gegen die Warnung der Haruspices, unternahm, so nicht aus billiger Herrschsucht, sondern weil er an die Billigung der übergeordneten *summa divinitas* glaubte. Anders gesagt: »Wo ihm sein Recht nicht zuerkannt wurde, ließ er das Schwert sprechen, aber nur, weil er sein Tun durch den Schutz der Gottheit, die er verehrte, gebilligt sah.«

Es entsprach durchaus römischer Religiosität, wenn Konstantin diese Gottheit in wechselnden Gestalten erkennt, in der Gestalt des Jupiter, des Herkules, des gallischen Apollo und des Sonnengottes, auch wenn er im Entscheidungskampf gegen Maxentius die Hilfe des Christengottes in Anspruch nahm.

Im Frühjahr 312, wahrscheinlich im April, sobald die Schneeverhältnisse einen unbehinderten Marsch erlaubten, überschritt Konstantin mit seinem Heer die Westalpen zwischen dem Mont Cenis und Mont Genèvre auf der Paßstraße, auf der schon Caesars Legionen nach Gallien gezogen waren. Die Zahlenangaben der Heeresstärke schwanken zwischen fünfundzwanzigtausend und hunderttausend Mann. Nun sind Zahlenangaben antiker Autoren meist geschätzt und überhöht. In diesem Fall beruht die genannte Höchstzahl auf einem Mißverständnis der durch Zosimos überlieferten Heeresstärke, deren Zahl die gesamte gallische Streitmacht Konstantins einbezieht. An anderer authentischer Stelle wird deutlich, daß Konstantin den größeren Teil seines Heeres in Gallien zurückließ zum Schutz gegen Germaneneinfälle. Nur etwa den vierten Teil seiner Heeresmacht führte er nach Italien, so daß er mit größerer Wahrscheinlichkeit auf rund fünfundzwanzigtausend seiner gewiß tüchtigsten und bestgerüsteten Soldaten zählen konnte.

In Oberitalien führte das Zusammenwirken von schnellem und überraschendem Angriff mit der damals seltenen Eigenart der konstantinischen Truppen, ihrer Disziplin, zum Erfolg. Das zeigte sich schon bei der Eroberung von Segusio (heute Susa), der ersten befestigten Stadt am Ausgang der Paßstraße. Als der Kommandant die Übergabe verweigerte, legten die Angreifer Feuer an die Tore und drangen über Sturmleitern in die Stadt. Nach der Eroberung unterblieb die sonst als Kriegsrecht legitimierte Plünderung, und die Einwohner erlebten, wie die Eroberer ihnen beim Löschen des auf die Wohnhäuser übergreifenden Feuers halfen.

Dieser Auftakt des Feldzugs kam Konstantin zugute. Die Nachricht von seinem großmütigen Verhalten gegenüber der Bevölkerung, auch die Nachricht von der Kampfstärke und Wendigkeit seines Heeres wurde von Stadt zu Stadt weitergetragen. Nicht wenige der oberitalienischen Städte öffneten willig ihre Tore in Erwartung eines gerechten Herrschers, der sie vom Steuerdruck des Maxentius befreite und möglicherweise Privilegien gewährte.

Vor Turin stellte sich eine Abteilung gepanzerter Reiter zur Schlacht, die als unverwundbar galten und nach ihrer Kampfweise feindliche Verbände keilartig auseinandersprengten. In einem Scheinmanöver ließ Konstantin seine Truppen zurückweichen, aber die Verbindung zu den Flügeln aufrechterhalten, um dann die verwirrten Panzerreiter durch eine überlegene Umklammerungstaktik von den Flanken her anzugreifen und zu schlagen. Turin unterwarf sich Konstantin wie auch kurz darauf Mailand. Die Angreifer erbeuteten Lager mit Kriegsmaterial und Proviant. Gefangengenommene Truppenteile samt Offizieren verpflichteten sich zum Dienst im konstantinischen Heer.

Es kennzeichnet das umsichtige, auf das Ganze zielende Planen des siebenundzwanzigjährigen Kaisers, daß er nach den Anfangserfolgen nicht direkt gegen Rom zog, nicht ohne das gesamte Oberitalien, auch die östliche Region, gewonnen und befriedet zu haben. Den Zeitverlust nahm Konstantin in Kauf, um jede Gefahr einer im Rücken operierenden feindlichen Truppe auszuschließen.

In und um Verona hatte Ruricius Pompeianus, der beste und zuverlässigste Feldherr des Maxentius, eine massive Streitmacht zusammengezogen. Schon die strategisch günstige Lage der befestigten Stadt zu beiden Seiten der Etsch benachteiligte jeden Angreifer oder Belagerer. Ohne die Eroberung Veronas blieben die Paßstraßen nach Rätien, der Verbindung zu Licinius, gesperrt. Konstantin war gut genug informiert, um zu wissen, daß ihm und seinen Truppen der härteste, gewagteste Kampf in Norditalien bevorstand. Unterhändler, die er von Mailand aus nach Verona sandte, kehrten erfolglos zurück. Ruricius Pompeianus, seiner gesicherten Position bewußt, schickte dem heranrückenden Heer eine starke, kampftüchtige Reiterschwadron entgegen. Bei Brescia stießen die Kampfverbände aufeinander, und wiederum siegte Konstantins taktisches Geschick bei der Führung seiner Reiterei. Die feindliche Truppe wurde aufgerieben, und deren Hauptmacht wich zurück nach Verona.

Der Weg nach Verona war frei, und bald gelang es Konstantin, um die Stadt einen Belagerungsring zu ziehen, obwohl der reißende Fluß das Heer trennte und schwächere Stellen der Umklammerung den Belagerten nicht verborgen blieben. Die Belagerung zog sich hin, unterbrochen von Ausfällen und Gefechten im Vorfeld. Ruricius Pompeianus selbst konnte mit einem kleineren Trupp den eisernen Ring durchbrechen und Entsatztruppen und Proviant herbeiholen. Erst eine offene Feldschlacht vor den Toren, bei der Konstantin in der vordersten Reihe kämpfte und der nicht weniger tapfere Ruricius Pompeianus im Kampf fiel, führte zum Sieg.

Verona widerstand noch kurze Zeit, bis die Besatzung entmutigt und ausgehungert aufgab, vielleicht unter dem Druck der Bevölkerung. Offenbar war die kapitulierende Resttruppe ihrem Kaiser Maxentius treu ergeben, denn sie verweigerte den Übertritt in den Dienst Konstantins. Das allerdings, angesichts der zahlreichen Gefangenen und der Befürchtung eines möglichen Aufstands, löste ungeahnte Schwierigkeiten aus. Um möglichst wenige Bewacher aus der eigenen Truppe abstellen zu müssen, ließ man aus dem Eisen der abgelieferten Schwerter Handfesseln schmieden.

Verona, die stärkste, widerstandsfähigste Bastion des Maxentius in Oberitalien, war in der Hand Konstantins. Andere Städte unterwarfen sich aus eigenem Antrieb oder öffneten wie Aquileia, Ravenna und Modena nach kurzer Belagerung ihre Tore. Konstantins Kriegführung und seine ersten Maßnahmen weckten das Vertrauen der Bevölkerung. Der römische Kaiser Maxentius hatte sich um die Belange der italischen Städte und ihrer Einwohner kaum gekümmert. Seine Unbeliebtheit war durch das rigorose Vorgehen seiner Steuereintreiber gewachsen, ebenso durch die Gerüchte über sein tyrannisches Regiment in Rom und seinen selbstsüchtigen, verschwenderischen Lebensstil. Demgegenüber wurde der Herrschaftswechsel als Befreiung empfunden.

Aber mit dem militärischen Sieg war nicht alles getan. Vor dem Weiterzug mußte die Verwaltung, vor allem in den größeren Städten, den neuen Verhältnissen angepaßt werden, wobei natürlich Schenkungen und Privilegien mithalfen. Die Ernährung der Bevölkerung mußte gesichert werden, auch die Versorgung des eigenen Heeres mit Naturalien und Kriegsmaterial. Die steuerlichen Abgaben bedurften einer neuen Regelung, vordringlich zur Kostendeckung des Kriegszugs. Ohne eine gefüllte Kriegskasse wäre Konstantin schwerlich weitergezogen.

Überdies wurde es Herbst, eine lange zeitliche Verzögerung, die das Risiko des entscheidenden Kampfes um Rom vergrößerte. Vorausgeschickte Kundschafter hatten Konstantin gemeldet, daß keine feindlichen Truppen die nach Rom führende Heeresstraße sicherten, daß die gesamte Streitmacht des Maxentius in und um Rom konzentriert sei. Auf der Via Flaminia überquerte Konstantin mit seinen gallischen, germanischen und britischen Truppen den Apennin, zog er ungehindert und in Eilmärschen gegen Rom.

20 Schlacht an der Milvischen Brücke

Etwa sechzehn Kilometer vor Rom, bei dem Flecken Malborghetto nicht weit von der Via Flaminia, schlugen die konstantinischen Truppen im späten Oktober 312 ihr letztes Lager auf. Der lange, zielstrebige Anmarsch hatte sie, hatte Konstantin und dessen Truppenführer in Spannung gehalten. Die Kämpfe in Oberitalien, die Siege, die Huldigungen der Städte, die in Konstantin ihren Befreier sahen, hatten der Stimmung im Heer Auftrieb gegeben und das Vertrauen in den kaiserlichen Feldherrn gestärkt. Doch vor Rom ergab sich zwangsläufig eine veränderte und unabsehbare Situation.

Wenn Konstantin mit jenem nüchternen Realitätssinn begabt war, der ihm nachgesagt wurde, mußte er das nahezu Hoffnungslose seiner militärischen Lage erkannt haben. Sein Heer hatte nach den Kämpfen in Oberitalien nicht mehr die volle Anfangsstärke, auch nicht nach der Ergänzung durch Überläufer. Einen Belagerungsring um die weiträumige Stadt zu ziehen war unmöglich. Konstantin hätte sein zwar schlagkräftiges, aber zahlenmäßig unterlegenes Heer so weit auseinanderziehen müssen, daß es Truppe für Truppe der feindlichen Übermacht ausgeliefert gewesen wäre. Außerdem waren die römischen Vorratskammern gefüllt. Zöge sich eine Belagerung längere Zeit hin, bis in den Winter hinein, so blieben die Römer samt dem Verteidigungsheer versorgt, nicht jedoch die Belagerer.

Noch aussichtsloser war ein direkter Angriff, ein von vornherein zum Scheitern verurteiltes Unternehmen angesichts der befestigten Stadt und der gut vierfachen Überlegenheit der Festungsarmee. Maxentius hatte nicht nur die nach ihm benannte gewaltige Maxentius-Basilika an der Via sacra errichten lassen (die Konstantin vollenden wird), nicht nur den Zirkus an der Via Appia vor der Porta San Sebastiano, er hatte nicht nur das Straßennetz um Rom ausgebaut, sondern die Befestigungen der großen aurelianischen Mauer verstärkt und Rom unbezwingbar gemacht. Das Heer war stark genug und konnte jeden Abschnitt der um Rom gezogenen Festungsmauer schützen. Zu den römischen Garderegimentern waren die von den Heeren des Severus und Galerius desertierten Truppen gestoßen, in jüngster Zeit ergänzt durch starke afrikanische Einheiten und neu formierte italische Legionen. Der römische Kaiser verfügte über ein Heer von mehr als hunderttausend Soldaten, wenn wir auch hier aufgrund der schwankenden Zahlenangaben von der glaubhaft niedrigsten Heeresstärke ausgehen.

Rom glich in diesen Tagen einem waffenstrotzenden Heerlager, und es entsprach natürlich der ängstlichen, auf die eigene Sicherheit bedachten Natur des Maxentius, daß er im Frühjahr oder Sommer nicht eine einzige Legion nach Oberitalien geschickt hatte zur Verstärkung der gegen Konstantin kämpfenden Truppen. Aber nun, Ende Oktober, konnte sich Maxentius hinter den Mauern Roms geborgen wissen. Selbst wenn Konstantin ein direkter Angriff und Einbruch an einer vielleicht schwächeren Stelle gelingen sollte, würde er von der Übermacht der Verteidiger erdrückt. Überdies war ungewiß, wie die Mehrheit der Römer bei einem Kampf in den Straßen auf den ungerufenen Angreifer reagieren würde.

Maxentius tat gut daran, in Rom zu bleiben, in der Defensive zu verharren. Er war kein Stratege, im Gegensatz zu Konstantin in der Kriegführung unerfahren, unbegabt. Eine offene Feldschlacht, das lag auf der Hand, könnte unerwartet zu seinem Nachteil ausschlagen und dem Feldherrn Konstantin eine Chance bieten. Die Haruspices, die den Rat der Götter erforschten, warnten Maxentius. Ihr Orakel »verkündete ihm den Untergang, wenn er den Fuß vor die Tore der Stadt setzen würde«. Also ließ er eilig die Tiberbrücke vor den Toren Roms, die steinerne Milvische Brücke, abbrechen und damit den Verbindungsweg nach Norden sperren.

Konstantin blieb keine andere Wahl als abzuwarten. Die naheliegende Möglichkeit – wie vor ihm Severus und Galerius –, den Rückzug zu befehlen, wäre dem Eingeständnis seines Scheiterns gleichgekommen. Ein solcher Ausweg hätte das Vertrauen des Heeres in seine Führungskraft erheblich geschädigt und war überdies unvereinbar mit seinem soldatischen und kaiserlichen Selbstbewußtsein.

Aber wie man auch die militärische Situation wendet, für Konstantin blieb sie hoffnungslos. Nun gibt es Ereignisse, die sich allein mit vernünftigen Gründen nicht erklären lassen. Offensichtlich war Konstantins »Sendungsbewußtsein«

stärker als seine Vernunft. Er glaubte an seine kaiserliche Legitimität, er glaubte, die Gottheit, die er verehrte, die *summa divinitas,* werde sein rechtmäßiges Handeln billigen und darum Schutz gewähren. Es war keine Floskel, wenn einer der Trierer Lobredner sagte, die »tiefer Blickenden« hätten es erkannt, Konstantin sei nach seinem Marsch über die Alpen »einem nicht zweifelhaften, sondern von der Gottheit versprochenen Sieg« entgegengegangen.

Die Anrufung des Christengottes durch Konstantin geschah nicht zufällig. Konstantin folgte schon in Trier der christenfreundlichen Haltung seines Vaters Constantius Chlorus. Persönlich hatte er am Hof Diokletians die Standhaftigkeit der Christen erlebt, dann das generelle Scheitern der Christenverfolgung bis zum Toleranzgebot, das von ihm gutgeheißen wurde. Nach damaligem religiösen Verständnis bezeugte der Sieg der Christen die Macht ihres Gottes. Warum sollte Konstantin nicht in seiner äußerst kritischen militärischen Lage den Versuch unternommen haben, die Hilfe dieses mächtigen Gottes zu gewinnen?

Während des Feldzugs befanden sich neben den Zeichendeutern, Wahrsagern und Priestern der Götterkulte auch Christen und deren Bischöfe im Gefolge Konstantins, wahrscheinlich sogar Bischof Ossius von Corduba, der später der Berater in religiösen Fragen wird. Von Ossius oder einem anderen der Bischöfe wird Konstantin Näheres über den Christengott und über das Christentum erfahren haben. Ohne eine solche Unterweisung durch berufene »Ratgeber« wäre das Verhalten des Kaisers im Oktober 312, wären seine anschließenden Maßnahmen undenkbar. Jedoch die Zahl der Christen in seinem Heer war unbeträchtlich, und die überwiegende Mehrheit der Soldaten verehrte die alten Götter.

Vielleicht suchte Konstantin den Schutz des Christengottes auch, weil ihm nach seinem religiösen Verständnis ein göttlicher Beistand unerläßlich erschien. Er war ja gegen das Orakel der Haruspices und demnach gegen den Spruch der Götter zu seinem Feldzug ausgezogen. Ob er damit, »religiös gesehen, bereits die Brücken hinter sich abgebrochen« hatte? Dem widerspräche, daß Konstantin sich ungeteilt der höchsten Gottheit, der *summa divinitas,* verpflichtet fühlte, wie er ja noch neun Jahre über 312 hinaus die Verehrung des Sol Invictus auf seinen Münzprägungen bekannte. In diesem durchaus der altrömischen Religiosität gemäßen Götterspektrum hatte auch der Christengott seinen Ort. Das heißt, wenn Konstantin sich im Jahre 312 der Hilfe des Christengottes versicherte, so nicht aus der gläubigen Erkenntnis der Singularität des *einen* Gottes, sondern aus römischer Verehrung einer Göttermacht, die Schutz gewährt.

Etwa drei Jahre nach den Ereignissen von 312 schrieb Eusebius, »im Vertrauen auf den göttlichen Beistand« sei Konstantin gegen Rom gezogen, und »um Konstantin den Kampf mit den Römern zu ersparen, zog Gott selber den Tyrannen [Maxentius] wie an Ketten weit aus den Toren der Stadt heraus«.

Obwohl Maxentius, solange ihn die Mauern Roms schützten, den Angreifer Konstantin nicht zu fürchten brauchte, wurde er zusehends unruhig, unsicher. Dazu mag eine wachsende Mißstimmung der Römer ihm gegenüber beigetragen haben, vermehrt, als er die über den Tiber nach Norden führende Milvische Brücke abbrechen ließ.

Dann jedoch, gedrängt von seinen Unterfeldherren und von den Senatoren, die ihn der Untätigkeit bezichtigten, entschloß sich Maxentius, Konstantin ein Heer entgegenzuschicken. Nahe der abgetragenen steinernen Brücke ließ er eine Schiffsbrücke über den Tiber setzen, aber so konstruiert, daß sie in der Mitte schnell unterbrochen werden konnte, um dem Feind die Verfolgung zu sperren. Ein erster Kampf ohne den Oberfeldherrn Maxentius im Gelände zwischen der Milvischen Brücke und den Saxa rubra, den roten Felsen, die das Tibertal begrenzten, brachte keinem der Heere den Sieg.

In Rom steigerte sich die Stimmung gegen Maxentius. Er war abergläubisch, abhängig von Orakeln, Wahrsagung und einer schon pervertierten Zeichendeutung. So ließ er »bald schwangere Frauen öffnen, bald die Eingeweide neugeborener Kinder durchforschen, ... um Dämonen zu beschwören und den Krieg abzuwenden«. Seine Unsicherheit wuchs, als ihm ein Traum eingab, er dürfe an seinem bisherigen Ort nicht mehr verweilen. Darauf wechselte er mit seiner Familie am 26. Oktober den Wohnsitz vom kaiserlichen Palatium in ein Privathaus. Da die Feier des sechsten Jahrestages seiner Kaisererhebung bevorstand, holte er Rat bei den Opferbeschauern und ließ die Sibyllinischen Bücher befragen. Neben den üblichen glückverheißenden Vota erhielt Maxentius eine merkwürdige, zweideutige Prophezeiung: am kaiserlichen Jubiläumstag, dem 28. Oktober, werde der Feind Roms seinen Untergang finden. Maxentius und seine Ratgeber deuteten den Spruch zu seinen Gunsten.

Die Verheißung, bestärkt durch den voraufgegangenen Traum, scheint Maxentius umgestimmt zu haben: Unter dem Schutz der Götter würde er vor den Toren Roms den Angreifer Konstantin in den Untergang treiben. Die mehr als vierfache Überlegenheit seiner Armee wiegte ihn in Sicherheit.

Am Morgen des 28. Oktober 312 verließ Maxentius mit seiner Festungsarmee die Stadt, um Konstantin zur Schlacht herauszufordern. Er überschritt auf der Schiffsbrücke den Tiber und zog flußaufwärts nach Norden, bis die Heeresspitze den ersten Paß der Saxa rubra erreichte. Die Masse seiner Armee sperrte die Via Flaminia und das nächstliegende seitliche Gelände.

Der erdrückenden Übermacht des Maxentius konnte Konstantin nur seine allerdings weit überlegene Taktik entgegensetzen. Und sicherlich hatte er das Gelände bis zur Milvischen Brücke erkunden lassen, um entsprechend vorzugehen. Zur Abriegelung der Durchgänge bei den Saxa rubra ließ er kleinere Einheiten zurück und zog mit seiner Hauptmacht in einem großen Bogen über die Hügel westlich der Via Flaminia, dem langgestreckten Heereszug des Maxentius entgegen, aber für diesen unerreichbar. Erleichtert wurde der Marsch, als die Truppen auf die von Nordwesten kommende Via Cassia stießen, die kurz vor der Milvischen Brücke in die Via Flaminia einmündete. Aber so gelangte Konstantin mit seinen Fußtruppen und der Reiterei in die Flanke der feindlichen Marschkolonnen, die sich von der Tiberbrücke bis zu den Saxa rubra erstreckten.

Im Geländekeil zwischen Tiber, Via Flaminia und Via Cassia kam es zur Entscheidungsschlacht, noch ehe Maxentius seine vorderen und rückwärtigen Truppen formieren konnte. Ohnedies half ihm seine zahlenmäßige Übermacht nicht viel. Die Beschaffenheit des Geländes, begrenzt von den Bergen und dem nach den herbstlichen Regengüssen geschwellten Fluß, erlaubte keine breitentfaltete Schlachtordnung.

Konstantin erkannte seinen Vorteil und nutzte ihn. Er eröffnete den Kampf, indem er selbst an der Spitze seiner gallischen Reiter in die feindliche Flanke einbrach. Die maxentische Armee kämpfte mit dem Rücken zum Fluß, und eine erste Verwirrung entstand, als die vorderen Reihen unter dem Anprall der konstantinischen Schwadronen wankten und die hinteren, um nicht in den reißenden Tiber getrieben zu werden, planlos nach vorn drängten.

Die Schlacht dauerte nur wenige Stunden. Angeblich sollen die maxentischen Fußtruppen nur unwillig oder mit halber Kraft gekämpft haben, oder Verrat soll zum Untergang des Maxentius geführt haben. Beweisen lassen sich solche Vermutungen nicht. Sicherlich trug Maxentius selbst entscheidend zu seinem und seiner römisch-italischen Armee Untergang bei. Seinem ersten Fehler, die Festung Rom zu verlassen und Konstantin die Chance einer offenen Schlacht zu bieten, folgte eine mangelnde strategische Planung.

In der Endphase des Kampfes vor der Milvischen Brücke drängten die geschlagenen Truppen in haltloser Panik über die Notbrücke. Die Prätorianer kämpften bis zuletzt und suchten die Fliehenden aufzuhalten. Unter dem Ansturm der fliehenden Massen brach die Schiffsbrücke und riß viele der maxentischen Soldaten in die Fluten. Mit ihnen stürzte Maxentius in den wild strömenden Tiber.

Auf dem 315 in Rom errichteten Triumphbogen Konstantins gibt ein steinernes Reliefband ein anschauliches Bild dieses vernichtenden Ausgangs der Schlacht. Man sieht die abgebrochene Brücke und wie der Fluß maxentische Fußsoldaten und Prätorianer in Schuppenpanzern mitreißt, während ein konstantinischer Soldat zum Ende der Schlacht bläst. Eusebius schildert in seiner Kirchengeschichte den Untergang des Maxentius mit biblischem Pathos: »Wie zur Zeit des Moses die Streitwagen des Pharaos und seine Heeresmacht ins Meer stürzten, so sanken Maxentius und seine Krieger und Garden ›wie ein Stein in die Tiefe‹ ... die über den Fluß gelegte Brücke löste sich, der Boden wich unter den Füßen, und die Boote mitsamt der Mannschaft verschwanden in der Tiefe, und zwar er, der Allergottloseste, zuerst, dann seine Leibwache.«

21 In diesem Zeichen wirst du siegen

Für das antike, zumal das spätantike wundergläubige religiöse Verständnis war es ganz gewöhnlich, bei kriegerischen Unternehmungen das siegbringende Eingreifen übernatürlicher Mächte zu erwarten. Wenn Konstantin nach eigenem Zeugnis und nach christlicher Überlieferung die Hilfe des Christengottes beanspruchte, so ist das durchaus glaubhaft.

Es wäre jedoch ein Mißverständnis, würde man vermuten, Konstantin habe seinen Feldzug gegen Maxentius als bekehrter Christ unternommen, oder er habe irgendwann vor der Entscheidungsschlacht – wie Paulus vor Damaskus – sein persönliches spontanes Bekehrungserlebnis gehabt, dem ein radikaler Wandel »vom Heiden zum Christen« folgte. Diese Auslegung beruht auf einer zähen Legende. Die »Bekehrung« Konstantins, wenn wir den Begriff einen Augenblick gelten lassen, kann nicht auf »ein nach Tag und Stunde datierbares Ereignis« festgelegt werden. Sie vollzog sich in einer »lang dauernden Hinwendung zum christlichen Kult«, in einem Prozeß, der mit Konstantins erster christenfreundlichen Maßnahme in Trier begann und konsequent mit der Taufe auf dem Sterbelager endete.

Konstantins vor der Schlacht erbetene Hilfeleistung setzte aus seinem und römischem Verständnis keine Bekehrung im strengen Sinne voraus, wohl aber eine Vorbereitung, indem »ihm der Christengott als wirksame Potenz neben anderen Göttern erschien, so daß er eine Hilfe des Christengottes für möglich hielt und ihn als Helfer ins Auge faßte«.

Schwieriger wird es mit dem von Laktanz geschilderten *Traumerlebnis* Konstantins vor der Schlacht oder mit der von Eusebius überlieferten *Vision* des Kaisers. Beide Autoren, zudem noch in wesentlichen Zügen voneinander abweichend, umschreiben die subjektive Erfahrung eines dritten, Konstantins. Das bekannteste, und meistdiskutierte Ereignis im Leben Konstantins löste in der Forschung bis in die Gegenwart die Frage nach seiner Glaubhaftigkeit und Echtheit aus.

Am ehesten überzeugt Laktanz' Version, weil Laktanz seinen Bericht etwa fünf Jahre nach dem Ereignis schrieb und Augenzeugen das Mitgeteilte bestätigten oder prüfen konnten. Spätere legendäre Erweiterungen schließt die kurze, sachliche Schilderung aus: »Konstantin wurde im Traum gemahnt, das himmlische Zeichen Gottes auf den Schilden seiner Soldaten anzubringen und so die Schlacht zu beginnen. Er tut wie geheißen und zeichnet mit einem quergestellten X, dessen obere Spitze umgebogen ist, Chr[istus] auf die Schilde. Mit diesem Zeichen gerüstet, greift das Heer zu den Waffen.«

Die Abkürzung des Namens *Christus* durch die Verflechtung seiner beiden griechischen großen Anfangsbuchstaben Chi (X) und Rho (P) war »bei den Christen da und dort schon seit einiger Zeit im Gebrauch«. Wurde der Schaft des aufrechtstehenden P von einem X durchkreuzt, so entstand das bekannte Christusmonogramm. Wurde das X quergestellt, so ergab sich ein Kreuz (†), dessen senkrechter Balken an der oberen Spitze umgebogen wurde und ein P darstellte. Auch dieses Zeichen, das monogrammatische Kreuz genannt, wurde für die Abkürzung des Christusnamens verwendet. Eben dieses monogrammatische Kreuz ist das von Laktanz beschriebene »himmlische Zeichen Gottes«.

Wenn Konstantin einer Traumeingebung folgte, so war das in einer Zeit, in der wiederholt Traumgesichte oder Wunderzeichen Entscheidungen auslösten, keineswegs ungewöhnlich. Es widersprach auch nicht römischer Übung, auf die Schutzkraft eines Zeichens des angerufenen göttlichen Helfers zu vertrauen und unter diesem sichtbaren Zeichen in die Schlacht zu ziehen. Die im Heer Konstantins mitziehenden Christen haben sicher erkannt, welches Zeichen sie befehlsgemäß auf ihren Schilden anbrachten. Für die überwiegende nichtchristliche Mehrheit der Soldaten wird das fremde Zeichen eine magische Bedeutung gehabt haben, an dessen Siegeskraft sie glaubten.

Wenn Laktanz' Bericht noch im Bereich des historisch Möglichen angesiedelt ist, so vermischt sich bei Eusebius allzu deutlich Realität und Legende. Eusebius verfaßte seine *Vita Constantini* nach dem Tod Konstantins in den Jahren 337 bis 339, wenigstens ein Vierteljahrhundert nach dem Ereignis. Dem Verfasser ist zugute zu halten, daß er unter dem Eindruck des abgeschlossenen Lebenswerks Konstantins schrieb, unter dem Eindruck des nach der Christenverfolgung unermeßlichen Wandels, den die Christen auf das wunderbare Eingreifen Gottes zugunsten seiner Gemeinde zurückführten. In Konstantin sahen sie das »Werkzeug Gottes«, und zumal Eusebius hebt das »gottgefällige Leben« Konstantins hervor, schildert es vom Ende her, schon von Legenden eingeholt, für seine unmittelbaren Leser verständlich, aber doch überhöht und unhistorisch, wie wir heute sagen müssen.

Eusebius, der in Palästina lebte und um 315 Bischof von Caesarea wurde, stand dem Ereignis des Jahres 312 ferner als Laktanz. Er kam erst um 325 in freundschaftliche Nähe zu Konstantin, und »lange Zeit danach«, so berichtet er, habe ihm Konstantin von der Erscheinung eines »Gotteszeichens« erzählt und »sein Wort eidlich bekräftigt«.

Das mündlich von Konstantin selbst Mitgeteilte kann nicht bestritten werden. Doch schildert Eusebius das wunderbare Ereignis so, wie es offensichtlich, bereits legendenhaft ausgeschmückt, von den Christen erzählt wurde. Er ergänzt seinen Bericht durch seine eigene Auslegung und durch Rückschlüsse, die zeigen, daß er mit dem historischen Vorgang, dem Laktanz nähersteht, völlig unvertraut war.

Zunächst spricht Eusebius von einer Vision Konstantins, örtlich unbestimmt, vielleicht noch in Gallien, denn es heißt: »eben auf seinem Marsche, ich weiß nicht wohin«. Am hellen Nachmittag habe der Kaiser »oben am Himmel über der Sonne das Siegeszeichen des Kreuzes, aus Licht gebildet, und dabei die Worte gesehen: ›Durch dieses siege!‹ «.

In einem zweiten Ansatz schildert Eusebius, wie der Kaiser über das Himmelszeichen nachgedacht habe und wie ihm dann »im Schlafe«, im Traum also, dieses Zeichen erschienen sei. Christus habe Konstantin aufgetragen, das Zeichen nachzubilden und im Kampf als Schutzpanier zu gebrauchen. Hier nun rückt der Bericht in die Nähe des von Laktanz beschriebenen Traumerlebnisses.

Im dritten der bei Eusebius kapitelweise getrennten Ansätze wird berichtet, wie Konstantin seinen Künstlern den Auftrag gab, das Zeichen genau nachzubilden. »Das Zeichen für den Namen des Erlösers ..., zwei Buchstaben, die als Anfangsbuchstaben den Namen Christi bezeichneten, indem das P in der Mitte durch das X gekreuzt wurde.«

Allerdings beschreibt Eusebius das Zeichen nicht als Schildzeichen, sondern als Emblem innerhalb eines goldenen Kranzes, der am oberen Schaftende der kaiserlichen Siegesstandarte angebracht war. Unter dem goldenen Kranz, an einer Querstange, hing ein golddurchwirktes und mit Edelsteinen besetztes Tuch von gleicher Länge und Breite. Zusätzlich waren am langen senkrechten Schaft die Medaillons des Kaisers und seiner Söhne befestigt.

Eusebius schreibt, er habe Konstantins Siegesstandarte, die später Labarum genannt wurde, gesehen, und er beschreibt sie wortreich und dekorativ. Doch verweist schon die Nennung der Kaisersöhne auf die Zeit nach deren Caesarerhebung, nach 317, und das Labarum diente kaum vor 324 als Feldzeichen Konstantins.

Offensichtlich aus historischer Unkenntnis hat Eusebius das ihm bekannte Labarum mit dem Christusemblem auf den Feldzug Konstantins im Jahre 312 bezogen. Und um die Legende der Visionserzählung zeitlich einzuordnen, datiert er sie vor das Traumerlebnis und viel zu früh (auf dem Marsche? in Gallien?).

Dennoch bleibt ein entscheidendes Kernstück, das Glaubhaftigkeit beanspruchen darf und das sehr wohl mit der Schilderung des Laktanz übereinstimmt. Eusebius spricht wie Laktanz von einem Traumerlebnis. Beide Autoren nennen ein »himmlisches Zeichen Gottes« und sehen es in der Abkürzung des Namens Christi durch die griechischen Anfangsbuchstaben Chi (X) und Rho (P), bei Laktanz auf die Schilde der Soldaten gesetzt, bei Eusebius innerhalb des goldenen Kranzes des Labarums, von Konstantin gewählt als Schutz- und Siegeszeichen. Die »Verbindung von Zeichen und Namen« gilt als der »wesentliche Gehalt der eusebischen Erzählung« und wurde in der jüngeren Forschung »entschieden ein Argument für die Ursprünglichkeit und Glaubwürdigkeit des Berichtes« genannt.

Einige Forscher, vor allem der belgische Gelehrte Henri Grégoire, stellten mit gewichtigen Argumenten die Echtheit der Berichte beider christlicher Autoren in Frage. In einer kritischen Interpretation wird generell die historische Realität nicht nur der Visionserzählung, sondern ebenso des von Laktanz geschilderten Traumerlebnisses bezweifelt.

Die Skeptiker vermuten, die Berichte seien christliche Erfindungen, von Laktanz am Trierer Hof aufgegriffen oder zu einer viel späteren Zeit entstanden, zur Festigung der christlichen Bekehrungslegende um Konstantin. Als Haupteinwand dient die Behauptung, die Konstantin zugewiesene Vision sei nicht christlicher, sondern heidnischer Herkunft und zur Zeit des Laktanz christlich umgedichtet worden. Die ursprüngliche Fassung sei die (schon genannte) Vision Konstantins im Apollotempel von Grand, von der ein Trierer Lobredner des Kaisers im Jahre 310 berichtete. Doch wurde dies überzeugend zurückgewiesen, weil in der christlichen Fassung das »Motiv wesensverschieden« von der angeblichen Vorlage ist.

Gegen die Echtheit des eusebischen Berichts wurde vorgebracht, der Bischof habe in seiner Kirchengeschichte die Ereignisse des Jahres 312 berichtet, jedoch im Gegensatz zu seiner *Vita Constantini* das Himmelszeichen und den damit verbundenen Vorgang unerwähnt gelassen. Allerdings schreibt Eusebius auch in seiner Kirchengeschichte von Konstantins »festem Bewußtsein, daß Gott ihm geholfen habe«; er habe in Gott den »Urheber seines Sieges« erkannt. Die Hilfeleistung setzte die Anrufung des Christengottes voraus, eine Hinwendung und Entscheidung Konstantins, wie immer auch dieser Vorgang durch ein Zeichen verdeutlicht wurde.

Die betreffenden Bücher seiner Kirchengeschichte übergab Eusebius um 315 der Öffentlichkeit, ergänzt durch eine letzte eigene Erweiterung um 325. Von der Erscheinung des Himmelszeichens hatte er erst »lange Zeit danach« durch Konstantin selbst erfahren. Das schließt nicht aus, daß er schon früher von diesem wunderbaren Ereignis gehört hatte. Nur gewann das Ereignis nun durch die persönliche Mitteilung des Kaisers für ihn seine volle Bedeutung, und er schildert es in der *Vita Constantini,* indem er das Gehörte um seine eigene Auslegung erweitert.

Bei allen Einschränkungen und begrenzt auf die Kernstücke spricht mehr für als gegen die Echtheit, zumindest dort, wo die Berichte übereinstimmen, sich annähern. Wichtiger noch ist die Tatsache, daß Konstantin sich auf ein Zeichen des Christengottes berief und daß er eine Entscheidung traf, als er an die Zusammenwirkung von Zeichen und siegbringender Hilfe des Christengottes glaubte.

Eine selten zitierte, aber bedenkenswerte Anmerkung des Eusebius führt einen Schritt weiter. Am Anfang, nach seiner Beteuerung, der Kaiser selbst habe ihm von dem »unglaublichen Gotteszeichen« erzählt, fügt er hinzu, daß »die Folgezeit der Wahrheit seines [Konstantins] Wortes Zeugnis gab«. Nachweislich begünstigte Konstantin nach seinem Sieg die Anhänger des Christengottes in außerordentlichem, bisher unbekanntem Ausmaß. Von seinem persönlichen Verhalten nach seinem Einzug in Rom und von ersten religionspolitischen Maßnahmen wird das folgende Kapitel handeln. Hier soll nur vorweggenommen werden, wie das Siegeszeichen, das Christusmonogramm oder das monogrammatische Kreuz, sehr bald und nicht erst im goldenen Kranz des Labarums bildlich und als Bekenntnis Konstantins erscheint.

Bereits im dritten Jahr nach dem Sieg an der Milvischen Brücke wurden Münzen geprägt, die Konstantins Brustbild mit seinem edelsteingeschmückten Prunkhelm und dem Christusmonogramm zeigen. Eine These besagt, der Kaiser habe den Helm mit dem Christuszeichen »schon um den Zeitpunkt der Schlacht« getragen, nur seien auf den entsprechenden Münzen der Jahre 312/313 durch Nachlässigkeit oder Unkenntnis der Stempelschneider statt des Christuszeichens Sternchen entstanden. Dieser These wurde jedoch entschieden widersprochen, denn die Sternchen könnten ebensogut oder eher Zierornamente sein.

Stärkere Beweise liefern auf das Jahr 315 datierte Münzen, Medaillons Konstantins, von denen bis zum Jahre 1930 nur ein schlecht erhaltenes Exemplar (in Wien) bekannt war. Erst ein zweites Exemplar (seit 1930 in Leningrad) und vollends ein hervorragend erhaltenes drittes Silbermedaillon des Kaisers, das erst 1954 erkannt wurde (Staatliche Münzsammlung München), tragen deutlich sichtbar das Christusmonogramm. Die beiden jüngeren Funde machen die Behauptung, es gebe aus den ersten Jahren nach Konstantins Sieg keine Münze mit christlichem Zeichen, unhaltbar.

Das Silbermedaillon wurde in Ticinum (Pavia) geprägt, eine »Festmünze« zur Feier des zehnjährigen Regierungsjubiläums des Kaisers im Jahre 315. Dem offiziellen Charakter entsprechend, wird der Entwurf der Münze nicht ohne Konstantins Einfluß oder seine Gutheißung zustande gekommen sein. Ein Brustbild, wie gesagt, des behelmten und gerüsteten Kaisers, sein Porträt im Dreiviertelprofil fast monumental angelegt, mit großen, ausdrucksstarken Augen. An der Vorderseite des Helmbusches, deutlich erkennbar, eine kleine Scheibe mit dem Christusmonogramm. Die rechte Hand zügelt ein Pferd, während die linke einen Schild hält (mit der römischen Wölfin), darüber ein Kreuzzepter mit der Weltkugel. Hier zum ersten Male erscheint bildlich der schon 310 angekündete Anspruch auf Weltherrschaft, nun verbunden mit den christlichen Zeichen.

Im Prägejahr 315 wurde nicht nur das Kaiserjubiläum, sondern mit großem Aufwand der Sieg an der Milvischen Brücke gefeiert, wurde in Rom Konstantins Triumphbogen mit den Darstellungen des Feldzugs eingeweiht. Wenn Konstantin auf der Münze in kaiserlicher Kriegsrüstung erscheint, zudem noch mit seinem Pferd als Anführer seiner Reitertruppe, so ist die Beziehung zum Siegeskampf gegen Maxentius eindeutig. Ebenso bekennt sich Konstantin durch das Christuszeichen am Helm zur Hilfe des Christengottes und zu dessen Verehrung, sicherlich noch in der aufgezeigten Weise seiner römischen Religiosität, aber doch als offene, unmißverständliche Kundgabe.

Die Münze beweist, daß das Christuszeichen in Verbindung mit der Siegeshilfe des Christengottes lange Zeit vor dem Bericht des Laktanz (um 318) bekannt war und von Konstantin spätestens 315 bezeugt wurde. Der frühe und von der Legendenbildung noch unberührte Ansatz bestätigt die Schilderung des Laktanz und ebenso das Kernstück der eusebischen Visionserzählung. Auf keinen Fall können die christlichen Autoren hierfür eine spätere Erfindung aufgegriffen haben.

Um 317/318 wurden in Siscia an der Save Kleinmünzen geprägt, die ebenfalls auf dem Helm des Kaisers auf der Breitseite das Christogramm zeigen. Auch dies beweist, »daß die Verwendung des Christogramms als magisches Zeichen im Kampfe schon bekannt war«.

Noch einmal auf das Jahr 315 und auf eine überraschende Beziehung zum Silbermedaillon verweist die bekannteste Porträtplastik Konstantins: sein marmorner Kolossalkopf, der heute im Hof des Konservatorenpalastes in Rom zu sehen ist. Den Marmorkopf mit anderen Bruchstücken der einstigen Kolossalstatue fand man im Bereich der Maxentius-Basilika, die Konstantin in seinen ersten römischen Jahren erweitern und vollenden ließ. Es konnte nachgewiesen werden, daß in einer Apsis der Konstantin geweihten Basilika um 313 bis 315 ein monumentales Bildwerk errichtet wurde, eine sitzende Statue, zu der mit großer Wahrscheinlichkeit der Marmorkopf und die anderen Fundstücke des Konservatorenpalastes gehörten.

Aber erst das seit 1954 bekannte Silbermedaillon der Münchener Sammlung gab der Entstehungszeit des Kolossalkopfes um 315 einen stichhaltigen Anhaltspunkt. Der Vergleich eines Münzbildes mit einem 1,35 Meter hohen Kopf (mit Hals 2,60 Meter) mag überraschen, aber er trifft um so mehr, als das monumental wirkende Kleinbild jede Vergrößerung verträgt. Man ist »fast versucht, die gleiche Künstlerhand hier wie dort zu vermuten«. In der Tat eine »frappierende Ähnlichkeit«, die sich dem Betrachter, je länger er beide Porträts bis ins Detail vergleicht, geradezu aufdrängt: Übereinstimmung des »massiven Gesichtstypus« mit dem gerundeten Stirnrand der Frisur, Übereinstimmung bei den großen Ohren, der kräftigen, gebogenen Nase, den weit aufgesperrten, in die Ferne starrenden Augen, bei der energischen Mundpartie und dem festen, fleischigen Kinn. Hier wie dort der gleiche Gesichtsausdruck: »sehr imposant, majestätisch, wach, beherrscht – ohne persönliche oder augenblickliche Stimmung.«

Die Entstehungszeit des zu der kaiserlichen Statue gehörenden Marmorkopfes ist wichtig als Bindeglied zu einer naheliegenden Folgerung. Eusebius schrieb im 315 verfaßten Ergänzungsteil seiner Kirchengeschichte, Konstantin habe nach seinem Einzug in Rom »am belebtesten Platze«, am Forum also, sein Standbild errichten lassen. Nach der zeitlichen und örtlichen Übereinstimmung kann kein anderes Bildwerk als die Monumentalstatue, die Konstantin in der Maxentius-Basilika am Forum aufstellen ließ, gemeint sein.

Eusebius hat die genannte kaiserliche Statue nicht beschrieben, wohl aber hinzugefügt, Konstantin habe sein Standbild »in dem festen Bewußtsein« der göttlichen Hilfe »mit dem heilbringenden Zeichen in der Rechten« ausstatten lassen. Er ergänzt, indem er die dem Standbild zugegebene Inschrift zitiert: »Durch dieses heilbringende Zeichen, den wahren Beweis der Kraft, habe ich eure Stadt vom Joche des Tyrannen errettet und befreit und dem Senat und Volk der Römer mit der Freiheit die alte Würde und den alten Glanz wiedergegeben.«

Die als Fragment (im Konservatorenpalast) erhaltene rechte Hand der Statue läßt erkennen, daß sie ursprünglich einen langen Stab oder Lanzenschaft hielt. Ein neutrales Zeichen, eine an einem Lanzenschaft befestigte altrömische Siegesstandarte, wie vermutet wurde, schließt der Hinweis auf das »heilbringende Zeichen« aus. Der dargestellte Zusammenhang, dazu die überlieferte Inschrift deuten viel eher auf das christliche Heilszeichen, das Kreuz, allerdings in einer Weise geformt und ergänzt, die dem von Konstantin vor der Schlacht an der Milvischen Brücke durch Traumeingebung oder Vision gesehenen Siegeszeichen entsprach. Nur so wären Anlaß und Bestimmung der von Konstantin aufgestellten Statue plausibel.

Die christliche Standarte, das Labarum, führte der Kaiser erst zwölf Jahre nach seinem Sieg über Maxentius ein. Sie kann unmöglich das von Eusebius genannte »heilbringende Zeichen« gewesen sein. Aber wenn auf Konstantins Silbermedaillon von 315 die christlichen Siegeszeichen bezeugt sind, das Christogramm und das Kreuzzepter mit der aufgesteckten Weltkugel, so liegt es nahe, als Attribut der gleichzeitig entstandenen Statue eines dieser christlichen Zeichen anzunehmen. Die Kaiserstatue bestätigt noch einmal die von Laktanz geschilderte Traumeingebung und das Kernstück der eusebischen Visionserzählung, und die Statue mit ihrem Attribut kann als »Bekenntnis Konstantins zu dem Gott, der ihm den Sieg verliehen hatte«, gedeutet werden.

22 Rom feiert Konstantin

Rom ehrte den Sieger am Tag nach der Schlacht durch einen triumphalen Empfang. Das Volk drängte auf die Straßen zur Porta Flaminia, um den in die Stadt einziehenden Kaiser mit

Hochrufen zu begrüßen. Die in den letzten Tagen unerträglich gesteigerte Spannung hatte sich gelöst, die Römer atmeten auf, nicht nur, weil sie von einem unbeliebten, tyrannischen Herrscher befreit waren. Ohne Schaden für ihre Stadt war die Entscheidungsschlacht vor den Toren Roms ausgetragen und durch den Sieg Konstantins ein Machtwechsel entschieden worden, auf den sie, Senat und Volk, höchste Erwartungen setzten.

Der siebenundzwanzigjährige Konstantin, der mit seinem Heer stadteinwärts über die Via Flaminia und die geradlinig zum Forum Romanum führende Via Lata zog, beherrschte nun das gesamte römische Westreich.

Im kaiserlichen Ornat, den goldverbrämten Purpurmantel über dem Kriegspanzer des Imperators, stand er auf seinem von vier Pferden gezogenen Prunkwagen. Schellengeläut begleitete ihn. Vorangetragen wurden Standarten und Feldzeichen des siegreichen Heeres und, angekündet von Horn- und Tibiaebläsern, die Tragefiguren der von den Soldaten verehrten Gottheiten, darunter der unbesiegte Sonnengott im Strahlenkranz. Während die Heereseinheiten abschwenkten zum Marsfeld, zog der Kaiser mit seinem Gefolge, mit seiner Leibgarde und den Trägern der Feldzeichen zum Forum Romanum. Vor der Kurie erwarteten ihn die Senatoren und die hohen Magistratsbeamten der Stadt.

Vielleicht dachten die immer noch ehrenwerten Senatoren daran, wie sie vor genau sechs Jahren Maxentius empfangen und ihn, gedrängt von den Prätorianern, zum Kaiser erhoben hatten. In ihren Augen war Maxentius kein Usurpator. Er wenigstens hat in Rom residiert, Rom den kaiserlichen Glanz, den die anderen Kaiser ihrer Stadt verweigerten, zurückgegeben. Aber sie waren nicht blind und mußten einsehen, daß sich Maxentius trotz einiger glücklicher Zufälle, die ihn begünstigten, als unfähig und unwürdig erwies. Zuletzt hielten nur noch wenige Anhänger, Günstlinge und natürlich die Prätorianer, zu ihrem Kaiser. Der Senat, die gepreßten Patrizier und die einfachen Römer sahen im raschen Sieg Konstantins die Fügung der Götter. Niemand zweifelte an deren strafender Gerechtigkeit, als die einmarschierenden Siegestruppen nach altem Brauch den abgeschlagenen Kopf des Maxentius, dessen toter Körper aus dem Tiber geholt worden war, auf einer Lanzenspitze mitführten und zur Schau stellten.

Was dem verkümmerten, häßlichen Maxentius gefehlt hatte, bewunderten die Römer an Konstantin: seine großgewachsene, kraftvolle, schöne Erscheinung, seine Tapferkeit und seine militärische Führungskraft, aber auch – das war bekanntgeworden – seinen Großmut und sein ausgeprägtes Rechtsgefühl (für die in Rechtsfragen empfindlichen Römer eine besonders lobenswerte Eigenschaft).

Der Senat huldigte dem »Befreier der Stadt« und »Begründer des Friedens« und beschloß, mit dieser Widmung einen dreitorigen Triumphbogen zu errichten, der zum zehnjährigen Kaiserjubiläum im Jahre 315 geweiht werden sollte. Ebenfalls sollte am Ort des letzten Feldlagers vor Rom bei Malborghetto ein weithin sichtbarer Bogenbau an den Sieg des Kaisers erinnern. Eine goldene Statue Konstantins nach dem Bild des apollinischen Sonnengottes – eine göttergleiche Ehrung – sollte im Rundtempel des Romulus an der Via sacra aufgestellt werden.

Mit seiner ersten staatspolitischen Entscheidung verlieh der Senat Konstantin, gewiß auf dessen Wunsch, den Titel des Maximus und damit des rangältesten Augustus. Eine Stellung, die vordem Diokletian innehatte und die nun der Ostkaiser Maximin Daia beanspruchte, doch wegen der politischen Verhältnisse kaum wahrnehmen konnte. Dieser Vorrang sicherte Konstantin das Recht, seinen Namen dem der Mitkaiser voranzustellen, Gesetze für das gesamte Imperium zu erlassen, die Magistrate und die jährlich wechselnden Konsuln zu ernennen. Sogleich, wohlberechnet, um einem Einspruch des Ostkaisers vorzubeugen und die Reichseinheit nicht zu gefährden, designierte Konstantin sich selbst und Maximin Daia zu Konsuln für das kommende Jahr.

Der Festredner, der im Jahre 313, den Ereignissen noch nahe, mit überschwenglichen Worten Konstantins Einzug in Rom und dessen umjubelten Empfang schildert, fügt hinzu: »Was soll ich von deinen in der Kurie erlassenen Anträgen und Beschlüssen sagen? Du hast durch sie dem Senat die alte Würde zurückgegeben, gelobt, daß du ihrer immer eingedenk bleiben wirst. Du hast Milde mehr angeboten als erbitten lassen ... Welch ein Glück herrscht in Rom über deinen gütigen Sieg. Nicht einmal an die hast du rühren lassen, deren Tod Rom verlangte.«

Nach dem Recht des Siegers wurde das Andenken des toten Maxentius gelöscht, sein Name und Bild getilgt, wurden seine Regierungserlasse für ungültig erklärt. Einige der hartnäckigsten Anhänger wurden hingerichtet, aber nur wenige, denn eine noch in der Kurie erlassene Amnestie gewährte Schutz vor Todesurteilen und Konfiskationen. Ein weiteres Edikt verbot die politische Denunzierung und drohte Denunzianten, die sich – wie immer bei solchen Anlässen – dem neuen Machthaber aufdrängten, mit der Todesstrafe. Die wegen ihres brutalen Vorgehens ohnedies von der Bevölkerung gehaßte Prätorianergarde ließ Konstantin auflösen und deren Kaserne niederreißen. Aber nahezu alle Beamten des Maxentius, auch der Stadtpräfekt von Rom, wurden übernommen und in ihren Ämtern bestätigt.

Wie bei der Eroberung der oberitalienischen Städte zeigte Konstantins Einstand in Rom ein politisch kluges und menschlich großmütiges, auf Gerechtigkeit bedachtes Verhalten. Der Festredner hatte nicht übertrieben, wenn er die Milde des Kaisers hervorhob. Denn »selbst der Senat forderte gegen einige Kreaturen des Maxentius, unter deren Willkür er besonders gelitten hatte, Recht und Gericht«.

Das Empfangszeremoniell auf dem Forum Romanum verlief nach herkömmlichem Brauch. Senatoren leiteten Konstantin von der Kurie hinüber zur Rostra. Vor der Rednerbühne warteten die Vertreter des römischen Volkes, um dem Kaiser zu huldigen und durch Akklamation die Senatsbeschlüsse zu bestätigen. Konstantin selbst sprach zu ihnen, er »verkündete den Bürgern der Stadt und allen Bewohnern des Erdkreises die Freiheit von jeglicher Tyrannei und den Beginn des Goldenen Zeitalters«.

Mit Genugtuung nahmen die Versammelten die Beschlüsse auf, die dem Schutz und der Wohlfahrt der Bevölkerung dienten oder die der erpresserischen Steuererhebung des Maxentius ein Ende setzten und neue gerechte Steuerschätzungen garantierten. Die Zuteilung von Spenden in Geld und Naturalien aus den von Maxentius gehorteten Vorräten wurde bekanntgegeben. Spiele, für die nächsten Tage versprochen, sollten die allgemeine Freude steigern. Auch das entsprach dem überlieferten Zeremoniell. Der romfremde Konstantin hielt sich an die gewohnten Bräuche. Er war kein Revolutionär, und er wußte anders als Diokletian, was die Römer von ihm erwarteten.

Um so mehr fällt eine erstaunliche Unterlassung ins Gewicht. Kein Kaiser, der in Rom einzog, keiner, der seine Machtübernahme oder seinen Triumph feierte, versäumte den Gang zum Kapitol, um Jupiter sein Dankopfer darzubringen. Das Jupiteropfer war ein wesentliches Ritual. Konstantin unterläßt das Opfer – sonst hätte der ausführlich berichtende Festredner von 313 es erwähnt – und nimmt unmittelbar nach seinem Auftritt auf der Rostra seinen Weg zum Palatium, dem kaiserlichen Wohnsitz. Auch in den folgenden Tagen wird das rituelle Opfer im Tempel des kapitolinischen Jupiter nicht nachgeholt.

»Wenn also Konstantin den Gang zum Kapitol, den alle Welt und erst recht der befreite Senat von ihm erwarten mußte, unterlassen hat, so äußerte sich vielleicht hier schon jene kategorische Ablehnung des hergebrachten Opfers, die für den römischen Aufenthalt Konstantins aus Anlaß seiner Vicennalien im Jahre 326 ausdrücklich bezeugt ist.« Dieser behutsamen Folgerung kann man nur zustimmen. Tatsächlich wich Konstantin persönlich vom herkömmlichen Brauch des Kultopfers ab. Das vermerkt nicht nur der christliche Eusebius bereits anläßlich der Decennalien, des zehnjährigen Kaiserjubiläums, im Jahre 315, sondern der altrömische Historiker Zosimos, der dem Kaiser vorwirft, er habe den Opfergang zum Kapitol verschmäht und sich »von den heiligen Gebräuchen losgesagt«.

Konstantin hat den Kult als Ausdruck römischer Religiosität nicht mißachtet. Er war ja Pontifex maximus, Vorsteher des römischen Priesterkollegiums, und löste sich auch später nach seiner erkennbaren Hinwendung zum Christentum nicht von diesem höchsten Amt. Doch er verabscheute blutige Opfer und hat seit 312 »nie mehr Opfer dargebracht und die im Kaiserkult ihm selbst geltenden untersagt«. Im Zug Konstantins auf seinem vom Senat errichteten Triumphbogen werden keine Opfertiere mitgeführt. Ein einziges Medaillon zeigt eine Opferszene, aber dieses Medaillon stammt aus der

Zeit Hadrians und wurde mit anderen älteren Reliefs bei der Ausgestaltung des Triumphbogens verwertet.

Betrachtet man das Gesamtverhalten Konstantins, so kann nicht von einem plötzlichen Umbruch in seiner Religiosität, von einem »Gegensatz zwischen Vorher und Nachher«, einer strengen *Conversio,* gesprochen werden. »Konstantin selbst weiß nichts von diesem Sprung in seiner Entwicklung. Er spricht nie von dieser Bekehrung.«

Die Mehrheit der Münzbilder nach dem Sieg und bis 320, abgesehen vom bekannten Silbermedaillon und den Kleinmünzen von Siscia, bezeugt die Verehrung des Sonnengottes. Auf dem römischen Triumphbogen, nicht ohne Konstantins Einverständnis, erscheint der Sol Invictus als Geleitgott und Beschützer des Kaisers. Solche Zeugnisse scheinen der Vermutung recht zu geben: »Die neue Epoche wurde im Zeichen des Sol inauguriert.«

Allerdings war im religionspolitischen Verhalten Konstantins unleugbar etwas in Bewegung geraten, das vom Herkömmlichen abwich und den Verzicht auf das Jupiteropfer ergänzt. Anders als die Münzbilder, als der konventionelle Bildschmuck des Triumphbogens mit den Götterdarstellungen nennt die Inschrift des Triumphbogens nicht den Sol Invictus, nicht Jupiter, überhaupt keinen der römischen Götter. Vielmehr wird in der Inschrift die Befreiungstat Konstantins zurückgeführt auf die »Eingebung der Gottheit und die Größe seines [des Kaisers] Geistes« (*instinctu divinitatis mentis magnitudine*). In dieser vom Bildschmuck abweichenden Formulierung wurde in jüngster Zeit eine »persönliche Prägung« Konstantins vermutet, zumal schon der Festredner, der im Herbst 313 Feldzug und Sieg des Kaisers schildert, in ähnlicher Weise den Namen des siegbringenden Gottes verschweigt. Der Redner sieht Konstantin »in geheimem Einvernehmen mit jenem göttlichen Geist, der die Sorge um uns untergeordneten Gottheiten überläßt und dir allein zu erscheinen sich würdigt«. Von der Gottheit, der *divinitas,* sei Konstantin der Sieg versprochen worden.

Beide Aussagen benennen ein übergeordnetes, namenloses göttliches Wesen, das dem ungeteilten göttlichen Urwesen der in gebildeten Kreisen verbreiteten neuplatonischen Philosophie gleichkam, das aber nicht weniger dem christlichen

Monotheismus nahestand. Konstantin wollte offenbar »die göttliche Hilfe in einer Weise bezeichnen, die den Abstand von der Tradition hervorhob und für Christen ebenso annehmbar war wie für Philosophen«.

Man darf über der konkreten Verpflichtung gegenüber dem Christengott nicht den politischen Ehrgeiz Konstantins vergessen, nicht seine erklärte Zielvorstellung, die Weltherrschaft zu erlangen und »an Stelle der zusammengebrochenen diokletianischen Tetras die Universalmonarchie zu setzen«. Die konstantinische Toleranz diente letztlich auch der Verwirklichung dieses Zieles. Jedoch für die Christen begann mit den ersten, sie betreffenden Gunsterweisungen über die bloße Duldung hinaus eine »Zeitwende von ungeheurem Ausmaß«.

Bereits eine erste Schenkung zeigte Konstantins Absicht, der Christenkirche in seinem Staatsgefüge einen festen Ort zu geben. Um die Jahreswende 312/313 überließ er dem römischen Bischof den als Wohnsitz der Kaiserin Fausta bestimmten Lateranpalast und die dazugehörenden Ländereien. So wurde der Lateran Residenz des römischen Bischofs und Papstes und blieb es nahezu ein Jahrtausend. Bald nach der Schenkung ordnete Konstantin den Bau einer dem »Erlöser Christus« geweihten Kirche an, eine nach dem Vorbild basilikaler Profanbauten errichtete fünfschiffige Basilika mit Querschiff und Chorapsis. Die Lateranbasilika, der erste monumentale Kultbau der Christen, wurde nicht nur Urtypus der christlichen Basilika, sondern Hauptkirche der Christenheit. Noch heute (umgebaut im achtzehnten Jahrhundert und neu benannt: San Giovanni in Laterano) lautet ihr Titel: »Aller Kirchen der Stadt und des Erdkreises Mutter und Haupt.«

Aber auch die Christen außerhalb Roms erfuhren bald die Begünstigung ihrer Angelegenheiten durch den Kaiser. Noch vor Ende 312 schrieb Konstantin an den Ostherrscher Maximin Daia und drängte ihn, die Christenverfolgung zu beenden. In den ersten Dezembertagen hatte der Kaiser die für Afrika neu ernannten Beamten verabschiedet, darunter den von Maxentius übernommenen Stadtpräfekten Anullinus, nun befördert zum Prokonsul, und ihnen die Sorge für die afrikanische Kirche nahegelegt. Ihrer Entsendung folgte im

Dezember ein kaiserliches Schreiben an Anullinus mit dem Auftrag, der Kirche ihr beschlagnahmtes Eigentum zurückzugeben. Nicht lange nach dem ersten Brief, im Dezember oder Januar 313, schrieb Konstantin an Caecilian, den Bischof von Karthago, und kündete für die afrikanische Kirche Geldspenden an, die nach einer von Bischof Ossius erstellten Anweisung verteilt werden sollten. (Hier zum erstenmal wird Ossius von Corduba in beratender Funktion erwähnt.) Ein drittes, im März 313 wiederum an Anullinus gesandtes Schreiben Konstantins stellte die christlichen Kleriker »von allen staatlichen Lasten frei«. Damit wurden sie den altrömischen Kultpriestern gleichgestellt.

Die kultische Gleichstellung der christlichen Kirche durch Konstantin ist ein erster »entscheidender Schritt zur Integration des Christentums in das religiöse Gefüge des Imperiums«.

Der Kult, den Göttern und zumal dem obersten Gott verehrungsvoll zu dienen, ist selbstverständliche Pflicht, denn von ihr hängen das Wohl der Allgemeinheit und das Wohl des Staates ab. Mit diesem Gedanken begründet der Kaiser die im dritten, dem wichtigsten Brief enthaltene Verfügung. Der Staat hat für die ungehinderte Ausübung des Kultes zu sorgen, für die Freistellung der Priester, für die dem sakralen Dienst geweihten Plätze, Tempel, Gotteshäuser. Das entsprach römischem Denken, römischer Kultpraxis, entsprach der »konsequenten Anwendung römischer sakralrechtlicher Vorstellungen« auch auf den nun begünstigten christlichen Kult.

Auch die Briefe zeigen, daß Konstantins Anerkennung des Christentums und die Sorge für dessen Kult keinem spezifisch christlichen Verständnis, erst recht nicht der christlichen Gottesvorstellung entsprang. Vielleicht kann man sagen, »daß der von den Christen verehrte Gott wirklich der oberste Himmelsgott, die *summa divinitas* Konstantins, ist«. Darauf deuten die von Konstantin selbst bezeugte Erfahrung der Siegeshilfe und folgerichtig seine ersten religionspolitischen Entscheidungen nach dem Einzug in Rom. Aber dies alles bleibt im Rahmen römischer Kultauffassungen.

Dennoch zeigen die den brieflichen Aufträgen jeweils mitgegebenen Begründungen eine bemerkenswerte Entwicklung, die zuletzt über das Duldungsedikt des Galerius hinausweist. Der erste Auftrag gründet noch ohne ein religiöses Argument in der konstantinischen Staatsmoral, der Pflicht, »fremdes Eigentum« zurückzuerstatten. Im drei Monate danach geschriebenen dritten Brief spricht Konstantin ausdrücklich vom verpflichtenden Kult der »höchsten, hochheiligen, himmlischen Macht« und verfügt die Freistellung der Kleriker: »Denn wenn sie ihren hohen Gottesdienst wahrnehmen, nützen sie offenbar dem Staat am meisten.«

Diese ausgesprochene Anerkennung und Fürsorge bedeutet weit mehr als die von Galerius angeordnete, aus dem Scheitern der Christenverfolgung erklärbare Duldung. Das durch Konstantin begründete Neue war die verkündete und im praktischen Handeln sichtbar werdende Erkenntnis, daß der christliche Kultdienst zum Wohle des Staates notwendig sei. Dies allerdings war schon jetzt im Ansatz und dann in seiner wachsenden Auswirkung nicht nur für die bevorzugten Christen, sondern für das gesamte damalige religionspolitische Gefüge, ja auch für das traditionelle römische Staatsverständnis ein ungeheurer Umbruch.

23 Das Mailänder Treffen

Niemand in Rom dachte noch an Maxentius, als Konstantin am ersten Tag des Jahres 313 sein Konsulat übernahm. Die offizielle Feier begleiteten Spiele und Volksbelustigungen. Konstantin verstand es, den Römern zu geben, was sie erwarteten. Bei der Verteilung der Spenden in den Hallen der Trajanischen Märkte war er selbst anwesend. Er thronte erhöht auf seinem kaiserlichen Ehrensitz, bekleidet mit der goldgestickten breitfaltigen Purpurtoga. Flankiert von Senatoren und zwei Fackelträgern mit brennenden Fackeln, empfing er die Huldigung der Beschenkten. Jeder in der Einwohnerliste eingetragene Römer, der seine Spendenmarke vorzeigte, erhielt sein Teil an Naturalien und Münzgeld, für jeden ein gestrichenes Maß, denn auch die Kleinmünzen wurden in kreisrunde Vertiefungen von Zähltafeln geschüttet und zugemessen, für die Senatoren die zwölffache Geldspende.

Der Kaiser zeigte sich freigebig und leutselig, anders als Diokletian, der vor neun Jahren die Römer brüskierte, indem er vor seinem Konsulatsantritt abreiste und damit dem Volk Spenden und Feiern verwehrte. Konstantin hatte nicht vor, in Rom zu residieren, und später, während der zwanziger Jahre, wird ihm Rom eher gleichgültig. Doch am Anfang unternahm er alles, um die Römer, Senat und Volk, in angemessener Weise an seinem Kaisertum teilhaben zu lassen.

Das bezeugen schon die frühen konstantinischen Bauten: die um 320 eingeweihte Lateranbasilika, die bis 315 fertiggestellte, erweiterte und vollendete Maxentius-Basilika und der Triumphbogen nahe dem Kolosseum, für den wegen der Eile der steinerne Bildschmuck älterer Bauwerke, von Denkmälern Trajans, Hadrians und Mark Aurels, verwendet wurde, die Kaiserköpfe zum Teil überarbeitet.

Auf dem westlichen Ausläufer des Quirinals sollten Thermenanlagen entstehen, größer und prächtiger als die Thermen des Diokletian. Gewaltige Treppenanlagen sollten vom Westen, vom Marsfeld, hinaufführen zum Quirinal und zu den Thermen. (Die Konstantinsthermen, bereits im 6. Jahrhundert schon Ruinen, sind nicht mehr vorhanden. Wahrscheinlich gehörten zu ihrem Schmuck einige erhaltene Bildwerke: die überlebensgroße marmorne Statue Konstantins, heute auf dem Kapitolsplatz; die fast doppelt lebensgroße Statue des Kaisers, heute links in der Vorhalle von San Giovanni in Laterano. Auch die beiden Kolossalgruppen der Rossebändiger, heute vor dem Quirinalspalast und fälschlich als Castor und Pollux bezeichnet, stammen wahrscheinlich aus den konstantinischen Thermen.)

Erste nach dem Sieg geprägte Münzen feiern Konstantin ähnlich wie die Inschrift des Triumphbogens als Wiederhersteller des Erdkreises, als Erneuerer der öffentlichen Freiheit und als besten Kaiser. Eine in Tarragona geprägte Goldmünze zeigt Konstantin in Verbindung mit dem von der Victoria begleiteten Sol Invictus und nennt seinen höchsten Rang: Maximus Augustus.

Während in Rom das Leben wieder seinen geordneten und normalen Gang nahm, reiste Konstantin nach Mailand, um dort im Februar Licinius zu treffen. Vermutlich war Konstantin der Initiator dieser Zusammenkunft, denn die neuen staatspolitischen Verhältnisse erforderten dringend eine Aussprache mit Licinius, dessen Bestätigung und gewiß auch eine Abstimmung der beiderseitigen künftigen Vorhaben.

Licinius hatte in seiner pannonischen Residenz Sirmium die Ereignisse der letzten Monate mit größter Aufmerksamkeit verfolgt. Aber er hatte, was nicht unwichtig ist, dem gallischen Heer keine Hilfstruppen zugeführt. War es Vorsicht, ein hintersinniger Vorbehalt? Glaubte er am Ende, das zahlenmäßig schwache gallische Heer würde vor Rom eine Niederlage erleiden, so daß er gegenüber dem aufstrebenden, nach mehr Macht verlangenden Mitkaiser Vorteile gewönne? Andererseits mußte er nach allem Voraufgegangenen nichts sehnlicher wünschen als die Besiegung des Usurpators Maxentius. Außerdem brauchte er das Bündnis, wenigstens das Einvernehmen mit dem westlichen Mitkaiser, um bei einem möglichen Kriegszug gegen den aggressiven Maximin Daia den Rücken frei zu haben.

Nun stand Licinius vor vollendeten Tatsachen. Konstantin beherrschte Rom, Italien, Nordafrika; seine ersten politischen Maßnahmen, sein menschlich überzeugendes Verhalten selbst gegenüber den hohen Beamten des Maxentius hatten in kurzer Frist den Machtwechsel gefestigt. Konstantin genoß das Vertrauen des Senats. Nicht nur dies, der Senat hatte ihn zum rangältesten Kaiser erhoben, und die spontane Erhöhung vor allen anderen mußte den etwa zweiundsechzigjährigen Licinius verärgern.

Aber auch Konstantin konnte auf das Wohlwollen des Mitkaisers nicht verzichten. Ihn begleitete seine Halbschwester Constantia, die vor dem Beginn des Feldzugs Licinius anverlobt worden war, und zum festlichen Auftakt in Mailand wurde die Vermählung des ungleichen Paares gefeiert. Constantia, eine schöne Erscheinung mit großen, etwas schwermütig blickenden Augen, scheint ihrem Halbbruder geglichen zu haben. Darauf deutet die Ähnlichkeit ihres Porträts in der bekannten Trierer Deckenmalerei mit dem römischen Kolossalkopf Konstantins aus dem Jahre 315, besonders auffallend bei den Augen, der Mund- und Kinnpartie.

Für die vielleicht einundzwanzigjährige Tochter des Constantius Chlorus und der Theodora war die Heirat eine Zumutung, und sicherlich bewegte sie auch erst Konstantins

Zureden zum Einverständnis, als Licinius von ihr die Adoptierung seines kaum einjährigen Sohnes Licinianus, den ihm eine Sklavin geboren hatte, wünschte.

Der Heirat lag die politische Absicht zugrunde, der auf die Zukunft gerichteten Verbindung der beiden Herrscher durch das familiäre Band Dauer zu verleihen. Das schließt nicht aus, daß jeder der beiden Kaiser seine eigenen Interessen ins Spiel brachte oder auch dem Partner geflissentlich verschwieg. Offensichtlich gleichziehen mit Konstantin wollte Licinius durch die volle Adoption seines Kindes Licinianus. Auch Konstantins vorläufiger Erbe war unehelicher Geburt, Crispus, der etwa achtjährig am Trierer Hof unter der Obhut Helenas lebte. Der bisher kinderlose und nun mehr als sechzigjährige Licinius wollte wenigstens das Kind der Sklavin als seinen offiziellen Erben anerkannt wissen.

So vorbereitet, konnten die politischen Verhandlungen beginnen. Licinius bestätigte Konstantins Oberhoheit über die gesamten ehemals maxentischen Länder, was ihm kaum leichtgefallen sein dürfte. Im Gegenzug erhielt Licinius die Anerkennung seiner kaiserlichen Gewalt über die Donau- und Balkanländer und Freizügigkeit bei Unternehmungen gegen Maximin Daia bei einer auf das Ostreich ausgedehnten Gebietserweiterung. Konstantin trieb in seinem Verhalten zum Ostherrscher Maximin Daia ein nicht ganz durchsichtiges Spiel. Er hatte ja Maximin Daia für 313 zum Mitkonsul ernannt, und er hat »niemals mit Maximin gebrochen«. Der wiederum zeigte sich verständig gegenüber den in Rom neugeschaffenen Machtverhältnissen, verständig auch durch sein Einlenken in der Christenfrage. Trotzdem blieb Maximin Daia bei der derzeitigen Dreiteilung des Imperiums ein nicht zu unterschätzender Unsicherheitsfaktor. Aber vordringlicher war die keineswegs bedingungslose politische Verständigung mit Licinius.

Vermutlich gab es sogar in einer zentralen Frage »heftige Auseinandersetzungen« mit Licinius, denn Konstantin forderte von ihm die Anerkennung als rangältester Kaiser. Dem Vorrecht, als Maximus Augustus bei Erlassen und gesetzlichen Verfügungen den Namen voranzustellen, wie auch der römischen Magistratsernennung stimmte Licinius ohne weiteres zu. Doch er protestierte gegen Konstantins Recht der

Gesetzgebung. »Dieses sollte beiden Kaisern selbständig zukommen«; jedes Gesetz und jede Verordnung sollten nach wie vor die Namen aller Mitregenten tragen, jedoch nur für den Reichsteil gelten, für den sie erlassen wurden.

Konstantins Zugeständnis opferte nicht nur wiederum ein Stück der diokletianischen Reichseinheit, sondern begrenzte ebenso sein eigenes Verlangen nach einer Universalmonarchie. Hier jedenfalls wies ihn der bauernschlaue Licinius in die Schranken. Nach dem Mailänder Treffen fragte Licinius »nicht mehr um Erlaubnis, wenn er ein Gesetz erlassen wollte, und um Bürgerkriege zu vermeiden, mußte Konstantin es dulden«.

Einigung erzielten die beiden Kaiser in der für die Zukunft des Imperiums wichtigen Religionspolitik. Licinius hatte den Duldungserlaß seines kaiserlichen Freundes Galerius befolgt und war den Christen freundlich gesinnt, so daß Eusebius ihn schon vor Konstantins Feldzug einen »gottgeliebten« Mann nannte. In Mailand kam ein gemeinsamer Beschluß zustande, demzufolge »das Christentum in Zukunft als staatserhaltende Religion angesehen werden solle«.

Die einmütige Begünstigung der Christen wird für Constantia zu den erfreulichen Ereignissen in den Februartagen gehört haben. Sie war aufgewachsen in der christenfreundlichen Atmosphäre des Trierer Hofes, erzogen von der Christin Theodora. Wenn nicht schon nach dem Sieg Konstantins gläubig, so neigte Constantia zum Christentum und wird bald am Hof des Licinius zu einer Vertrauensperson der Christen. Sie als einzige Frau der kaiserlichen Familie wird in der eusebischen Kirchengeschichte erwähnt.

Die Auskünfte über die kaiserlichen Frauen bleiben in den von Männern verfaßten Geschichtsbüchern äußerst dürftig. Aber der Mut, der Anteil dieser Frauen an der Ausbreitung des frühen Christentums, trotz Verfolgung und trotz der von den Kaisern vor Konstantin rigoros befohlenen Staatsreligion, muß erwähnt werden. Christinnen oder zumindest dem Christentum zugeneigt waren Prisca, die Ehegattin Diokletians, und deren Tochter Valeria, mit Galerius vermählt, waren Theodora, die Ehegattin des Constantius Chlorus, und deren Mutter, die schöne Syrerin Eutropia. Sie war mit dem Kaiser Maximianus vermählt, Mutter des römischen Maxentius und der jungen Fausta, der Gattin Konstantins. Später wird Konstantin die Frömmigkeit seiner Schwiegermutter Eutropia in einem offiziellen Schreiben ausdrücklich hervorheben. Seine eigene Mutter Helena wird von ihm in den ersten Jahren nach dem römischen Sieg als »große Dienerin Gottes« geehrt.

Es liegt nahe, auf einen nicht unbeträchtlichen christenfreundlichen Einfluß der Kaiserinnen, etwa der Theodora am Trierer Hof, bei der Erziehung der heranwachsenden Söhne und Töchter zu schließen. Kaum möglich war eine Einwirkung der Frauen auf die Regierungspraxis ihrer kaiserlichen Ehegatten, am allerwenigstens bei Diokletian oder Galerius. Doch mit großer Wahrscheinlichkeit hat Theodora das milde, bürgerfreundliche Verhalten des Constantius Chlorus unterstützt, hat Valeria den Duldungserlaß des todkranken Galerius befürwortet, vielleicht sogar dazu beigetragen.

Nach dem Edikt des Galerius, nach den bereits wirksamen Maßnahmen des Maxentius, Licinius und Konstantin brachte die Mailänder Beratung den Christen des Westens nichts wesentlich Neues. Sie scheint vielmehr aus aktuellem Anlaß und im Hinblick auf die weitere Entwicklung dem Ostreich gegolten zu haben. Allerdings vermittelt die Absprache eine über das Galeriusedikt hinausweisende »Erweiterung: die Ausübung des Kults ist an keine Klauseln mehr gebunden; die grundsätzliche Duldung der Religion wird ergänzt durch die unentgeltliche Rückgabe der Kirchen und Versammlungsstätten und durch die Anerkennung der Rechtsfähigkeit der einzelnen Christengemeinden«.

Ein Mailänder Edikt, wie lange Zeit fälschlich angenommen wurde, gab es nicht, wohl aber beziehen sich zwei Erlasse des Licinius auf die gemeinsame Beratung: ein am 13. Juni 313 im bithynischen Nikomedia verkündeter Erlaß und eine zweite, an den Statthalter von Palästina gesandte Verfügung, die trotz einiger Zusätze mit dem nikomedischen Erlaß im Kern übereinstimmt: »Im Zusammenhang mit den übrigen Anordnungen, von denen wir uns Nutzen für die Gesamtheit versprechen, glauben wir vor allem die Dinge regeln zu müssen, auf denen die Verehrung der Gottheit beruht. Wir stellen es sowohl den Christen wie allen anderen frei, sich zu der Religion zu bekennen, die sie wollen, damit die Gottheit und das himmlische Wesen, welcher Art es auch sei, uns und allen, die unserer Regierung unterstehen, gewogen und gnädig sein möge.«

Nachdem am Anfang beider Erlasse die Beziehung zur Mailänder Absprache hervorgehoben wird, kann man schwerlich einen Anteil Konstantins abstreiten. Einige wesentliche Motive in der Begründung wurden mit Recht Konstantin zugewiesen: die Berufung auf »die göttliche Gunst, die wir in so großen Dingen erfahren haben, die uns allezeit unser Vorhaben gelingen und das öffentliche Glück fortdauern lasse«; die Nennung keiner einzelnen Götter, sondern der höchsten Gottheit, der *summa divinitas;* die freie Entscheidung der Religionswahl, von Konstantin selbst beansprucht wie jedermann zugebilligt als ungehindertes Recht. Solche Motive sind konstantinisch wie auch der Dank, den der Kaiser der höchsten Gottheit schuldet und den er durch die insbesondere den Christen zugute kommende Kultfreiheit abstattet. Aus ihnen spricht »eine auf Erfahrung begründete, ganz positive Bewertung der neuen Religion«, und man darf auch bei der religionspolitischen Absprache mit Licinius in Konstantin die »treibende Kraft« sehen.

Offenbar wurden weitergehende Verhandlungen um die künftige Reichspolitik in den ersten Märztagen vorzeitig abgebrochen. Eine Schreckensmeldung aus Byzanz erreichte Licinius und zwang ihn, unverzüglich nach Sirmium und zu seinen Truppen zurückzukehren. Wie schon einmal zwei Jahre zuvor forderte ihn Maximin Daia durch eine überraschende Offensive zum Krieg heraus.

Maximin Daia war, nachdem er die aufständischen Armenier besiegt hatte und im Winter 312 mit seinem Heer in Syrien stand, »im strengsten Winter« quer durch Kleinasien nach Bithynien und zum Bosporus gezogen – unter ungünstigsten Wetterverhältnissen eine gewaltige Kraftanstrengung des Ostheeres, angetrieben zu »doppelten Tagesmärschen«. Nach dem Machtwechsel in Rom hatte sich der Ostkaiser zunächst zufrieden gezeigt, doch er mißtraute der neuen politischen Konstellation, mißtraute vor allem seinem Rivalen Licinius. Wahrscheinlich vermutete er ein gegen seine Kaiserherrschaft geschmiedetes Komplott, oder er wollte bei der

Aufteilung des Imperiums sein Teil sichern und darüber hinaus ein Stück aus dem Reich des Licinius herausschneiden.

Der Zeitpunkt seines Angriffs war gut gewählt. Während in Mailand die kaiserliche Hochzeit gefeiert wurde, setzte Maximin Daia mit seinem Heer, an die siebzigtausend Mann, über den Bosporus und belagerte Byzanz. Elf Tage hielten die licinianischen Verteidiger stand, bis sie, erdrückt von der Übermacht der Feinde, aufgeben mußten.

Nicht nur Licinius verließ Mailand übereilt, um sein Heer zu sammeln und gegen den Aggressor zu führen. Nachrichten aus Gallien drängten ebenso Konstantin nicht lange nach dem 10. März zu einer beschleunigten Abreise. Frankenstämme hatten an der Rheingrenze eine Offensive begonnen und mehrere Grenzstellungen überrannt. Die Rheinarmee erwartete die Anwesenheit des Kaisers und dessen bewährte Kampfführung. Für Konstantin verband sich mit der Reise nach Gallien eine Rückkehr in die Residenz seiner Regierungsjahre als Caesar. Es wird ihm, da er nicht uneitel war und es liebte, prunkvoll aufzutreten und gefeiert zu werden, höchsten Genuß bereitet haben, nach seinen die Welt bewegenden Erfolgen nun in Trier als Maximus Augustus einziehen zu können.

Die Kämpfe, durchaus nicht die letzten gegen die Rheinfranken, und die erneut notwendige Sicherung der Grenzbefestigungen beanspruchten Konstantin mehrere Wochen, so daß er im Sommer in Trier als Besieger der Franken gefeiert wurde. In Gallien, vorwiegend in der Kaiserresidenz Trier, seiner Mutter Helena und seinem Sohn Crispus nahe, blieb Konstantin »zwei volle Jahre, bis mindestens Mai 315«, um dann zu seiner Decennalienfeier nach Rom zu reisen. Nach einer erneuten Überprüfung der in Trier und Gallien erlassenen Gesetze sowie der Münzprägungen dieser Jahre kann die Datierung als gesichert gelten. Das heißt, Konstantin verließ Gallien nicht schon im Sommer 314, um nach Pannonien zu ziehen und seinen ersten Krieg gegen Licinius zu führen, wie nach herkömmlicher Meinung angenommen wurde.

Die Konstantin vertraute Moselstadt blieb für zwei Jahre Zentrum des westlichen Imperiums. In der kaiserlichen Kanzlei in Trier muß es in diesen Jahren lebhaft zugegangen sein. Ein straff organisierter Postdienst und berittene Kuriere sicherten die Verbindung zu den entlegenen Teilen des Reichs. Obwohl die Verwaltung der Provinzen in den Händen der Prokonsuln, Vikare und Präfekten lag, wäre es Konstantin kaum zuzutrauen, daß er die Zügel seiner kaiserlichen Gewalt schleifen ließ. Vor allem eine ihm zunächst fremde Sache fordert seine Aufmerksamkeit und sein Eingreifen, die Auseinandersetzung unter den Christen Afrikas, die zunehmend politische Bedeutung gewinnt und den Frieden in der zwar entlegenen, aber wichtigen prokonsularischen Diözese Afrika bedroht.

24 Anfänge des Donatistenstreits

Die Geschichte des Donatistenstreits, die in Karthago begann, in der nach Rom und neben Trier wichtigsten Stadt des Imperiums, kennzeichnet die ganze Problematik des frühen Christentums, eben aus der furchtbaren Verfolgung entlassen und nahezu übergangslos die staatliche Gunst genießend, jedoch bis zur Stunde weder theologisch noch institutionell gefestigt. In diesen Streit wird Konstantin hineingezogen, widerwillig und bis zu seiner Verärgerung, denn genau das, was er von den Christen erwartete, ihre Einheit, die seiner Reichspolitik hätte nützen können, erwies sich als trügerisch. Statt dessen wurden leidenschaftliche Dispute um den rechten Glauben geführt, die bis zu Tätlichkeiten und der Anrufung des Kaisers um Mithilfe bei der Klärung gingen.

Unmittelbar nach dem römischen Machtwechsel und der Übernahme der Diözese Afrika (etwa das heutige nördliche Tunesien, erweitert durch das numidische und mauretanische Hinterland) wird Konstantin mit diesem Glaubensstreit konfrontiert, der immerhin zur Spaltung der afrikanischen Kirche führte. Selbst in Trier beschäftigen ihn die Auseinandersetzungen, die ihn zunehmend zur Parteinahme in einer ihm fremden und ihn befremdenden Angelegenheit zwingen.

Seit der Verfolgung schwelte unter den afrikanischen Christen der Konflikt zwischen jenen fanatischen Frommen, die sich freiwillig den Behörden stellten, und den anderen, die mitunter, um der Folterung oder dem Märtyrertod zu entgehen, die heiligen Bücher auslieferten. Diese nannte man verächtlich Traditores, Auslieferer, oder Lapsi, Gefallene. Angesichts der Grausamkeit und der drohenden Vernichtung war es keinem zu verdenken, wenn er nicht die Meinung der religiösen Fanatiker teilte. Der karthagische Bischof Mensurius warnte die Gläubigen vor dieser Sucht nach dem Martyrium. Mensurius selbst hatte, unterstützt von seinem Diakon Caecilian, einige häretische Schriften ausgeliefert und dadurch die heiligen Bücher vor der Beschlagnahme gerettet.

Als nach dem Tod des Mensurius ein Teil der afrikanischen Bischöfe im Jahre 312 Caecilian zum Nachfolger wählte, als dann noch ein Bischof, der als Traditor galt, das neue Oberhaupt der afrikanischen Kirche weihte, entbrannte der Konflikt in voller Schärfe. Eine Bischofssynode der Gegenpartei erklärte die Weihe, da von einem unwürdigen Bischof vollzogen, für ungültig. Die in Numidien tagende Synode, an der siebzig Bischöfe teilnahmen, wählte den Kleriker Maiorinus zum Gegenbischof, dem 313 der junge ehrgeizige Donatus von Casae Nigrae folgte, nach dem die Gegner Caecilians benannt wurden.

Bei den vorwiegend numidischen Anhängern steigerten soziale Spannungen, dazu rassisch und geographisch bedingte Gegensätze den Konflikt, Gegensätze zwischen den einheimischen Landbewohnern und den romanisierten Nordafrikanern, die vor allem Karthago bevölkerten. Aber auch in Karthago rührten sich die Donatisten wie jene vermögende Witwe Lucilla, die reichlich Geld zur Gewinnung unschlüssiger Kleriker spendete und deren Haus zum Treffpunkt wurde. Sie allerdings haßte den Bischof Caecilian aus persönlichen Gründen. Als Diakon hatte Caecilian der bigotten Lucilla die Ärgernis erregende Verehrung der Reliquien eines obskuren Märtyrers verboten.

Während Caecilian auf Versöhnung bedacht war, traten die Donatisten als rigorose Eiferer und Glaubensfanatiker auf. Nahezu zwangsläufig führte ihr Radikalismus, dem wie jedem Radikalismus ein Zug zur Inhumanität anhaftete, schon bald zu gesetzlosen, die Andersdenkenden verachtenden und rücksichtslos schädigenden Umtrieben, zu Gewalttätigkeiten und Plünderungen.

Konstantin, beraten durch Ossius von Corduba, läßt keinen Zweifel an seiner Anerkennung des Bischofs Caecilian, wie seine ersten nach Afrika gesandten Briefe zeigen. Im Brief an den Prokonsul Anullinus, im Dezember 312, spricht er von der Rückgabe des Eigentums der »katholischen Kirche«, hier zum erstenmal den Begriff katholisch gebrauchend. Deutlicher spricht das zweite, nun an Bischof Caecilian gerichtete Schreiben von der »rechtmäßigen und hochheiligen katholischen Kirche«. Er, Konstantin, habe erfahren, »daß einige unruhige Geister das Volk der katholischen Kirche mit bösartigen Täuschungen verführen«, und Caecilian möge sich an den kaiserlichen Prokonsul und den Vikar wenden, damit diese die Sache in Ordnung brächten.

Offensichtlich war Konstantin sich der Tragweite des Glaubensstreits überhaupt nicht bewußt, denn er vertrat die Ansicht, seine Administration könne die Unruhen bald beenden. Dann jedoch, Mitte April 313, widersprechen die donatistischen Bischöfe der Begünstigung Caecilians. Sie entwerfen eine Denkschrift, begründen ihre Ablehnung und bitten den Kaiser um die Einberufung eines aus gallischen Bischöfen zusammengesetzten Schiedsgerichts. Gallien war unter Constantius Chlorus von der Christenverfolgung verschont geblieben. Deswegen gab es dort keine Traditores, demzufolge keine – nach donatistischer Auffassung – ihres sakralen Auftrags unwürdigen Amtsträger, sondern rein gebliebene und eines erleuchteten, gültigen, unvoreingenommenen Urteils fähige Bischöfe.

Die Donatisten erbaten vom Kaiser bischöfliche Richter. Eine Entscheidung stand ihm in einer kirchlichen Angelegenheit nicht zu. Aber sie appellierten an dessen erwiesene, nur falsch geleitete Hilfsbereitschaft, und ihre Denkschrift sollte dem schlechtinformierten Kaiser zur besseren Kenntnis über die Vorgänge in Afrika verhelfen. Tatsächlich scheint Konstantin erst jetzt, erst in Trier und wohl kaum vor Beendigung der Kämpfe am Rhein, Näheres über den Umfang und die Beweggründe des Donatismus erfahren haben. Er lädt zum 2. Oktober 313 nach Rom zu einem bischöflichen Schiedsgericht ein. Neben dem römischen Bischof Miltiades bestellt er drei gallische Bischöfe, vor denen Caecilian mit zehn Bischöfen seiner Partei und zehn donatistischen Bischöfen erscheinen soll.

Konstantins Einladungsschreiben an Bischof Miltiades bestätigt geradezu auffallend seine neugewonnene und mehr als zurückhaltende Sicht der umstrittenen Vorgänge. Er spricht von seiner Sorge wegen der »bösen Zwietracht ... in den dichtbevölkerten Provinzen« Afrikas, doch mit keinem Wort wie noch im März bevorzugt er Caecilian und klagt er die Donatisten an. Ganz im Gegenteil spricht Konstantin von der Beschuldigung Caecilians durch einige seiner Amtsbrüder, bittet er, *diesen* Rechtsfall sorgfältig zu untersuchen und zu entscheiden. »Caecilian soll geprüft werden, ob er den Heiligkeitsvorschriften der katholischen Kultsatzung entspricht.«

Möglicherweise wäre das Verfahren anders verlaufen, hätte der römische Bischof nicht gegen den Wunsch des Kaisers gehandelt. Miltiades lud zusätzlich fünfzehn italienische Bischöfe seiner Wahl ein, und angesichts der Überzahl verfochten die Donatisten eine aussichtslose Sache. Die Bischöfe, die Anfang Oktober 313 unter dem Vorsitz des Miltiades zum erstenmal im Lateranpalast versammelt waren, erklärten Caecilian für unschuldig und gültig geweiht. Das Bischofsamt könne unangefochten ausüben, wer zuerst ordiniert worden sei, unabhängig von seiner Parteizugehörigkeit. So blieben auch donatistische Bischöfe und deren Kleriker von einer Verurteilung verschont, doch der anführende Bischof Donatus wurde exkommuniziert.

Die Donatisten, deren zentraler Anklagepunkt abgewiesen worden war, empfanden das Urteil als ungerecht und manipuliert. Nach ihrer überstürzten Abreise wandten sie sich wiederum an den Kaiser. Und wiederum begann ein Streit, nun verschärft durch die aufgebrachten donatistischen Anhänger, unter den afrikanischen Christen die Mehrheit der Landbewohner und ärmeren Leute. Es kam zu ersten Ausschreitungen, zu Straßenkämpfen, fast drohte ein Bürgerkrieg.

Der Kaiser respektierte das Urteil der Bischöfe. Aber er scheint verwirrt zu sein, enttäuscht. Von den Bischöfen und ihrem Schiedsgericht hatte er anderes erwartet als diese Folgen. Er äußert sein Mißfallen, seine Verärgerung, weil »Männer, die zu brüderlicher Einmütigkeit verpflichtet, sich auf häßliche, ja, widerwärtige Weise entzweien und denen einen

Vorwand zum Spott geben, die dieser hochheiligen Religion abgeneigt sind«. Er wirft den Bischöfen die Fortsetzung »persönlicher Streitigkeiten« vor. Das schreibt Konstantin im frühen Sommer 314, als er erneut zu einer Bischofsversammlung einlud. Am 1. August 314 sollte die Synode in der südgallischen Stadt Arles beginnen, weit von Rom entfernt, aber für die aus allen Teilen des konstantinischen Imperiums geladenen Bischöfe gut erreichbar. Konstantin nahm die Synode so wichtig, daß er den Anreisenden die staatlichen Kurierdienste zur Verfügung stellte.

Nahezu fünfzig Bischöfe aus Italien, Gallien und Britannien, aus Afrika und Spanien, aus Sardinien und Sizilien erschienen in Arles, jeweils mit zwei klerikalen Beratern und drei Bediensteten. Nun ging es nicht mehr um ein Schiedsgericht in einer disziplinären Frage, sondern um verbindliche Beschlüsse eines Konzils.

Die Beratungen, wohl kaum von kurzer Dauer, umfaßten weit mehr als den afrikanischen Streitfall. Unter dem Eindruck der durch Konstantin neugeschaffenen Verhältnisse kamen Beschlüsse zustande, die der Beziehung der Christen zum Staat galten. Der Staatsdienst, bisher von den Christen gemieden, denn er forderte unweigerlich das Kultopfer, wurde nun erlaubt. Der bisher anrüchige Waffendienst christlicher Soldaten fand Anerkennung, wenn auch vorsichtig umschrieben. Demnach sollten christliche Heeresangehörige, die »im Frieden« den Dienst verweigerten, vom Abendmahl ausgeschlossen sein. Die Synodalen vermieden einen Hinweis auf den Kriegsdienst, der konsequenterweise zum Töten des Feindes verpflichtet. Das Entgegenkommen der Bischöfe gegenüber Staat und Kaiser blieb da vorbehaltlich, wo die Vereinbarkeit mit der christlichen Botschaft fraglich wurde.

Der wichtigste Beschluß entschied über die unverlierbare Gültigkeit der Taufe und der Weihe der Bischöfe und Priester, unabhängig von ihrer Person. Diese Entscheidung zerschlug jegliche Hoffnung der Donatisten. Sie stellte die sakramentale Wirkungsgewalt über deren Träger, auch wenn sie durch einen Fehltritt schuldig geworden waren oder zu den sogenannten Traditores zählten. Die Synode bestätigte nochmals das Urteil des römischen Schiedsgerichts. Die durch die Bischöfe vertretene katholische Kirche verurteilte endgültig die Donatisten, die damit als Ketzer außerhalb der wahren Kirche standen.

Auch jetzt gaben die Donatisten nicht nach. Von der offiziellen Kirche abgewiesen, riefen sie wiederum den Kaiser an. Konstantin, sichtlich beunruhigt durch die Fortdauer der Auseinandersetzungen in der für Rom lebenswichtigen Kornkammer Afrika, griff selbst ein ohne kirchliche Beteiligung. Er beauftragte die »staatliche Rechtsprechung« mit der Untersuchung des Donatistenstreits, plante erneute Verhandlungen. Er wollte die anführenden Bischöfe beider Parteien durch neue Amtsträger ersetzen und selbst nach Afrika reisen. Aber seine Pläne und Versuche schlugen fehl, stifteten nur zusätzlich Verwirrung.

Konstantins persönliches Eingreifen weckte verständlicherweise das Mißtrauen beider Parteien, sollte jedoch nicht voreilig als Ausdruck eines sich Autorität anmaßenden Anspruchs gewertet werden. Äußerlich gesehen war es ein Versuch, »die Donatisten in der Kirche zu halten und durch äußerste Nachgiebigkeit das Schisma zu vermeiden«. Als »Schlüssel zum Verständnis für Konstantins religiöse Einstellung« dient ein Brief, den er an Aelafius, den Vikar Afrikas, sandte: »Ich erachte es als einen Verstoß gegen das göttliche Gesetz, wenn wir solchen Zank und Streit übersehen wollten; dadurch könnte die höchste Gottheit vielleicht bewogen werden zu zürnen, nicht nur gegen das Menschengeschlecht, sondern auch gegen mich selbst, dessen Obhut sie durch ihren göttlichen Willen die Leitung aller irdischen Dinge anvertraut hat ... Denn ich werde mich dann erst wirklich und vollkommen sicher fühlen können ..., wenn ich sehe, wie alle den heiligsten Gott im richtigen Kult der katholischen Religion in einiger Brüderschaft der Verehrung anbeten.«

Mögen bei anderen Schreiben kaiserliche Berater, etwa der Bischof Ossius, mitgeholfen haben, diese Zeilen konnten »von niemand anderem als Konstantin geschrieben sein«. Zu deutlich sind der persönliche Ansatz, das Selbstbewußtsein, das Verpflichtetsein, das Bekenntnis des Kaisers.

Nachdem die Donatisten selbst den Kaiser angerufen hatten und er sich nachgiebig bis zum äußersten verhalten hatte, mag die nun von den Donatisten aufgeworfene rhetorische

Frage »Was hat der Kaiser mit der Kirche zu tun?« erstaunen. Aber die Frage rührt an ein Grundproblem, an das Verhältnis der Kirche zum Staat, das durch Konstantin ein völlig neues Gewicht erhielt. Die Kirche, die Mehrheit der Bischöfe einschließlich des Biographen Eusebius, sah in diesem neuen, von der kaiserlichen Gunst getragenen Verhältnis die Fügung Gottes, ohne – zunächst jedenfalls und zu Lebzeiten Konstantins – die Problematik der staatlichen Umklammerung zu erkennen oder zu durchdenken. Andererseits dokumentiert die Frage, daß einzelne Bischöfe schon jetzt eine mit dem Auftrag der Kirche unvereinbare Entwicklung befürchteten. Konkret galt die Frage einer Situation, in der Gewalt und staatliche Gegengewalt aufeinanderprallten.

Ende 316 entschied sich Konstantin für die alleinige Anerkennung des Bischofs Caecilian und gebot den Donatisten, in die Kirchengemeinschaft zurückzukehren. Ihrer Verweigerung folgten erneute, gesteigerte Unruhen. Ihre Anhänger besetzten Kirchen, randalierten, plünderten, in ihrer fanatischen Empörung bestärkt von gewalttätigen, räuberischen Anstiftern, so daß der Kaiser gegen die Aufsässigen Truppen einsetzen und die ungehorsamen Bischöfe in die Verbannung schicken mußte.

Oberflächlich-politisch war der Frieden hergestellt, erzwungen, weil Konstantin selbst zur gleichen Zeit in Illyrien gegen Licinius kämpfte. Der religiöse Konflikt schwelte weiter. Im Mai 321 mußte Kontantin seinen Mißerfolg einsehen, indem er den verbannten Bischöfen die Rückkehr erlaubte und den donatistischen Gemeinden ihre Kirchen zurückgab. Die katholischen Bischöfe und Christen Afrikas mahnt er zu Toleranz und Brüderlichkeit: »Kein Unrecht soll erwidert werden; Toren nehmen die Rache, die wir für Gott aufheben müssen.« Geradezu beschwörend, dem Gedankengut der Stoa und des weisen Kaisers Mark Aurel nahe, hält er seinen Briefempfängern wiederholt die Tugenden der Geduld und Mäßigung vor Augen, ermahnt er sie, die zügellose Unbeherrschtheit jener, »die das Volk des ruhigen Gesetzes herausfordern«, standhaft zu ertragen. Dann würden sie »bald durch die Gnade der höchsten Gottheit erkennen«, daß diejenigen, die den »erbärmlichen Streit« weitertreiben, zuschanden werden.

Politisch erreichte Konstantin die Sicherung des Friedens in der Diözese Afrika. Jedoch mißglückte die Wiederherstellung der Eintracht unter den afrikanischen Christen. Ihre Spaltung überdauerte Konstantin und wird noch angesichts einer wachsenden und fanatisierten Massenbewegung der Donatisten seine Nachfolger in Atem halten.

Konstantins Verhalten im Donatistenstreit kennzeichnet in besonderer Weise seine Beziehung zum Christentum. Natürlich stand die lokal begrenzte Auseinandersetzung keineswegs im Vordergrund der staatspolitischen Entwicklung. Zur gleichen Zeit drängten andere, schwerwiegende politische und kriegerische Ereignisse zum Handeln. Aber hier, im Verlauf des Donatistenstreits in den ersten Jahren und bis 321, werden wie kaum anderswo charakteristische Züge Konstantins sichtbar, enthüllt sich der Kern, der innere Beweggrund seines Denkens und Handelns.

Konstantin griff nicht als »Bekehrter« in den Streit ein, er betrachtete sich nicht als der Christenkirche zugehörig. Wohl jedoch leitete ihn das Gefühl der Verpflichtung gegenüber dem Christengott, der ihm zum Sieg verholfen hatte. Daraus folgte die Begünstigung des christlichen Kultes, folgten erste religionspolitische Maßnahmen und die Absprache mit Licinius. Es entsprach den Aufgaben des Pontifex maximus, für die ungehinderte Ausübung der kultischen Pflichten zu sorgen, denn die Verehrung des obersten Himmelsgottes verbürgte das Wohl des Staates und die Wohlfahrt der Menschen. Soweit verhielt sich Konstantin ganz im Sinne römischer Religionsübung, ohne dem spezifisch Christlichen näherzukommen.

Im Spätherbst 312 vermittelten Berater wie Ossius von Corduba erste Informationen über den afrikanischen Kirchenstreit, und der Kaiser reagierte spontan und emotional, indem er Caecilian anerkannte. Aber sein Begriff von der Christenkirche ist so unkundig, unausgeprägt wie seine Vorstellung vom Gott der Christen. Während die altrömischen Götter zunehmend ungenannt bleiben, bezieht er sich auf die höchste Gottheit, die *summa divinitas,* auf den obersten Himmelsgott, ein zunächst offener, vieldeutiger, unpersönlicher Begriff, der erst allmählich im Verlauf des Donatistenstreits etwas Farbe gewinnt und auf den Christengott verweist.

Im afrikanischen Streitfall berührte ihn weniger der Glaubenskampf oder die kirchendisziplinäre Auseinandersetzung zwischen Donatisten und Katholiken, sondern vielmehr der übergeordnete »Gegensatz ... Streit–Frieden oder Schisma–Einheit«. Frieden und Einheit erwartete der Kaiser von den Christen, erhoffte er aus naheliegenden politischen Gründen. Nur so wird seine Nachgiebigkeit, werden seine Versuche, die Donatisten um jeden Preis und selbst über das Bischofsurteil hinaus in der Kirche zu halten, verständlich. Und weiterhin werden aus dem Mißlingen und aus der zerschlagenen Erwartung seine Enttäuschung, Verärgerung, ja sein heftiges und erbostes Reagieren in einigen seiner Briefe begreifbar.

Das Erstaunliche und eigentlich Bewegende betrifft Konstantin selbst, sein persönliches Verhalten. Sein durchaus emotionales, sanguinisches Reagieren stand nicht im Widerspruch zu seiner soldatischen und politischen Energie. Er dachte und handelte politisch weitsichtiger als Diokletian, kein Choleriker wie Maximianus oder der skrupellose Galerius, an Klugheit und Einfühlungsgabe Licinius voraus, aber mehr noch seinen Vor- und Mitkaisern überlegen als Pragmatiker, der sein auf das gesamte Imperium gerichtetes Ziel nie aus den Augen verlor. Insofern, auf seine Enttäuschung über die erste, politisch unergiebige Bekanntschaft mit der Christenkirche bezogen, wäre es verständlich, wenn ihn persönlich dieses streitende Christentum abgestoßen hätte. Jedoch das Gegenteil geschah – und spricht dafür, daß hier ein Prozeß außerhalb der politischen Berechnung in Gang kam.

Im Verlauf des Donatistenstreits – je mehr sich Konstantin zwangsweise mit der Christenkirche beschäftigt, um so deutlicher – wächst seine Hinwendung, bis er nach einigen Jahren, so scheint es jedenfalls, »von einem Standpunkt aus denkt und handelt, der innerhalb der Kirche ist«.

Bereits im Entlassungsschreiben an die in Arles versammelten Bischöfe spricht er von der »unfaßbaren Güte unseres Gottes« und schreibt von dem, was er »selbst erfahren« habe: »Früher gab es in mir Dinge, denen die Gerechtigkeit fehlte ... Aber der allmächtige Gott, der in der Höhe des Himmels wohnt, schenkte, was ich nicht verdient hatte.« Er nennt sich einen »Knecht Gottes« und bittet die heimkehrenden Bischöfe: »Gedenkt meiner, damit unser Erlöser sich meiner immer erbarme.« In einem Anfang 316 an Celsus, den Vikar von Afrika, gesandten Brief schreibt Konstantin: »Was hätte ich entsprechend meinem Vorhaben und dem Amt des Herrschers selbst mehr zu tun, als die Irrtümer zu zerstreuen und alle Torheiten zu unterbinden und es dahin zu bringen, daß alle Welt die wahre Religion und die einträchtige Unschuld und die würdige Verehrung dem allmächtigen Gott darbietet?«

Solche Bezeugungen Konstantins bis zu seinem zitierten Brief an die Bischöfe und Christen Afrikas aus dem Jahre 321 lassen mehr erkennen als »große Ehrfurcht«, wie es noch 313 hieß, auch mehr als die Fürsorge des Pontifex maximus für den Kult des Christengottes. Wenn man der Echtheit der Briefe vertrauen darf, wozu die Forschungsergebnisse seit Mitte der fünfziger Jahre berechtigen, bestätigen sie unleugbar eine willentliche Hinwendung zum Christentum, für den römischen Kaiser und Pontifex maximus ein im vollen Wortsinn ungeheurer Schritt. Sein Gott, »unser Gott«, wie er schreibt, ist der Gott der Christen, so vage auch sein Gottes- wie sein Kirchenbegriff bleibt und sosehr auch weiterhin in seinem Verhältnis zum Christentum und in seiner eigenen Religiosität altrömisches Kultdenken wirksam ist.

Fünfter Teil

Konstantin und Licinius

25 Licinius besiegt Maximin Daia

Schon während des Mailänder Treffens bahnte sich im Osten eine Entscheidung an, die das Gefüge des Imperiums gründlich verändern sollte. Maximin Daia hatte sein Abkommen mit Licinius gebrochen und war in einer Blitzaktion in das Reich des Licinius eingedrungen. Der Ostkaiser glaubte, leichtes Spiel zu haben. Der alte Licinius galt als geizig bei der Entlohnung seiner Truppen. Das hatte sich herumgesprochen, und der Aggressor hoffte, er könne die verstreut in ihren Garnisonen liegenden Truppen des Donauheeres durch Geldgeschenke und Versprechungen auf seine Seite ziehen. Er täuschte sich und mußte schon bei der Eroberung von Byzanz erfahren, daß Bestechungen nicht halfen, um den Widerstand zu brechen. Elf volle Tage brauchte Maximin Daias kampferprobtes, siebzigtausend Mann starkes Heer zur Bezwingung der licinianischen Besatzung.

Dennoch befand sich Licinius in einer mißlichen Lage. Auf die aus Kleinasien hereinbrechende Sturmwelle war er gänzlich unvorbereitet. Wiederum wie nach dem Tod des Galerius war ihm Maximin Daia durch seine Offensive zuvorgekommen. In höchster Eile, von seiner Hochzeitsfeier und den Verhandlungen in Mailand abberufen, mußte er seine auf die illyrischen Garnisonen verteilten Truppen zusammenziehen. Von Konstantin konnte er keine Waffenhilfe erwarten. In Mailand war es zu keinem Militärbündnis der beiden Kaiser gekommen. Aber ein solcher Beistandspakt hätte auch zur Stunde wenig genützt, denn Konstantin war an die Rheingrenze geeilt und kämpfte gegen die Franken.

Rund dreißigtausend seiner Soldaten konnte Licinius zusammenziehen und Maximin Daia entgegenführen. Er erreichte mit seinem Heer Adrianopel, während Maximin nach

Byzanz bereits Heraclea belagert und erobert hatte und auf der großen Heeresstraße, die durch Thrakien zur Donau führte, weiterzog. Aber das Ostheer kam nur bis zur Poststation Tzirallum, denn inzwischen war Licinius bis zur nächsten Poststation entgegengerückt und sperrte den Weitermarsch. Nicht weit voneinander entfernt lagerten die beiden Heere und rüsteten zur Entscheidungsschlacht.

Nun berichtet Laktanz von einem Ereignis, dessen Ausdeutung zwar umstritten ist, das jedoch in seinem Wesensgehalt schwerlich angezweifelt werden kann: »Schon standen sich die Heere einander nahe, und nächster Tage war die Schlacht zu erwarten. Nun machte Maximin ein Gelübde an Jupiter des Inhaltes: Wenn er den Sieg gewinne, so werde er den Namen der Christen ausrotten und von Grund aus vertilgen. Da trat zu Licinius in der nächsten Nacht ein Engel Gottes ans Lager und mahnte ihn, schleunigst aufzustehen und zum höchsten Gott mit seinem ganzen Heer zu beten; es werde ihm der Sieg zufallen, wenn er es tue.«

Der Engel gab ihm die Worte des Gebets ein, und Licinius stand auf, ließ seinen Schreiber rufen, um ihm die Gebetsworte zu diktieren.

Höchster Gott, wir bitten Dich!
Heiliger Gott, wir bitten Dich!
Alle Gerechtigkeit befehlen wir Dir,
unsere Wohlfahrt befehlen wir Dir,
unser Reich befehlen wir Dir!
Durch Dich leben wir,
durch Dich werden wir siegreich und glücklich.
Höchster heiliger Gott,
erhöre unsere Bitten!
Unsere Arme breiten wir aus zu Dir;
erhöre, heiliger, höchster Gott!

Am nächsten Tag sollte das Gebet allen Befehlshabern und Tribunen übermittelt und von ihnen dem gesamten Heer bekanntgegeben werden.

Man fragt sich, was in Licinius vorging, was ihn zu solchen Worten befähigte, und die vorschnelle Annahme, in ihm einen »Verfechter des Christentums« zu sehen, liegt durchaus nahe. War nicht die Anrufung des *summus deus* ein fast christliches Gebet, das Licinius, nicht Konstantin, als »erster Kaiser seinen Soldaten beibrachte«?

Wir sahen, daß Licinius im Sinne des Galeriusedikts als christenfreundlich galt. Er stand, als er gegen Maximin Daia zog, unter dem Eindruck der Mailänder Begegnung mit Konstantin. Sicherlich hatte ihm Konstantin von der Siegeshilfe des Christengottes erzählt. Wenn Konstantin in Mailand der Überlegene und Bestimmende war, was ziemlich sicher ist, so darf man in der Traumerscheinung des Licinius und den Folgen eher einen »von der Entscheidung Konstantins beeinflußten christlichen Zug« vermuten. Warum sollte die Siegeshilfe des Christengottes, die Konstantin herbeirief, nicht auch Licinius bewogen haben zur »Anrufung eines Schlachthelfers, ... ohne darin eine religiöse Kampfansage« zu sehen?

Der berichtende Laktanz lebte um 313 in Nikomedia, nicht weit entfernt vom Ort der Schlacht, und veröffentlichte seinen Bericht wenige Jahre danach. Die genaue Schilderung des Kampfes verbürgt seine Kenntnis der Vorgänge. Da die Ereignisse bei den Beteiligten noch in bester Erinnerung waren, hätte er sich eine Abweichung oder Hinzudichtung kaum erlauben dürfen; er wäre bei seinen unterrichteten Lesern »zum Gespött geworden«.

Vor der Schlacht, die am 30. April 313 auf dem Campus Serenus, einer unfruchtbaren Ebene zwischen den Poststationen Tzirallum und Drizipara, stattfand, trafen sich die beiden Kaiser zu einer Unterredung, die ergebnislos verlief. Die Soldaten des Licinius legten ihre Schilde und Helme ab und sprachen das Gebet ihres Kaisers dreimal und so laut, daß die gegnerischen Truppen das Schreien hörten. Es ist verständlich, daß diese sonderbare Übung auf die zeichen- und wundergläubigen eigenen wie gegnerischen Truppen eine magische Wirkung ausübte.

Licinius siegte im ersten Ansturm seines Heeres, und die geballte Kraft seiner Truppen löste im Ostheer eine wilde Panik aus. Wer nicht niedergemetzelt wurde, ergab sich oder suchte sein Heil in der Flucht. Der verwirrte Maximin Daia, der im letzten Augenblick die Schlachtreihen umgangen und versucht hatte, rückwärtige feindliche Truppenteile durch

Geldangebote zu gewinnen, floh in einem Sklavengewand nach Nikomedia. Mit seiner Familie floh er weiter nach Kappadozien. Er konnte zwar noch ein neues Heer aufstellen, aber es nicht mehr gegen Licinius führen. Eine furchtbare, pestartige Krankheit ließ ihn unter Qualen dahinsiechen und brachte ihm im Herbst desselben Jahres in Tarsus den Tod.

So wurde Licinius noch während Konstantins Aufenthalt in Trier zum unumschränkten Herrscher über das gesamte östliche Imperium. Nach seinem Einzug in Nikomedia ließ er dort am 13. Juni 313 in seinem und Konstantins Namen das Toleranzedikt, wie es der Mailänder Vereinbarung entsprach, anschlagen. Die Christen feierten die Besiegung ihres Verfolgers Maximin Daia als einen Sieg ihres Glaubens. Ihr Gott hatte Licinius zum Sieg verholfen, das war bekanntgeworden. Ausdrücklich betont Laktanz die Bedeutung dieses Sieges, indem er das Ende der Verfolgung im Ostreich, nach »zehn Jahren und ungefähr vier Monaten«, datiert.

Wenn man einen Augenblick geneigt ist, in Licinius, der sich in seinem Gebet der Gerechtigkeit Gottes anempfahl, einen »Verfechter des Christentums« zu sehen, so widerspricht dieser Annahme sein persönliches Verhalten. Er war ein hervorragender Feldherr und beliebter Soldatenführer. Jedoch anders als Konstantin, der trotz aller selbstbezogener Eigenwilligkeit eher seinem Vater glich, stand Licinius ganz in der Tradition seiner Vorgänger. Abergläubisch wie seine Vorkaiser, wird ihm der Christengott als Schlachthelfer willkommen gewesen sein, ohne persönliche Betroffenheit und eine auch nur annähernde persönliche Hinwendung, wie an Konstantins Verhalten mehr und mehr erkennbar. Was Licinius nachgesagt wurde »an Roheit und Grausamkeit, an wüster Genußsucht und selbstischer Gewissenlosigkeit«, bezeugt auf erschreckende Weise sein Verhalten nach seinem Sieg.

Licinius ließ nicht nur die Familie des toten Kaisers Maximin Daia ausrotten, dessen achtjährigen Sohn und siebenjährige Tochter hinrichten und deren Mutter in den Orontes stürzen, er wütete erbarmungslos gegen die Angehörigen seiner Vorkaiser. Den Sohn des Severus und den Sohn des Galerius, der in Nikomedia vertrauensvoll vor Licinius erschien, ließ er töten. Als daraufhin Valeria, die Witwe des Galerius und Tochter Diokletians, mit ihrer Mutter Prisca, von Angst getrieben, aus Nikomedia flüchtete und als die beiden Frauen später in Thessalonike erkannt wurden, ließ Licinius auch sie ergreifen und töten. Ein grausames, unbegreifliches Mordgericht, das Licinius über die letzten Angehörigen seiner Wohltäter Diokletian und Galerius verhängte. Hatte nicht der sterbende Galerius vor zwei Jahren Valeria und seinen Sohn Candidianus seinem Freund Licinius anvertraut? Rächte sich Licinius auf primitive und brutale Weise, weil Valeria nicht bei ihm, sondern bei Maximin Daia Zuflucht suchte?

Zunächst war der seit dem Tod des Galerius gehegte Wunschtraum des Licinius in Erfüllung gegangen. Er beherrschte nicht nur die Donau- und Balkanländer, sondern Kleinasien, Kappadozien, Syrien, das gewaltige Ostreich bis Ägypten und Mesopotamien. Gewiß war Maximin Daia der Aggressor, eingebrochen in den Herrschaftsbereich des Licinius, und er hatte den ungerüsteten Licinius überrascht. Aber schon die Mailänder Vereinbarung hatte gezeigt, wie sehr Licinius, nachdem ihm Italien verwehrt war, auf eine Ausdehnung nach Osten spekulierte. Nun wollte der über sechzigjährige Kaiser, dessen Denken sich in groben militärischen Kategorien bewegte, das Errungene um jeden Preis sichern. Wahrscheinlich sollte die Ausrottung der Angehörigen seiner Vorkaiser verhindern, daß ihm jemals ein Usurpator die erkämpfte Macht streitig machen könnte.

Von den Ermordeten hätte ihm am wenigsten Gefahr gedroht. Gefährlich wurde ihm – das wird in den nächsten Jahren mehr als deutlich – der Westkaiser Konstantin, der den Machtwechsel im Ostreich mit zunehmender Aufmerksamkeit verfolgte. Im Hinblick auf die weitere politische Entwicklung zog Konstantin, ohne selbst beteiligt zu sein, ohne seine geringste Einflußnahme oder Mithilfe aus der Vernichtung des Maximin Daia den größten Gewinn.

Diokletian lebte noch, zurückgezogen in seinem Palast an der dalmatinischen Küste, ein gärtnernder Greis, der Trost in der Philosophie suchte, enttäuscht und wohl auch angewidert von den politischen Umtrieben nach seiner Abdankung. Das schlimmste muß für ihn gewesen sein, daß Licinius, den er selbst zum Caesar erhoben und gefördert hatte, seine Gattin Prisca und seine geliebte einzige Tochter Valeria kaltblütig ermorden ließ. Aber auch sein einiges Reich und seine Tetrarchie waren unwiderruflich vergangen, sein großer staatspolitischer Entwurf dem Verfall preisgegeben, verspielt durch rabiate Machtgier oder mangelndes politisches Geschick seiner Nachfolger. Über die Genugtuung des greisen Diokletian, sie alle überlebt zu haben, den ersten Mitkaiser Maximianus, die nachfolgenden Severus, Galerius, Maxentius und Maximin Daia, fielen die Schatten der menschlichen wie der politischen Unzulänglichkeit.

Aus der diokletianischen Tetrarchie war ein Zweikaiserimperium geworden. Es war nur eine Frage der Zeit, wann auch der letzte lebende Mitkaiser, Licinius, abtreten oder bezwungen würde, um dem jüngeren, vitaleren und politisch überlegenen Konstantin, der als einziger in seiner staatspolitischen Befähigung Diokletian gleichkam, den Weg zur Alleinherrschaft freizugeben.

26 Ein Verrat führt zum Krieg

Für das Jahr 315 übernahmen Konstantin und Licinius gemeinsam das römische Konsulat, ein Zeichen beiderseitiger Anerkennung, wenn auch schon jetzt die in Mailand beschworene Eintracht von Mißtrauen unterhöhlt war. Zu verschieden waren ihre Charaktere, ihre Vorstellungen und Ziele, um ein dauerhaftes Miteinander zu garantieren. Der antike Historiker Aurelius Victor sah in der Verschiedenheit ihres Charakters einen Grund für den ersten Konflikt der beiden Kaiser. Aber noch stützten gemeinsame Interessen die Zweierherrschaft. Das Konsulat und ein Reliefbild des Licinius am konstantinischen Triumphbogen in Rom weisen auf Konstantins guten Willen hin.

Im Juli 315 war Konstantin aus Gallien nach Rom zurückgekehrt zur Feier seines zehnjährigen Kaiserjubiläums, seiner Decennalien. Noch einmal feierte Rom Konstantins Sieg vor der Milvischen Brücke. Der vom Senat dem Sieger gewidmete Triumphbogen mit den Darstellungen des konstantinischen Heereszugs und der Besiegung des Maxentius war termingemäß fertiggestellt und konnte eingeweiht werden. Die riesige hochgewölbte Maxentius-Basilika mit der in der Nordapsis aufgestellten Monumentalstatue hatte man erweitert. Die Statue muß demnach schon vor 315 entstanden sein, wenn sie, wie vermutet wurde, identisch ist mit dem von Eusebius erwähnten Standbild »mit dem heilbringenden Zeichen in der Rechten«. Auch in seiner Predigt zur Einweihung der christlichen Basilika von Tyrus im Jahre 315 verweist der Bischof von Caesarea auf ein Standbild »mitten in jener Stadt, die als Königin über die Erde regiert«.

Eusebius nennt in seiner fern von Rom gehaltenen Predigt Konstantin wie Licinius »über allen erhabene Kaiser«. Auch diese gemeinsame Nennung setzt ein Einvernehmen der beiden Kaiser voraus. Und Eusebius spricht weiter in der ihm eigenen Redeweise: Sie »treten die unheiligen Bräuche der Dämonen mit Füßen, verspotten den alten, von den Vätern ererbten Betrug, anerkennen den, der ihr und aller gemeinsamer Wohltäter ist, als den einen und alleinigen Gott, bekennen Christus, den Sohn Gottes, als den höchsten König«, der die »Siege über die Gottlosen « gewährte. Bemerkenswert sind die emphatischen Predigtworte allein schon darum, weil sie zeigen, wie die Christen in diesen Jahren Konstantin und Licinius einschätzten.

Möglicherweise dachte Eusebius an den Verzicht Konstantins auf das übliche, dem kapitolinischen Jupiter darzubringende Opfer im Jahre 315 wie 312 in Rom. Jedoch verwechselt Eusebius, auf Konstantins wie Licinius' religiöses Bekenntnis bezogen, die Realität mit seinem und der Christen Wunschdenken. Niemals hätte der Pontifex maximus Konstantin das Erbe und die Bräuche der Väter verspottet, mit Füßen getreten. Er war nicht nach Rom gekommen, um bekenntnishaft den Sieg des »höchsten Königs« zu feiern, sondern ausschließlich seinen eigenen Sieg über Maxentius und seine Decennalien.

Die Besinnung auf die realen Vorgänge schließt nicht aus, daß Konstantin den Kult des Christengottes begünstigte und daß er – wie seine Briefe anläßlich des Donatistenstreits zeigen – persönlich dem Christentum näherkommt. Nachdem auch die Synode von Arles in der Donatistenfrage keine Lösung brachte, beschäftigt ihn der Unfrieden in der afrikanischen Kirche während der heißen Sommermonate in Rom und noch nach seinem Ortswechsel im Oktober 315 in Mailand.

Zur gleichen Zeit, beginnend noch während des Aufenthalts in Rom, belastete ein schwerwiegender Vorfall Konstantins Verhältnis zu Licinius. Konstantin plante die Einsetzung eines Caesaren, dem bestimmte Gebiete zwischen seinem und dem licinianischen Reichsteil überantwortet werden sollten. Es klingt zunächst selbstlos, wenn er für diesen dritten Herrschaftsbereich Italien und Afrika abtreten wollte und von Licinius lediglich den Verzicht auf Pannonien erwartete. Aber den zum Caesar auserkorenen angesehenen Mann namens Bassianus hatte Konstantin bereits mit seiner zweiten Halbschwester Anastasia verheiratet. Die Vermutung, Konstantin habe in Bassianus einen ihm ergebenen Caesar und folglich eine »Verstärkung seiner Stellung in der Doppelherrschaft« erhofft, liegt nahe. Bassianus hatte durch seinen Bruder Senecio, der am Hof in Nikomedia lebte, eine gute Verbindung zu Licinius, und so kam ein von Konstantin am wenigsten erwartetes Intrigenspiel in Gang.

Licinius zeigte sich zunächst verständig, ein Täuschungsmanöver, um Zeit zu gewinnen zur Einfädelung einer Gegenmaßnahme. Offensichtlich mißtraute er dem Plan Konstantins, obwohl er durch die Abtretung der Diözese Pannonien weniger geschwächt worden wäre als sein Mitkaiser. Vielleicht sah er in Bassianus, dem vorgeschlagenen Caesar, einen willigen Gehilfen Konstantins. Aber sein Mißtrauen saß tiefer, es galt dem Maximus Augustus, dem Vorrang Konstantins, den eigentlich er als der nach Jahren und Rang älteste beanspruchte. Sein Mißtrauen galt dem vitaleren, politisch überlegeneren Mitkaiser, der nach Macht strebte und dem Licinius' Soldatennatur trotz einer beträchtlichen Bauernschläue nicht beikommen konnte.

Auf Licinius' Veranlassung hin gewann Senecio seinen Bruder Bassianus zur Anzettelung einer militärischen Revolte im Westheer, die die Ermordung Konstantins beabsichtigte. Der Anschlag wurde entdeckt, Konstantin ließ den Hochverräter Bassianus ergreifen und hinrichten. Von Licinius verlangte er die Auslieferung des schuldigen Anstifters Senecio, doch dies wurde verweigert. Licinius deckte Senecio und gestand damit seine Urheberschaft ein.

Bedenkt man die zeitraubenden Distanzen, die Reisen der Unterhändler vom ersten Angebot Konstantins an, die angezettelte Intrige, deren Ausführung und Folgen, so kann der gesamte Vorgang nicht auf wenige Wochen datiert werden, sondern er reichte über den Herbst 315 weit in das nächste Jahr.

Unterdessen hielt sich Konstantin im Oktober 315 in Mailand auf und reiste gegen Jahresende nach Gallien, um dort über acht Monate zu bleiben und seine in Rom vorweg gefeierten Decennalien festlich zu begehen. Er gab Trier als Residenzstadt den Vorzug, wenigstens bis 316, und er scheint bis zu diesem Jahr mehr seinem westlichen Imperium zuzuneigen, dem gallisch-britannischen und spanischen Reichsteil. Sonst hätte er das erkämpfte Italien und Afrika nicht einem Caesar überlassen wollen. Konstantin kam nicht nur nach Trier, um sein gallisches Heer zu inspizieren oder gegen die über den Rhein drängenden Germanen zu kämpfen, er residierte in der Moselstadt, führte von dort aus die Reichsgeschäfte. Er empfing in der weiträumigen Aula Palatina, in deren Apsis erhöht thronend und vom Prunk seines höfischen Zeremoniells umgeben, Abgesandte aus allen Teilen des Imperiums, weltliche und religiöse Würdenträger, Bittsteller und die hohen Beamten des Reichs.

Während seines Trierer Aufenthalts im Jahre 316 brachten die Jubiläumsfeiern in den ersten Märztagen den festlichen Höhepunkt. Die Bevölkerung genoß die mit den Festlichkeiten verbundenen Spiele und kaiserlichen Spenden. Bei den großen Veranstaltungen zeigte sich die kaiserliche Familie, und wie zu allen Zeiten wird die besondere Aufmerksamkeit dem jungen Prinzen gegolten haben, dem zehn- oder elfjährigen Crispus. Er war zur Regentschaft in Gallien ausersehen, was aber kaum ohne die tatkräftige Hilfe eines Präfekten möglich war.

Ein freudiger Anlaß mag den Feiern einen zusätzlichen Glanz gegeben haben. Wahrscheinlich im Februar war Konstantin ein zweiter Sohn geboren worden, dem er seinen Namen gab: Constantinus II. Mit Gewißheit kam der Sohn fern von Trier, in Arles, und in Abwesenheit seines Vaters zur Welt. Die Vermutung, nicht die junge Kaiserin Fausta, sondern eine unbekannte Arelatenserin sei die Mutter des Kindes, hält sich hartnäckig. Für die Mutterschaft der Fausta spricht allerdings, daß Konstantin selbst zu jeder Zeit, auch bei der späteren Rangzuweisung und der Erbfolge, das in Arles geborene und durch seinen Namen ausgezeichnete Kind als ehelichen Sohn betrachtete.

Während der Jubiläumsfeiern, während Konstantins Aufenthalt in Trier schwelte der Konflikt mit Licinius weiter. Die aus Nikomedia eintreffenden Kuriere brachten schlechte Nachrichten. Licinius verweigerte die Auslieferung des Senecio und riskierte damit den offenen Bruch. Zudem duldete er, daß seine Untertanen im grenznahen pannonischen Gebiet Standbilder und Bildnisse Konstantins umstürzten, eine Verschärfung des Streits, wenn nicht gar eine provozierte Kriegserklärung. Licinius verfügte über ein starkes, vorwiegend in Kleinasien stationiertes Heer, doch er schien, da der Herbst näher rückte, einen Angriff Konstantins erst im nächsten Frühjahr zu erwarten. Trotz seiner Herausforderung rechnete er nicht mit einer raschen, ihm zuvorkommenden Offensive seines Gegners, obwohl er doch nach den Überraschungsangriffen des Maximin Daia hätte gewappnet sein müssen.

Konstantin lag alles daran, noch im Herbst eine Entscheidung zu erzwingen. Sein Aufenthalt in Trier, sein mit seiner Führung vertrautes gallisches Heer begünstigten seinen Plan. Es bedurfte keiner langwierigen Vorbereitungen, und so zog er mit einer ausgewählten Truppe, zwanzigtausend Mann, gerade gut für eine bewegliche Kriegführung, im September über die Alpen, über Aquileia und die Save abwärts, um zu den licinianischen Garnisonen längs der Donau zu gelangen. Der inzwischen aufgeschreckte Licinius konnte den Einmarsch in sein Reichsgebiet nicht verhindern. Aber es gelang ihm, in Eile ein Heer von fünfunddreißigtausend Mann zu sammeln und den gallischen Truppen entgegenzuführen.

Am 8. Oktober 316 kam es bei Cibalae an der Save zur Schlacht. Die zahlenmäßige Überlegenheit und seine gerühmte strategische Fähigkeit halfen Licinius wenig. Offenbar erkämpften die gutgeführten Reitertruppen Konstantins den Sieg. Nach schweren Verlusten floh Licinius mit den Resten seiner Armee über Sirmium nach Südosten, bald gefolgt von den konstantinischen Truppen.

oben: Constantius Chlorus. Goldmedaillon nach dem Einzug in Londinium.
Bildquelle: Hirmer Fotoarchiv

unten: Helena. Fl(avia) Helena Augusta nach 325, Trier.
Bildquelle: Staatl. Münzsammlung, München

Tetrarchen. Porphyrgruppe in Venedig.
Bildquelle: Hirmer Fotoarchiv

Konstantin (i. J. 315). Überarbeiteter Kopf am Konstantinsbogen.
Bildquelle: Deutsches Archäologisches Institut, Rom

Diokletian (vor 305). Kopf einer Marmorstatue aus Nikomedia.
Archäolog. Museum, Istanbul.
Bildquelle: Hirmer Fotoarchiv

oben: Diokletianspalast.
Bildquelle: Hébrard, Le palais de Dioclétien, Paris 1912

unten: Thermen Diocletians. Rekonstruktion.
Bildquelle: Hébrard, Le palais de Dioclétien, Paris 1912

oben: Silbermedaillon Konstantins. Ticinum, 315. Imp(erator) Constantinus. P(ius) F(elix) Aug(ustus).
Bildquelle: Staatl. Münzsammlung, München

unten: Fausta Augusta. Trier, 325.
Bildquelle: Staatl. Münzsammlung, München

oben: Basilika des Maxentius und Konstantin. Kupferstich. Rossini tav. 74.
Bildquelle: Archiv des Prestel-Verlags

unten: Raumbild der Basilika. Rekonstruktion.
Bildquelle: Archiv des Prestel-Verlags

Licinius. Porträt auf einer Silberschale (Ausschnitt) im Besitz der Bayerischen Hypotheken- und Wechselbank, München.
Bildquelle: Staatl. Münzsammlung, München

oben: Milvische Brücke.
Bildquelle: Archiv des Prestel-Verlags

unten: Szene der Schlacht an der Milvischen Brücke. Relief am Konstantinsbogen.
Bildquelle: Deutsches Archäologisches Institut, Rom

Konstantin als Sieger. Marmorfigur. San Giovanni in Laterano.
Bildquelle: Archiv des Prestel-Verlags

oben: Konstantinsbogen in Rom.
Bildquelle: Deutsches Archäologisches Institut, Rom

unten: Verteilung der Spenden nach dem Sieg 312. Relief am Konstantinsbogen.
Bildquelle: Deutsches Archäologisches Institut, Rom

Konstantin. Kopf der Marmorskulptur aus der Maxentius-Basilika, 313–315
Bildquelle: Erich Lessing/laenderpress

oben: Konstantin, seine Stadt Konstantinopel darbringend; Justinian mit dem Modell der Hagia Sophia. Mosaik im Südeingang der Hagia Sophia (10. Jh.).
Bildquelle: Hirmer Fotoarchiv

unten: Konstantinsfresko in der Kirche SS. Quattro Coronati, das die Silvesterlegende illustriert. Bildquelle: *Rom,* Walter-Verlag, Olten 1982

oben: Krispus. Anderthalbfacher Solidus aus Trier. Hirsch Privatbesitz.
Bildquelle: Archiv des Prestel-Verlags

unten: Familienbild mit Helena, Konstantin, Konstantin II., Fausta, Krispus.
Deckel der »Ada Handschrift« Stadtbibliothek Trier.
Bildquelle: Archiv des Prestel-Verlags

Kalenderblatt vom Jahr 354.
Bildquelle: Archiv des Prestel-Verlags

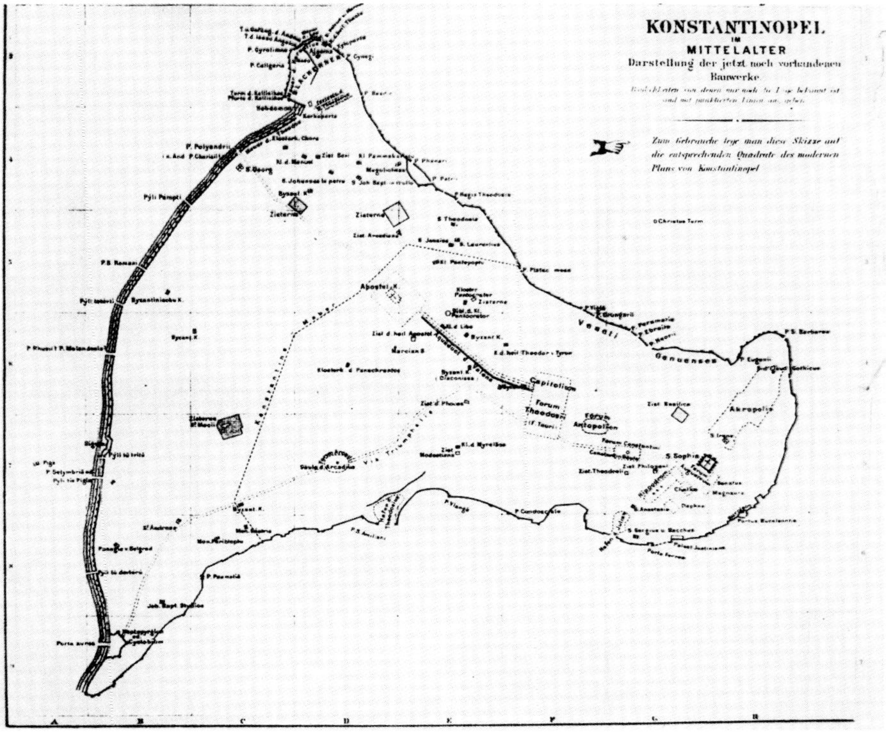

oben: Das neue Rom am Bosporus. Stadtplan
Bildquelle: Archiv des Prestel-Verlags

unten: Das Lebenszeichen auf dem Sarkophag des Kaisers.
Bildquelle: Archiv des Prestel-Verlags

Die erste Niederlage hatte Licinius nicht mutlos gemacht. In Thrakien, wo er ein neues Heer aufstellen konnte, erklärte er seinen Mitkaiser Konstantin für abgesetzt und ernannte den Grenzkommandanten Aurelius Valerius Valens zum Augustus. Noch einmal, in Thrakien auf dem Campus Mardiensis westlich von Adrianopel, kämpften die Heere der verschwägerten Kaiser gegeneinander, ein hartnäckiger, doch unentschieden beendeter Kampf.

Der harte Winter, die wohl beiderseitig durch die Kämpfe und Gewaltmärsche erschöpften Truppen ließen ein Weiterkämpfen als aussichtslos erscheinen. Konstantin nahm ein Verhandlungsangebot des Licinius an und empfing dessen Unterhändler. Offensichtlich im Bewußtsein der besseren Position soll Konstantin dem Gesandten auf dessen vorgebrachte Forderungen geantwortet haben: »Deshalb sind wir nicht hierhergekommen, haben darum auch nicht vom Ozean an bis hierher gekämpft und gesiegt; daher wollen wir auch jetzt unsern Schwager wegen seiner Schandtaten nicht zum Genossen haben und lehnen die Verwandtschaft ab; haben auch keine Lust, einen Sklaven in die Regierung aufzunehmen.«

Da der erste Satz dieser Überlieferung einer gleichlautenden Wendung in einem der Briefe Konstantins entspricht, könnte das Gesagte authentisch sein. Vor allem besagt der erste Satz, »vom Ozean an bis hierher . . .«, wie sehr Konstantin »auch den Krieg gegen Licinius in einem einzigen Zusammenhang sieht mit allem, was er bisher geleistet hat«. Was wiederholt deutlich wurde, sein »Sendungsbewußtsein«, sein Drang zur Alleinherrschaft, findet hier erneut eine Bestätigung.

Die »Schandtaten« des Licinius meinen sicherlich die angestiftete Verschwörung, könnten jedoch auch die Morde des Licinius an den kaiserlichen Familienangehörigen einschließen. Mit dem »Sklaven« ist kein anderer als der von Licinius ernannte Augustus Valens gemeint, den Konstantin schonungslos ablehnen mußte.

Die Tötung des Valens forderte Konstantin nicht. Aber wahrscheinlich um Konstantin entgegenzukommen, ließ Licinius noch vor dem späteren Friedensschluß seinen Mitregenten ermorden. Licinius war zu einer menschlichen Lösung, etwa der Zuweisung eines höheren Kommandos in seinem östlichen Machtbereich, wieder einmal unfähig. Möglicherweise veranlaßte sein seit der Vernichtung des Maximin Daia allzu deutlich hervorgetretenes brutales Verhalten Konstantin zu seiner schroffen Ablehnung der »Verwandtschaft« mit Licinius.

Im Januar oder Februar 317 kamen die Friedensverhandlungen zum Abschluß. Konstantin erreichte nicht, was er mit seinem Feldzug gegen Licinius erhofft hatte, aber das Ergebnis brachte ihm einen beträchtlichen Landgewinn und sicherte den dynastischen Vorrang seines Kaisertums. Licinius überließ ihm ohne Gegengabe die gesamten Donau- und Balkanländer, ausgenommen die an den Bosporus grenzende Diözese Thrakien. Konstantins Vorrang als Maximus Augustus wurde insofern beschnitten, als jeder in seinem Reichsteil eigenständig regieren und eigene, für seinen Herrschaftsbereich geltende Gesetze erlassen sollte. Sie verpflichteten sich, die Grenzen des jeweiligen Kaiserreichs zu respektieren. So entstanden mehr oder weniger zwei getrennte Reichsteile, weit abgerückt vom diokletianischen Entwurf eines einigen und durch ein zentralisiertes Mitkaisertum regierten Imperiums.

Diokletian, der greise Altkaiser, erlebte dieses Ende des von ihm geschmiedeten Reichs nicht mehr. Die Nachricht vom Einmarsch Konstantins in Illyrien und die Schlacht bei Cibalae wird er von Boten in seinem Palast bei Salona erfahren haben. Er starb, altersschwach und krank, am 3. Dezember 316, elf Jahre und sieben Monate nach seiner Abdankung.

Seit dem Friedensschluß residierte Konstantin in Serdica, dem heutigen Sofia, in dem ihm zugefallenen Reichsteil. Am 1. März 317 vollzog er in Serdica seine erste reichspolitische Amtshandlung und zugleich die letzte mit Licinius getroffene Vereinbarung, die den Frieden endgültig besiegelte: die feierliche Erhebung der Söhne beider Kaiser zu Caesaren.

Allenfalls vom elf- oder zwölfjährigen Crispus konnte eine Mitregentschaft in absehbarer Zeit erwartet werden, nicht aber von dem noch kleinen Constantinus II. und Licinianus, dem Sohn des Licinius. Das war jedoch weniger wichtig als die dynastische Sicherung der Thronfolge, die mit der Caesarerhebung der jungen Prinzen verbunden war. Nur darauf kam es Konstantin an. Im Hinblick auf die zukünftige Entwicklung, auch angesichts des Alters des Licinius, der die Mitte der Sechzig überschritten hatte, lag der Gewinn eindeutig bei Konstantin und seiner erbberechtigten Dynastie.

27 Friedensjahre – Reisejahre

Der antike Historiker Aurelius Victor schreibt von einem Sexennium, von sechs Friedensjahren zwischen Konstantin und Licinius, nach unserer Rechnung von 317 bis zum erneuten Friedensbruch im Jahre 323. In den meisten Konstantinbüchern werden diese Jahre, zumindest bis 321, als das Verhältnis zu Licinius erste Brüche zeigte, rasch abgehandelt. Es geschah auch wenig Aufregendes, und die zeitgenössischen Zeugnisse bleiben entsprechend verhalten.

Auch der Krisenherd Afrika kam nach einem gefährlichen Aufflammen des Donatistenstreits im Jahr 316 allmählich zur Ruhe. Noch im Frühjahr 316 hatte Konstantin ernsthaft erwogen, selbst nach Afrika zu reisen, um den Streitfall zu klären und unter den zerstrittenen Christen den Frieden herzustellen. Doch der Konflikt mit Licinius und sein Feldzug nach Illyrien verhinderten die geplante Reise. Andererseits mußte eine Entscheidung fallen, um die in Nordafrika wachsenden Unruhen einzudämmen. Nichts konnte der selbst bedrängte Kaiser weniger brauchen als einen möglichen zweiten Kriegsschauplatz. Deshalb entschied er sich während des Krieges gegen Licinius am 10. November 316 endgültig für den karthagischen Bischof Caecilian.

Konstantins eigene Situation zwang ihn zur Aufgabe seiner Nachgiebigkeit, und er befahl seinen afrikanischen Amtsträgern, gegen die nicht zum Frieden willigen und aufrührerischen Donatisten mit Waffengewalt vorzugehen. Das war geschehen, und die widerständischen donatistischen Bischöfe wanderten ins Exil.

Reichspolitisch hat es fast den Anschein, als hätten die 317 geschaffenen zwei Kaiserreiche Konstantin ohne Hintergedanken zufriedengestellt. Immerhin beherrschte er drei Viertel des gesamten Imperiums, während Licinius außer Thrakien nur über den weiträumigen, allerdings auch schwierigen Orient gebot. Hatte Konstantin angesichts des Erreichten seinen Drang zur Alleinherrschaft, zur Universalmonarchie aufgegeben?

Konstantin verfügte trotz seines sanguinischen Temperaments über die im politischen Leben seltenen Eigenschaften der Geduld und Beharrlichkeit, wenn es um die zentrale Herrschaftsfrage ging. Entsprechend verhielt er sich schon in seinen ersten Regierungsjahren in Trier. Die neuerdings erreichte Sicherung seines dynastischen Vorrangs ließ ihn in Ruhe abwarten, und wahrscheinlich wußte er zu gut, daß die Zeit, die Jahre für ihn, den zweiunddreißigjährigen Kaiser, und gegen den mehr als doppelt so alten Licinius arbeiteten.

Das Jahr 317, genaugenommen bereits der Einmarsch in Illyrien im Vorjahr, setzte im Leben Konstantins eine folgenreiche Zäsur. Von nun an hält er sich nahezu ausschließlich in den Balkanländern auf, ehe er seine Residenz noch weiter nach Osten verlagert, nach Nikomedia und schließlich nach Byzanz.

Trier, die ihm so sehr vertraute Kaiserresidenz, rückt in die Ferne. Nur noch einmal, im Jahre 328, wird Konstantin Trier besuchen, vielleicht auch schon einmal zuvor, 321, anläßlich seiner Quindecennalien, des hohen siebzigjährigen Geburtstags seiner Mutter Helena und der Hochzeit des Crispus mit der jüngeren Helena. Das wäre denkbar, gestützt auf die 321 in Trier gehaltene Lobrede des Nazarius. In Trier regiert nominell der zum Caesar ernannte junge Crispus über Gallien. Zu dessen Unterweisung beruft Konstantin um 317 den schon ergrauten Rhetor und Schriftsteller Laktanz, der um diese Zeit seine Schrift »Von den Todesarten der Verfolger« veröffentlicht.

Aber auch Rom verliert an Bedeutung für den Kaiser. Nur kurze Zeit nach seinem Sieg über Maxentius und nochmals 315 hatte er sich um Rom bemüht gezeigt. Doch nun wird ihm Rom, obwohl er dort bauen und nach der Lateranbasilika in den nächsten Jahren weitere Kirchen errichten läßt, zusehends fremd. Er sagt es unmißverständlich, fast mit verachtendem Beigeschmack: »Roma mea Serdica est.« Eine programmatische Aussage, der jedoch nicht die Wahl eines nun festen Regierungssitzes im Palast des Galerius in Serdica (heute Sofia), dem Hauptort Dakiens, entsprach. Konstantin wechselt seine Residenzen, bevorzugt Serdica wie die illyrische Residenzstadt Sirmium an der Save westlich vom heutigen Belgrad.

Sirmium, ausgestattet mit Palästen und Bädern, Ort einer kaiserlichen Münzstätte, verkehrsmäßig günstig durch beste Wasser- und Landverbindungen, bot einen angenehmeren Aufenthalt als das rauhere Serdica. In Sirmium gebar Fausta am 7. August 317 den dritten Sohn Konstantins, dem er den Namen seines Vaters gab: Constantius II. Die erste Geburt eines Prinzen in Illyrien gab Anlaß zu Spenden und Schenkungen, so daß auch die Bevölkerung das freudige Ereignis gebührend feiern konnte. Konstantin war ein großzügiger, mitunter verschwenderischer Schenker, hier um so mehr, denn er war zurückgekehrt in das Land seiner eigenen Geburt. Bemerkenswert ist seine Namengebung (er nennt seinen vierten Sohn Constans, seine beiden Töchter Constantia und Helena). Die Namen lassen auf eine starke familiäre Bindung schließen und betonen – nach der Wortbedeutung von *constantia* – den standhaften Charakter.

Konstantin hat oft Gelegenheit, seine eigene Geburts- und Kindheitsstadt Naissus, das heutige serbische Nisch, zu besuchen, denn die Stadt lag zwischen Serdica und Sirmium, ein lebhafter Kreuzpunkt der Ost-West- und Nord-Süd-Straßen, fast in der Mitte zwischen Aquileia und Byzanz. Die in Naissus an der Nissava vor deren Einmündung in die Morava stationierte Flußflotte sicherte die Verbindung zur Donau. Im grünen Flußtal lagen die staatlichen Gestüte, in denen die besten Reitpferde für das Heer und widerstandsfähige Zug- und Arbeitspferde gezüchtet wurden. Der Reiterführer Konstantin wird, wann immer er Naissus besuchte, den Gestüten, den Dressurvorführungen oder kavalleristischen Übungen und Schaukämpfen besondere Aufmerksamkeit gewidmet haben. Aber auch sonst begünstigte der Kaiser seine Geburtsstadt, schmückte er sie mit repräsentativen Bauwerken.

Es ist verständlich, daß Konstantin der Stadt, der dardanischen Provinz, aus der er und sein Vater stammten, zudem noch Claudius Gothicus, den er als seinen Ahnherrn bezeichnet, seine volle kaiserliche Gunst zuwendet. Aber die Frage, warum Konstantin sich vom Westen abkehrte und für die nächsten Jahre die Balkan- und Donauländer wählte, kann nicht auf ein mögliches Heimatgefühl zurückgeführt werden. Dafür hätte er keinen Sinn gehabt. Eher entsprach der auffallende Wechsel den politischen Notwendigkeiten, der Sicherung der vom Norden her bedrohten Donaugrenze, der wirtschaftlichen, militärischen und politischen Konsolidierung im neuerworbenen Reichsteil. Ein wichtiger, vielleicht der wichtigste Grund lag in der Nähe zum Herrschaftsgebiet des Licinius. Serdica war ja nicht weit von der thrakischen Grenze entfernt.

Die Kaiser hatten die beiderseitige Respektierung der Grenzen vertraglich beschworen. Die Ernennung der Konsuln, die dieses traditionelle, dekorative, aber doch die politische Stimmung kennzeichnende Amt in den Jahren 318 und 319 bekleideten, verweist auf ein hohes Maß an Übereinstimmung: das erste Konsulat übernahmen Licinius und Crispus, das folgende Konstantin und Licinianus. Beide Kaiser, beider Söhne, als Caesaren noch kindliche Thronanwärter, in einem rührenden Wechsel- und Zusammenspiel. Doch so restlos war das wechselseitige Mißtrauen keineswegs ausgeräumt.

Konstantin reiste viel in die dazugewonnenen Länder. Er war unentwegt tätig. Er inspizierte die Garnisonen an der Donaugrenze, sorgte für deren Verstärkung, für den Ausbau der Befestigungen, denn jenseits der Donau standen die unruhigen Völker der Sarmaten, Carpen, Goten, die jede Schwäche zu erneuten Einfällen und Plünderungen nutzten. Konstantin prüfte und reformierte die Flußflotten auf der Donau und den Zubringerflüssen Save, Drina und Morava. Mehr noch beschäftigten ihn die Flottenstützpunkte von Aquileia, Piräus und Thessalonike, der Ausbau der Häfen, der Werften und Arsenale, die Verstärkung der in den Häfen stationierten Schiffseinheiten.

Das aber – in Verbindung mit der im thrakischen Grenzbereich um Serdica postierten Landarmee – läßt aufhorchen. Von gezielten Kriegsvorbereitungen kann zu dieser Zeit keine Rede sein, aber doch von Vorsorge, von Stärkung der eigenen Position gegenüber Licinius, dessen thrakischer Besitz keilartig in das konstantinische Festland hineinragte.

Wiederholt besuchte der Kaiser Aquileia und Thessalonike, residierte er dort, beobachtete den Fortgang der aufgetragenen Arbeiten. Zwischen Aquileia und Thessalonike lag eine Wegstrecke von rund vierzehnhundert Kilometern. Allerdings reiste Konstantin von seinen zentralen Residenzen, von Sirmium oder Naissus, zu den Hafenstädten, immer noch enorme Wegstrecken: Von Sirmium nach Aquileia waren an die sechshundertdreißig Kilometer zu bewältigen, von Sirmium nach Naissus dreihundertfünfzehn Kilometer, von Naissus nach Thessalonike rund vierhundertvierzig Kilometer. Nach der durchschnittlichen Reisegeschwindigkeit der römischen Staatspost, dem *cursus publicus,* konnten täglich annähernd fünfundsiebzig Kilometer gefahren werden. Doch nicht immer folgten die Straßen den Flußläufen; dürftig befestigte Bergstraßen und Pässe waren zu überwinden, ungesicherte, entlegene und dem Straßenraub ausgesetzte Strecken.

Zwangsläufig lernt der reisende Konstantin die Stationen, an denen die Pferde gewechselt wurden, Verpflegungsstellen und Nachtbleiben kennen, auch die Gepflogenheiten der staatlichen Posthalter. Er erfährt selbst oder er hört von deren Nachlässigkeiten, von bestechlicher Willkür oder Bereicherung zu Lasten der Reisenden. Er sorgt für verbesserte Verhältnisse, erläßt Dekrete zur Aufsicht und Verantwortlichkeit der Postmeister. Ein Gesetz richtet sich gegen die Mißhandlung staatlicher Zugtiere, denn oft wurden die Zugtiere zu Tode geschunden und durch willkürlich von den nächsten Bauern beschlagnahmte Gespanne ersetzt. Die Straßensicherung wird verstärkt durch Posten und Wachttürme, durch einen ständig in Bereitschaft stehenden Signaldienst, der die Verbindung zwischen den Stationen sichert.

Es war auch für den im vierrädrigen, reichausgestatteten Wagen fahrenden Kaiser ein strapazenreiches Reisen, bedenkt man den Zustand der Straßen in den Balkanländern, der kaum heutigen Vorstellungen entsprechenden Pferdewechselstellen und staatlichen Unterkunftshäuser am Wegrand (zwischen Sirmium und Aquileia gab es neununddreißig Sattelstellen und dreizehn staatliche Unterkünfte).

Aquileia diente schon zur Zeit Caesars römischen Legionen als Winterquartier. Die römische Kolonie an der nördlichsten Bucht der Adria eignete sich vorzüglich zur Überwachung der nach Norden und Osten, vor allem der zum Noricum und nach Pannonien führenden Paßstraßen. Konstantin nutzte Aquileia als Bindeglied zwischen dem italischen Festland und seinen neuerworbenen Provinzen. Zu seiner Zeit war Aquileia dank der günstigen, auch klimatisch bevorzugten Lage und reicher Bodenschätze im Hinterland eine wohlhabende Industrie- und Handelsstadt.

Für Konstantin persönlich verbanden sich mit Aquileia Jugenderinnerungen. Hier in der Sommerresidenz des Kaisers Maximianus wurde er als Fünfzehnjähriger mit der vielleicht erst dreijährigen Fausta, der Tochter des Westkaisers, verlobt. Seitdem waren siebzehn, achtzehn Jahre vergangen. Die Palastanlagen hatte Konstantin in seinen kaiserlichen Besitz genommen, und der Sitte gemäß mußte er sein Verfügungsrecht mit einem der Gottheit geschuldeten Tribut erkaufen. »Das Lösegeld floß aber nicht mehr in die Schatzkammer des Apollotempels, sondern fand in der Abtretung einer Doppelhalle an die dortige Christengemeinde eine der neuen Zeit entsprechende Verwendung.«

Der örtliche Bischof Theodorus, der in der Synode von Arles die rechtgläubige Kirche energisch verteidigt hatte, ließ die geschenkte Doppelhalle zur Kathedrale umgestalten. Es fiel nicht schwer, die auf den Bodenflächen neuverlegten Mosaiken in die christliche Symbolwelt einzubeziehen: im Geäst von Akanthusranken nistende Vögel und andere friedliche Tiere, ein Gleichnis des Paradieses oder eine Kampfszene zwischen Hahn und Schildkröte. Der Hahn, Künder des Morgens und des Lichtes, wurde zum Symbol des Christus-Helios und der Auferstehung; die Schildkröte bezeichnete die widerständischen heidnischen Götter, der Erde und dem Abgrund verhaftet.

Sicherlich gehörte Bischof Theodorus zu den Würdenträgern, die in den kaiserlichen Audienzen erschienen. Konstantin legte Wert auf die ihm zukommende Ehrenbezeigung, auf das höfische Zeremoniell. Jedoch vorwiegend besuchte er Aquileia aus profaneren Gründen. Es lag ihm daran, den Flottenstützpunkt und Nachschubhafen auszubauen, Lagerhäuser, Waffenarsenale und Werften zu inspizieren, den Schiffsbau zur Vergrößerung seiner Adriaflotte voranzutreiben.

Mit der Herrschaft über die Balkanländer war Aquileia zu einem wichtigen Faktor in der Planung Konstantins geworden als sicherste Nachschubbasis und zur Einschiffung von Truppen, Waffenmaterial und Versorgungsgütern. Ungehindert in Friedens- wie in Kriegszeiten, ohne zeitraubende, beschwerliche Transporte über Land konnten die Schiffe über den Seeweg nach Piräus und weiter nach Thessalonike gelangen.

Ähnlich wie in Aquileia zeigte sich Konstantin in Thessalonike, der Hafenstadt Makedoniens, wirksam. Wenn ihn der Reisewagen über die makedonischen Berge und durch das Flußtal des wilden Axios nach Thessalonike brachte, residierte er im Palast des Galerius. Mehr noch als Serdica erinnerte Thessalonike an den Kaiser, der vor seinem qualvollen Tod seine Verfolgungsmaßnahmen widerrief und die Duldung der Christen einleitete. Konstantin sah den massiven Rundbau des von Galerius errichteten Mausoleums, das die Gebeine des Herrschers jedoch niemals aufnahm, denn er wurde in seinem illyrischen Heimatort Romilianum bestattet. An seinen militärischen Ruhm, an seine Siege über die Perser erinnerte ein Triumphbogen, der hoch- und breitbogig auf der von Westen nach Osten führenden Hauptstraße stand. Ein Denkmal, das dem Kaiser, sooft er nach Thessalonike kam, unweigerlich die bis zum Euphrat und Tigris reichende Größe des Imperiums vor Augen führte.

Als Flottenstützpunkt nahm Thessalonike die gewichtige Stellung des Vorpostens auf dem Seeweg nach Osten, nach Byzanz ein. Dessen war sich Konstantin bewußt. Den weitgebuchteten Naturhafen im innersten Winkel des Thermäischen Golfs ließ er durch künstliche Hafenanlagen befestigen. Er veranlaßte und überwachte den zügigen Ausbau der Werften und Arsenale, vergab auch hier Aufträge zum Bau neuer seetüchtiger Schiffe, um die auf Reede liegende Flotte zu verdoppeln. Wahrscheinlich noch Aquileia übertreffend, wurde die Hafenstadt zum Schwerpunkt eines langfristigen, über Jahre fortdauernden Wirkens und Planens, auf die noch offene Zukunft berechnet, aber unmißverständlich angelegt auf die Erhaltung und die mögliche Erweiterung der kaiserlichen Macht.

28 Erste Gesetze, christlich beeinflußt

Nicht in den späteren Jahren als Alleinherrscher, sondern schon in seinen Balkanjahren, vor allem 318 bis 321, erließ Konstantin die Mehrzahl seiner wichtigsten und die Christen begünstigenden Gesetze. Auf bemerkenswerte Weise erhellt sich seine innere Entwicklung in diesen Jahren, wenn man gleichzeitige Vorgänge mitbedenkt: die Berufung des Christen Laktanz als Erzieher nach Trier; die zitierten brieflichen Äußerungen anläßlich des Donatistenstreits. Erst recht bestätigen die zuverlässigsten Beweismittel, die Münzprägungen, eine verstärkte Hinwendung zum Christentum. Abgesehen vom vereinzelten Silbermedaillon von Ticinum (315), erscheinen nun ab 317 auf den Münzen neben den Zeichen der alten Götter vermehrt christliche Motive. Kleinmünzen, in der illyrischen Münzstätte Siscia geprägt, zeigen auf dem Spangenhelm Konstantins breit das Christusmonogramm.

Es ist kaum denkbar, daß diese christliche Zeichensetzung »schon eine Spitze gegen den Mitherrscher Licinius« enthielt. Zu dieser Zeit befolgte Licinius in seinem Verhältnis zu den Christen die gemeinsame Absprache. Christliche Bischöfe verkehrten am Hof in Nikomedia und fanden in der Kaiserin Constantia eine Förderin ihrer Belange. Erst um 320/321 vollzog Licinius eine seiner cholerischen und rüden Natur entsprechende Kehrtwendung, und die macht- und religionspolitischen Spannungen zwischen den Kaisern steigerten sich bald danach.

Vor diesem Bruch darf durchaus etwas von dem gelten, was Eusebius beiden Kaisern zuschrieb, obwohl auch hier – wie so oft bei Eusebius – gegenüber seiner emphatischen Vereinnahmung Nüchternheit geboten ist. Aber es ist aufschlußreich, wie er neben Konstantin auch Licinius zubilligt: »Eingedenk der ihnen von Gott gespendeten Wohltaten ... bekundeten sie ihre Liebe zur Tugend und zu Gott und ihre Frömmigkeit und Dankbarkeit gegen Gott durch ihre Gesetzgebung zugunsten der Christen.«

War Konstantin nun auf dem Gebiet des Rechts »schöpferisch und Reformator großen Ausmaßes«? Oder machte sich in seiner Gesetzgebung ein »Mangel an Bildung auf dem juristischen Gebiete bemerkbar«? Beides wurde behauptet, und beide Bewertungen sollten nicht ungeprüft hingenommen werden.

Manche Gesetze kamen überhastet zustande und mußten alsbald korrigiert oder gemildert werden. So erging 319, um einem politischen Mißbrauch vorzubeugen, bei Androhung des Feuertodes das Verbot privater Haruspizien, der Eingeweideschau in Privathäusern, und noch im selben Jahr folgte eine Milderung. »Die ihr es für ersprießlich haltet, geht zu den öffentlichen Altären und Heiligtümern und vollzieht eure gewohnten Opfer; wir verwehren es nicht, die Dienste des vergangenen Brauchs am hellen Tag zu begehen.« Ein nochmals nachgeschobenes Gesetz ordnete sogar die Eingeweideschau nach einem Blitzschlag in ein kaiserliches Gebäude wieder an.

Die Formulierung der Gesetzestexte wie auch briefliche Äußerungen und Ansprachen Konstantins zeigen ein unausgeprägtes Verhältnis zur Sprache. Konstantins Ausdrucksvermögen erschöpfte sich in engen, durch den Zeitgeschmack gesetzten Grenzen. Er war kein Mann der sprachlichen, literarischen Formgebung wie Caesar, dessen klare, zutreffende und anmutige Sprache schon die Zeitgenossen hervorhoben. Obwohl Konstantin auch »als Schöngeist glänzen« wollte, obwohl er »las, schrieb und deklamierte ... mit unermüdlichem Eifer«, blieben seine Äußerungen oft »schlecht disponiert und unklar«, im Ausdruck geziert, wortreich, weitschweifend, mitunter schwülstig, nicht unähnlich der Schreibweise des Eusebius. Das aber entsprach der spätrömischen Zeit und der wachsenden Übernahme von Denk- und Redeweisen aus dem Vorderen Orient.

War die Gesetzessprache Diokletians noch schlicht und klar und dem römischen Erbe verpflichtet, so mischt sich in die konstantinische Gesetzgebung das Volksrecht, dient die Rechtspflege vermehrt unmittelbaren praktischen Bedürfnissen. »Es ist die Zeit, in der das Eindringen der Volksrechte die altrömische Klarheit zu trüben beginnt, wo die Rhetorik in die Gesetze einzieht, die Sprache verwildert, die Rechtsbegriffe gröber werden.« Demzufolge greift der Gesetzgeber in einzelnen Gesetzen bei der Strafzumessung zu grobschlächtigen Verschärfungen. »Der Kaiser erneuert ein uraltes, die Phantasie erregendes Gesetz, das den Vatermörder zusammen mit Schlangen in einen Sack einnähen und ins Meer werfen hieß. Mit schreckender Strenge sucht er die erweichte Sitte in Zucht zu nehmen: Der Brauträuber wird samt der Willfährigen hingerichtet; die Amme, die mit ihm durchstach, erhält glühendes Blei in den Mund gegossen; ein Sklave als Helfershelfer wird verbrannt.«

Man kann diese grausamen Strafbestimmungen nicht mit dem heutigen Rechtsdenken messen und ebensowenig Konstantin persönlich diese Brutalisierung des Strafmaßes anlasten. Es ist die Zeit unmenschlicher Foltermethoden bei der Verfolgung der Christen, die Zeit der Gladiatoren- und Tierkämpfe, wobei nicht selten Gefangene in die Arena getrieben wurden und deren Hinrichtung zum Volksfest ausartete.

Konstantin ist zugute zu halten, daß er in seiner Rechtsprechung nicht nur eine damaligen Vorstellungen angemessene Gerechtigkeit erstrebte, sondern in seine Gesetzgebung Einflüsse der griechischen Stoa und mehr noch der christlichen Lehre aufnahm. Seine wichtigsten Gesetze lassen ein Bemühen um humanere Verhältnisse erkennen, um die Achtung des Menschen und den Schutz der Schwachen. Schon um 315/316 erließ der Kaiser das Verbot, die zu Gladiatorenkämpfen oder zur Bergwerksarbeit Verurteilten im Gesicht zu brandmarken. »Das Antlitz, das nach dem Bilde der himmlischen Schönheit gestaltet ist, darf nicht geschändet werden.« Nichts zeigt deutlicher die persönliche Entwicklung Konstantins, der noch in seinen frühen Regierungsjahren in Trier Gefangene den wilden Tieren vorwerfen ließ, als das später 325 verordnete Verbot der blutigen Gladiatorenkämpfe. Ein kühnes, von den Christen zwar erwartetes, doch der herkömmlichen Volksmeinung eher gegenläufiges Gesetz.

Wenn die humane Qualität einer Rechtsordnung meßbar ist an der Gleichstellung vor dem Gesetz und am Schutz der Schwachen, der Nichtprivilegierten, dann sind die zentralen Erlasse Konstantins beispielgebend. Ein ebenfalls 325 vorgelegtes Edikt zeigt, wie der Kaiser persönlich den Schwächsten seinen Schutz gewährt vor Amtsmißbrauch und ungerechten Handlungen der Staatsdiener. »Wer, woher, wes Standes und Ranges einer sei, der gegen einen meiner Richter, Großbeamten, Freunde oder Hofleute etwas Ungerades oder Ungerechtes mit Wahrheit zu beweisen sich getraut, der komme furchtlos und wende sich an mich. Ich will in Person alles anhören und erkunden, und wenn es erwiesen ist, werde ich mich selber rächen ... Rächen will ich mich an dem, der bis jetzt in geheuchelter Unschuld mich betrogen. Denjenigen aber, welcher Anzeige und Beweis leistet, will ich durch Würden und Gut belohnen. Und dies, so wahr mir die höchste Gottheit immer gnädig sei und mich erhalten möge zum Glück und zur Blüte des Staates.«

Die Folgen dieses Gesetzes sind unbekannt, wie ja überhaupt die innere Hofgeschichte weithin im dunkeln liegt. Doch schon der sehr persönliche, eindringliche Text läßt das Bemühen des Kaisers erkennen, die absolute Staats- und Behördengewalt einzuschränken, wo Willkür und Ungerechtigkeit drohten.

Weitere Erlasse dieser Art geboten den Schutz der Abhängigen und Schwachen: Häftlinge sollten »vor Schädigung ihrer Gesundheit geschützt« und »nicht mit zu engen Ketten beladen« werden; am Tod eines Häftlings schuldige Kerkermeister wurden mit dem Tode bestraft; Anklagen mußten »durch mindestens zwei Zeugen« gesichert sein; Schuldnachweise sollten strengstens gehandhabt und die Akten der Gerichtsverhandlung den Parteien vorgelegt werden; nachweisliche Ungerechtigkeiten oder Betrug von Richtern verfielen härtester Bestrafung. Ebenso wurden Senatoren, die sich fremden Besitz aneigneten, auf der Stelle abgeurteilt. Gläubiger durften ihren Schuldnern nicht »die zum Lebensunterhalt notwendigen Pflugsklaven und Pflugstiere« wegnehmen. Preistreibereien wie Steuererpressungen zogen die Todesstrafe nach sich. Das für den eigenen Bedarf Notwendige oder Saatgut zur Bestellung der Felder blieben steuerfrei. Wo der Fiskus als Kläger oder Beklagter auftrat, mußte die Streitsache in Jahresfrist beendet sein, »damit der einzelne wie der Fiskus in seinem Eigentum nicht zu lange leide«.

Es ging Konstantin um gerechte, menschenwürdige und die Schutzbedürftigen stützende Verhältnisse, nicht um die Ermunterung zur Denunziation. Wiederholt und mit erkennbarem persönlichen Eifer wandte er sich gegen die Bezichtigung durch Zuträger, auch dies zum Schutz der Bürger. Schon nach seinem Einzug in Rom nach seiner Machtübernahme im Jahre 312 verhängte er über gewissenlose Anzeiger die Todesstrafe. Wenn man weiß, welche Rolle in der römischen Geschichte das schmutzige Geschäft der Denunziation spielte, meist der eigenen Bereicherung dienend, dann wird die Härte der konstantinischen Gesetze gegen die »verfluchte Rotte der Zuträger« verständlich.

Einige herkömmliche, durch Gesetz oder Gewohnheitsrecht legitimierte Einrichtungen behielt der Kaiser bei. So die von den Christen verurteilte Kindesaussetzung oder der Kindesverkauf, erzwungen aus wirtschaftlicher Not. Aber er versuchte dieses elende Verfahren wenigstens zu mildern, »indem er die Aufnahme ausgesetzter Kinder rechtlich begünstigte und unbemittelten Eltern staatliche Unterstützung zukommen ließ«.

Auch die Einrichtung der Sklaverei blieb grundsätzlich erhalten. Man weiß ja, daß die Sklaverei, der Verkauf von Gefangenen als Sklaven, schon für Caesar wie auch für Konstantin ein einträgliches Geschäft bildete. Das wirtschaftliche Gefüge der gesamten Kaiserzeit war geradezu abhängig von der Sklavenhaltung. Ehen zwischen Freien und Sklaven blieben verboten, und Frauen, die geschlechtlich mit einem ihrer Sklaven verkehrten, drohte die Todesstrafe. Jedoch auch die Sklavenhaltung wurde von Konstantin gesetzlich gemildert und sah eine humane Behandlung vor. Mißhandlungen, die zum Tode eines Sklaven führten, wurden als Mord geahndet. Zwei weiterführende, der christlichen Gemeindepraxis entgegenkommende Gesetze sprengten geradezu den bestehenden römischen Gesetzesrahmen. Demnach, bereits im Jahre 316 verfügt und 321 ergänzt, wurde die Freilassung von Sklaven in der Kirche in Gegenwart des Bischofs, die *manumissio in ecclesia,* rechtswirksam ohne die sonst vorgeschriebenen strengen Formalitäten.

Nun können die genannten, der Besserung menschlicher Verhältnisse dienenden Erlasse nicht ausschließlich auf christliche Einflüsse zurückgeführt werden. Hellenistische Rechtsauffassungen drangen in die Rechtspflege Konstantins ein, »ehe der Kaiser Christ wurde«, und ebenso das in gebildeten Kreisen verbreitete sittliche, humane Denken der stoischen Philosophie. Noch in einige Briefe Konstantins, so in sein zum Donatistenstreit zitiertes und im Mai 321 an die Christen Afrikas gesandtes Schreiben, fließt stoisches Gedankengut ein. Jedoch als nicht weniger sicher darf gelten, daß Konstantin der erste römische Kaiser war, der in seine Gesetzgebung christliches Ethos aufnahm. Dies vor allem wird den späteren Kaiser Julian Apostata, den Neffen Konstantins, der sich wieder zu den alten Göttern bekannte, veranlaßt haben, in Konstantin einen »Neuerer und Störer der alten Gesetze« zu sehen, einen *novator turbatorque priscarum legum*.

Die Freilassung von Sklaven, als »konkretes Beispiel hellenistischen Einflusses« bezeichnet, kann schwerlich ohne einen ebenso konkreten christlichen Einfluß zustande gekommen sein. Das gleiche gilt für die Abschaffung der Kreuzigung und des Beinbrechens, von Christen und altrömischen Autoren übereinstimmend gerühmt. Überhaupt lobt der altgläubige und Konstantin eher kritisch gesinnte Autor Aurelius Victor den humanen Zug in der Gesetzgebung.

Eindeutig christlich geprägt ist die gesetzliche Anerkennung der bischöflichen Gerichtsbarkeit, bereits im Jahre 318 vollzogen und in späteren Jahren ergänzt. Schon bisher pflegten die Christen bei Streitsachen und Auseinandersetzungen in der Gemeinde ihren Bischof oder Vorsteher als Richter anzurufen, eine interne Güteregelung außerhalb des römischen Rechts und darum jederzeit anfechtbar. Durch das neue Gesetz erhielt der Schiedsspruch des bischöflichen Gerichts volle Rechtskraft, selbst wenn eine der Parteien den kirchlichen Richter ablehnte. Das Urteil war endgültig und konnte nicht durch Appellation an ein ziviles Gericht umgestoßen werden.

Die konsequente Anwendung bedingte durchaus, wie Julian Apostata aus seiner Sicht Konstantin vorwarf, eine Störung und Reform der bestehenden Gesetze, obwohl es fraglich ist, ob dies der Absicht des Gesetzgebers Konstantin entsprach. Trotzdem wurde nicht nur die Eigengesetzlichkeit der christlichen Gemeinden gestärkt, sondern konnten christliche Entscheidungen und Grundsätze in das römische Recht eindringen.

Verfügte Konstantin bereits im März 313, wie schon zitiert, brieflich die Befreiung der afrikanischen Kleriker »von allen staatlichen Lasten«, so wurde die Abgabenfreiheit der Geistlichen noch im Laufe desselben Jahres durch Gesetz auf alle

Provinzen ausgedehnt. Eine weitere finanzielle Begünstigung der christlichen Gemeinden erfolgte im Jahre 321: Jedermann wurde das Recht zugesprochen, letztwillige Verfügungen zugunsten der Kirche zu treffen. Die Gemeinden gewannen durch die Übernahme von Erbschaften und Vermächtnissen eine wirtschaftliche Basis, die ihren karitativen Aufgaben, aber auch ihrer institutionellen Festigung zugute kam.

Ein anderes, im Jahr zuvor erlassenes Gesetz gehört in diesen Zusammenhang: die Gleichstellung von Ehelosen und Verheirateten durch die Befreiung von Erbschaftsbeschränkungen. »Alte Gesetze«, so beginnt Eusebius seinen Bericht, »quälten die Kinderlosen durch Wegnahme der Erbschaft ihrer Väter, und dieses Gesetz war eines der unerträglichsten, weil es die Kinderlosen mit Strafe belegte.« Da nicht selten christliche Gemeindemitglieder oder Kleriker auf die Ehe verzichteten und sich »ganz dem Dienste Gottes weihten«, so schreibt Eusebius, änderte der Kaiser »mit richtigem Verständnis« das seit Augustus bestehende Gesetz ab.

Die Begünstigung der Kleriker, zumal deren Befreiung von Steuern, löste allerdings ein unerwartetes Drängen in den geistlichen Stand aus. Eine Art Steuerflucht setzte ein, denn ein erheblicher Steuerdruck lastete auf den Besitzern kleiner und mittlerer Vermögen. Manche Gemeinde verfuhr bei der vermehrten Ernennung von Klerikern allzu großzügig. So mußten Folgegesetze dem zunehmenden Mißbrauch der Abgabenfreiheit Einhalt gebieten, etwa derart, daß »nur durch den Tod des Inhabers erledigte Stellen neu besetzt werden durften«.

Ein Gesetz Konstantins, auch während seiner Balkanzeit im Jahre 321 erlassen, reicht unmittelbar bis in unsere Gegenwart: Er erhob den Sonntag, den *dies solis,* zum gesetzlichen Ruhe- und Feiertag. Seit frühester Zeit versammelten sich die Christen an diesem Tag, in der Apokalypse des Johannes »Tag des Herrn« (Apk. 1,10) genannt, um durch Gottesdienst und Eucharistie die Auferstehung des Herrn zu feiern. Der »christliche« Feiertag war vorgegeben. Vorgegeben war auch der von den Juden gefeierte Sabbat. Doch vom jüdischen Sabbat rückten die Christen ausdrücklich ab, indem sie den folgenden ersten Wochentag (Apg. 20,7), den Auferstehungstag und darum »Tag des Herrn«, gottesdienstlich begingen.

In den frühen christlichen Zeugnissen heißt es: »Wir begehen den ersten Wochentag in Freuden«, »an dem unser Leben aufgegangen ist«, oder: »Am Herrentag setzt alles beiseite und kommt in der Kirche zusammen.«

Konstantins Sonntagsgesetze sind deutlich von der absoluten, buchstabengetreuen Einhaltung der jüdischen Sabbatruhe abgesetzt. Der Kaiser gebot: »Alle Richter, das Stadtvolk und die Werkstätten aller Handwerker sollen am ehrwürdigen Tag der Sonne die Arbeit ruhen lassen. Dagegen dürfen die Landleute ungehindert Feldarbeit tun, da oft kein anderer Tag geeigneter ist, das Korn zu säen und die Reben zu pflanzen, auf daß nicht mit dem rechten Augenblick die von der himmlischen Vorsehung dargebotene Gelegenheit versäumt werde.« Noch im selben Jahr 321 verfügte eine Ergänzung eine weitere Ausnahme und verdeutlichte zugleich das diesem Tag angemessene »Gott wohlgefällige« Tun: »Wie es unwürdig erschien, den durch die Verehrung hochangesehenen Sonntag von gegenseitigem Gezänk und schädlichem Streit der Parteien erfüllt sein zu lassen, so ist es schön und erfreulich, an jenem Tage Gott Wohlgefälliges zu tun. Darum sollen alle Erlaubnis haben, am Feiertag Sklaven freizulassen, und es soll nicht verwehrt sein, darüber Protokoll aufzunehmen.« Beide Ausnahmeregelungen vertrugen sich kaum mit der rigorosen jüdischen Sabbatheiligung.

Problematisch ist die Namengebung Konstantins. Er benennt nicht den bei den Christen gebräuchlichen »Tag des Herrn«, sondern den *dies solis,* den Tag der Sonne. Deutet der Name nicht viel mehr auf den altrömischen Sol Invictus, den Sonnengott, den Konstantin verehrte, den er als seinen Begleiter erkannte oder mit dem er sich identifizierte? So hatte es seine Vision im Jahre 310 im gallischen Tempel gezeigt und bestätigten es seine Münzbildnisse mit der Strahlenkrone. Wollte der Kaiser, so wäre zwangsläufig zu folgern, nicht den christlichen Herrentag, sondern den Tag des Sol zum allgemeinen Feiertag erheben?

Gegen diese Vermutung spricht allerdings, daß auf den konstantinischen Münzen im selben Jahr die alten Götterbildnisse ausscheiden und 322 das bisher bevorzugte Bild des Sol Invictus nicht mehr erscheint. Nur zwei Jahre danach ersetzt Konstantin in seiner Titulatur das von Sol abgeleitete

»invictus« durch das neutrale »victor«, verzichtet er auf Abbildungen mit der Strahlenkrone. Offensichtlich bezeugt diese Entwicklung eine im Jahre 324 abgeschlossene »Loslösung von der Identifizierung Konstantin–Sol«, deren sichtbarer Ansatz im Erlaßjahr der Sonntagsgesetze liegt. Es wäre undenkbar, daß der Kaiser gleichzeitig seinen *dies solis* zur herausgehobenen und allgemeinen Feiertagsehrung des altrömischen Sonnengottes eingesetzt hat.

Die Sonntagsgesetze können nur aus christlichem Anlaß entstanden sein, wie es Eusebius in seinem konkreten, glaubwürdigen Bericht mitteilt. Demnach gebot der Kaiser, »den Tag des Erlösers zu feiern, der auch nach dem Licht und nach der Sonne benannt ist«, und befahl er auch den Provinzstatthaltern, »den Tag des Herrn zu feiern«. Der Name *dies solis,* ebenso der allgemein gehaltene Wortlaut der offiziellen Gesetze entsprachen der Verkündigung eines für alle, auch die nichtchristlichen Bürger und Soldaten gültigen Gesetzes. Dazu gehört weiterhin die jedermann verständliche, von jedem nachvollziehbare Formulierung eines Gebets an »den höchsten Gott als Geber alles Guten und sogar des Sieges«, das Konstantin am Sonntag auch seine altgläubigen Soldaten verrichten ließ. Insofern dokumentiert das religiös bestimmte Ruhe- und Feiergebot des Sonntags das Grundbemühen des Kaisers um den inneren Zusammenhalt und die Einheit seines Reiches. Die Christen, das darf nicht außer acht gelassen werden, bildeten in der gesamten Bevölkerung eine Minderheit.

Während die Christen am »Tag des Herrn« Gottesdienst feierten und gläubige Soldaten freigestellt wurden zur Teilnahme an der kirchlichen Feier, pflegte Konstantin, der ja nicht offiziell der Christengemeinschaft angehörte, »im kaiserlichen Palaste die vorgeschriebenen Gebete« zu verrichten. So sagt es Eusebius. »Auf diese Weise nun verehrte er selbst Gott.«

Konstantins Sonntagsgesetze stehen im Zusammenhang einer vorwiegend auf die Jahre 318 bis 321 konzentrierten Gesetzgebung, die sich christlichen Einflüssen öffnete und die die Christen begünstigte. Das läßt sich nicht leugnen, mögen auch von Fall zu Fall hellenistische Einflüsse vorgegeben sein oder mit den christlichen übereinstimmen.

Man mag in der Gesetzgebung Konstantins eine gewisse Inkonsequenz entdecken, denn einerseits wurde altes Recht, wurden alte, dem christlichen Ethos widersprechende Praktiken beibehalten, mitunter im Strafmaß verschärft, andererseits störte und reformierte Konstantin die bestehenden Gesetze, was ihm den Tadel des Julian Apostata eintrug. Und wiederholt machten zu hastig erlassene oder einfach unzulänglich formulierte Gesetze nachgeschobene, verbesserte Erlasse notwendig. Ob dies, wie Jacob Burckhardt meinte, auf eine »ungleiche, fahrige Gemütsart« Konstantins schließen läßt? Viel eher zeigt sich hier eine Situation des Umbruchs; die bestehende Rechtsordnung konkurrierte mit den neuen Einsichten.

Soviel ist gewiß: In der konstantinischen Gesetzgebung überwiegen die reformatorischen, ja sogar – gemessen am altrömischen Recht – die revolutionären Züge. Anders gesagt und auf die gesamte Entwicklung einschließlich der beweiskräftigen Münzprägungen bezogen: In den letzten Jahren, schon bis 321, war ein Prozeß fortgeschritten, demzufolge der konstantinische Staat »aufgehört hat, ein religiös heidnischer Staat zu sein«.

29 Licinius und der Arianische Streit

Im Osten, im Reich des Licinius, lagen die Zentren der jungen Christenkirche. Ihre traditionsreichen Gemeinden waren gewachsen trotz oder gerade wegen der Verfolgung, in der Zahl ihrer Anhänger die Gemeinden im Westreich weitaus übertreffend. In den theologischen Schulen von Alexandria in Ägypten und Antiochia in Syrien erhielt das christliche Glaubensverständnis, gegründet auf der neutestamentlichen Botschaft, seine erste theologische Ausrichtung, formierten sich Lehrmeinungen, die auf die gesamte Christenheit ausstrahlten. Politisch gesehen gewannen die Ostchristen dermaßen an Gewicht, daß kein Herrscher an ihnen vorbei regieren konnte. Ihre Anerkennung, ihre Einbeziehung in das allgemeine politische Leben erwiesen sich als unvermeidlich, um den Frieden und die staatliche Ordnung zu wahren.

Licinius brachte, als er seine Herrschaft im Ostreich antrat, die besten Voraussetzungen mit. Hatte er nicht seine Soldaten zum Gebet an den *summus deus* aufgerufen und unter christlichem Vorzeichen Maximin Daia besiegt? Hatte er nicht nach seinem Einzug in Nikomedia das Toleranzedikt anschlagen lassen gemäß der Mailänder Absprache?

Eusebius wiederholt im zehnten Buch seiner Kirchengeschichte: Beide Kaiser, also auch Licinius, »erweiterten und mehrten durch fortgesetzte Gesetzgebung zugunsten der Christen die hohe Gnade, die Gott uns geschenkt«. Der bischöfliche Kirchenhistoriker hat diese, auf Licinius bezogen, für die Jahre 313 bis etwa 320 geltende Feststellung auch später nicht revidiert oder gelöscht, auch nicht nach seiner Überarbeitung und Ergänzung des zehnten Buches, als er dem gewandelten Licinius die »Verworfenheit und Schlechtigkeit eines gottlosen Tyrannen« vorwarf.

Man kann das von Eusebius Berichtete, soweit es die ersten sechs oder sieben Jahre des Ostherrschers betrifft, schwerlich ignorieren. Allerdings wird man, gemessen an der Realität und an dem, was Eusebius konkret anführt, den eusebischen Höhenflug auf den Boden der Tatsachen zurückholen müssen. Abgesehen vom Toleranzedikt des Jahres 313 blieben die licinianischen Erlasse zugunsten der Christen sehr dürftig, zeigte sich kaum ein christlicher Einfluß. Ganz und gar fehlte Licinius die bei Konstantin sichtbare Kontinuität und Konsequenz in der Gesetzgebung, in der Öffnung zum Christentum hin und im »verwegenen Plan, die Kirche in den Organismus seines Staates einzufügen«, selbst unter Preisgabe bestehender römischer Rechtsnormen.

Am wenigsten kann von persönlichem Betroffensein, von einer Zuneigung zum Christengott, der ihm als Schlachthelfer gut war, die Rede sein. Dafür gibt es im Vergleich mit Konstantin ein konkretes Beispiel. Wie Konstantin in den Donatistenstreit verwickelt wird, so macht Licinius eine andere schwerwiegende innerkirchliche Auseinandersetzung zu schaffen: der Arianische Streit, der von Alexandria seinen Ausgang nimmt und ebenso am Hof in Nikomedia ausgetragen wird. Obwohl Konstantin, wie wir sahen, seine politischen Erwartungen, die von den Christen erhoffte Einheit als bindendes Element seines Staates, gründlich getäuscht sah, vollzieht sich über dem mehr als ärgerlichen Donatistenstreit seine Hinwendung zum Christentum. Bei Licinius findet ein genau gegenläufiger Prozeß statt. Über dem Arianischen Streit, den er nicht versteht und ausschließlich politisch wertet als friedenstörend, wachsen seine Abneigung und sein Mißtrauen. Schließlich, ausgelöst durch den Kirchenstreit, schlägt seine Duldung um in Christenhaß und Christenfeindschaft. Er mißachtet, was sein Toleranzedikt zusicherte, und bekennt sich rigoros zu den alten Göttern.

Die frappierende, wohlklingende These von Licinius als dem eigentlichen Verfechter des Christentums erweist sich als falsch, je näher man Licinius kommt, seinen Beweggründen und Handlungen. Nichts bleibt vom »champion du christianisme«, den der belgische Gelehrte Henri Grégoire engagiert und mit einem in wissenschaftlichen Texten seltenen Elan verteidigt. Licinius gegen Konstantin auszuspielen ist untauglich, selbst wenn man in Konstantins Hinwendung zum Christentum eine politische Motivation annehmen könnte.

Gewiß hat Licinius als erster Kaiser seinen Soldaten ein »quasichristliches« Gebet beigebracht. Und gewiß hat er durch seinen Sieg im Jahre 313 und seine Duldungspolitik in den ersten Jahren dem Christentum im Osten entscheidend den Boden bereitet. Diese nicht zu vergessende Tatsache führte zu der enthusiastischen Stellungnahme des Eusebius, der ja zur selben Zeit im Osten, in Caesarea, lebte und dem Hof in Nikomedia verbunden war. Sicher ist auch, daß die anfängliche Geneigtheit nach den christenfeindlichen Maßnahmen des Licinius und erst recht nach Konstantins Sieg im Jahre 324 umschlug und das Bild des Licinius in schwärzesten Farben gemalt und so von der christlichen Literatur beibehalten wurde.

Manche Abhandlungen vermitteln den Eindruck, Licinius habe seine nikomedische Regierungszeit ausschließlich genutzt, um »durch harten Steuerdruck und gewissenlose Konfiskationen« einen »ungeheuren Schatz« zu erpressen und damit aufzurüsten in der Absicht, bei nächster Gelegenheit »das drückende Übergewicht des Verhaßten« (Konstantin) zu beseitigen. Doch nicht alle Regierungsmaßnahmen passen in dieses allzu simple Schema. Licinius reorganisierte die

Verwaltung und schränkte die von seinen Vorkaisern übernommene prunkvolle Hofhaltung ein. Selbst bäuerlicher Herkunft, förderte und begünstigte er den Bauernstand. Um so kräftiger setzte er die Besitzer großer Vermögen unter Steuerdruck. Sein Heer hielt er »mit altrömischer Strenge in Zucht und ließ, was er dadurch an Aufwand sparte, den breiten bäuerlichen und städtischen Massen zugute kommen«.

Den größten Gewinn zogen die Christen aus seiner Regierungszeit, so paradox das klingt. Sicherlich war es nicht Licinius, der den Christen die Tore seiner nikomedischen Residenz öffnete, sondern seine Gemahlin Constantia, die Halbschwester Konstantins. Die Christin oder den Christen nahestehende Constantia war Eusebius, dem Bischof von Nikomedia, eng verbunden und unterhielt ebenso mit dem anderen namensgleichen Bischof in Caesarea, dem Kirchenhistoriker Eusebius, einen Briefwechsel. Licinius ließ seine Gemahlin gewähren. Wie weit die Toleranz des Licinius reichte, zeigt schon, daß er bereits im Jahre 316 einen Verwandten des Bischofs von Nikomedia zu seinem Präfekten, seinem obersten Verwaltungsbeamten, ernannte und daran festhielt. (Konstantin wird den offenbar verdienstvollen Präfekten übernehmen und ihn für das Jahr 325 zum Konsul ernennen.)

Mag auch Licinius persönlich keine Neigung zum Christentum und keine über das Tolerieren hinausweisende Aktivität gezeigt haben, so hielt er sich doch verläßlich an das Toleranzedikt. Die Christengemeinden konnten ihre Tätigkeit ungehindert entfalten. Die Bischöfe in Kleinasien, Palästina oder Ägypten konnten zu ihren Synoden zusammenkommen. Erst der schon erwähnte Arianische Streit wurde Licinius zur schwersten Belastungsprobe und strapazierte sein eher primitives Naturell mehr, als er verstehen und ertragen konnte.

Ähnlich wie in Nordafrika im Donatistenstreit war unter den Christen Ägyptens ein Streit um das rechte, bekennerische Verhalten während der Verfolgung entbrannt. Man stritt miteinander um die Wiederaufnahme der »gefallenen« Gläubigen. Schon bald formierte sich eine rigoristische »Kirche der Märtyrer«, versammelt um den Bischof Melitius von Lykopolis und abgesondert von der »katholischen Kirche«, die durch eine mildere, menschlichere Praxis den Zusammenhalt der Gemeinden gewahrt wissen wollte. Der Streit verlief so heftig, daß schon während der Verfolgung, als Melitius sich die Rechte des Bischofs von Alexandria anmaßte und eigene Bischöfe einsetzte, eine Spaltung entstand. Melitius und die Melitianer blieben unversöhnlich und nutzten die Toleranzedikte von 311 bis 313 zur Ausbreitung ihrer schismatischen Märtyrerkirche.

Um die gleiche Zeit amtierte in einer alexandrinischen Kirche ein Presbyter namens Arius, der während des Streits »mehrfach die Partei gewechselt« hatte und im November 311 zu den »Katholischen« zurückgekehrt war. Lange Zeit blieb der Presbyter Arius unbehelligt, bis ihn ausgerechnet die Melitianer als Irrlehrer denunzierten, freilich, »um der Kirche, die ihnen wegen ihrer Milde gegen die Abgefallenen nicht rein genug war, den Makel anzuhängen, daß sie einen Ketzer duldete«, und um sich an dem abtrünnigen Arius zu rächen. Nun ging es in diesem Fall, der Licinius und noch stärker Konstantin in Atem halten wird, nicht nur um eine lokal begrenzte disziplinäre Frage, sondern um einen radikalen Eingriff in das zentrale theologische Gefüge der jungen Kirche.

Dieser Arius war ein eigenartiger Mann, »eine weiche Künstlernatur, der seine Theologie in Verse brachte, beliebt bei den Frauen, mehr dazu gemacht, sich von einem philosophisch angeregten Konventikel verehren zu lassen als eigene Gedanken in harten Kämpfen durchzusetzen«. Dennoch wurde Arius zum Vertreter einer theologischen Lehrmeinung, die von ihm den Namen erhielt und die in der geistigen Auseinandersetzung seiner Zeit wie kein anderes Problem die Christen und die gebildeten Andersgläubigen erregte.

Es ging um die Frage nach dem Verhältnis zwischen dem unerschaffenen, ewig seienden Gott und dem Gottessohn, der Mensch geworden war und durch sein Erdendasein die Welt erlöst hat. Wie erklärt sich die doch in der Gestalt des Erlösers sichtbar gewordene Verschiedenheit und trotzdem die göttliche Einheit von Vater und Sohn?

Arius hatte sein theologisches Rüstzeug in Antiochia erworben, der neben Alexandria wichtigsten und einflußreichsten theologischen Schule seiner Zeit. Die geistige Rivalität beider Schulen hatte Tradition und entzündete sich an der abweichenden Beantwortung der Frage nach dem Verhältnis des Gottessohnes zum Vater. Arius war ein Schüler des gelehrten Presbyters Lukian, der im Jahre 312 den Märtyrertod erlitt, und er brachte dessen und der antiochenischen Schule Lehrmeinung mit nach Alexandria. Gegen die in Alexandria vorherrschende und als orthodox erkannte Lehre von der Wesensgleichheit des Vaters mit dem Sohn hob er das Unterscheidende hervor. Nur Gottvater, so argumentierte Arius, sei ungezeugt, ewig, absolutes Sein, während der Sohn vom Vater geschaffen worden sei als Werkzeug zur Erlösung der Welt.

»Der unaussprechliche Gott hat niemanden, der ihm gleich oder ähnlich oder von gleicher Herrlichkeit wäre. Der Sohn hat nichts Eigentümliches mit Gott, ist ihm nicht gleich und auch nicht gleichen Wesens mit ihm. Der Vater ist seinem Wesen nach dem Sohn fremd, denn er ist ohne Anfang.« – »Der Sohn ist vor Zeiten und Äonen durch den Willen Gottes geschaffen worden und empfing das Leben und das Sein vom Vater. Es gab eine Zeit, wo er nicht war. Der Sohn ist zeitlos vom Vater geschaffen, doch nicht so, daß er gewesen wäre, ehe er geschaffen worden.«

Arius unternahm, grob gesprochen, den verwegenen Versuch, das unbegreifliche Mysterium dem rationalen Begriffsvermögen näherzurücken, ein Versuch, der mißlang, weil keine noch so rationale Unterscheidung den Offenbarungsglauben ersetzen und das Mysterium erschließen kann.

Es ist heute unvorstellbar, mit welcher Leidenschaft in den christlichen Gemeinden im gesamten vierten Jahrhundert Glaubensfragen ausgetragen wurden. Das theologische Lehrgebäude der Kirche war noch nicht gefestigt. Es war eine Kirche im Aufbruch, die sich während und nach der Verfolgungszeit theologisch zu formieren suchte. Gelehrte Männer suchten mit Hilfe zeitgenössischer Denkmethoden, vor allem des Neuplatonismus, das »absolute Sein« Gottes zu erklären. Die Bischöfe, verschieden nach Herkunft und Bildung, gestützt auf regionale Synoden, trugen ihre Lehrmeinung, ihr Votum für oder gegen Arius in ihre Gemeinden. Aber dieser theologische Widerstreit wurde selbst von einfachen Gläubigen nicht als akademisch empfunden, sondern als Auseinandersetzung um eine Grundfrage, die jeden existentiell anging. Das erklärt die Spannungen, die zumal durch den Arianischen Streit ausgelöst wurden.

Noch im späten vierten Jahrhundert schildert der Kirchenvater Gregor von Nyssa, wie das Volk von Konstantinopel in dieser Auseinandersetzung lebt: »Menschen, die gestern noch Schneiderei und Schusterei betrieben, sind heute plötzlich Theologen. In den Säulengängen, auf den Märkten, überall trifft man sie. Fragst du jemanden, was der Laib Brot kostet, so antwortet er: ›Der Vater ist größer als der Sohn‹. Sagst du: ›Ich brauche einen Badetrog‹, so versichert er dir: ›Der Sohn ist aus Nichts geschaffen‹. Beim Geldwechseln redet er von ›gezeugt‹ und ›ungezeugt‹.«

Als Presbyter in Alexandria geriet Arius in Gegensatz zu den dortigen orthodoxen Theologen. Sie lehrten die »unzertrennliche und unteilbare Einheit der Gottheit«, wobei die Wesensmerkmale des ewigen Gottes auch »seinem Abbild«, dem Sohn, zugehörig seien, »damit, wer den Sohn gesehen hat, in Wahrheit den Vater sehe«.

Um 318 wurde Arius als Irrlehrer von einer ägyptischen Synode unter Leitung des Bischofs Alexander von Alexandria exkommuniziert und des Landes verwiesen. Doch nicht wenige Bischöfe in Kleinasien und Palästina, Lukianschüler wie Arius, unterstützten ihn. Der mächtige Bischof Eusebius von Nikomedia und der gelehrte Eusebius in Palästina setzten sich für Arius ein. Kaiserin Constantia, durch den nikomedischen Bischof längst mit der arianischen Lehre vertraut, empfing Arius und fand zur Begünstigung der arianischen Sache Gehör bei Licinius. So kam, gefördert durch den Hof, eine bithynische Bischofssynode zustande, die Arius und dessen Anhänger rehabilitierte und dem Bischof von Alexandria nahelegte, die Exkommunikation aufzuheben. Es folgte unter Mitwirkung des Eusebius von Caesarea eine zweite Synode in Palästina, die Arius noch einmal die Rechtgläubigkeit bestätigte.

Wahrscheinlich gedrängt von Kaiser Licinius, sah sich der alexandrinische Bischof gezwungen, die Rückkehr der Arianer in seine Metropole zu dulden. Eine merkwürdige Situation entstand. Die arianischen Presbyter predigten in den ihnen zugewiesenen Kirchen, was eben noch als Ketzerei galt.

»So verkündeten die Vertreter beider Parteien ihre Meinungen nebeneinander und galten als Mitglieder derselben ungeteilten Kirche.« Nur währte der Frieden nicht lange, denn im Jahre 320 berief der Bischof von Alexandria eine ägyptische Synode ein, an der nahezu hundert Bischöfe teilnahmen und die endgültig über Arius und dessen Anhänger das Verdammungsurteil und die Ausweisung verhängte.

Für Licinius muß diese gegen seinen Rat erfolgte Verurteilung eine furchtbare Enttäuschung gewesen sein. Vermutlich sah er in der Christenkirche nur noch das Element der Unruhestiftung, die politische Auswirkung, denn es war alles andere als ein akademischer Streit. Die Auseinandersetzung um die christologische Glaubensfrage spaltete die Städter vor allem, aber auch die Landleute in weiten Teilen des Ostreichs. Hier und dort schlug die Erregtheit um in Handgreiflichkeiten und Gewalt. Der allgemeine Frieden war bedroht. Die den Christen gewährte Toleranz sah Licinius auf schlimmste Weise mißbraucht. In den Bischofssynoden, dem zentralen Organ der Christen, mußte er die Uneinigkeit und Hauptanstiftung zum Unfrieden erkennen. War es nicht verständlich, daß er nun Bischofssynoden und jegliche Versammlung von Bischöfen strikt untersagte?

Licinius war kein Christ und – wie schon gesagt – über die gesetzlich verbürgte Duldung hinaus kaum um ein weitergehendes Verständnis bemüht. Je unbegreiflicher ihm der Streit blieb, um so stärker fühlte er sich den alten Göttern verpflichtet, und um so härter griff er durch. Da Licinius bei manchen der nun folgenden Maßnahmen bei den Christen »keinen Gehorsam fand«, trug auch dies zur Verhärtung bei. Das schrittweise Vorgehen gegen die Christen zeigt nur, wie eines das andere ergab.

Von 320 an wurden Christen vom Hof und aus der Beamtenschaft entfernt. Bald durften Männer und Frauen nicht mehr gemeinsam Gottesdienst feiern. Dem folgte ein Versammlungsverbot im Stadtbereich, während die Versammlung der Gläubigen »auf freiem Feld« erlaubt blieb; städtische Kirchen wurden niedergerissen oder geschlossen. Der karitative Dienst der Gemeinden wurde eingeschränkt. Eine Heeressäuberung begann, indem »alle Soldaten ihre Führerstellen verlieren sollten, wenn sie nicht den Göttern opferten«. Der Kaiser befahl keine Verfolgung der Christen, doch er steigerte seine christenfeindlichen Anordnungen, und mancher Statthalter fühlte sich ermutigt, eigenmächtig die Christen zu schikanieren und zu quälen, so daß es wiederum zu Martyrien kam.

Der Anlaß zu diesen dem Toleranzedikt widersprechenden Maßnahmen liegt so offen auf der Hand, daß es sich eigentlich verbietet, die Religionspolitik des Licinius von vornherein als bewußtes, provokatives Sichabsetzen vom christenfreundlichen Mitkaiser Konstantin zu deuten. Das ergab sich später zwangsläufig und nicht ohne das Vermischen der Religionspolitik mit den machtpolitischen Interessen beider Kaiser.

Konstantin war über die Vorgänge im Ostreich genauestens unterrichtet. Natürlich mißfiel ihm das Abweichen des Mitkaisers vom gemeinsam vereinbarten und durch Edikt rechtsverbindlichen religionspolitischen Kurs. Andererseits kam ihm der Rückfall des Licinius nicht ganz ungelegen, denn die im Ostreich wieder bedrängten Christen wurden zu seinen natürlichen Verbündeten. Unter dem zunehmenden staatlichen Druck sehnten sich die Ostchristen nach dem Herrscher, von dem sie hörten, wie sehr er die Christen begünstigte. Bei nicht wenigen seiner christenfreundlichen Akte und Gesetze nach 320 wird Konstantin die wirksame Ausstrahlung nach Osten mitbedacht haben.

Ohne Zweifel war der am Anfang des Jahres 317 besiegelte Friedensschluß in den Augen beider Herrscher kaum mehr als ein durch die Verhältnisse erzwungener, beiden notwendiger Waffenstillstand. Licinius hatte Grund, nach seiner Übervorteilung durch Konstantin auf Rache zu sinnen. Konstantin hatte seine auf die Alleinherrschaft gerichteten Pläne keineswegs aufgegeben, nur konnte er den Jahren überlassen, was ihm der Augenblick verwehrte. Beide Kaiser verstärkten ihre Heere, beide Kaiser mehrten ihre Schiffsbestände und ließen die grenznahen Häfen ausbauen oder befestigen. Längst war ein Wetteifern um militärische Stärke im Gange. Doch die unterschwelligen Spannungen traten erst vollends zutage, als Licinius seine religionspolitische Kehrtwendung vollzog.

Wie so oft erweist sich einmal mehr die Ernennung der

Konsuln als Gradmesser der politischen Stimmung. Für das Jahr 319 übernahmen Konstantin und Licinianus, der kleine Sohn des Licinius, das römische Konsulat. Noch war das Einvernehmen ungestört, jedenfalls in der Bekundung nach außen. Für 320 jedoch ernannte Konstantin sich selbst und seinen Sohn Constantinus. Mag dies schon auf eine gewisse Verstimmung hindeuten, so reagierte Licinius nicht negativ. Erst als Konstantin für 321 seine Söhne Crispus und Constantinus zu Konsuln berief, als er den rangälteren Mitkaiser einfach überging und dadurch seiner Verärgerung Ausdruck gab, empfand dies Licinius, wie es gemeint war, als eine gewollte Brüskierung. Licinius versagte dem Konsulat der Konstantinsöhne seine Anerkennung, freilich ohne Gegenmaßnahme. Die Ernennung der Konsuln für das nächste Jahr 322 macht das nun völlig gebrochene Verhältnis der Kaiser offenkundig: Während Konstantin das Konsulat zwei römischen Senatoren, die ihm freundschaftlich zugetan sind, überträgt, proklamiert Licinius ein Gegenkonsulat, er ernennt sich selbst und seinen Sohn Licinianus. Was nun folgte, war auf beiden Seiten ein intensiviertes Aufrüsten, waren kaum noch verhüllte Kriegsvorbereitungen.

Zuvor, im März 321, hatte ein feierliches Ereignis in Trier, möglicherweise in Anwesenheit Konstantins, während der spannungsgeladenen Tage eine Auflockerung gebracht. Der Trierer Hof feierte den siebzigjährigen Geburtstag Helenas, der Kaiserinmutter und *nobilissima femina,* feierte das fünfjährige Caesarjubiläum des Crispus und dessen Vermählung mit der jungen Patrizierin Helena. Der nun sechzehnjährige Crispus hatte Kämpfe gegen die über den Rhein drängenden Alamannen siegreich bestanden. Die Bewährung des mannbar gewordenen Kaisersohnes mehrte den Glanz dieser festlich begangenen Märztage.

Das Zusammentreffen der familiären Ereignisse und vor allem die in Trier gehaltene Festrede des Rhetors Nazarius bestärken die Vermutung, daß Konstantin selbst seinen Sohn, »den Sieger über die Alamannen und ersten Konsul des Jahres, der Öffentlichkeit präsentierte und ihm zu Ehren die Feier seiner fünfjährigen Caesarenzeit eröffnete«. Nazarius preist nicht nur die Prinzen Crispus und Constantinus als Konsuln des Jahres 321, sondern rühmt im Hauptteil seiner

Rede die Leistungen und Tugenden Konstantins. Eine solche Hervorhebung setzt üblicherweise die Gegenwart des Gepriesenen voraus. Bemerkenswert ist die Trierer Lobrede noch in anderer Hinsicht und damit die allgemeine politische Situation kennzeichnend: Mit keinem Wort erwähnt Nazarius den Ostkaiser Licinius oder dessen Sohn.

Sollte Konstantin in Trier gewesen sein, so wird ihn auch hier der politische Bruch mit Licinius, der zum Krieg trieb, beschäftigt haben. Die militärische Bewährung des Caesaren Crispus kommt seinen Plänen entgegen. Vielleicht gab sie den Ausschlag zu einer Entscheidung, die der auf den Balkan zurückgekehrte Kaiser traf. Im nächsten Jahr 322 beruft er Crispus an seine Seite und übergibt ihm das Kommando über die Seestreitkräfte.

Zur Anleitung des mit dem Seekommando unvertrauten Crispus reist Konstantin mit ihm zu den adriatischen und mittelmeerischen Kriegshäfen, nach Aquileia, Piräus, Thessalonike. Sie inspizieren den Ausbau der Flottenstützpunkte, den Fortgang der Schiffsbauten, kontrollieren die Nachschubbasen und Waffenarsenale. Zur gleichen Zeit laufen die Vorbereitungen bei den Landstreitkräften, deren Oberbefehl Konstantin selbst übernimmt. Die Heereskontingente werden gesammelt, in Marsch gesetzt Richtung Süden. Um Thessalonike entsteht ein riesiges Heerlager, während andere Heeresverbände weiter nördlich nahe der thrakischen Grenze ihre Quartiere beziehen.

Nicht anders verfährt Licinius, der seinen Truppen in den entlegenen Gebieten Kleinasiens Marschbefehle erteilt und sie nach Bithynien beordert. In den Jahren 322/323 konzentrieren sich an den Meerengen, die Asien und Europa trennen, die licinianischen Heeresmassen. Die ersten Truppeneinheiten überqueren den Bosporus und den Hellespont und werden in Thrakien stationiert.

Nach dem politischen Bruch nimmt die gegenseitige militärische Bedrohung schärfere Züge an, doch es hat den Anschein, als wolle keiner der beiden verschwägerten kaiserlichen Kontrahenten zum ersten Schlag ausholen.

30 Das Ende der Zweierherrschaft

Die Konzentration der konstantinischen Armee im Süden und die damit verbundene Entblößung der Donaugrenze führte zunächst zu einer unerwarteten Verzögerung des geplanten Krieges. Fremdvölker nutzten die Schwächung der Schutztruppen und überschritten mit massiven Aufgeboten die Donau. Im Jahre 322 drangen die Sarmaten in das östliche Pannonien ein und zwangen Konstantin einen höchst unwillkommenen Abwehrkampf auf. Er selbst führte seine Truppen an und trieb die Sarmaten über die Donau zurück. Die Gefangenen siedelte er als »leibeigene Bauern« in den Balkanländern an.

Folgenschwerer war ein Angriff der Goten, die im nächsten Jahr über die Donau stießen und in Niedermösien und Thrakien (im Gebiet des heutigen Nordbulgarien) einfielen. Konstantin hielt sich, als ihm im Frühjahr 323 der Einbruch der Goten gemeldet wurde, in Thessalonike auf bei seiner dort gesammelten Armee. Notgedrungen, um keine Zeit zu verlieren, führte er seine Truppen durch Thrakien, durch das Reichsgebiet des Licinius.

Ein Blick auf die Landkarte bestätigt die Notwendigkeit des Durchzugs durch licinianisches Hoheitsgebiet, bestätigt jedoch weniger die Behauptung, Konstantin habe von Byzanz aus »den Feldzug gegen die Barbaren eingeleitet«. Wäre es denkbar, daß Licinius die wichtigste Stadt am Bosporus ohne Besatzung ließ, schutzlos, oder daß Konstantin ohne Gegenwehr einziehen konnte? Aber es fällt kaum ins Gewicht, ob Konstantin Byzanz kurzzeitig in Besitz nahm, denn nach der Besiegung der Goten räumte er wieder das gesamte thrakische Reichsgebiet des Mitkaisers. Dem Gotensieg folgten überschwengliche Feiern der konstantinischen Truppen, die ihren Feldherrn durch den Ruhmestitel »Gotensieger« ehrten.

Angesichts der verschärften Spannungen, der Aufrüstung und Kriegsvorbereitung beider Seiten war der Rückzug aus Thrakien erstaunlich. Warum verzichtete Konstantin auf den strategischen Vorteil? Scheute er aus irgendwelchen Gründen davor zurück, als Aggressor gebrandmarkt zu werden? Oder waren seine Vorbereitungen, unterbrochen durch die Zwischenkriege gegen die Sarmaten und Goten, noch nicht abgeschlossen? Formell hatte er die vertraglich garantierten Rechte des Mitkaisers verletzt, denn er war in dessen Territorium ohne Absprache einmarschiert. Licinius protestierte nachträglich. Gesandtschaften pendelten zwischen Nikomedia und dem Hof Konstantins. Der botschaftliche Schlagaustausch, begleitet von Drohungen und Forderungen, zog sich längere Zeit hin. Licinius blieb unversöhnt, ein offener Konflikt bahnte sich an.

Noch vor dem Kriegsausbruch sorgte ein familiärer Zwist für Unruhe im Hause Konstantins. Obwohl im Herbst 323 die Geburt des dritten ehelichen Kaisersohnes, der den Namen Constans erhielt, als freudiges Ereignis gefeiert wurde, trübten Spannungen zwischen den Kaisersöhnen Crispus und Constantinus den Hausfrieden. Nachdem Crispus das Flottenkommando übernommen hatte, war die ihm zugesprochene und von ihm bisher verwaltete gallische Provinz dem jungen Constantinus zugefallen. Helena sah in dieser Übergabe eine Benachteiligung ihres Schützlings, während Fausta die Interessen ihres Sohnes Constantinus wahrte, der zu dieser Zeit sieben Jahre alt war.

Die Beilegung des Familienstreits verdankte Konstantin seiner Gemahlin, der es gelang, die rivalisierenden Halbbrüder zu besänftigen. Es ist einer der wenigen Augenblicke, in denen die nun etwa sechsundzwanzigjährige Fausta aus ihrem Schattendasein hervortritt.

Eine »Versöhnungsmedaille« bestätigte den wiederhergestellten Familienfrieden und die gleichberechtigten Ansprüche der Kaisersöhne. Zusätzlich veranlaßte Konstantin die Prägung einer Münze, deren Inschrift den höchsten Adel beider Frauen, der Kaiserinmutter Helena und der Kaiserin Fausta, hervorhob. Vermutlich im selben Zusammenhang und nochmals Fausta entgegenkommend, entstand eine Münzprägung zu Ehren ihres Vaters Maximianus. Die Münze kam einer Rehabilitierung des Kaisers Maximianus gleich, als wollte Konstantin damit »seiner Frau den letzten Rest von Verbitterung nehmen und ihr vor allem für die Versöhnungsaktion Dank und Anerkennung zum Ausdruck bringen«.

Konstantin hatte Grund, dankbar zu sein. Uneinigkeit in

der kaiserlichen Familie, ein unbefriedigter Crispus als Kommandierender der Flotte, das wären schlechte Vorzeichen für den im Frühjahr 324 beginnenden Krieg gewesen. Die Verhandlungen mit Licinius, ohnedies kaum mehr als ein letztes Hinauszögern, waren endgültig gescheitert. Beide Kaiser wollten den Krieg, beide hatten mit einem Aufwand wie nie zuvor und über Jahre den Entscheidungskampf vorbereitet. Schon die blanken Zahlen der Massenaufgebote an Truppen dokumentieren, welch ungeheure organisatorische Anstrengungen voraufgegangen sein mußten, deren Lasten für Versorgung, Ausrüstung und Besoldung des Heeres die Bevölkerung erdrückte.

Im Frühjahr 324 stand die in Kleinasien zusammengezogene und über die Meerengen nach Thrakien gebrachte licinianische Armee bereits bei Adrianopel: einhundertfünfzigtausend Fußsoldaten und fünfzehntausend Reiter. In den Häfen wartete eine Kampfflotte von dreihundertfünfzig Schiffen auf den Einsatz. Die etwas schwächere konstantinische Armee, deren Hauptmasse in den Feldlagern um Thessalonike konzentriert war, zählte einhundertzwanzigtausend Soldaten zu Fuß und zehntausend zu Pferd. In den weitgebuchteten Hafenbecken vor Thessalonike und Piräus lag die dem Befehl des Crispus anvertraute Kriegsflotte: zweihundert zum Kampf gerüstete Schiffe, dazu zweitausend Last- und Begleitschiffe.

Um das Massenaufgebot der Land- und Seestreitkräfte zusammenzubringen, mußten allerdings Truppenkontingente aus jedem Winkel des Reichs und selbst von den gefährdeten Donaugrenzen abgezogen werden. Freilich, die Besiegung der Goten schlug für Konstantin zum Vorteil aus. Deren milde Behandlung, sicherlich wohlberechnet, brachte ihm ein starkes gotisches Hilfskorps ein.

Die gewaltigen Aufgebote zeigen, wie bewußt beide Kaiser dem Entscheidungskampf um die Alleinherrschaft entgegensahen, wie ihre ganzen Bemühungen auf die letzte machtpolitische Auseinandersetzung zielten. Doch es gab einen zusätzlichen Antrieb, der sich in das machtpolitische Begehren mischte, der den Endkampf ebenso herausforderte und dessen Bedeutung sich die Kontrahenten sehr wohl bewußt waren: die gegensätzliche ideologische Orientierung, die den

Kampf schließlich zum Religionskrieg machte, wie es der Bericht des Eusebius vermittelt.

Im Zuge seiner christenfeindlichen Maßnahmen hatte Licinius jegliche Zurückhaltung aufgegeben. Je mehr Konstantin den Christen zubilligte, je mehr er sich zum Christengott hinwendete, um so entschiedener hielt Licinius an den alten Göttern fest. Er führte den Opferzwang wieder ein und umgab sich mit Wahrsagern, Zauberern und Opferpriestern, deren Orakel ihm den Sieg verhießen. Bei einer Opferung im heiligen Hain in Gegenwart seiner Leibwache und seiner besten Freunde ehrte er die »väterlichen Götter« und schmähte den treulosen Konstantin. Der habe »sich für den gottlosen Glauben entschieden«, für einen fremden Gott, »mit dessen schmachvollen Zeichen er sogar sein Heer schändet«. »Im Vertrauen auf diesen Gott zieht er, die Waffen in der Hand, nicht gegen uns, sondern vielmehr gegen die Götter selber, die er verworfen hat. Dieser Augenblick wird es nun zeigen, wer von uns mit seinem Glauben in die Irre geht.«

Konstantin ließ in der Tat das »schmachvolle Zeichen«, das Labarum, die Kreuzstandarte mit dem Christusmonogramm, zum erstenmal seinem Heer vorantragen. Sein Heer stellte er unter den Schutz des Christengottes. Bischöfe und Priester begleiteten ihn. Eusebius versichert, der Kaiser habe ein Gebetszelt mitgeführt, in das er sich zurückzog, »um durch inständiges Gebet Gott gnädig zu machen, um an ihm einen Helfer und Beistand zu haben und nur das zu tun, was ihm Gott in den Sinn geben wollte«.

Licinius erwartete mit seinen Truppen das konstantinische Heer bei Adrianopel jenseits des Hebrus. Die Position der Verteidiger war äußerst günstig. Am jenseitigen Ufer, weit auseinandergezogen längs dem stark strömenden Fluß, bildeten die Heeresmassen eine undurchdringliche Mauer, an der jeder Versuch, über den Fluß zu gelangen, zerschellen mußte. Mehrere Tage standen sich die Heere tatenlos gegenüber, bis Konstantin ein Täuschungsmanöver gelang. Während eines vorgetäuschten Brückenbaus und eines die Feinde ablenkenden Scheingefechts konnte der Hebrus an entlegener und schwach geschützter Stelle überschritten werden. Nachdem das gesamte konstantinische Heer auf der Uferseite der Feinde stand und die Heeresgruppen ihre zugewiesenen Positionen einnahmen, forderte Konstantin am 3. Juli 324 seinen Schwager Licinius zur Schlacht heraus. Noch am selben Tag erkämpften die wohl doch tüchtigeren und disziplinierteren Truppen Konstantins den Sieg. Die zusammengewürfelte licinianische Armee verlor jeglichen Halt. Wer überlebte, flüchtete planlos oder ergab sich dem Sieger. Licinius entkam mit einer immer noch kampfstarken Resttruppe nach Byzanz.

Der zweite Akt des Endkampfes fällt in den September. Konstantin hatte Byzanz ergebnislos belagert. Erst die zur Kampfhilfe herbeigerufene Kriegsflotte brachte erneut Bewegung. Mit großem taktischen Geschick führte Crispus die Flotte durch die schmale Meerenge des Hellespont, dessen nördlichen Ausgang die an Schiffseinheiten überlegene Feindflotte sperrte. Nach einem Seegefecht, nach einem jäh aufkommenden Südweststurm, der die licinianische Flotte an die Felsen des asiatischen Ufers drückte und nicht weniger als einhundertdreißig Schiffe zerschellen ließ, gewann Crispus die Propontis und gelangte zum Bosporus.

Licinius entging der Umklammerung von der See- und Landseite her, indem er noch rechtzeitig den Bosporus überquerte und nach Chalkedon auswich. Vorher hatte er wie schon einmal seinen Mitkaiser Konstantin für abgesetzt erklärt und an dessen Stelle seinen Hofmarschall Martinianus zum Augustus und Mitregenten ernannt. Es war eine letzte Trotzreaktion des Licinius, eine letzte kaiserliche Amtshandlung in freier Entscheidung.

Konstantin zog seine Hauptmacht von Byzanz ab und setzte weiter nördlich über den Bosporus. Unerwartet, in einer für seine Kriegführung typischen Blitzaktion stand er mit seiner Armee auf asiatischem, bithynischem Boden. Licinius konnte noch einmal eine kampfbereite Armee sammeln, wobei seine mitgeführten Resttruppen durch eilig neuausgehobene und entsprechend schlechtgerüstete Einheiten ergänzt wurden. Am 18. September 324 in der Schlacht bei Chrysopolis, dem heutigen Skutari, fiel die Entscheidung zugunsten Konstantins. Der geschlagene Licinius rettete sich mit knapp dreißigtausend Mann nach Nikomedia. Während unmittelbar nach seiner Niederlage Byzanz und Chalkedon kapitulierten, begann ein kurzes diplomatisches Nachspiel.

Zweimal erschien Constantia im Lager ihres Halbbruders Konstantin als Abgesandte ihres unglücklichen Gemahls und als Bittende. Zunächst übermittelte sie die Friedensbedingungen des Licinius, der erwartete, »daß ihm die Mitregentschaft erhalten bleibe«. Konstantin lehnte die Forderungen ab und begann mit der Belagerung Nikomedias. Daraufhin willigte Licinius, seiner aussichtslosen Lage bewußt, in die bedingungslose Übergabe ein. Constantia bat um das Leben ihres mehr als siebzigjährigen Mannes, und sie brachte nach der eidlichen Zusicherung das Purpurgewand des besiegten und abgedankten Kaisers zu Konstantin.

Licinius wurde ein Wohnsitz in Thessalonike zugewiesen und seinem abgedankten und ebenso begnadigten Mitregenten Martinianus ein Wohnort in Kappadozien. Doch die Begnadigung währte nicht lange. Im nächsten Jahr verfielen beide, Licinius und Martinianus, der Todesstrafe. Gerechterweise muß hinzugefügt werden, daß die überlieferten Gründe für die Hinrichtung ungeklärt und widersprüchlich sind. Für die einen wurde Licinius des »Hochverrats« beschuldigt, der Konspiration »mit den Donaubarbaren«, und Konstantin »fürchtete, Licinius möchte zum Verderben des Reiches den Purpur noch einmal annehmen«. Nach einer anderen Version wurde Konstantin eidbrüchig, ließ er »ohne Scheu vor der Heiligkeit des Eides« Licinius hinrichten. Eusebius berichtet lediglich, Licinius sei »nach dem Kriegsrechte« verurteilt worden.

Es sollte nicht vergessen werden, daß Licinius selbst nach der Besiegung des Maximin Daia keine Skrupel kannte und ebenso grausam verfuhr. Auch Konstantin, wenn auch kein Choleriker wie Maximianus oder Galerius, konnte bei gegebenem Anlaß heftig, jähzornig, grausam reagieren und »seiner Leidenschaft die Zügel schießen lassen«. Sein selbstbewußter und sendungsbewußter Weg zur Macht wird von moralischen Bedenken kaum behindert worden sein. Möglicherweise war seine Milde nach dem Sieg über Maxentius und nach dem letzten Gotenkrieg wohlkalkuliert, denn ihm brachte die Hilfe der Besiegten den größten Nutzen. Dennoch ist festzuhalten, daß Konstantin – im Gegensatz zu seinen Vor- und Mitkaisern – in nicht wenigen seiner Handlungen, brieflichen Äußerungen und Gesetze eine dem christlichen Ethos zumindest nahestehende Haltung einnahm. Ein Heuchler war er am allerwenigsten. Wieweit er dies mit der Unerbittlichkeit des machtpolitischen Anspruchs und dessen Realisierung vereinbaren konnte, kann kaum mit letzter Sicherheit geklärt werden.

Offen bleibt auch die Frage, wieso Licinianus, der Sohn des Licinius, zwölf Jahre unbehelligt blieb, um dann als wohl Vierundzwanzigjähriger einem neuerlassenen Gesetz zufolge ein schreckliches Ende zu finden. Das Gesetz, 336 erlassen, raubte Bastarden jegliches Erbrecht, unabhängig von der Person des Vaters, und stufte sie auf den Stand ihrer Mütter ein. Der von einer Sklavin geborene Licinianus wurde zum Sklaven. Nach einem Fluchtversuch wieder eingefangen und zur Zwangsarbeit verpflichtet, kam er »bei einer Züchtigung elend ums Leben«.

Als Konstantin nach seinem Sieg im September 324 in Nikomedia einzog, stand er vierzigjährig auf der Höhe seiner Macht. Er allein beherrschte uneingeschränkt das gewaltige Imperium, dessen Ausdehnung vom östlichen Mesopotamien und vom Schwarzen Meer bis zur spanischen Atlantikküste, vom ägyptischen Nil bis zum nördlichen Britannien, von Nordafrika bis zur Donaugrenze reichte. Ohne Mitkaiser, ohne eine drohende Rivalität, ohne akute Grenzkonflikte trat Konstantin das gesamtrömische Erbe des großen Diokletian an. Mit der Erlangung der Alleinherrschaft war in Erfüllung gegangen, was er seit 310, seit seiner Vision im gallischen Apollotempel, als seinen Auftrag, als sein von der Gottheit verheißenes und gebilligtes Recht erkannt hatte.

Nicht nur die außerordentliche Virtuosität in der Kriegführung, die strategischen Fähigkeiten Konstantins bahnten den Weg zum Erfolg, sondern mindestens gleichwertig seine den Mitkaisern überlegene politische, staatsmännische Tüchtigkeit, sein Sinn für das Machbare, seine Beharrlichkeit und Geduld.

Die unbeirrbare Konsequenz, die dem Weg zur Alleinmacht eine durchaus erkennbare Spannung gab, verführte manchen Interpreten dazu, in Konstantin ausschließlich eine »kalte, schreckliche Herrschbegier« zu entdecken. Doch die Reduzierung auf den blanken, egoistischen Machttrieb erweist sich als ebenso kurzsichtig wie die gegensätzliche Behauptung, wonach Konstantin »die Alleinherrschaft nie erstrebt« habe.

Seinem Antrieb, natürlich undenkbar ohne den Drang zur Macht und Alleinherrschaft, gab der Kaiser selbst in seinem ersten Schreiben an die unterworfenen östlichen Provinzen eine bemerkenswerte Kennzeichnung: »Meinen Dienst hat Gott gewollt und zur Ausführung seines Entschlusses für geeignet erachtet. Und so habe ich, angefangen vom Meere dort bei den Britannen und von den Ländern, in denen die Sonne nach dem Gesetz der Natur untergehen muß, in höherer Macht die überall herrschenden Schrecknisse vertrieben und zerstreut, damit das Menschengeschlecht, durch meine Vermittlung belehrt, zum Dienste des heiligsten Gesetzes zurückkehre und zugleich der seligste Glaube unter der mächtigen Leitung des Höchsten sich ausbreite.«

In diesem Abschnitt wie im gesamten von Eusebius überlieferten Schreiben sind »religiöses Sendungsbewußtsein und politischer Führungsanspruch ... unlösbar miteinander vereinigt«. Das bekennerische Schreiben Konstantins gewann eine erneute Wichtigkeit, als seine lange umstrittene Authentizität in jüngerer Zeit durch einen ägyptischen Papyrusfund gesichert wurde.

Nicht mehr der Sol Invictus tritt als Begleit- und Schutzgott in Erscheinung; es ist auch nicht mehr die abstrakte mehrdeutige »höchste Gottheit«, die der Alleinherrscher nennt und anruft, sondern eindeutig der Gott der Christen, wie Konstantin nochmals nicht etwa christlichen Empfängern, sondern allen Bewohnern der östlichen Provinzen bekennt: »Dich nun, höchster Gott, flehe ich an, sei gütig den Bewohnern des Ostens! Verleihe durch mich, Deinen Diener, Heilung den Deinen in allen Provinzen, die von langer Trübsal bedrückt waren! Und darum bitte ich ja nicht ohne guten Grund, o Herr der Welt, heiliger Gott! Denn unter Deiner Leitung habe ich meine Unternehmungen zum Heile der Menschen begonnen und vollendet, Dein heiliges Zeichen überall vorantragend, habe ich das Heer zu glorreichen Siegen geführt; und wenn vielleicht die Not des Staates mich wieder rufen sollte, dann werde ich, demselben Zeichen Deiner Macht folgend, wiederum gegen die Feinde ausziehen.«

Sechster Teil

Der Alleinherrscher Konstantin

31 Das Konzil von Nicaea

Der Sieg Konstantins entschied nicht nur über die machtpolitische Alleinherrschaft. Er gewann seine volle, epochale Bedeutung aus dem Entscheidungskampf zwischen den alten Göttern und dem einen Gott der Christen. Beide Kaiser kämpften unter religiösen Zeichen. Jedoch in diesem Krieg war die Anrufung der Götter mehr als die übliche Bitte um göttlichen Beistand. Konstantin wie Licinius trugen ihren Kampf im Bewußtsein aus, einer ihre persönliche Rivalität übergreifenden weltanschaulichen und religionspolitischen Entscheidung zu dienen. Nun würde sich zeigen, hatte Licinius gesagt, »wer von uns mit seinem Glauben in die Irre geht«, und er drohte unmißverständlich den Christen: »Siegen unsere Götter, woran nicht zu zweifeln ist, dann ziehen wir zum Kriege gegen alle Gottlosen aus.«

Die Drohung des Licinius kann schwerlich eine Erfindung sein. Zu sehr hatten die voraufgegangenen, gesteigerten christenfeindlichen Maßnahmen seine Entschiedenheit erkennen lassen und noch einmal an die Schrecken der Verfolgungsjahre unter Diokletian erinnert. Um so mehr wird verständlich, mit welchem Überschwang die Christen den Sieg Konstantins als den Sieg ihres Gottes und ihres Glaubens feierten und wie vorbehaltlos sie dem Kaiser gegenübertraten. »Konstantin aber, der durch die lauterste Tugend der Gottesfurcht ausgezeichnete Kaiser, der Siegreiche, bekam wieder den Osten und brachte das Römische Reich ganz und ungeteilt, wie es früher gewesen war, an sich, um sofort allen die Botschaft von Gott, dem einzigen Herrscher, zu bringen, als einziger Herrscher im mächtigen Römischen Reiche aber auch selbst die gesamte Welt zu leiten.«

Konstantin verfügte die Aufhebung der licinianischen Gesetze und unterstellte das Ostreich seiner Gesetzgebung. Den von den christenfeindlichen Maßnahmen Betroffenen sollte Recht und Gerechtigkeit widerfahren. Enteignungen wurden rückgängig gemacht, konfiszierte Güter zurückgegeben, Verbannte und zur Zwangsarbeit Verurteilte kehrten in ein freies Leben zurück. Wiedergutmachung wurde vor allem den am härtesten Geschädigten zuteil und den Angehörigen jener, die wegen ihres Glaubens getötet worden waren.

Was die Verfolger und zuletzt Licinius den Christen verwehrt hatten, eine großzügige Toleranz, das gestattete nun Konstantin – in Umkehrung – den Andersgläubigen. Es ist ein erstaunlicher Vorgang, wie dieser Kaiser im Jahre 324 den Respekt vor den »Irrenden« zur Pflicht macht und wie er dies vor Gott bekennt: »Daß Dein Volk in Frieden lebe und frei von allem inneren Zwist bleibe, das wünsche ich zum gemeinsamen Wohl des Erdkreises und aller Menschen. Gleichen Frieden und gleiche Ruhe wie die Gläubigen sollen die Irrenden erhalten und freudig genießen. Keiner soll den andern belästigen; wie sein Herz es will, soll jeder es haben, jeder es halten ... Doch darf keiner mit dem, was er selbst aus Überzeugung angenommen hat, einem anderen schaden. Was der eine gesehen und erkannt hat, damit soll er dem Nächsten, wenn es geschehen kann, nützen, andernfalls lasse er es sein; denn etwas anderes ist es, den Kampf um die Unsterblichkeit freiwillig aufzunehmen, etwas anderes, mit Strafen dazu zu zwingen.«

Sicherlich verhalf die nicht nur ausgesprochene, sondern praktizierte Toleranz zu einem reibungslosen Wechsel im Ostreich und verschaffte dem neuen Kaiser weithin Achtung und Anerkennung. Aber auch die Übernahme der politischen Verwaltung scheint keine Schwierigkeiten bereitet zu haben. Die Hinterlassenschaft des Licinius, zumal Staatsverwaltung und Staatsfinanzen, war besser geordnet, als man nach der Belastung durch den Krieg erwarten konnte. Der Rechenschaftsbericht des licinianischen Präfekten Julius Julianus mußte Konstantin zufriedenstellen. Der Kaiser nahm Julianus, der über acht Jahre als oberster Verwaltungsbeamter Licinius zur Seite stand, in seine Dienste. Vielleicht half dem Präfekten die Fürsprache des verwandten Bischofs von Nikomedia, vielleicht setzte sich die Kaiserin Constantia für ihn ein. Doch es spricht für die Verdienste des Mannes und kennzeichnet zugleich den zur Großzügigkeit fähigen Konstantin, daß Julianus neben einem hohen Beamten das römische Konsulat für das kommende Jahr übertragen wurde.

So rasch die politischen Verhältnisse unter der neuen Kaisergewalt zur Ruhe kamen, um so problematischer erwies sich der Streit der Christen für oder gegen Arius. Die rigorosen Maßnahmen des Licinius hatten den Konflikt überdeckt, denn seine Unterdrückungsgebote trafen die einen wie die anderen. Schon in den ersten Wochen nach dem Kriegsende flackerte die Auseinandersetzung wieder auf, heftiger als je zuvor. Die ungelöste Frage nach der Rechtgläubigkeit des Arius und dessen Lehrmeinung, von der bithynischen und palästinensischen Bischofssynode positiv entschieden, von der alexandrinischen Synode im Jahre 320 verworfen und verdammt, verlangte nach Klärung. Die Einheit der Christen mußte wiederhergestellt werden.

Der nikomedische Hof, an dem die Christen ungehindert verkehrten, wurde erneut ein Zentrum der Arianer. Bischof Eusebius gehörte zu ihren Wortführern wie auch sein Amtsbruder Eusebius in Caesarea, beide unterstützt von der gläubigen Kaiserschwester Constantia. Konstantin sah sich in seiner Residenz von Arianern umgeben. Unter ihrem Einfluß wurde er mit dem Kirchenstreit konfrontiert.

Es war kaum ein Monat nach seinem Einzug in Nikomedia vergangen, als er seinen Berater Ossius von Corduba mit einem Schreiben zu den Wortführern der beiden Parteien, Bischof Alexander von Alexandria und Arius, sandte. Konstantin beschwor sie, den Frieden zu wahren, in gegenseitiger Freundschaft und Liebe zur Einheit im Glauben zurückzufinden. Die Ursache ihres Streits nennt er geringfügig und unbedeutend, ausgelöst durch spitzfindige, durchaus nicht notwendige Fragen. Überaus deutlich zeigt das Schreiben den in der theologischen Sache unkundigen Kaiser. Er versteht nicht, worum es geht, findet kein einziges verständiges Wort, das in der Grundfrage eine Brücke schlagen könnte.

Konstantin reagiert politisch, ähnlich wie im Donatistenstreit und aus seiner Sicht verständlich. Ihm kommt es darauf an, als »Friedensbringer« die Eintracht der Völker herzustellen, um sie dem einen Gott und seinem heiligen Gesetz zuzuführen. Dafür hat er gekämpft im Namen und Auftrag Gottes. Nun erwartet er zum Wohle seines Staates die Mithilfe der Christen, zumal der Bischöfe, »gleichsam die Anführer bei der Rettung der Völker«.

Schon jetzt, im Oktober nach dem Sieg, wird Konstantins besonderes Verhältnis zur Kirche deutlich. Beide von ihm erkannten »Aufgaben, der Sieg des Christentums und die Ordnung des Staatswesens, gehören für ihn eng zusammen«. Diese staatspolitische Denkweise wird von seinem religiös-theologisch orientierten Kronzeugen Eusebius von Caesarea am allerwenigsten erkannt. Konstantin fordert nicht nur die für das Staatswesen notwendige Eintracht, sondern er sieht selbstverständlich die von den Bischöfen geleitete Kirche im Dienst seiner Sendung, das heißt im Dienst des von ihm begründeten universalen Staates. Die aus dieser Bedingtheit unmittelbar folgende problematische Entwicklung beweist nachdrücklich, daß die Kirche »auf einen christlichen Kaiser von der Art, wie Konstantin ihn repräsentierte, nicht vorbereitet« war.

Die Mission des Bischofs Ossius scheiterte, und wahrscheinlich stand er entgegen seinem Auftrag von vornherein auf der Seite des Bischofs Alexander. Als Ossius auf der Rückreise in Antiochia nach dem Tod des dortigen Bischofs an einer Synode teilnahm, sorgte er bei der Neubesetzung des Bischofsstuhles für die Wahl eines Anhängers von Alexander. Die ohnedies mehrheitlich alexandrinisch ausgerichtete Synode verurteilte und verdammte noch einmal die arianische Lehre.

Der Anfang des Jahres 325 nach Nikomedia zurückgekehrte Ossius wird den Kaiser besser als zuvor von der Wichtigkeit der theologischen Frage überzeugt haben und mit Nachdruck auf die durch die Verkennung der göttlichen Einheit gespaltene Christengemeinschaft hingewiesen haben. Doch zufrieden konnte Konstantin, konnte vor allem seine arianische Umgebung am Hof nicht sein. Konstantin entschied sich für das Nächstliegende, für die Einberufung eines großen, die gesamte Kirche repräsentierenden Konzils. Obwohl die Bischöfe als Konzilsort Ankyra in Galatien vorgesehen hatten, bestimmte er Nicaea in Bithynien (das heutige Iznik), von seiner nikomedischen Residenz in einer Halbtagesfahrt erreichbar, aber auch den aus Europa kommenden Bischöfen leichter zugänglich.

In größter Eile wurde das Treffen vorbereitet. Bereits am 20. Mai 325 wurde das erste allgemeine Konzil der Christenheit, das bis Ende Juli dauerte, eröffnet, nicht in einer Kirche, sondern im Prunksaal des kaiserlichen Palastes von Nicaea. Die Bischöfe, die ehemals Verfolgten, darunter nicht wenige von ertragenen Martern und von Verstümmelungen gezeichnet, waren Gäste des Kaisers und genossen höchste Ehrungen. Es war nach außen hin ein Triumph der Kirche wie nie zuvor.

Etwa zweihundertfünfzig Bischöfe, begleitet von Diakonen und klerikalen Beratern, waren versammelt, vorwiegend aus Ägypten und den Provinzen des Ostreichs. Der lateinische Westen war schwach vertreten, aber doch so, daß der Charakter einer Gesamtsynode gewahrt blieb. Papst Silvester, seit 314 Nachfolger des Miltiades, hatte zwei Legaten entsandt. Der alexandrinische Bischof Alexander war mit seinem jungen Diakon Athanasius erschienen, der zum schärfsten Verteidiger der orthodoxen Lehre wird. Auf den Sitzen zu beiden Längsseiten der Palastaula saßen sich die orthodoxen Bischöfe und die Arianer, die Melitianer und andere von der offiziellen Lehre abgefallene Bischöfe gegenüber.

Als Augenzeuge schildert Eusebius von Caesarea, einer der bischöflichen Wortführer, den imposanten Einzug des Kaisers. Er erschien »wie ein Engel Gottes vom Himmel her, leuchtend in seinem glänzenden Gewande, strahlend in der feurigen Glut des Purpurs und geschmückt mit dem hellen Schimmer von Gold und kostbarem Edelgestein«.

Der auf Wirkung bedachte Kaiser vollzog einen prunkvollen Staatsakt. Ihn erwartete nicht der gewohnte erhöhte Thron, sondern ein »kleiner Sessel aus Gold«. Wie sein goldbesetzter Ornat bezeichnete der »goldene« Sessel den herausgehobenen Rang des autokratischen Kaisers. Aber ebenso wird sein Auftritt in der Synode mit dem Hinweis auf den »kleinen« Sessel und dies folgende gekennzeichnet: Während die Versammlung schweigend und stehend verharrte, »wollte er sich nicht eher setzen, als bis die Bischöfe ihn durch einen Wink dazu aufgefordert hatten«. Daraufhin setzte man sich gemeinsam.

Freilich, in der Sache behielt Konstantin »die Zügel in der Hand«. Das zeigen schon zwei Vorgänge am Rande des Konzils. Einige Bischöfe übergaben ihm Anklageschriften gegen Amtsbrüder. Am nächsten Tag erfuhren die Ankläger von Konstantin, die Bischöfe seien von Gott bestellt und keinem weltlichen Richter unterworfen, außerdem habe er die Anklageschriften ungeöffnet dem Feuer übergeben, damit niemand von dem beschämenden Streit der Bischöfe erfahre. Bei anderer Gelegenheit fragte Konstantin einen Schismatiker, warum er sich von den Orthodoxen trenne. Er bekam zur Antwort, es sei nicht recht, daß die Kirche Gefallene aufnehme und deren Todsünde bei den Priestern Vergebung finde. Darauf Konstantin: »Nun, so nimm die Leiter und steige allein in den Himmel.«

Mit allen Mitteln suchte Konstantin das Ziel des Konzils, sein Ziel, die Überwindung der Zwietracht und die Wiederherstellung der kirchlichen Gemeinschaft, zu verwirklichen. Er zeigte Geduld bei der Anhörung widersätzlicher Standpunkte; er griff in die mit äußerster Heftigkeit geführten Debatten ein; er brachte »allmählich die streitsüchtigen Gemüter einander näher«.

Mit erregten Worten verteidigte Arius seine Lehre von der Verschiedenheit des Sohnes von Gottvater, vom Geschaffensein des Sohnes durch den Willen des Vaters. Doch weder seine noch seines nicht weniger eifernden alexandrinischen Gegenspielers Athanasius Redegewalt gab den Ausschlag, sondern die persönliche Autorität des Kaisers.

Konstantin war es, sicherlich angeleitet von einem seiner geistlichen Berater, der in der Hauptstreitfrage um das Verhältnis des Sohnes zu Gottvater die entscheidende Formel vorbrachte und durchsetzte: *homousios,* wesenseins. Eine Kompromißformel von »vieldeutiger Unbestimmtheit«, wobei »die Auslegung des Wortes jedem Bischof freistand, vorausgesetzt, daß er sich dem Worte selbst unterwarf«. Nur zögernd beugten sich die Bischöfe dem Verlangen des Kaisers. Aber so, wohl auch aus dem Wunsch nach Überwindung der theologischen Gegensätze, kam das Wort *homousios* in das nicaenische Glaubensbekenntnis: »Sohn Gottes, geboren aus dem Vater vor aller Zeit, einziggeboren, aus dem Wesen des Vaters kommend, Gott aus Gott, Licht aus Licht, wahrer Gott aus wahrem Gott, gezeugt, nicht geschaffen, *wesenseins* mit dem Vater.«

Zuletzt verweigerte nur noch Arius selbst, sekundiert von zwei treu gebliebenen Bischöfen, die Zustimmung. Er wurde mit den beiden Bischöfen aus der Kirchengemeinschaft ausgeschlossen und in die Verbannung geschickt. Seine Schriften sollten verbrannt werden. Seine bisherigen zahlreichen Anhänger bekannten sich zu der neugefundenen Glaubensformel. Auch der arianische Eusebius von Caesarea, der Biograph Konstantins, hob ausdrücklich hervor, der Kaiser habe »schließlich erreicht, daß sie über alle strittigen Punkte eines Sinnes und einer Meinung waren«.

Der Stärkung der Einheit unter den Christen dienten weitere Beschlüsse des Konzils. Das Osterfest, bisher unterschiedlich angesetzt, wurde von den Bischöfen einheitlich auf den ersten Sonntag nach dem Frühlingsvollmond gelegt, wie es die Christen in Rom und Alexandria schon hielten. Den melitianischen Schismatikern kam die Synode entgegen und hob ihre Exkommunikation auf. Melitius konnte in seine Bischofsgemeinde Lykopolis zurückkehren, allerdings ohne Amtsbefugnis.

Die bisherige regionale Gemeindeordnung paßten die Konzilsväter der staatlichen Provinzeinteilung an. Bei der Wahl eines Bischofs, nun der jeweiligen Provinzialsynode vorbehalten, bekam der Bischof der Provinzhauptstadt das Bestätigungsrecht. Vorrangig und übergeordnet – nach Maßgabe der weltlichen Diözesen – blieben die altehrwürdigen Bischofssitze von Alexandria, Rom und Antiochia. Im ganzen also kam unter dem Einfluß Konstantins ein Einigungswerk zustande, das die Kirche reglementierte und institutionalisierte und zugleich in eine folgenschwere Nähe zu den staatlichen Interessen rückte.

Kurz vor der Beendigung des Konzils im Juli lud Konstantin die Bischöfe zur Feier seiner zwanzigjährigen Regierung, seiner Vicennalien, in seine nikomedische Residenz ein. In den Worten des Augenzeugen Eusebius von Caesarea wird deutlich, wie der Kaiser mit bestrickender Großzügigkeit die Konzilsväter an seiner Tafel bewirtete und sie überreich beschenkte. Es war *sein* Konzil, das dem Ende zuging, *sein* Triumph, den er feierte und mitfeiern ließ, nach der Besiegung des Licinius sein zweiter und keineswegs geringerer Sieg.

Kirchlich gesehen bedeutete das in den voraufgegangenen Wochen in Nicaea Geschehene einen großen Einbruch im Selbstverständnis des Christenglaubens. Der nichtgetaufte Kaiser hatte den Konzilsort bestimmt, eingeladen, das Konzil eröffnet, präsidiert und das Wort erteilt, mitdiskutiert und in die Debatten eingegriffen. Er hatte die maßgebende Glaubensformel gefunden und durchgesetzt, und er verlieh »den Beschlüssen durch seine Bestätigung die bis dahin fehlende Gültigkeit«. Diesem bestechend konsequenten Vorgehen waren die höchsten Vertreter der Kirche beinahe hilflos ausgeliefert. Vielleicht ahnten sie nicht einmal, welchen Preis sie für die vollendete staatliche Anerkennung, für die hohe Ehrung und die Gunst des Kaisers zahlten. Vielleicht waren ihre »Gefühle überströmender Dankbarkeit für den Beendiger der Verfolgung und Erhöher der christlichen Kirche so stark, daß man zu nachdenklichem Vergleich zwischen der bisherigen Autonomie der geduldeten und verfolgten Kirche und dem Eingespanntsein der siegreichen in die Staatszwecke vorerst nicht kam«.

Es wäre verfrüht, zu diesem Zeitpunkt von einer »Reichskirche« zu sprechen. Jedoch ein Schritt in diese Richtung war getan. Jetzt erst gewinnt die zitierte Empörung der Donatisten (»Was hat der Kaiser mit der Kirche zu tun?«) ihre durchschlagende Bedeutung. Im Augenblick ihres größten Triumphes lieferte sich die Kirche den subtilen Zwängen der Staatsgewalt aus.

Für Konstantin war die Einbindung der Kirche in seinen gottgewollten politischen Auftrag selbstverständlich. Indem die Bischöfe seinem Auftrag dienten, trugen sie zur Errichtung des in der Verehrung Gottes einmütigen Friedensreiches bei. Sein Sieg und der Sieg der Kirche waren für ihn identisch. »Die Kirche ist weniger als Objekt der kaiserlichen Politik angesehen; vielmehr stellt sie – unter Einschluß Konstantins – das Subjekt seiner Politik dar.«

In seinen nach dem Konzil ausgesandten Briefen bezeichnet sich Konstantin als »Mitknecht« der Bischöfe, und er versichert, alles in der heiligen Versammlung der Bischöfe Verhandelte gehe »auf den göttlichen Willen zurück«. Ja, er geht noch einen Schritt weiter, indem er sich, obwohl ungetauft und ungeweiht, den Bischöfen zugesellt und sich »Bischof für die außerhalb der Kirche Lebenden« nennt. Man muß nicht auf die Problematik und umstrittene Deutung dieses Ausspruchs eingehen, um doch zu erkennen, wie sehr Konstantin nun seinen Auftrag und politischen Führungsanspruch als von Gott bestellt und im Sinne eines dem Christentum dienenden missionarischen Wirkens begreift.

32 Eine Familientragödie

Das Ergebnis von Nicaea bedeutete für den Alleinherrscher die Krönung. Sein Plan, ein Friedensreich zu begründen, in dem der versöhnten Christenkirche eine bevorzugte und stabilisierende Stellung zukam, war in Erfüllung gegangen. Wenn auch bald wieder innerkirchliche Zwistigkeiten aufflammten, so blieb doch das im Jahre 325 geschaffene Einigungswerk richtungweisend und auf Dauer beständig. Die Autorität des Kaisers und seine staatsmännische Klugheit hatten bewirkt, daß die in Nicaea versammelten Bischöfe zur Eintracht zurückfanden und zugleich der konstantinischen Reichsidee dienten.

Eusebius schildert den vierzigjährigen Konstantin in seiner vollen Lebenskraft: »An Größe überragte er alle seine Begleiter ebenso wie an blühender Schönheit, an majestätischer Würde und an unüberwindlicher Körperkraft.« Mag auch sein Biograph Eusebius, der dem Kaiser zuliebe von seinem Arianismus abließ, übertrieben haben – sicher ist, daß Konstantin in jeder Hinsicht den Höhepunkt seines kaiserlichen Lebens erreicht hatte.

Aber Höhepunkte und Triumphe haben eine innere Gesetzmäßigkeit in der zeitlichen Begrenzung. Nicht im politischen, sondern im persönlichen und familiären Leben Konstantins folgte auf seinen Triumph eine furchtbare Tragödie, die rätselhafteste, die »dunkelste aller Maßnahmen, dunkel in jedem Sinn«: die Hinrichtung seines Sohnes Crispus und seiner Gemahlin Fausta im Jahre 326.

Eusebius verschweigt die beiden Hinrichtungen, und die

dürftigen Auskünfte späterer antiker Historiker hielten sich an Gerüchte und Vermutungen. Dabei sind – wie so oft – dem Kaiser übelgesinnte oder andererseits ihm wohlwollende Auslegungen zu berücksichtigen. Neuzeitliche Deutungsversuche schwanken zwischen Verwandtenmord aus niederen Motiven und einer nach dem damaligen Sittenkodex begründeten oder begründbaren Strafmaßnahme.

Nun sind die Verhältnisse innerhalb der kaiserlichen Familie so gut wie unbekannt, überdeckt von den politischen Ereignissen. Aber mit Gewißheit kann man sagen, daß Konstantin seinem erstgeborenen, vorehelichen Sohn in besonderer Weise zugeneigt war und daß Crispus sich der bevorzugten Förderung durch seine Bewährung würdig erwiesen hat.

Der Sohn der Konkubine Minervina genoß in Trier eine prinzliche Ausbildung, er wurde zwölfjährig zum Caesar ernannt, und ihm wurde Gallien anvertraut. Im jugendlichen Alter bewies er seine Tüchtigkeit in der Verwaltung wie im Kampf an der Rheingrenze. Münzbilder des Crispus zeigen ein kraftvolles, ausdrucksstarkes Gesicht mit länglicher Nase, mehr als die Bildnisse der anderen Söhne Konstantin angeglichen. In seiner Lebensart stand er dem Vater am nächsten. Konstantin ehrte Crispus, indem er ihn vor dem Krieg gegen Licinius als Kommandierenden der Flotte an seine Seite holte und ihm noch für das Jahr 324 ein drittes Mal das Konsulat übertrug.

Der Streit zwischen den Kaisersöhnen Crispus und dem jüngeren Constantinus um die Herrschaft über Gallien wurde durch den Einfluß der Kaiserin Fausta beigelegt. Wir sahen bereits, wie Konstantin seiner Gemahlin für die Versöhnung dankte. Nach dem Sieg über Licinius ernannte er Fausta wie auch seine Mutter Helena zur Augusta, eine höchste Ehrung. Das alles besagt: Die Gründe für Konstantins »dunkle Maßnahmen« gegen die Gattin und den Sohn sind in der Zeit danach, wahrscheinlich Anfang 326 zu suchen.

Nach den gesicherten Fakten wurde der wohl einundzwanzigjährige Crispus durch ein ordentliches Gerichtsverfahren des Senats von Pola in Istrien zum Tode verurteilt. Nicht lange danach und sicherlich im Zusammenhang mit dieser Urteilsvollstreckung wurde die Kaiserin Fausta, etwa dreißigjährig, im Bade erstickt.

Die Verurteilung des Crispus durch ein städtisches Gericht schließt ein politisches Verbrechen im Sinne des Hochverrats aus. In diesem Falle wäre eine höhere Instanz oder der Kaiser selbst zuständig gewesen. Der Gerichtsort Pola entsprach einer »Vorschrift der Prozeßordnung«, nach der »bestimmte Verbrechen innerhalb der Provinz, in der sie begangen waren und in der man des Täters habhaft geworden war, abgeurteilt« werden mußten.

Zu weit hergeholt und unglaubhaft wäre die Vermutung, Konstantin habe in Crispus eine Gefahr für seine kaiserliche Macht erkannt und ihn in einer Art Caesarenwahn hinrichten lassen. Für ein solches Vorgehen bestand weder ein Anlaß, noch hätte es dem Charakter Konstantins entsprochen. Er konnte hart sein, wenn er sich im Recht glaubte, gelegentlich jähzornig; dann wiederum zeigte er sich mild, großmütig, weich und mitfühlend bis zur Erschütterung: ein durchaus reizbares Naturell. Jedoch zu unbegründeten Bluturteilen war er, gemessen an Licinius und anderen Vorkaisern, nicht fähig, selbst wenn ihm die ungeklärte Hinrichtung des Licinius zur Last gelegt würde.

Die bekannten Umstände, das Gerichtsurteil und die spätere Tötung der Fausta, führen am ehesten zu der Vermutung des Ehebruchs. In der harten Bestrafung dieses Vergehens stand die altrömische Rechtsauffassung dem biblischen, dem mosaischen Gesetz sehr nahe. Nach diesem Gesetz wurden Ehebrecher mit dem Tode bestraft, und ausdrücklich sollten bei einem Ehebruch des Sohnes mit der Stiefmutter beide getötet werden.

Konstantin erneuerte und verschärfte im selben Jahr 326 die augusteischen Gesetze zum Schutz der Ehe. Die einseitige Ehescheidung wurde erschwert und war nur bei einem schweren Vergehen des Ehepartners gestattet. Verheirateten Männern wurde verboten, neben der rechtmäßigen Ehefrau eine Konkubine zu unterhalten. Vor allem verfügte der Gesetzgeber im Falle des vollendeten Ehebruchs für Mann und Frau die Todesstrafe. Da nach dem Gesetz »die Klage und damit die Bestrafung dem Ehemann vorbehalten« war, deutet die grausame, doch in ihrer abschreckenden Härte nicht unübliche Hinrichtung der Fausta auf den Ehebruch.

Weitere Vermutungen sprechen von einer verleumderischen Bezichtigung des Crispus durch Fausta und deren Aufdeckung nach der Hinrichtung des Kaisersohnes durch Helena. Die Falschheit der Fausta, ähnlich der ehebrecherischen Frau des Putiphar in der biblischen Josephslegende, habe Crispus den Tod gebracht und den tief verletzten Kaiser zur härtesten Bestrafung genötigt. Aber das bleibt unbewiesen und unbegründbar.

Den Anlaß zur Anklage und Verurteilung konnte nur Konstantin selbst gegeben haben. Vielleicht fühlte er sich als Gesetzgeber zu dieser grausamen Härte verpflichtet. Vielleicht glaubte er als Hüter des Gesetzes, gerade weil das Vorgefallene seine eigene Familie betraf und ihn aufs schwerste verletzte, in eine Zwangslage geraten zu sein, aus der ihn nur die radikale Anwendung der gesetzlichen Strafe befreien konnte. Aber wo immer die Versuche einer Erklärung ansetzen, im letzten versagen sie vor der dunklen, unauflösbaren Tragödie. Nach der charakterlichen Anlage Konstantins wird die Vermutung, die Hinrichtung der Fausta und des ihm nächststehenden Sohnes habe ihn wie kein anderes persönliches Ereignis belastet, nicht übertrieben sein.

Auf eine Gewissensqual Konstantins deutet schon der ihm keinesfalls wohlgesinnte Geschichtsschreiber Zosimos. Er schreibt, Konstantin habe bei den alten Göttern Entsühnung gesucht, sei jedoch von den Opferpriestern abgewiesen worden. Daraufhin habe ihm ein christlicher Bischof die Vergebung der Blutschuld gewährt, und Konstantin sei auf diese Weise Christ geworden. Historisch ist das ungenau, denn Konstantin hat sich weder im Jahre 312 noch 326 vollgültig zum Christentum »bekehrt«. Trotzdem ist die anekdotische Bemerkung aufschlußreich, weil sie zeigt, wie in altrömischer Zeit die Bekehrung Konstantins gedeutet wurde.

Im Juli 326 reiste Konstantin zur Hauptfeier seines zwanzigjährigen Regierungsjubiläums nach Rom. Sein Verhalten in Rom zeigte, daß Zosimos nicht grundlos die »Bekehrung« Konstantins um diese Zeit vermutete. In höchster Prachtentfaltung zog der Kaiser, auf seinem Prunkwagen stehend, durch seinen vor einem Jahrzehnt errichteten Triumphbogen ein und nahm auf dem Forum die Akklamationen entgegen. Aber dann passierte etwas, das in den Augen des altrömischgläubigen Autors einem Sakrileg gleichkam. Der Kaiser unterließ wie schon bei der Feier seiner Decennalien im Jahre 315 das Hinaufgehen zum Kapitol und das dem Staatsgott Jupiter schuldige Opfer, »er verschmähte das Hinaufgehen, und indem er sich von den heiligen Gebräuchen lossagte, erregte er den Haß des Senates und des Volkes«.

In seinem purpurgoldenen Triumphgewand trat der Kaiser vor den Senat. Bei seinen Empfängen im kaiserlichen Palast thronte er erhaben unter dem purpurnen Baldachin. Zum erstenmal trug er das mit Perlen und Juwelen besetzte Kopfband, das Diadem, das Wahrzeichen seiner absoluten Kaiserherrschaft.

Der gesamte erfaßbare Erdkreis lag zu seinen Füßen, was im wahrsten Sinne des Wortes zum Ausdruck kam: Jeder, der sich dem Kaiser näherte – die Bischöfe wahrscheinlich ausgenommen –, hatte die Proskynese, das Sichniederwerfen vor dem Alleinherrscher, zu vollziehen. Auch in Rom priesen Lobredner und Poeten die Taten Konstantins, der für solche Elogen stets ein Ohr hatte. Der Dichter Optatianus Porfyrius widmete ihm anläßlich der Vicennalien seine kunstvoll gesetzten Figurengedichte, literarisch unbedeutende Lobpreisungen, die ihrem Verfasser jedoch die im Jahr zuvor verscherzte Gunst des Kaisers wiederbrachten.

Alle Huldigungen, alle feierlichen und prunkvollen Auftritte Konstantins konnten nicht verhindern, daß ihm in Rom, in der Metropole der alten Götter und altrömischer Tradition, ein kalter Wind entgegenschlug. Die Mißstimmung unter den führenden Patriziern war verständlich. Der Kaiser und Pontifex maximus hatte das Jupiteropfer verweigert, und längst war bekanntgeworden, wie sehr er persönlich von den überlieferten Kulthandlungen abließ und um so eifriger den Kult der Christen begünstigte.

Vielleicht empfand Konstantin die Jubiläumsfeiern in Rom als eine kaiserliche Pflichtübung, oder er unternahm einen letzten Versuch, die Gunst der Patrizier und Senatoren zu gewinnen. Doch Rom blieb ihm fremd, jetzt mehr denn je, und das kaum verhüllte Mißtrauen der Römer bestärkte ihn nur in seiner Abneigung. Bereits vorbereitete Privilegien, die den Ritterstand der Stadt in besonderer Weise auszeichnen sollten, blieben unausgesprochen.

Nur in einer Hinsicht erwies sich der Kaiser überaus großzügig, und dies erregte wiederum das Mißfallen traditionsbewußter Römer, so daß ihm bald der Vorwurf der Verschwendung anhing. Er ließ neben der bereits vollendeten Lateranbasilika in Rom die ersten frühchristlichen Kirchen bauen, freigebig in der Gewährung staatlicher Zuschüsse. Der Kaiser stellte Baugelände zur Verfügung oder sorgte für die Ablösung. Die Finanzierung der Bauarbeiten trug die Staatskasse ebenso wie den Unterhalt der Kirchen. Es ist nicht überliefert, ob Konstantin der römischen Christengemeinde persönlich nahestand, ob ihn mit Papst Silvester eine ähnlich enge Beziehung wie mit einigen Bischöfen des Ostreichs verband. Jedoch setzte seine Anteilnahme als Auftraggeber der entstehenden Kirchen eine Verbindung voraus. Erst recht nach Nicaea war Konstantin an der kultischen Festigung der Gemeinden viel zu sehr interessiert, um nicht den Beginn oder Fortgang der Kirchenbauten persönlich beobachtet zu haben.

Da im Zentrum Roms die Tempel der alten Götter vorherrschten, von den Christen gemieden, entstanden die ersten Kirchen am Rand des Stadtgebiets, »außerhalb der Mauern«. Die Zufügung »fuori le Mura« kennzeichnet noch heute einige der konstantinischen Kirchengründungen: San Paolo nahe dem Tiber auf dem Weg nach Ostia über dem Grab des Apostels Paulus; Sant'Agnese an der Via Nomentana und San Lorenzo an der Tiburtina, beide Kirchen über Katakomben mit den Gräbern der heiligen Märtyrer errichtet. Auf dem Gelände der kaiserlichen Vorstadtvilla »zu den beiden Lorbeerbäumen« entstand zu Ehren zweier stadtrömischer Märtyrer SS. Pietro e Marcellino. Verbunden mit dieser Kirche war der mächtige Rundbau des kaiserlichen Mausoleums, das allerdings später allein den Leichnam der Kaisermutter Helena aufnahm und nach ihr benannt wurde.

Diese Märtyrerkirchen überwölbten bald die schon vorhandenen bescheidenen Gedenk- und Gebetsstätten der Christen. Offensichtlich sollten sie auch baulich die neue, von der alten Religion abgegrenzte und zugleich universale Dimension des Christenglaubens zum Ausdruck bringen. Es war eine die alten sakralbaulichen Vorstellungen umstürzende Tat, daß die Christen nicht den gewohnten Tempel, sondern die weltliche Basilika, die Marktbasilika zum Vorbild ihrer Gotteshäuser nahmen. Man ergänzte die nun christliche Basilika durch ein Querschiff und den durch die Vergrößerung der Gemeinden notwendigen Anbau von Seitenschiffen. So zeigen es die Rekonstruktionen der Lateranbasilika und der ihr folgenden frühen Basiliken San Paolo fuori le Mura und San Pietro auf dem vatikanischen Hügel.

Über der »memoria Petri«, der Gedenkstätte des Apostels Petrus, nach der Überlieferung über seinem Grab, ließ Konstantin die erste Peterskirche bauen, eine fünfschiffige Basilika, die mit wenigen Veränderungen über elf Jahrhunderte erhalten blieb. Es mag Legende sein, daß »der Kaiser mit eigener Hand den ersten Spatenstich« vollzog. Doch wird er dem wohl schon Ende 324 begonnenen Bau der ersten Märtyrerbasilika der Christen seine besondere Aufmerksamkeit gewidmet haben.

Auch andernorts im Gesamtreich entstanden um diese Zeit die ersten großen Kirchen der Christenheit. Für Antiochia, die Provinzhauptstadt und kirchliche Metropole des Ostreichs, stiftete der Kaiser »eine an Größe und Pracht ganz einzigartige Kirche« in Form eines Achtecks, umgeben von gewaltigen Mauern. Im Jahr seines Romaufenthalts ordnete Konstantin die ersten Räumarbeiten zur Errichtung der Grabeskirche in Jerusalem an. Ein heidnischer Tempel, Schutt und Erde mußten abgetragen werden, um das Grab Jesu und die Auferstehungsstätte freizulegen. Ausführlich schildert Eusebius, wie der Kaiser Einzelheiten der Abtrage- und Bauarbeiten bestimmte. Er kümmerte sich um den Marmor und die Säulen, um die Goldtäfelung der Decke, die gesamte Ausschmückung und die Weihegeschenke. Am »wunderbarsten Ort der ganzen Welt« sollte eine Basilika, »herrlicher als alle, die irgendwo sich finden«, erstehen. Neun Jahre beanspruchten die Arbeiten bis zur Einweihung der Basilika, die im Gedenken an die Auferstehung des Herrn den Namen Anastasis (Auferstehungskirche) erhielt.

Möglicherweise von Rom aus, im Sommer 326, gab Konstantin den Auftrag zum Bau einer großen dreischiffigen Basilika in seiner einstigen Residenzstadt Trier. Die auf dem vorgesehenen Baugrund stehenden kaiserlichen Wohnanlagen waren zum Abbruch freigegeben. Zu den niedergelegten Gebäuden gehörte der Wohnbesitz der Kaisermutter Helena mit einem Prunksaal, dessen kostbare Deckenmalerei Bildnisse einiger Frauen der kaiserlichen Familie zeigte, darunter das Bild der unglücklichen Kaiserin Fausta. Der Abbruch des Prunksaales erfolgte im Zuge der üblichen Auslöschung aller Andenken an die hingerichtete Kaiserin, ihrer *damnatio memoriae*. Oder soll man annehmen, die Stiftung des kaiserlichen Baugrundes und die Errichtung der Trierer Basilika sei ein Akt der Sühne gewesen? Aber zur gleichen Zeit wurden die Namen der Fausta und des Crispus auf öffentlichen Inschriften getilgt, wurden ihre Bildnisse und Statuen zerstört.

Dieses Jahr, das nach dem Sieg über Licinius und dem Triumph in Nicaea eher zur Freude und zum Feiern bestimmt war, erteilte dem gottgleichen Kaiser eine furchtbare Lektion. Wer will behaupten, die durch ihn veranlaßte Hinrichtung der eigenen Frau und des ältesten Sohnes sei folgenlos an ihm vorübergegangen? Vielleicht lag den zahlreichen Kirchengründungen im Jahre 326 tatsächlich das Bedürfnis nach Sühne, nach entsühnenden Werken zugrunde.

Als noch im selben Jahr der Bau der Trierer Basilika begann, hatte sich Konstantin von seinem Westreich endgültig abgewendet. Er hatte längst vor, seinen Regierungssitz nach Osten zu verlagern, eine Hauptstadt zu gründen, die seinen innersten Vorstellungen ganz entsprach. Sein Romaufenthalt, das Verhalten der Römer im Wechsel mit seiner eigenen Abneigung bestärkten diesen Wunsch. Der Historiker Zosimos sagt es mit krasser Deutlichkeit: »Da er aber sozusagen von allen geschmäht zu werden nicht ertrug, suchte er eine Stadt gleich Rom, in welcher er seine Herrschaft aufrichten könnte.« Es gab noch andere Gründe, weshalb Konstantins Wahl auf Byzanz fiel und er nun den Ausbau der Stadt am Bosporus befahl. Doch die Entscheidung fiel in Rom, als der Kaiser in der ewigen Stadt seine Vicennalien zu feiern gedachte. Nie wieder wird er durch seinen römischen Triumphbogen zur Verehrungsstätte der altrömischen Götter ziehen.

33 Helenas Pilgerreise und Tod

Als der junge Caesar Crispus im Jahre 322 das Flottenkommando übernahm, verließ mit ihm die Kaiserinmutter Helena die Residenzstadt Trier. Sie hatte Crispus wie ihren Sohn erzogen, und offenbar fühlte sie sich am Trierer Hof, dem sie über sechzehn Jahre als Erste Dame ihre Prägung gab, nicht mehr zu Hause. Fortan lebte sie in Rom und am Hof Konstantins, höchst geehrt. Sie übernahm nicht nur die Würde der Augusta, sondern durfte als Majestätszeichen das Diadem tragen. Neben dem Ehrenrecht eigener Münzprägungen überließ Konstantin seiner Mutter das Verfügungsrecht über den kaiserlichen Schatz.

Bedenkt man den Einfluß Helenas auch auf familiäre Entscheidungen und ihre enge Beziehung zum geliebten Enkel, Crispus, so werden Gerüchte verständlich, die sie in Zusammenhang mit der Tragödie um Fausta und Crispus brachten. Danach habe sie nach der Hinrichtung ihres Enkels nicht eher geruht, bis sie die angebliche Verleumdung der Fausta aufgedeckt und Konstantin zu der grausamen Bestrafung seiner Gemahlin überredet hat. Aber hier werden gleich zwei Unterstellungen miteinander verknüpft ohne die geringste Chance der Beweisbarkeit. Niemand konnte tiefer, schmerzlicher betroffen gewesen sein als Helena, und wahrscheinlich unternahm sie deshalb eine längere Pilgerreise zu den heiligen Stätten in Palästina, noch im Jahr der Urteilsvollstrekkung 326 vorbereitet und wohl im folgenden Jahr begonnen.

Im hohen Alter von etwa sechsundsiebzig Jahren geht man nicht ohne weiteres auf eine beschwerliche, in unvorhersehbare Situationen führende Reise, auch wenn die Kaiserinmutter in einem nach damaligen Verhältnissen bequemen Wagen reiste und die ihrem Rang gemäßen Annehmlichkeiten genoß. Eusebius schreibt, Helena habe an den geweihten Stätten Gott »den schuldigen Tribut« erstatten wollen, und sie habe geglaubt, für den Kaiser und dessen Söhne »Dankgebete verrichten zu müssen«. In ihrer Gottesfurcht sei sie »den Fußstapfen des Erlösers in gebührender Verehrung« gefolgt. Helena hat sich auf ihrer Pilgerreise in zahlreichen Orten sehr großzügig gezeigt. Der Augenzeuge Eusebius von Caesarea berichtet: »Sie spendete von Stadt zu Stadt ganzen

Gemeinden wie auch einzelnen, die sich an sie wandten, unzählige Wohltaten; unzählige Geschenke verteilte sie mit freigebiger Hand an die Heeresabteilungen, und ungemein viel schenkte sie nackten und hilflosen Armen, denen sie teils Geldgeschenke, teils reichlich das zur Bedeckung ihres Leibes Notwendige zukommen ließ. Andere befreite sie, die in Gefängnissen und Bergwerken elend schmachteten; solche, die von den Mächtigen bedrückt wurden, erlöste sie, und andere wiederum rief sie aus der Verbannung zurück.«

Eusebius überliefert, Helena sei »mit kaiserlicher Pracht und Macht« durch den Osten gezogen, aber auch: man habe gesehen, wie sie in »einfacher Kleidung sich mitten unter dem Volke zeigte«.

In Jerusalem wird Helena die begonnenen Arbeiten zum Bau der Grabeskirche verfolgt haben. Sie wird mit Bischof Makarius, den Konstantin mit dem Bau beauftragt hatte, zusammengekommen sein und dem Kaiser den Fortgang der Arbeiten gemeldet haben. Zahlreichen christlichen Bethäusern übergab sie Spenden und Weihegeschenke. Zwei Kirchen verdanken der kaiserlichen Pilgerin die Gründung: auf dem Ölberg, am Ort der Himmelfahrt Christi, die Ölberg- oder Eleonakirche; in Bethlehem, über der Geburtsgrotte des Herrn, die Geburtskirche. Durch Helenas Kirchenstiftungen, von Eusebius »Erweise ihrer frommen Gesinnung« genannt, wurden die zentralen Orte der christlichen Geschichte zu kirchlich geweihten Pilgerstätten.

Es erstaunt nicht, wenn später Legenden aufkamen, die den Bericht des Eusebius durch wunderbare Ereignisse ergänzten, vor allem jene Legende, nach der Helena das Kreuz Christi gefunden haben soll. Mit Hilfe des Bischofs Makarius, so heißt es in der Legende, habe Helena drei Kreuze gefunden. Während das versammelte Volk betete, habe eine sterbende, von den Ärzten aufgegebene Frau die Kreuze berührt und sei durch die Wunderkraft des dritten, des echten Kreuzes geheilt worden. Gegen Ende des vierten Jahrhunderts berichtet Ambrosius, Helena habe Konstantin einen Juwelenkranz, ein Diadem, mit eingefügten Nägeln vom Kreuz Christi geschickt. Nach einer späteren Überlieferung soll Konstantin in sein in Konstantinopel errichtetes Standbild ein von seiner Mutter übersandtes Stück des Kreuzes eingesetzt haben. Zahlreiche Darstellungen in Werken der bildenden Kunst bezeugen, wie die Kreuzauffindungslegende in der gläubigen Welt Wurzeln schlug und ihre Bedeutung weit über die Frühzeit und das Mittelalter hinausreichte.

Eusebius, der ein solches überragendes Ereignis gewiß nicht verschwiegen hätte, berichtet nichts von der Kreuzauffindung. Nicht im Osten, dem Ereignis nahe, sondern im Westen entstand die Legende. Zuerst erwähnt Ambrosius, der Bischof von Mailand, im Jahre 395 in einer Trauerrede die Kreuzauffindung durch Helena. Vielleicht waren dem in Trier als Sohn des gallischen Präfekten geborenen Ambrosius aus seiner Trierer Kindheit Erzählungen über die Pilgerreise Helenas bekannt und vertraut, zu denen Vermutetes oder Vorstellbares sich allmählich zu einer eigenen Realität verdichtet hatte.

Konstantin konnte mit der Pilgerreise seiner Mutter zufrieden sein. Ihr Auftreten und Wirken im Heiligen Land kamen ihm zugute, denn sie handelte als Augusta und als dem Kaiser Nächststehende zugleich in seinem Namen. Wie und unter welchen Zeichen der Kaiser das von ihm angekündigte Friedensreich zu errichten gedachte, das bekundete sie mit ihrem Verhalten. Möglicherweise im Zusammenhang mit der Pilgerreise und um Helena vor aller Welt zu danken, benannte Konstantin den bithynischen Ort Drepanum nach seiner Mutter Helenopolis. Ob Helena aus Drepanum stammte und die Namengebung ihrem Geburtsort galt, ist ungewiß, wurde jedoch vermutet. Nach einem maßgebenden Bericht war die Umbenennung verbunden mit Helenas Verehrung des Lukian, der in Drepanum sein Grab gefunden hatte. Der große antiochenische Theologe, der noch unter Maximin Daia den Märtyertod starb, war der Lehrmeister der Arianer, denen Helena in ihrer Glaubensüberzeugung nahestand.

In den Schatten von Helenas Pilgerreise geriet die Wallfahrt einer anderen Frau der kaiserlichen Familie, der Eutropia, hoch an Jahren wie Helena und schon vor ihr gläubige Christin. Eutropia war Konstantin zweifach verwandtschaftlich verbunden, als Mutter der Kaiserin Theodora, der Gemahlin seines Vaters Constantius Chlorus, und als Mutter seiner eigenen Gemahlin Fausta. Nur wenig Überliefertes vermittelt ein Bild der gebürtigen Syrerin, die eine schöne

Frau gewesen sein soll. Die furchtbaren Schicksalsschläge, die sie wie keine ihrer Zeitgenossinnen zu ertragen hatte, scheinen sie geprägt, aber nicht gebeugt zu haben: die Ausweisung ihrer Tochter Theodora und ihrer Enkel aus Trier, als Konstantins Regierung begann; der ungeklärte gewaltsame Tod ihres Gemahls, des Kaisers Maximianus; der tödliche Sturz ihres Sohnes Maxentius vor Rom; zuletzt die Hinrichtung ihrer Tochter Fausta.

Mußte die Syrerin nicht in Konstantin, ihrem Schwiegersohn, den Urheber der Vernichtung ihrer Familie erkannt haben? Mag auch der Tod des Maximianus ungeklärt oder nicht durch Konstantin veranlaßt worden sein, mögen auch für die Ausweisung der Theodora, für das Ende des Maxentius, für die Hinrichtung der Fausta jeweils andere familiäre, politische, machtpolitische, gesetzliche Gründe stichhaltig gewesen sein. Noch so plausible Gründe können Konstantin von Verantwortung nicht freisprechen.

Eutropias Verhältnis zu ihrem kaiserlichen Schwiegersohn deutet ihre Pilgerreise nach Palästina an. Sie wird das Heilige Land kaum zur gleichen Zeit wie Helena besucht haben, aber doch bald, zumindest in den ersten Jahren nach 326, um an den geweihten Orten zu »opfern und beten« und »von dem Schmerz um ihre Tochter Fausta zu genesen«. Eutropia sendet dem Kaiser einen Bericht, muß ihm also verbunden gewesen sein, und Konstantin folgt nicht nur ihren Vorschlägen, sondern spricht in einem offiziellen Schreiben ausdrücklich von der »sehr großen Wohltat«, die ihm seine »fromme Schwiegermutter« erwiesen habe.

In der Sache ging es um einen Ort im Süden Palästinas, um die nach der Eiche Mambre genannte Stätte, an der Abraham sein Zelt aufgeschlagen und seinen Altar errichtet hatte. Die pilgernde Eutropia sah den heiligen Ort durch Götzenbilder und einen heidnischen Opferaltar entweiht. Ihre entrüstete, wohl auch energisch fordernde Meldung veranlaßte Konstantin zu einem nicht minder energischen Schreiben an Bischof Makarius und die palästinensischen Bischöfe, denen er befahl, die Götzenbilder zu verbrennen und die unreine Opferstätte zu zerstören. Danach sollte an dem durch Abraham geweihten Ort eine Basilika erbaut werden, »die der katholischen und apostolischen Kirche würdig ist«.

Ob und wann Eutropia an den Hof Konstantins zurückkehrte, ist nicht überliefert. Vielleicht vermied sie es, in der Nähe der hochgeehrten Kaiserinmutter Helena zu leben, und verbrachte ihre letzten Tage in ihrer syrischen Heimat. Seit dem Einzug Helenas in die Trierer Residenz bestand zwischen den beiden Frauen ein gespanntes Verhältnis schon deswegen, weil Helena auch nach der Ausweisung ihrer Rivalin Theodora alles unternommen hatte, deren Söhne, die Halbbrüder Konstantins, »von den einflußreichsten Staatsstellungen fernzuhalten«.

Als Helena »am Ziel ihres reichlich zugemessenen Lebens angelangt« war und ihr Ende nahen fühlte, vermachte sie testamentarisch ihr gesamtes Vermögen Konstantin und dessen drei Söhnen. Ihr benanntes Alter, »an die achtzig Jahre«, läßt darauf schließen, daß sie im Jahre 329 oder 330 gestorben ist, wohl in der Nähe Roms im Beisein ihres Sohnes Konstantin. Mit großem Ehrengeleit wurde Helena nach Rom überführt und im kaiserlichen Mausoleum bei der Kirche der heiligen Märtyrer Petrus und Marcellinus beigesetzt.

Helenas Sarkophag aus dunkelrot glänzendem, kaiserlichem Porphyr zeigt an den Seiten kämpfende römische Reiter und gefesselte Barbaren. Ein mit solchen kriegerischen Darstellungen geschmückter Sarkophag kann ursprünglich kaum für eine Frau gewesen sein. Eher war er – wie vermutet wurde – für Constantius Chlorus und als Doppelsarkophag vielleicht für das kaiserliche Elternpaar geschaffen worden. Das »Fehlen jeglicher örtlichen Nachricht« über das Grab des Constantius Chlorus in Trier führte zu einer weiteren Vermutung, nach der Konstantin »nach dem Tode seiner Mutter auch die Gebeine seines Vaters nach Rom übertragen ließ«. Es wäre eine Geste rührender Pietät gewesen, Helena, der zu Lebzeiten die Teilhabe am Kaisertum des Constantius Chlorus verwehrt war, im Tode mit dem Kaiser zu vereinen. Die Kirche im Osten wie im Westen legitimierte die einstige *stabularia,* die Herbergswirtin, indem sie Helena, ihre Frömmigkeit und ihre Wohltaten würdigend, unter die Heiligen einreihte.

34 Konstantinopel, das neue Rom

Schon nach dem Sieg über Licinius ordnete Konstantin erste Bauarbeiten in Byzanz an, aber die Bestimmung der strategisch wichtigen Grenzstadt war noch unentschieden. Zunächst beschäftigte den Kaiser ein Plan, nach dem in Serdica oder Chalkedon oder bei Troja die Hauptstadt seines Reichs erstehen sollte. Das alte Troja war durch den ausgewanderten und nach Latium gekommenen Aeneas mythisch mit der Gründung Roms verbunden, und nach einem alten Spruch sollte die Hauptstadt an den mythischen Ausgangsort zurückverlegt werden. Ein willkommener Spruch, um die Ablösung Roms zu rechtfertigen. Die Steinsetzer sollen bei Troja bereits am Werk gewesen sein, als im Jahre 326 die kaiserliche Entscheidung Byzanz zur künftigen Hauptstadt machte.

Wie sehr Konstantins Neugründung die damalige Welt erregte, zeigen die Legenden. Erste Arbeiten – so heißt es – waren anderswo schon im Gange, als Adler die Werkzeuge der Bauleute raubten und sie über Byzanz abwarfen. Nach einer anderen Legende brachte ein Traum Konstantin dazu, die Stadt am Bosporus zu wählen. Man sagte auch, der Kaiser habe unter göttlicher Anleitung die Grenzen der neuen Stadt, der er seinen Namen gab, Constantinopolis, abgesteckt.

Um das Vierfache größer als die bisherige, von den Griechen gegründete Handelsstadt sollte die konstantinische Stadt werden. Nach altem Ritus schritt der Kaiser, einen Speer in der Hand, die landeinwärts vorgezogene Grenze zum Bau der Stadtmauer ab, etwa vom heutigen Ayakapi am Goldenen Horn im weiten Bogen hinunter zur Bucht von Samatya am Marmarameer. Einer der Begleiter, erstaunt über die Größe der zu bebauenden Landfläche, soll gefragt haben: »Wie weit willst du gehen, Herr?« Die christliche Legende ließ den Kaiser antworten: »Bis derjenige stehenbleibt, der vor mir geht.« Diokletian hatte seinen Regierungssitz zeitweise in Nikomedia, Konstantin während seiner ersten Jahre in Trier. Danach residierte er an wechselnden Orten wie die Kaiser vor ihm, zumal die Soldatenkaiser, in Serdica, Sirmium, Thessalonike oder kurzzeitig in Nikomedia mit einem deutlichen, von strategischen und politischen Notwendigkeiten diktierten Zug nach Osten. Die Zeit war reif für eine neue Hauptstadt, auch darum, weil das Kaisertum des Alleinherrschers aus Gründen der Reichsverwaltung und der kaiserlichen Repräsentation nach einem zentralen Regierungssitz verlangte. An Rom hat Konstantin zu keiner Zeit gedacht. Die eigene Abneigung wie die abweisende Haltung der Römer und ihr Stolz auf eine längst verblichene, von der politischen Realität überholte Tradition bestärkten ihn in seinem Willen, ein neues Rom zu gründen.

Nur ein Mißverständnis konnte zu der Behauptung führen, »ausschließlich persönliche Eitelkeit« habe Konstantin zu seiner Stadtgründung verleitet. Sicherlich war bei der Ausgestaltung der Stadt die Eitelkeit des Herrschers mit im Spiel. Aber allein schon die Wahl des Orts bezeugt einen hohen, die Zukunft mitbedenkenden Realitätssinn. Byzanz lag am Schnittpunkt zwischen dem Ost- und dem Westreich, an der Schleuse des Seewegs vom Schwarzen zum Mittelmeer, dem griechisch-römischen Westen zugehörig und doch dem an Bedeutung zunehmenden Osten nahe. Dort, nicht mehr in Rom lag der Mittelpunkt des gesamten Imperiums.

Caesar hatte »das Überholte und politisch Untaugliche der alten Republik« angesichts des weltweit ausgewachsenen Imperiums erkannt. Schon er sprengte die traditionelle stadtstaatliche Verfassung und leitete vor allem in der Ausweitung der Bürgerrechte eine neue Reichspolitik ein, die allerdings durch seinen Tod unvollendet blieb. Mehr noch als zur Zeit Caesars drängte nun die politische Realität zu einer reichsstaatlichen Neuordnung, zu einem neuen zentralen Schwerpunkt. Dies nicht nur erkannt, sondern über alle schwerwiegenden Vorbehalte hinweg gehandelt zu haben, war eine geniale, wahrscheinlich die größte Leistung Konstantins. Nach Theodor Mommsen – kein Verehrer Konstantins – war »die Wahl des Orts ein großer staatsmännischer Griff«. Mit der Gründung und dem Ausbau Konstantinopels setzte Konstantin einen Schwerpunkt, der den militärischen, wirtschaftlichen und politischen Erfordernissen genau entsprach und der letztlich über viele Jahrhunderte dem Westen zugute kam.

Der Ausbau der neuen Stadt nahm gigantische Züge an. Ein Heer von Planern, Architekten, Agronomen, Bauleuten und privaten Bauherren, von Beamten und Fachleuten jeder

Art wurde an den Bosporus beordert. Als Arbeiter sollen vierzigtausend verbündete Goten verpflichtet worden sein. Neue Straßen, Plätze, Kultstätten und Paläste, neue Wohnviertel und städtische Institutionen entstanden. Die Wasserversorgung der hügeligen Stadt (vier der sieben Hügel und ein Teil des fünften waren zunächst einbezogen) mußte reguliert werden. Aquädukte und Zisternen wurden gebaut. Und schließlich mußte die wirtschaftliche und lebensnotwendige Versorgung der durch herbeigerufene, herbeigelockte Ansiedler schnell wachsenden hauptstädtischen Bevölkerung gewährleistet sein.

Private Bauherren erhielten für einen Hausbau als Anreiz kostenlos Brot. Andere, die wohlhabenden Pächter kaiserlicher Domänen, waren verpflichtet, in Konstantinopel ein Haus zu bauen und zu besitzen. Prächtige, staatlich errichtete Häuser, die den herrschaftlichen römischen Häusern nicht nachstanden, erhielten jene Männer als Geschenk, die sich zur Bildung des Senats in der neuen Stadt ansiedelten: Senatoren aus Rom und vornehme Männer mit ihren Familien aus den Provinzstädten.

So gewiß Konstantin Rom als traditionellen Reichsmittelpunkt ablösen wollte und »er befahl, Konstantinopel das neue Rom zu nennen«, ein Rest von Respekt blieb der Ewigen Stadt vorbehalten. Kaum anders ist zu erklären, daß den Senatsmitgliedern nicht wie in Rom der Titel *clarissimi,* sondern *clari* verliehen wurde. Auch das Konsulat blieb römisches Erbe, und der höchste Beamte der Stadt, der Prokonsul, mußte mit einem geringeren Titel als Roms *praefectus urbi* vorliebnehmen. Die Bevölkerung kam jedoch in den Genuß gleicher Rechte wie die Römer, frei von bestimmten Provinziallasten, und ebenso wie in Rom erhielten die ärmeren Einwohner staatliche Getreidespenden.

In vier Jahren, einer erstaunlich kurzen Zeit für ein solches Unternehmen, gewann die Stadt am Bosporus ein neues, nach den Wünschen Konstantins geprägtes Gesicht. Nicht alle geplanten Bauvorhaben waren vollendet, als der kaiserliche Hof in die neuerrichteten repräsentativen Paläste einzog. Doch die Wohnviertel, Straßen und Plätze zwischen der wehrhaften konstantinischen Mauer und dem Marmarameer, der Propontis, füllten sich mit Leben.

Politisches Zentrum der Stadt war der von Septimius Severus am Anfang des dritten Jahrhunderts angelegte Vierhallenplatz nordöstlich des Hippodroms. Konstantin ließ den Platz erweitern und zu Ehren der Augusta Helena Augusteion nennen. Das Standbild der Kaiserinmutter schmückte den Platz, und das hier errichtete Milion, der goldene Meilenstein in einem offenen Säulentempel, sollte anzeigen, daß von der neuen Mitte des Reichs aus die Distanzen gemessen wurden. Südöstlich des Augusteions hinter den Säulenarkaden erhob sich das von Marmorkolonnaden umgebene Senatsgebäude, und weiter südlich über die Terrassen bis hinunter zum Marmarameer erstreckten sich die Prachtbauten der neuen kaiserlichen Palastanlagen. Wie sie ausgestattet waren, ist kaum bekannt. Eusebius berichtet lediglich, im kaiserlichen Thronsaal, »mitten in der vergoldeten Täfelung der Decke«, sei das »Zeichen unseres Erlösers«, das Kreuz, in verschiedenfarbigen kostbaren und goldgefaßten Steinen angebracht worden.

Offensichtlich sollte das neue Rom eine christliche Stadt werden, sollte sie – wie Eusebius schreibt – durch Kirchenbauten »zu Ehren der Märtyrer« deren Andenken und »dem Gott der Märtyrer« geweiht sein. Oberhalb der nordöstlichen Säulenhalle des Augusteions ließ Konstantin den Bau der Bischofs- und Staatskirche zu Ehren der heiligen Weisheit beginnen, der ersten Hagia Sophia, vollendet und geweiht unter seinem Sohn Constantius, nach zweimaligem Niederbrennen im sechsten Jahrhundert unter Justinian neu errichtet. Die Hagia Sophia war nicht als Gemeindekirche geplant, denn diese stand bereits nur wenige Schritte weiter nordöstlich. Konstantin ließ diese erste Gemeindekirche vergrößern und dem heiligen Frieden weihen: Hagia Eirene, die Irenenkirche, die später mit der benachbarten Sophienkirche vom Feuer zerstört und ebenso neu gebaut wurde.

Mag auch die christliche Prägung der Stadt Vorrang gehabt haben, so dachte Konstantin keineswegs daran, den Kult der altrömischen Götter zu verbieten, wie der eifernde Eusebius wahrscheinlich aus späterer Sicht mitteilt. Wie hätte auch der Kaiser als Pontifex maximus ein solches rigoroses Vorgehen verantworten können? Im Umkreis des Augusteions entstanden zwei Tempel, die ausdrücklich den alten Schutzgottheiten von Rom und Byzanz geweiht wurden, Tyche und Rhea, deren Kultstatuen Konstantin aus Rom und Kyzikos am südlichen Ufer des Marmarameers herbeischaffen ließ. Für Konstantin waren die Schutzgottheiten wahrscheinlich »politische Begriffe, antike Reminiszenzen, nicht lebendige Gestalten religiöser Frömmigkeit«. In der Volksmeinung, in der Vorstellung ihrer Anhänger aber waren die alten Götter mehr als bloße erstarrte Symbole.

Durch die südwestlichen Tore des Augusteions betrat man die Kopfseite des Hippodroms, der Pferde- und Wagenrennbahn, aber auch Stätte von Triumphzügen, großen Empfängen und öffentlichen Spielen jeder Art. Konstantin gab dem durch Septimius Severus angelegten Platz seine repräsentative Gestalt, verlängert auf gut vierhundert Meter, verbreitert auf einhundertzwanzig Meter. Dreißig ansteigende Sitzreihen umfaßten die Kampfbahn, deren unteres gerundetes Ende bis zu drei Stockwerken hochgezogene Bogengalerien umschlossen. Zahlreiche Bildwerke schmückten die Kolonnaden und den Mittelgrat der Kampfbahn, die Spina. Vermutlich krönte die Kaiserloggia jenes herrliche Viergespann goldbronzener Pferde, das die Venezianer im Jahre 1204 nach Venedig entführten und über dem Hauptportal von San Marco aufstellten. Aber schon Konstantin hatte diese berühmteste antike Quadriga unbekannter Herkunft, umstritten, ob sie aus der Werkstatt des Lysippos stammte, nach Konstantinopel entführt.

Noch heute am ursprünglichen Ort in der Mittelleiste der Kampfbahn steht die altberühmte Schlangensäule, die Konstantin aus Delphi herbeiholen ließ, einst das von einem goldenen Dreifuß gekrönte Weihegeschenk der Griechen nach ihrem Sieg über die Perser. Zur Ausschmückung nicht nur des Hippodroms, sondern der gesamten Stadt, ihrer Plätze, Paläste, Hallen, Bäder und Kirchen, wurden Kunstschätze von überall geraubt. Nicht gerade pietätvoll ließ der Kaiser Heiligtümer und staatliche Einrichtungen in Griechenland, Kleinasien und Rom systematisch plündern. Götterbilder, Kaiserstatuen und andere Bildwerke, Säulen, bronzene Tempeltore und kunstvolle Bauteile gelangten auf Schiffen und durch beschwerliche Landtransporte nach Konstantinopel.

Dem Augenzeugen Eusebius verdanken wir wenigstens einen Hinweis: »Erfüllt wurde vollständig die ganze Stadt, die des Kaisers Namen trägt, mit den prachtvollen und kunstreichen ehernen Weihegeschenken aus allen Provinzen.« Neben den kostbaren »toten Götzenbildern« raubten die Beauftragten des Kaisers ebenso weniger kunstvolle Statuen aus Erz: »Gebunden wurden auch diese Götter altersgrauer Mythen, mit härenen Stricken umwunden, herbeigeschleppt.« Dieser beispiellose und mit Ungeduld vorangetriebene Kunstraub diente weniger »zur Ehre der Macht des Erlösers«, wie Eusebius meint, sondern allein der Erhöhung und dem Glanz der neuen Hauptstadt.

Jacob Burckhardt schrieb Konstantin den »schändlichsten und massenhaftesten Kunstraub der Geschichte« zu. Doch es ist erstaunlich, daß die zahlreichen Schätze bis auf wenige Stücke verschollen sind. Entweder fielen sie wiederum in die Hände von Beutejägern, insbesondere der venezianischen Kreuzfahrer und der osmanischen Eroberer, oder sie verschwanden unter dem Schutt der Paläste und Bauwerke der Kaiserstadt.

Westlich des Augusteions, auf gedeckter Straße erreichbar, lag das Forum Constantini, das Lebenszentrum der neuen Stadt. Den kreisrunden, mit großen Steinplatten belegten Platz, durch den die Hauptstraße, die Mese, nach Westen führte, umsäumten Arkaden, Torbauten und zwölf kolossale Porphyrstatuen. Hinter den Säulengängen stand ein zweites Senatsgebäude, standen Markthallen mit Verkaufsständen für den täglichen Bedarf. In der Mitte des weiträumigen Forums erhob sich das imposanteste Denkmal der Stadt: auf einem rechteckigen Marmorsockel stehend eine aus neun Porphyrtrommeln aufgetürmte Säule mit dem vergoldeten Standbild Konstantins. Die gesamte Höhe betrug etwa fünfzig Meter. Die Porphyrtrommeln stammten aus dem Apollotempel in Rom. Die Statue, deren umstrittene Bedeutung uns noch beschäftigen wird, ließ Konstantin vermutlich aus einer kleinasiatischen Weihestätte holen und umarbeiten. Heute steht nur noch am alten Ort die Porphyrsäule, unvollständig, in veränderter Umgebung ein rätselhaftes, von Legenden umspieltes Relikt, stark verwittert und durch einen Brand der anliegenden Häuser beschädigt: die »Verbrannte Säule«.

Bedenkt man die Fülle der Statuen, Säulen, Bildwerke,

Bauelemente verschiedenster Herkunft, so muß die konstantinische Stadt eine überaus reiche, gemischte und unruhige Pracht dargeboten haben. Konstantinopel wurde geradezu Sammelbecken antiker, hellenistischer bildnerischer Kunstwerke. Allein in der Wandelhalle der dem Hippodrom benachbarten Bäderanlagen standen über achtzig Statuen.

Die Kirchenbauten, ergänzt durch eine Reihe von Märtyrerkapellen, und christliche Zeichen gaben der Stadt ein christliches Gepräge. Einen Torplatz weiter westlich des Forum Constantini, der unter seinem späteren Namen Philadelphion bekannt ist, schmückte neben anderen Bildwerken eine Säule mit einem hochragenden vergoldeten Kreuz. Aber hier standen auch, auf Sockeln an der oberen Rundung zweier mächtiger Säulen befestigt, die beiden porphyrenen Tetrarchenpaare, die später von den Venezianern geraubt und nach Venedig gebracht wurden. Wahrscheinlich ließ Konstantin die aus diokletianischer Zeit stammende Tetrarchengruppe aus Nikomedia, der Residenz Diokletians, holen.

Erst nach der offiziellen Einweihung der neuen Hauptstadt, doch sicherlich schon vorher geplant, entstand außerhalb des engeren Stadtbezirks auf dem vierten Hügel nahe der Landmauer die Apostelkirche, verbunden mit dem Mausoleum Konstantins und der kaiserlichen Familie. Die Apostelkirche sollte neben der Hagia Sophia die ehrwürdigste Kirche Konstantinopels werden. Noch in der Mitte des fünfzehnten Jahrhunderts war sie Sitz des Patriarchen, bis der Eroberer Mehmed Fatih an ihrer Stelle und aus ihren Steinen seine große Moschee aufrichtete. Nach der Schilderung des Eusebius stand die Gedächtniskirche zu Ehren der zwölf Apostel in einem von Säulengängen umgrenzten Hof. Eine sehr hohe dreischiffige Basilika, im Innern vom Glanz vielfarbiger steinerner Wandplatten und der Goldtäfelung der Decke erfüllt. Selbst das erzene Dach »strahlte von so reichem Gold, daß man schon von der Ferne sah, wie es von den gebrochenen Sonnenstrahlen hell erglänzte«.

Es war ein großer, ein weltbewegender Tag, als am 11. Mai des Jahres 330 die feierliche Einweihung Konstantinopels stattfand. Gottesdienste der Christen leiteten den Festtag ein. Zugleich vollzogen Priester des altrömischen Kults ihre sakralen Riten. Schwerlich hätte der Pontifex maximus auf die üblichen, zum Wohle der Stadt unerläßlichen Bräuche verzichten können. Ein Astrologe erstellte am Gründungstag, dem Geburtstag der Stadt, das Horoskop. Vom Konstantinsforum zum Hippodrom zogen Prozessionen, die das »Kyrie eleison« sangen. Aber auch das goldene Kultbild der Tyche, der Schutzgöttin der Stadt, auf der rechten Hand einer vergoldeten Holzstatue Konstantins stehend, wurde im Festzug mitgeführt, geleitet von Soldaten, die weiße Kerzen trugen.

Nur eines unterschied sich deutlich von den altrömischen Kultbräuchen. Der Festzug führte keine geschmückten Opfertiere mit. Was jedem römischen Kaiser selbstverständlich war, was bei solchen festlichen Anlässen zum rituellen Höhepunkt gehörte, erlaubte Konstantin nicht mehr. In seinem Beisein duldete er weder blutige Tieropfer noch Brandopfer.

Tausende von Alt- und Neubürgern füllten die Tribünen des Hippodroms in Erwartung der festlichen Aufzüge, in Erwartung des Kaisers und der kaiserlichen Familie, der Würdenträger, des höfischen Gefolges. Konstantin erschien in der Kaiserloggia, zu der er von einem vorgezogenen Palastbau unmittelbar gelangen konnte, und empfing die Akklamationen des Volks. Er trug seinen purpurgoldenen, mit Juwelen besetzten Festornat und zum ersten Male das Stirnband mit doppelter Perlenreihe und Edelsteinen, das Diadem in seiner endgültigen Form.

Der Weihetag fiel in das fünfundzwanzigste Jahr seiner Herrschaft. Die Gedenkmünze zur Gründung seiner Stadt zeigt ihn, nicht unähnlich dem Kolossalkopf aus der Basilika des Maxentius, als selbstbewußten, wachen, beherrschten, zur selbstsicheren Entscheidung und zur unerbittlichen Tat fähigen Mann. In der Prägung der Rückseite der Gedenkmünze erscheint die sitzende Tyche der Stadt, in der Hand das kaiserliche Zepter mit Weltkugel und Kreuz. Auf zwei weiteren Festmünzen sind Roma und Constantinopolis abgebildet. Rom ist auch jetzt noch allgegenwärtig, jedoch nur die personifizierte neue Hauptstadt trägt den Lorbeerkranz.

Die von Konstantin begründete Stadt entstand als nahezu vollkommene Selbstdarstellung ihres Gründers und Bauherrn, auch seiner Neigung zu verschwenderischem Prunk, seiner Eitelkeit und seines autokratischen Anspruchs. In unerhörtem Ausmaß verkörperte Konstantinopel die Selbstbezogenheit Konstantins, der zwar nicht mehr *divus*, nicht mehr Gott sein wollte, der auf das Kaiseropfer verzichtete, der es aber gleichwohl genoß, daß ihm die Welt zu Füßen lag.

Aber etwas anderes, reichspolitisch Wichtigeres bekräftigt die Gründung Konstantinopels auch: die staatsmännische Kühnheit und Voraussicht, mit der Konstantin seiner neuen Residenzstadt ihre politische und zugleich religiöse Bestimmung gab, mit der er das alte Rom ablöste und einen neuen Anfang setzte.

35 Helios oder der Christengott?

Es scheint ein Widerspruch darin zu liegen, daß Konstantin einerseits seiner neuen Hauptstadt durch Kirchenbauten und Zeichen ein christliches Gepräge gab, jedoch andererseits altrömische Weihekulte vollzog oder Tyche als Schutzgöttin der Stadt verehren und Tempel errichten ließ und sich selbst in seinem Standbild auf dem Forum Constantini mit dem Sonnengott identifiziert haben soll. Eusebius läßt den Widerspruch erst gar nicht aufkommen. Er schreibt, Konstantin habe seine »Stadt von allem Götzendienst gereinigt«; »keine Bilder der angeblichen Götter durften in ihren Tempeln verehrt . . . noch sonst irgendeine von den abergläubischen Gewohnheiten der Heiden beobachtet werden«. Aber das stimmt zumindest nicht in dieser Ausschließlichkeit.

Nochmals vertieft wird der Widerspruch durch die Anwesenheit und den Beistand des neuplatonischen Philosophen Sopatros bei den altgläubigen Weiheriten. Schon seit einigen Jahren gehörte der Philosoph zu den einflußreichsten Beratern Konstantins, der ihn »zu seiner Rechten sitzen läßt zum allgemeinen Neid und Ärgernis der Höflinge«. Ebenso standen der Neuplatoniker und eleusinische Mysterienpriester Nikagoras und der gebildete altgläubige Hermogenes, den Konstantin zum Quaestor seines Palasts ernannte, in der Gunst des Kaisers. Natürlich regten sich unter den christlichen Beratern Gegenkräfte. Einige Zeit nach der Einweihung Konstantinopels fiel Sopatros einer Palastintrige zum Opfer.

Persönlich verhielt sich Konstantin den alten Kultbräuchen gegenüber zunehmend kühler, »aufgeklärt« wie die ihm nahestehenden Philosophen. Überdies ist es ein Zeichen mangelnder Pietät, wenn er zur Ausgestaltung Konstantinopels zahlreiche Weihestätten berauben oder zur Deckung eines wachsenden Geldbedarfs Götterbilder einschmelzen, auch Gold und Silber aus den Tempelschätzen holen ließ. Und befahl er nicht die Zerstörung einiger Tempel, des Aphroditetempels von Aphaka im Libanon, des Asklepiostempels im kilikischen Aegae und des Aphroditetempels in Heliopolis? Aber hier, mit Sicherheit in Aphaka und Heliopolis, traf der Zerstörungsbefehl die Stätten kultischer Entartungen, der Auswüchse sakraler Prostitution und »unnatürlicher Unzucht«, »eine Schule des Lasters ... für solche, die durch gänzliche Zügellosigkeit ihren Leib zugrunde gerichtet hatten«.

Der Kaiser hatte mit einer religiös gemischten Bevölkerung in Konstantinopel wie im gesamten Imperium zu rechnen. Wenn seine wiederholt ausgesprochene Hinführung zu einem »Friedensreich« Glauben verdiente, so mußte er alle religiösen Kulte tolerieren, und grundsätzlich hielt er sich an das Gebot der Toleranz.

Die zunächst erstrebte Gleichheit der Kulte, ihre Parität, schlug zugunsten des Christentums um, vor allem darum, weil die alte Religion zerrüttet, gespalten, in ihrer religiösen Kraft erlahmt war und die Christen mit ihrem Bekennermut, ihrem verbindlichen Ethos, ihrer ungebrochenen Glaubensstärke das religiöse Feld besetzten. Wenn auch die organisierte Festigung der Christen durch den Donatismus und andere eigenwillige Strömungen noch Schwierigkeiten bereitete, so sah Konstantin doch das zur Einheit fähige Potential der jungen Christenkirche, das allein ihm und seiner Reichsidee Nutzen bringen konnte. Religionspolitisch war das ein ungeheurer Vorgang, eine radikale Wende, die spätestens nach dem Sieg über Licinius und im Folgejahr auf dem Konzil von Nicaea in ihrer ganzen Tragweite erkennbar wurde.

Eine die altrömischen Vorstellungen umstürzende Neuerung brachte Konstantins Verzicht auf den Kaiserkult, dessen herausfordernde Pflicht das Hauptärgernis der Christen war. Er verzichtete auf das dem Kaiser als Gott darzubringende

Opfer, verzichtete auf die Eidleistung »beim Genius des Kaisers« und auf die kultische Verehrung seines Bildes in einem Tempel.

Aber ließ der Kaiser nicht um die Zeit der Gründung Konstantinopels in dem umbrischen Städtchen Hispellum einen Tempel errichten? Die Einwohner Hispellums hatten Konstantin gebeten, der kaiserlichen Familie, der Gens Flavia, einen Tempel weihen zu dürfen, verbunden mit alljährlichen Spielen. Die inschriftlich erhaltene Erlaubnis spricht allerdings ausdrücklich von der Bedingung, der Tempel dürfe nicht durch den Trug eines ansteckenden Aberglaubens befleckt werden. Die Umschreibung kann sich kaum auf etwas anderes als das Verbot des üblichen blutigen Opfers beziehen. Konstantin wahrte die Tradition, indem er den Tempelbau zu Ehren der kaiserlichen Dynastie und als Sammelort der jährlichen Spiele erlaubte. Doch strenggenommen verweist die Inschrift auf einen »entkultisierten« Tempel, entspricht sie ganz und gar dem Verzicht auf die dem Kaiserkult geltenden, als abergläubisch empfundenen Bräuche.

Vorausgesetzt, Konstantin »geht von christlichen Grundsätzen aus, um zu bestimmen, ob eine heidnische Kultäußerung geduldet werden kann«, so fällt sein widersprüchliches Verhalten bei der Gründung Konstantinopels um so stärker ins Gewicht. Handelte es sich um eine »konfuse Verbindung« von altrömischer Religion und christlischem Glauben? Oder blieben – wie Jacob Burckhardt meinte – »heidnische Sympathien« bis zuletzt wirksam?

Man muß schon sehr genau hinsehen, um wenigstens annähernd Zugang zu den mit der Gründung Konstantinopels verbundenen kultischen Maßnahmen zu finden. Die Weiheriten unter Mithilfe altgläubiger Priester entsprachen traditionellem Brauch und waren ein Minimum dessen, was der zur Toleranz verpflichtete und gewillte Pontifex maximus zu erfüllen hatte. Nicht anders zu werten war die bereits erwähnte Errichtung der Tempel zu Ehren der Tyche und der Rhea. Der Ende des fünften Jahrhunderts schreibende Historiker Zosimos nennt noch einen dritten, den Dioskuren Castor und Pollux geweihten Tempel.

Auch wenn die Tyche und die Dioskuren »mehr Genien- als Göttercharakter« besaßen, kann man nicht davon absehen, daß Konstantin ihre Verehrung duldete. Außerdem sollte die bei der Feier veranstaltete Weiheprozession mit der kleinen Kultstatue der Tyche jährlich wiederholt werden. Der jeweilige Kaiser hatte sich mit dem versammelten Volk zu erheben und vor der vergoldeten Statue des Gründers und der Tyche der Stadt zu verneigen. Fraglich bleibt jedoch, ob der altgläubige Bevölkerungsteil der Stadt die Göttermutter Rhea in ihrem Tempel vorbehaltlos verehrte. Der Kaiser hatte die aus Kyzikos geholte Weihestatue umgestalten lassen. Der Name Rhea blieb erhalten, doch die Göttermutter wurde ohne ihre beiden mitgeführten Löwen gezeigt, ihre Hände hielten nicht mehr die Zügel. Verändert, nun mit erhobenen Armen, stellte sie eine Orantin, eine Betende dar, das heißt: eine »christianisierte« Rhea beschützte die Stadt. Deshalb wirft der altrömisch-gläubige Zosimos dem Kaiser »Mißachtung des Göttlichen« vor.

Außer den von Konstantin veranlaßten Tempelgründungen gab es einige Tempel oder Weihestätten des alten Byzanz, die selbstverständlich nicht aufgelöst wurden und der altgläubigen Bevölkerung ungehindert zugänglich blieben. Aber Konstantinopel erhielt »keinen Tempel des kapitolinischen Jupiter, kein Feuer der Vesta, kein Priesterkollegium, das dem Staat die Gnade der Götter hätte sichern sollen«. Der neuen Hauptstadt »fehlte also gerade die religiöse Ausrüstung, die dem damaligen Rom noch ein so entschieden heidnisches Gepräge gab«. Der Kaiser als Pontifex maximus toleriert den alten Götterglauben, jedoch ohne ihn zu aktivieren. Statt dessen nimmt in der Stadt, in der Konstantin bis zu seinem Lebensende residieren wird, die aktive Förderung der Christen zu.

Demgegenüber wurde eingewendet, Konstantin habe noch in seinen letzten Jahren weitere »Zeichen unchristlicher, ja unmittelbar heidnischer Sympathien« gegeben. Im Jahre 335 verfügte er durch Gesetz die Freistellung heidnischer Priester, der Flamines, von Leistungen, die Leuten minderen Ranges abverlangt wurden. Nochmals im Jahre 337, kurz vor seinem Tode, erklärte er die gesetzliche Abgabenfreiheit ehemaliger Priester und lebenslänglicher Flamines. Jedoch ging es in beiden Gesetzen nicht um einen religionsbezogenen Sympathieerweis, sondern um »Bestätigung der gesellschaftlichen Rangordnung«, um die rechtlich beglaubigte Entlastung der »den magistratischen Ehren seit langem gleichgestellten Ämter«.

Problematischer ist die Errichtung der Porphyrsäule mit dem Standbild Konstantins als Helios auf dem Forum Constantini. Wenn die Säule mit der Statue »die sakrale Mitte der Stadt bezeichnen« sollte, kam ihr eine hohe Bedeutung zu. Hat sich Konstantin noch im Jahre 330 zur Gründungsfeier Konstantinopels mit dem Sonnengott identifiziert und sich vergöttlichen lassen? Dieser Annahme widerspräche allerdings die gesamte konstantinische Religionspolitik seit 324. Es wäre die einzige und mehr als rätselhafte Ausnahme, denn mit Gewißheit verzichtete der Kaiser nach 324 auf den dem Sonnengott zugehörigen Titel *invictus,* unterblieb ebenso bei Münzprägungen oder sonstigen Bildnissen die Darstellung mit der Strahlenkrone des Sol.

Nun fehlt es nicht an Versuchen, den Widerspruch durch eine Überführung oder Umwandlung des Sonnenkults in christliche Symbole aufzulösen. Dabei wird der über lange Zeit äußerst intensive und vielfach bezeugte Sonnenkult Konstantins keinesfalls verleugnet. »Diese Sonnenreligion gehörte zu seiner innersten Natur, sie war so tief in seinem Wesen verankert, daß sie sich auch in seiner Hinwendung zum Christentum behauptete.« Wenn die Kirche »Christus als die Sonne der Gerechtigkeit« verkündete, »so konnte der auf der Porphyrsäule dargestellte sonnengleiche Kaiser von den Christen als der Christus-Gleiche angesehen werden«, als »Abbild dieser Sonne der Gerechtigkeit auf Erden«.

Abgerückt von der christlichen Anpassung gab eine andere Deutung dem Konstantinbild einen schärferen und nachhaltigeren Akzent: »Der Kaiser, der die welthistorische Bedeutung des Christentums erkannt hat, ist selbst so wenig Christ, daß er fünf Jahre nach dem nicaeischen Concil, dem er präsidierte, sich selbst als Helios darstellen ließ.« Nur setzt diese oft wiederholte und lange unangefochtene Deutung etwas voraus, das höchst bedenklich ist und durch eine in ihrer Beweiskraft einleuchtende Untersuchung aus jüngerer Zeit eher fragwürdig wurde: die gesicherte Darstellung Konstantins als Helios. Nach neuerer Erkenntnis kann aufgrund der vorgebrachten Argumente »weder die Identifizierung Konstantins mit Gott Helios angenommen werden, noch ist die Behauptung, Konstantin hätte sich als Gott verehren lassen, haltbar«.

Nachweislich ist lediglich, daß die Porphyrsäule das vergoldete Standbild des Kaisers trug. Schon fraglich ist, ob Konstantin aus der kleinasiatischen Weihestätte die Statue eines Helios oder eines Apollo herbeischaffen und umarbeiten ließ. Von den antiken Autoren, die das Standbild gesehen und darüber berichtet haben, spricht niemand ausdrücklich von einem Konstantin-Helios-Bild. Die erst im fünften Jahrhundert einsetzenden Berichte nennen zwei Attribute, die allerdings Merkzeichen des Helios waren: eine goldene »Weltkugel« und einen »Strahlenkranz«.

Von der in der Rechten gehaltenen Kugel heißt es in einem späteren Bericht, Konstantin habe ihr ein Kreuz aufsetzen lassen. Dies war für Helios ebenso unangemessen wie eine Lanze, die dem Standbild in der Linken beigegeben war. Ein »Strahlenkranz« wird zuerst im sechsten Jahrhundert erwähnt. Vielleicht hatte Konstantin tatsächlich die Strahlenkrone einer übernommenen Heliosstatue nicht beseitigen lassen. Oder – so lautet eine widersprechende Argumentation – es handelte sich bei den »Strahlen« um das Aufleuchten und Glitzern von »Metallplatten, vielleicht vergoldeten, die zur Bildung des neuartigen Juwelenkranzes des Kaisers dienten«. Bemerkenswert ist, daß ein Bericht aus dem zwölften Jahrhundert, nachdem die Statue bei einem heftigen Gewitter herabgestürzt und zerbrochen war, jede Einzelheit, jedes Stück beschreibt, jedoch den Strahlenkranz unerwähnt läßt.

Zur konstantinischen Zeit und über Jahrhunderte bis zu seiner Zerstörung muß das vergoldete Standbild des Kaisers, hochragend auf der Porphyrsäule und strahlend im Sonnenlicht, einen faszinierenden Anblick geboten haben. Es war eine der Erde entrückte, eine sakrale Erscheinung, und es erstaunt nicht, wenn das wunderbare Standbild im Lauf der Zeit und schon mit den frühen, ja erst zwei Jahrhunderte nach der Errichtung einsetzenden Berichten zur Legendenbildung eingeladen hatte. So mag auch, fußend auf einer älteren Rede von der sonnengleichen Strahlkraft der Statue, im elften Jahrhundert der Hinweis auf eine angebliche Inschrift entstanden sein: »Konstantin, dem wie die Sonne Leuchtenden.« Doch zuvor gab es auch andere, nicht weniger anfechtbare Hinweise auf Inschriften christlichen Inhalts.

Nach anderen, ebenso legendenhaften Zeugnissen soll Konstantin seiner Statue eine Reliquie vom Kreuz Christi eingesetzt, soll er in den Strahlen- oder Juwelenkranz Nägel des heiligen Kreuzes gesteckt haben. Diese Auskünfte entstanden in einer Zeit, als Konstantin in der Ostkirche bereits als Heiliger verehrt und die Säule mit seinem Standbild zu einer christlichen Kultstätte geworden war. Offenbar griffen die christlichen Autoren frühere Legenden auf, nach denen Helena nach der Auffindung des Kreuzes ihrem kaiserlichen Sohn nach Konstantinopel Kreuzessplitter oder Nägel geschickt haben soll.

Der Erfindergeist der Legende schrieb der Konstantinsäule Paradoxes zu. In den Sockel der Säule – so heißt es in einer Überlieferung – habe Konstantin das Palladium des Aeneas, hochgeehrt als Wahrzeichen Roms, dazu neben anderen Reliquien die Axt Noahs, das Salbgefäß der Magdalena und die zwölf Körbe der wunderbaren Speisung einmauern lassen. Damit wäre nun wirklich eine »konfuse Mischung« von heidnischen und christlichen Weihestücken vollkommen. Das Unglaubhafte dieser Überlieferung wurde durch eine archäologische Untersuchung des Säulensockels in den Jahren 1929/1930 bestätigt.

So dicht auch das Netz der Legenden um die Konstantinsäule sein mag und die Bestimmung der Statue mit ihren Zeichen erschwert, mit Gewißheit kann man sagen, daß die für eine bewußte Darstellung Konstantins als Sonnengott sprechenden Argumente fragwürdig und anfechtbar sind. Eher käme dieser prunkenden und strahlenden Selbstdarstellung Konstantins in der Mitte seiner Stadt eine Bestimmung zu, die vollkommen dem entsprach, wie er selbst gesehen werden wollte und wie er es durch sein Verhalten erkennen ließ. Aber das erhöhte, vergoldete Standbild scheint für manche Betrachter auch den Glanz des alten vergöttlichten Kaisertums ausgestrahlt zu haben. Kaum anders wäre erklärbar, wie sehr noch über Jahrhunderte ein Gespinst von Legenden, von heidnischen wie christlichen Deutungen um die Statue auf der Porphyrsäule gewoben wurde.

36 Arius und Athanasius

Zur gleichen Zeit, als Konstantinopel zum Abbild kaiserlicher Repräsentation heranwuchs und die Schätze des Reichs an sich zog, in den Jahren vor und nach der Einweihung der Stadt, schwelte der kirchliche Streit um Arius weiter. Zeitweise nahm der Konflikt solche Ausmaße an, daß dem Einigungswerk von Nicaea die Zerstörung drohte. Mehr und mehr rückten die dogmatischen Fragen, die Verständigung um das Verhältnis von Gottvater zum Sohn, in den Hintergrund. Nun, sozusagen in der zweiten Phase des Streits, drängten Besitzansprüche der Bischöfe nach vorn, Machtansprüche, die gegenüber mißliebigen Amtsbrüdern anderer Denkart mit allen, mitunter sehr trüben Mitteln verfochten wurden.

Der erneut entbrannte und über viele Jahre anhaltende Konflikt hatte mehrere Gründe, die im Zusammenspiel zur vollen Auswirkung gelangten. Erstens gaben sich die arianischen Bischöfe mit der Verurteilung des Arius nicht zufrieden. Ihr Einfluß am Hof in Nikomedia, dann in Konstantinopel war ungebrochen, und vor allem der geschickte und ehrgeizige Bischof Eusebius von Nikomedia wurde zum energischen Vorkämpfer der arianischen Sache. Zweitens griff Konstantin in den Streit ein, mehrfach die Parteien wechselnd. Ihm kam es am wenigsten auf die ihm unverständlichen theologischen »Spitzfindigkeiten« an. Ihm widerstrebte die Spaltung, und er versuchte, politisch denkend, unter allen Umständen die Einheit und den Kirchenfrieden zu wahren. Gewiß hätte sein Bemühen eher Erfolg gehabt, wäre nicht drittens der streitbare und hartnäckige Athanasius zum Anführer der Gegenpartei geworden.

Nach der in Nicaea beschlossenen Verurteilung war Arius mit den beiden treu gebliebenen Bischöfen nach Nikomedia verbannt worden, eine äußerst milde Art der Verbannung. Sollte Konstantin damit die Nachgiebigkeit und Versöhnungsbereitschaft der Exkommunizierten erhofft haben, so wurde er bald getäuscht. Die Arius verbundenen Bischöfe Eusebius von Nikomedia und Theognius von Nicaea mißachteten das nicaeische Urteil und nahmen die aus der Kirchengemeinschaft Ausgeschlossenen wieder auf. Das gab den Arianern einen unverhofften Auftrieb, und ihren nicht wenigen Anhängern waren die bischöflichen Führer zurückgegeben.

Konstantin reagierte entrüstet. Er verbannte die Bischöfe, die dem Konzilsbescheid und ihm persönlich zuwider gehandelt hatten, nach Gallien und Arius mit seinen beiden Gefolgsmännern nach Illyrien. Es war »das erste kirchliche Strafgericht des Kaisers gegen Bischöfe« und zeigt, wie kompetent sich Konstantin nach Nicaea fühlte. Andererseits kam sein Verbannungsurteil einer folgenschwereren und weitaus schwieriger aufhebbaren Exkommunikation durch eine Synode zuvor. Die weiteren Ereignisse bestätigen, daß sein Eingriff in kirchliche Belange nicht unklug kalkuliert war.

Wahrscheinlich rührten sich nach einiger Zeit, nach der Rückkehr Konstantins von der Feier seiner Vicennalien in Rom, die Anhänger der Arianer. Sie hatten in der Kaiserschwester Constantia eine einflußreiche Verbündete am Hof. Aber auch der Arianerfreund Eusebius von Caesarea stand um diese Zeit dem Kaiser nahe, während Bischof Ossius, der bisher die alexandrinische Gegenpartei stützte, nicht mehr zu den engeren Beratern Konstantins gehörte. Jedenfalls sandte Konstantin an Arius ein Schreiben, in dem er mit heftigen Vorwürfen nicht zurückhielt, aber doch den Verbannten zur Bekehrung und zur Rückkehr aufforderte. Arius zeigte dem Kaiser seine Unterwerfung an, und eine offensichtlich rasch zusammengerufene Synode, die im Jahre 327 in Nicaea tagte und vorwiegend arianische Bischöfe versammelte, beschloß die Wiederaufnahme der Exkommunizierten. Ebenso wurden die verbannten Bischöfe Eusebius und Theognius zurückberufen, und der nikomedische Bischof gewann am Hof mehr Einfluß als zuvor.

Eusebius von Nikomedia fühlte sich stark genug, um mit Hilfe seines gleichnamigen Amtsbruders in Caesarea und anderer Arianer sogleich einen Reinigungsprozeß einzuleiten. Anhänger der alexandrinischen Gegenpartei wurden von ihren Bischofsstühlen verdrängt, darunter Eustathius von Antiochia und Marcell von Ankyra, der Metropolit der galatischen Kirchenprovinz. Eine Synode in Antiochia setzte Eustathius ab, und der Kaiser schickte den Bischof in die Verbannung, weil er angeblich die Kaiserinmutter Helena beleidigt habe. Möglich wäre das schon, denn Helena stand den von Eustathius verketzerten Arianern nahe. Aber nun ging es nicht mehr um die reine Lehre, sondern um ein machtpolitisches Intrigenspiel. Als in Antiochia Tumulte und Ausschreitungen der Anhänger beider Parteien bürgerkriegsähnlich ausarteten, mußte der Kaiser Beamte und Soldaten entsenden, um die Streitenden zur Räson zu bringen. Doch es gelang der eusebischen Partei, begünstigt durch Konstantin, in Antiochia und andernorts Bischöfe ihrer Wahl einzusetzen.

Es war zu erwarten, daß der Bischof von Alexandria, der Patriarch der ägyptischen Kirchenprovinz, den Gesinnungswandel des Kaisers nicht mitvollzog. Schon Bischof Alexander verweigerte die von Konstantin gewünschte Wiederaufnahme des Arius als Presbyter in Alexandria. Erst recht widersetzte sich der nach dem Tod des Bischofs im Jahre 328 gewählte Nachfolger Athanasius. Keine Bitte des Kaisers, Arius aufzunehmen, kein Befehl mit der Drohung, bei fortdauerndem Widerstand würde er abgesetzt und verbannt, rührte den alexandrinischen Patriarchen.

Bereits in Nicaea hatte sich der junge Diakon als eifernder Gegner der Arianer hervorgetan. Er vertrat die rechtgläubige Theologie, die Lehre von der Wesensgleichheit Gottvaters mit dem Sohn. Im Glauben an die Menschwerdung des göttlichen Sohnes, die »der Menschheit die Ebenbildlichkeit Gottes« zurückgab, wußte sich der Bischof eines Sinnes mit seiner Gemeinde und der orthodoxen Kirche. Aber davon ist kaum noch die Rede. Athanasius war weniger Theoretiker, eher ein politisch Handelnder und leidenschaftlich Kämpfender, weniger ein Dienender als ein Kirchenfürst, der sein eigenes Machtbegehren mit der Selbstbehauptung der Kirche gegen den weltlichen Herrscher verschmolz. Als Patriarch der größten, reichsten und bestorganisierten Kirchenprovinz seiner Zeit beherrschte er geradezu einen Staat im Staate.

Man gewinnt den Eindruck, daß der eigentliche Anlaß des Kirchenstreits in der Folgezeit völlig überdeckt wurde von der Machtbehauptung des Patriarchen gegen die Konstantin nahestehenden Eusebianer, gegen die Gehorsamsforderung des Kaisers, gegen die in Ägypten weitverbreiteten Melitianer. Sie galten zwar wegen ihrer Verdammung der »Gefallenen« als Schismatiker, doch unentwegt ordinierten sie ihre Bischöfe, forderten sie Mitsprache und widersetzten sich bereits der alexandrinischen Bischofswahl. Nun beschuldigten die Melitianer den verhaßten Athanasius der rabiaten Gewaltanwendung und weiterer staatsfeindlicher Delikte. Gewiß war der kämpferische Patriarch nicht zimperlich in der Wahl seiner Mittel, unterschied er – wie die anderen politisierenden Bischöfe auch – nicht immer zwischen Moral und Politik. Doch der vor den Kaiser zitierte Athanasius konnte sich rechtfertigen und die Anklage als Verleumdung bloßstellen.

Die persönliche Begegnung mit Athanasius blieb nicht ohne Wirkung auf Konstantin. Er bestand nicht mehr auf der wegen Arius ausgesprochenen Drohung. Ja, er schrieb den Alexandrinern: »Ich habe euern Bischof Athanasius gern empfangen und so angeredet, wie ich überzeugt bin, daß er ein Mann Gottes ist.«

Konstantin, wie Athanasius kein Theoretiker, doch beeindruckbar durch charakterfeste Persönlichkeiten, erwies seinem Widersacher Respekt, vielleicht sogar seine geheime Sympathie. Er bot Athanasius seinen Schutz, obwohl er sehen mußte, wie der streitbare Patriarch seine auf den Kirchenfrieden, das heißt auch auf Kompromisse der Streitenden ausgerichtete Religionspolitik störte. Konstantins später wiederholte Schutzgewährung kennzeichnet ihn um so mehr, als der Einfluß der Eusebianer am Hof, die nur widerwillig die Rechtfertigung des Alexandriners aufnahmen, nicht zu unterschätzen war.

In Athanasius trat Konstantin die stärkste, unbeugsamste Persönlichkeit seiner Zeit entgegen, kein Anpasser und kein Verführbarer. Er verschmähte materielle Vorteile und verwarf die Verständigung mit dem Kaiser, die ihm alle Tore geöffnet hätte. Sein Starrsinn und sein unbedingter Wille zur Machtbehauptung, schwerlich vereinbar mit einem Mann der Kirche, ließen ihn keinen Augenblick daran zweifeln, daß er gerecht handele zum Nutzen der Kirche. Athanasius allein verfügte über die Fähigkeit und den entschlossenen Mut, dem Kaiser Widerstand zu bieten, wo er die Autonomie der rechtgläubigen Kirche gefährdet sah.

Im Jahre 332 beschäftigte den Kaiser noch ein anderer Krieg, den er mit mehr Glück austrug als die kirchlichen

Auseinandersetzungen. Wiederum waren die Goten in breiter Front über die untere Donau vorgestoßen. Ihr Massenheer zog bereits durch den Südosten des balkanischen Reichsgebiets. Mit Hilfe seines sechzehnjährigen Sohnes Constantinus führte der Kaiser seine Truppen in den Rücken des feindlichen Heeres und riegelte dessen Nachschubwege ab. In einer Schlacht nicht weit vom heutigen bulgarischen Varna besiegte er die Eindringlinge. Doch wichtiger als der Sieg war ein Bündnis, das nun zustande kam. Die Goten übernahmen den Grenzschutz an der Donau, stellten Hilfstruppen, während Konstantin ihnen Siedlungsland überließ und die Lieferung von Saatgut und Getreide zusicherte.

Unterdessen war der Streit zwischen Athanasius und den Melitianern nicht zur Ruhe gekommen. Erneut beschuldigten die Melitianer den Patriarchen der Gewaltanwendung gegen ihre Bischöfe und Priester, nicht ganz unberechtigt. Bei der Schließung von Kirchen der Schismatiker ließ der unduldsame Athanasius hart durchgreifen. Nun verstiegen sich die Melitianer zu der Behauptung, Athanasius habe ihren Bischof Arsenius auspeitschen und ermorden lassen. Da der Bischof tatsächlich in seinem Haus bedrängt worden und auf unerklärliche Weise verschwunden war, griff der Kaiser ein. Mit der Untersuchung des Falles beauftragte er seinen Halbbruder Dalmatius, der in Antiochia das Amt des Zensors ausübte. (Nach dem Tod der Kaiserinmutter Helena hatte Konstantin seine Halbbrüder Dalmatius und Julius Constantius an den Hof berufen und ihnen ehrenvolle Ämter übertragen.)

Fast wäre der nach Antiochia befohlene Athanasius zu Fall gekommen. Jedoch hatte der Patriarch eine Suchaktion eingeleitet, und seine Spitzel entdeckten den unbemerkt aus seinem Haus entkommenen Arsenius, der sich in einem nilaufwärts abgelegenen Kloster verborgen hielt. Athanasius konnte nachweisen, daß der angeblich Ermordete lebte. Das Verfahren gegen ihn wurde eingestellt, und man liest aus den Worten Konstantins seinen Zorn, als er von den »fluchwürdigen, tollen und verbrecherischen Melitianern« schrieb.

Aber damit war der unselige Streit nicht beendet. Die nun in Ungnade gefallenen Melitianer, zerknirscht über das Vorgehen einiger ihrer Presbyter und wohl auch, um eine letzte Karte gegen ihren Erzfeind auszuspielen, machten ihren

Frieden mit der Kirche. Sie unterwarfen sich dem in Nicaea beschlossenen Glaubensbekenntnis. Der Kaiser, erfreut über ihren Friedenswillen, scheint nicht bemerkt zu haben, wie sich nun hinter seinem Rücken Melitianer und Eusebianer verbündeten. Eine nach dem Voraufgegangenen merkwürdige Koalition, offenbar in der Absicht gegründet, den eigenwilligen Patriarchen von Alexandria endgültig zu beseitigen.

Vorwände gegen Athanasius fand man genug. Zudem war der fast in Vergessenheit geratene Arius noch immer nicht nach Alexandria zurückgekehrt, der Patriarch verweigerte dessen Aufnahme. Zur Klärung der umstrittenen Fragen berief der Kaiser eine Synode ein, die Anfang 334 in Caesarea stattfinden sollte. Da der örtliche Bischof Eusebius die Leitung übernahm und ein Übergewicht von Eusebianern und Melitianern vorauszusehen war, blieb Athanasius fern, und die Synode verlief ergebnislos. Einer daraufhin im Jahre 335 nach Tyrus einberufenen Reichssynode der Bischöfe des Ostens, deren Zustandekommen ein kaiserlicher Aufsichtsbeamter überwachte, konnte sich Athanasius nicht mehr entziehen, obwohl auch dort das Schlimmste zu befürchten war.

In Tyrus feierte der mit neunundvierzig ägyptischen Bischöfen erschienene Patriarch zunächst einen Triumph. Als man abermals die mysteriöse Mordaffäre vorbrachte und als Beweismittel eine abgeschlagene Hand in einem Holzkästchen herumreichte, führte Athanasius den angeblich ermordeten Bischof Arsenius leibhaftig und unverstümmelt vor die verblüffte Kirchenversammlung. Danach drohte dem Patriarchen ein Verfahren in anderer Sache wegen angeblicher Mißhandlung eines anderen melitianischen Bischofs und eines bei der Gewaltanwendung zerstörten Abendmahlsbechers. Eine Kommission sollte am Ort in der alexandrinischen Mareotis den Fall klären.

Wahrscheinlich erkannte Athanasius das Aussichtslose seiner Situation, denn jetzt verließ er fluchtartig die Synode, um nach Konstantinopel zu reisen und vor dem Kaiser zu klagen und dessen Schiedsgericht zu erbitten. Die versammelten Bischöfe unter Protest der ägyptischen nahmen die Flucht als Schuldgeständnis und erklärten den Patriarchen von Alexandria für abgesetzt.

Inzwischen hatte ein kaiserliches Schreiben die Synodalen

aufgefordert, nach Jerusalem zu reisen und dort an der festlichen Einweihung der vollendeten Grabeskirche teilzunehmen. In Jerusalem setzten die Bischöfe ihre Beratungen fort, und es entsprach dem Wunsch Konstantins nach Versöhnung, als die Synode nun die volle Rehabilitierung des Arius und seiner Freunde beschloß. Zuvor hatte Arius nochmals durch ein Glaubensbekenntnis seine Zugehörigkeit zur rechtgläubigen Kirche bezeugt. In Konstantinopel sollte am Ostertag des nächsten Jahres 336 seine feierliche Wiederaufnahme erfolgen. Am Vorabend seines Triumphs bei einem Gang durch die Stadt befiel Arius plötzlich ein heftiges Unwohlsein, und er starb auf der Straße, ein merkwürdiger Tod zu diesem Zeitpunkt, der Gerüchte auslöste oder als Gottesurteil angesehen wurde.

Athanasius war aus dem über ein Jahrzehnt andauernden Kirchenstreit bereits ausgeschieden. Sein letzter Auftritt in der Regierungszeit Konstantins fiel in den Oktober des Vorjahres 335. Konstantin selbst schildert die Szene, wie ihm bei einem Ausritt der nach Konstantinopel geflohene Athanasius begegnet, im Bettlerrock zunächst unerkannt, bis ihn ein Begleiter auf den seiner Würde beraubten Patriarchen aufmerksam machte. Nur widerstrebend gab der Kaiser der Bitte um Gehör nach. Aber dann scheint noch einmal die Achtung vor der starken Persönlichkeit des Athanasius, zumindest das Verlangen nach Gerechtigkeit, den Kaiser bewegt zu haben.

Mit erregten, unüberhörbar drohenden Worten schreibt er den Bischöfen: »Ich weiß nicht, was eure Synode unter Lärm und Sturm entschieden hat; es sieht aber so aus, als sei von eurer stürmischen Unordnung die Wahrheit verwirrt worden. Denn in eurer Streitlust gegen den Nächsten, in der ihr nicht nachgeben wollt, achtet ihr nicht auf das, was Gott wohlgefällig ist.« Er forderte die führenden Bischöfe auf, nach Konstantinopel zu kommen, damit »in meiner Gegenwart« über ihre Vorwürfe und die Klagen des Athanasius entschieden werde.

Die Gegenpartei, geführt von Eusebius von Nikomedia, ließ sich keineswegs einschüchtern, sondern griff zur schärfsten, zur politischen Waffe. Die Bischöfe bezeugten, Athanasius habe angedroht, er werde die alexandrinischen Schiffe mit den für Konstantinopel lebensnotwendigen Getreidelieferungen zurückhalten. Ein solcher Verdacht, ein solches Ausspielen der Machtposition des Alexandriners lag im Bereich des Möglichen. Vielleicht – über die gegen ihn laufenden Intrigen hinaus – scheiterte Athanasius tatsächlich an seiner Hartnäckigkeit, versuchte er, zu seiner Selbstbehauptung sein mächtiges Patriarchat zu nutzen, dabei im letzten die Gesamtinteressen der Kirche und den Friedenswillen Konstantins verkennend.

Der Beschuldigte konnte den schweren Vorwurf nicht widerlegen. Konstantin bestätigte die Absetzung des Patriarchen und verbannte ihn nach Trier. Auch jetzt noch wahrte der Kaiser gegenüber dem Verbannten einen letzten Respekt. Der Bischofsstuhl von Alexandria blieb unbesetzt und stand demnach einer möglichen späteren Rückkehr des Athanasius offen.

Auf Konstantin bezogen, ist der im Namen der Kirche und mit rechthaberischen und abstoßenden Mitteln geführte Streit um Arius und Athanasius äußerst aufschlußreich. Sein Verhalten, seine Briefe und Verfügungen zeigen ihn nicht außerhalb der Vorgänge, nicht als Autokraten, der im Bewußtsein seiner Befehlsgewalt und ungeachtet der Betroffenen Gehorsam erzwingt. Er selbst ist Mitbetroffener, in so auffallender Weise engagiert, daß seine Schreiben überhaupt in keinem staatsamtlichen erhabenen Ton, sondern ganz persönlich gehalten sind, erregt, mahnend, auch rückhaltlos empört und mit härtesten Vorwürfen nicht sparend.

Die kirchlichen Auseinandersetzungen fordern ihn heraus, nehmen ihn übermäßig in Anspruch und zehren an seinen Kräften neben den wiederholten Abwehrkämpfen gegen die Goten und die Sarmaten, neben dem Aufbau der Hauptstadt und den vordringlichen Aufgaben der Reichsverwaltung und Gesetzgebung. Darum ist es unsinnig und allzu billig, jenem von Gegnern erfundenen Schematismus zu folgen, nachdem Konstantin in den ersten zehn Regierungsjahren vortrefflich, in den folgenden zwölf ein Räuber und in den letzten zehn ein Verschwender gewesen sein soll. Daß er Kunstschätze rauben ließ, daß er prunksüchtig, eitel und auf seine Selbstdarstellung bedacht war, wurde gesagt. Aber gerade sein Verhalten im Kirchenstreit enthüllt eine Seite seines Wesens, die einem bequemen Vorurteil zuliebe vielfach vergessen wurde.

Bis in sein Schwanken, seinen Parteienwechsel hinein handelte er menschlich, konventionelle Erwartungen übergehend, schutzgewährend, wo er die Gerechtigkeit mißachtet glaubte, und dies gegen die Einflüsterungen seiner engeren Umgebung. Im Vergleich mit der Mehrzahl der beteiligten Bischöfe hat sich Konstantin als der Einsichtigere erwiesen.

Gewiß nahm der Kaiser die Kirche in den Dienst seiner als gottgewollt erkannten Sendung. Aus politischen Gründen war ihm die Einheit der Kirche wichtiger als das rigorose Bestehen auf Lehrmeinungen, die eher zur Spaltung führten. Aber wie immer man Konstantins Religionspolitik wertet, sein vorrangiges Handeln in diesen Jahren »ist ein einziger Versuch, die Kirche zum Frieden zu bringen, ein unaufhörlicher Kampf gegen den innerkirchlichen Streit«.

37 Die Vierteilung des Reichs

Die Verbannung des Athanasius nach Trier, wo der Patriarch am Hof des jungen Constantinus nicht etwa als Gefangener, sondern mit gebührender Hochachtung aufgenommen wurde, befreite den Kaiser von der Last des langwierigen, aufreibenden Kirchenstreits. Überhaupt traf Konstantin in diesem ereignisreichen Jahr 335 Entscheidungen, die sein Verlangen nach Ordnung auch im Herrschaftsgefüge des Reichs innerhalb seiner Dynastie erkennen lassen. Unmittelbar vor der Feier seines dreißigjährigen Regierungsjubiläums, seiner Tricennalien, bestellte Konstantin sein Haus. Er bestimmte die an seine Söhne, an die Caesaren, fallenden Reichsgebiete. Ob der Fünfzigjährige ein Nachlassen seiner Kräfte fühlte, ob ihn irgendwelche körperlichen Beschwerden plagten, ist nicht bekannt. Aber er hielt den Zeitpunkt für gekommen, schon im Hinblick auf die dynastische Zukunft nach seinem Willen das Reich zu teilen.

Möglicherweise beeinflußte ein Ereignis, das im selben Jahr Unruhe stiftete, seinen Entschluß. Der Vorsteher der Kamelherdenverwaltung auf Zypern, ein gewisser Calocaerus, hatte eine Rebellion angezettelt und den Purpur genommen. Konstantins Halbbruder Dalmatius, der bereits im

Jahre 332 in Antiochien als Zensor eine richterliche Funktion ausübte, warf den Aufstand nieder und verhängte über den Usurpator die Todesstrafe. Eine Episode ohne Weiterungen, die aber doch zeigte, wie rasch und unverhofft im weiträumigen Imperium ein Usurpator hochkommen konnte. Das entschlossene Handeln des Dalmatius stärkte das Vertrauensverhältnis zwischen ihm und seinem kaiserlichen Bruder.

Konstantin standen zuverlässige Vertrauensmänner und vortreffliche Verwaltungsbeamte zur Seite, allerdings eher tüchtige Erfüllungsgehilfen als herausragende und seiner starken Persönlichkeit gleichwertige Männer. Die Präfekten, die obersten Beamten der Zivilverwaltung in den Ländern, hatten ihren Aufgabenbereich zu verantworten wie die Verwalter der Staatsämter am Hof, der neugeschaffene *quaestor sacri palatii*, der als Minister des kaiserlichen Palastes die Gesetze und Verfügungen vorbereitete, oder der *magister officiorum,* eine Art Kanzler, der die staatliche Verwaltung leitete und allen Diensten einschließlich der Geheimpolizei vorstand, als Befehlshaber der Leibwache verantwortlich für die Sicherheit des Herrschers und zugleich Zeremonienmeister. Aber diese wie die anderen hohen, im *sacrum consistorium* zusammengefaßten Minister des Imperiums führten den Titel *comites,* Gefolgsleute des Kaisers. Ihr Titel und die gesamte konstantinische Erneuerung der Reichsverwaltung zeigen, wie konsequent Konstantin die höchsten Würdenträger und deren Amtsbereiche an seine Person band, wie er die Zentralregierung in seinen Palast einbezog.

Auch die in der frühen Regierungszeit unzulänglich arbeitende kaiserliche Kanzlei wird zumindest den Anstoß zur Reorganisation von Konstantin selbst erhalten haben. Früher erlassene Edikte werden überarbeitet, und die Neuformulierung beweist deutlich die »größere sprachliche und sachliche Gewandtheit seiner späteren Kanzlei«.

Etwas mag die auf den Kaiser bezogene Geschichtsschreibung dazu beigetragen haben, wenn Konstantin »das einzige durchgezeichnete Gesicht in einem Umkreis menschlicher Anonymität« zugeschrieben wurde. Doch immerhin treten zwei Männer seiner Umgebung ein wenig aus der Anonymität hervor. In Bischof Ossius von Corduba begegnete Konstantin um 312 ein Mann, der ihm als kirchenpolitischer Berater bis zum Konzil von Nicaea und seinem Romaufenthalt im Jahre 326 außerordentliche Dienste leistete. Wahrscheinlich aus Altersgründen blieb Ossius im Westen und schied im letzten Jahrzehnt des Kaisers als dessen Berater aus.

Bis zum Tode Konstantins stand ihm als Günstling und vielfach erprobter Ratgeber der gebürtige Kreter Ablabius nahe. Die Ämter, in die Ablabius berufen wurde, bezeugen einen stetigen Aufstieg: im Jahre 314 Statthalter in Afrika, 315 Vikar der italischen Diözese, wichtigster politischer Berater Konstantins im Kampf gegen Licinius. Während der letzten zehn Jahre Konstantins verwaltete Ablabius als Präfekt das Ostreich.

Wie sehr der Kaiser seinem Präfekten vertraute, zeigt schon, daß Ablabius im Jahre 331 zum Konsul ernannt wurde und daß er es war, der um diese Zeit den einflußreichen Philosophen Sopatros zu Fall brachte. Angeblich ließ der in der sakralen Wetterbeschwörung begabte Sophist durch seine magische Kunst die kaiserliche Getreideflotte in Seenot geraten, so daß Konstantinopel für einige Zeit unversorgt blieb. Eine undurchsichtige Geschichte, vielleicht ein Vorwand zur Beseitigung des heidnischen Konkurrenten unter den Beratern am Hof, denn Sopatros wurde hingerichtet. Ob Ablabius eine solche Intrige einleitete, ob andere Gründe mitspielten, ist umstritten. Andererseits wird sein »Gerechtigkeitssinn« gelobt, und außerdem setzte sich der entschiedene Christ Ablabius im Kirchenstreit wiederholt für Athanasius ein. Das spricht angesichts der von den Eusebianern beeinflußten Umgebung am Hof für die charakterliche Stärke des Präfekten.

Als einziger der hohen Beamten genoß Ablabius nahezu ein Vierteljahrhundert in bevorzugter Stellung das Vertrauen des Kaisers, doch ein subalterner Mann war er gewiß nicht. Sein persönliches Ansehen und die kaiserliche Gunst scheinen in den letzten Jahren noch gewachsen zu sein. Konstantin verlobte mit der Tochter des Ablabius seinen 323 geborenen jüngsten Sohn Constans. Jedoch die seine dynastische Nachfolge ordnende Reichsteilung, Konstantins »letzte große politische Entscheidung«, traf der in seinen maßgebenden Entscheidungen autark handelnde Kaiser unbeeinflußt von seinem hochgeschätzten Berater.

Von den ehelichen Söhnen Konstantins besaß keiner eine solche menschliche Qualität wie Crispus, dessen herausragende Tüchtigkeit als Heerführer und Regent in Gallien dem Vater nahekam. Die Hinrichtung des einundzwanzigjährigen Sohnes erwies sich für Familie und Reich als folgenschweres und tragisches Ereignis.

Vielleicht nahm Konstantin seine Erbteilung beizeiten vor, weil er sah, daß es mit den charakterlichen Eigenschaften seiner Söhne nicht zum besten stand, weil er unter seiner Oberherrschaft als Augustus eindeutig umgrenzte Machtgebiete sichern und garantieren konnte. Festgefügte und unumstößliche Herrschaftsverhältnisse sollten Eifersucht und Zwietracht vorbeugen. Oder dachte der Kaiser bei der Vierteilung an eine Wiederbelebung der Tetrarchie seines ersten Lehrmeisters Diokletian? Weder zuvor noch später handelte Konstantin in so illusionsloser, kühler und skeptischer Voraussicht wie bei seiner Reichsteilung.

Zum Teil entsprachen die Gebietszuweisungen den schon bestehenden Verhältnissen. Der neunzehnjährige Constantinus, der bereits in Trier residierte, erhielt Gallien, Spanien und Britannien. Der ein Jahr jüngere Constantius, der Lieblingssohn Konstantins, übernahm die Regentschaft in Kleinasien mit Syrien und Ägypten. Der zwölfjährige Constans, zwei Jahre zuvor zum Caesar ernannt, sollte sich als Herrscher über Italien, Afrika und das nördliche Illyrien bewähren, gewiß mit Hilfe eines Präfekten. Der größere Teil des Balkans mit Mösien, Thrakien, Makedonien und der Hauptstadt Konstantinopel fiel dem Sohn des Halbbruders Dalmatius zu, dem jüngeren Dalmatius. Konstantin stellte ihn gleichrangig neben seine Söhne, indem er ihn im selben Jahr 335 zum Caesar, zum offiziellen Miterben berief.

Dem zweiten Sohn des Dalmatius, Hannibalianus, vertraute Konstantin die Sicherung der von den Persern bedrohten Grenzgebiete in Armenien, Kappadozien und Mesopotamien an. Hannibalianus wurde der Titel eines »Königs der Armenier« in Aussicht gestellt, und der Kaiser vermählte ihn mit seiner Tochter Constantia, nahm ihn damit in den engeren Familienverband auf.

Es stimmt nachdenklich, wie Konstantin, der nichts so sehr wie die Einheit des Imperiums erstrebt hatte, nun das

Erreichte aufteilt, wiederum nach diokletianischem Muster vierteilt. Ohne Zweifel war seine ganze, über zwei Jahrzehnte mit unerhörter Zähigkeit vorangetriebene Politik auf die Erlangung der kaiserlichen Alleinherrschaft gerichtet. »Ein Mann von gewaltiger Größe«, so schrieb der Altrömer Eutropius, »gewillt, alles auszuführen, was er sich vorgenommen, strebte nach Herrschaft über die Welt.« Und nun die Vierteilung des Reichs.

Nicht weniger auffallend war die gleichberechtigte Ausstattung des Dalmatius und dessen Aufnahme in die kaiserliche Nachfolge. Jacob Burckhardt vermutete, Konstantin habe seinem Neffen das balkanisch-griechische Zentralland mit der neuen Hauptstadt überlassen, weil »diese Perle« Konstantinopel »in den Händen eines der drei Söhne sofort der Gegenstand der grimmigsten Eifersucht werden mußte, wie denn später auch geschah«. Auf jeden Fall bezeugen die Vierteilung und die Hinzunahme des Dalmatius einen Wandel in der ursprünglichen reichspolitischen Zielsetzung, dessen Ursache wahrscheinlich in einem Vorbehalt gegenüber den eigenen Söhnen und einer realistischen Einschätzung der Gegebenheiten zu suchen ist. Der Kaiser traf eine notwendige und ebenso vernünftige Entscheidung unverkennbar in der Absicht, seiner Dynastie und dem Reich den Frieden zu sichern.

Auch über die weitere Familienpolitik Konstantins gibt das Jahr 335 einen bemerkenswerten Aufschluß. Zu Lebzeiten der Kaiserinmutter Helena, wegen der Rivalität zwischen ihr und Theodora, waren die Söhne der Theodora, Konstantins Stiefbrüder, vom Hof verbannt worden, und staatliche Aufgaben blieben ihnen verwehrt. Erst nach Helenas Tod berief Konstantin seine Halbbrüder Dalmatius und Julius Constantius an den Hof und übertrug ihnen ehrenvolle Aufgaben. Was aber nun geschah, war mehr als Anerkennung und familiäre Versöhnung. Konstantin erhob den jüngeren Dalmatius zum Caesar und Miterben; dessen Bruder Hannibalianus erhielt die Kaisertochter Constantia zur Gattin. Seinem Halbbruder Julius Constantius überließ Konstantin das Konsulat des Jahres 335. Im folgenden Jahr, nach der Vollendung seines dreißigsten Regierungsjahres, vermählte der Kaiser seinen Lieblingssohn Constantius mit der Tochter des

Halbbruders, und er selbst übernahm die Aufgabe des Brautführers.

Die über viele Jahre andauernde Desavouierung des Familienzweigs der Theodora war endgültig überwunden, und die so glücklich vollendete Zusammenbindung der kaiserlichen Familie machte die Feier der Tricennalien geradezu zu einem familiären Friedensfest.

Selbstverständlich feierte Konstantin sein Regierungsjubiläum nicht mehr wie sein zehn- und zwanzigjähriges Kaiserjubiläum in Rom, sondern in seiner neuen Hauptstadt. Nicht ohne Stolz berichtet Eusebius, er habe im kaiserlichen Palast vor dem Herrscher die Festrede halten dürfen. Ein Kleriker, vielleicht sogar er selbst in seiner überschwenglichen Lobrede, pries den Kaiser »selig«, weil er »schon in diesem Leben der Alleinherrschaft über das ganze Reich gewürdigt sei und im künftigen mit dem Sohn Gottes herrschen werde«. Aber dies war dem sonst lobempfänglichen Konstantin zuviel. Er reagierte unwillig, rügte den Festredner und »mahnte, nicht so vermessene Worte zu sprechen«.

Die Episode, die Eusebius überliefert (eine der wenigen Stellen seiner Konstantinvita, die das persönliche Verhalten Konstantins erschließt), verweist auf einen Gelobten, der zu klug war, um die Grenzen maßloser Schmeichelei nicht zu erkennen. Aber er brauchte auch keine Erhebung in himmlische Sphären. Persönlich hatte er erreicht, wovon seine Vorkaiser, auch der große Diokletian, kaum zu träumen wagten. Selbst aus dem fernen Indien kamen Gesandte, die Geschenke überbrachten, strahlende Edelsteine und im Westen unbekannte exotische Tiere, und die Inder ehrten Konstantin »als unumschränkten Herrscher und Kaiser«.

Auf seinen anläßlich und zur Zeit der Tricennalien geprägten Münzbildnissen umwindet das Juwelendiadem, das Zeichen absoluter Herrschaft, den Kopf des Kaisers. Das volle, leicht gewellte und elegant gekämmte Haar reicht jetzt länger und üppiger als früher in den Nacken. Die markante, gebogene Nase tritt spitzer hervor, und das hager gewordene Gesicht zeigt Spuren von Anstrengung und Ermüdung.

Nicht alles lief nach dem Willen des mehr denn je auf Versöhnung und Frieden im Reich wie in seiner Familie bedachten Kaisers. Schon der plötzliche, ungeklärte Tod des Arius am Tag vor dem Osterfest warf einen Schatten auf die Jubiläumsfeiern. Doch vordringlicher, bedenklicher trübte ein außenpolitischer Störfaktor das Jubiläumsjahr. Die Berufung des Hannibalianus zum Schutz der armenischen und mesopotamischen Grenzgebiete deutete die im äußersten Osten von den Persern drohende Gefahr bereits an.

Die Besiegung der Perser im Jahre 298 durch Diokletian hatte zunächst den Frieden mit dem östlichen Grenznachbarn und die Anerkennung Armeniens als römischen Vasallenstaat gesichert. Unter dem christlichen König Tiridates wurde Armenien zur Zeit Konstantins ein weithin christliches Reich. Eine neue Generation auf dem persischen Königsthron suchte den Vertragsfrieden zu revidieren, wohl auch aufgeschreckt durch den Machtzuwachs Konstantins und die nach Persien übergreifende Ausbreitung des Christentums. Der ehrgeizige, sehr jung zum »König aller Könige« ausgerufene Schapur II., der sich »Bruder des Sonnengottes und der Mondgöttin« nannte, schickte zwar noch zur Gründungsfeier Konstantinopels Gesandte mit Geschenken, doch wenige Jahre danach ließ er seine Soldaten in Armenien einmarschieren. Im Jahre 334 wurde der armenische König gefangengenommen, geblendet und nach Persien entführt. Daraufhin riefen die Armenier den kaiserlichen Schutzherrn Konstantin zur Hilfe.

Vor dem Ausbruch des Konflikts hatte Konstantin an Schapur ein Schreiben gesandt, in dem er dem Großkönig den Schutz der christlichen Untertanen anempfahl. Der Brief, nicht zu Unrecht »das konstantinischste aller Schreiben des Kaisers« genannt, enthält ein bemerkenswertes persönliches Bekenntnis zum Christenglauben, wie Konstantin ihn versteht.

»Wenn ich den göttlichen Glauben bewahre, werde ich des Lichts der Wahrheit teilhaftig. Durch das Licht der Wahrheit geführt, erkenne ich den göttlichen Glauben. Dadurch erkenne ich, die Tatsachen bestätigen es, die hochheilige Religion. Ich bekenne, daß ich diesen Kult als Lehrer in der Erkenntnis des allerheiligsten Gottes habe. Mit dieser Kraft Gottes als Bundesgenossen habe ich, angefangen von den äußersten Grenzen des Ozeans, nach und nach den ganzen Erdkreis durch sichere Hoffnung auf Heil aufgerichtet ... Diesen Gott bekenne ich; überstrahlt von seinem Licht erkenne ich in reinem, unbeflektem Herzen, daß er in der Höhe wohnt.«

Es ist also die durch das »Licht der Wahrheit« geführte »Erkenntnis«, die seinem christlichen Glauben zugrunde liegt, die Erkenntnis der »Kraft Gottes als Bundesgenosse«: die Siege Konstantins, »die Tatsachen, bestätigen es«. Dies und der weitere Inhalt des Schreibens vermittelt ein Konzentrat der Glaubens- und Kultvorstellungen des Kaisers: die Fürsorge Gottes für jene, die das göttliche Gesetz durch »ein reines Herz und eine makellose Seele« erfüllen; der Zorn Gottes, der die Unruhestifter und Friedensstörer trifft und die von »wahnsinnigem Irrtum« getriebenen Verfolger-Kaiser hinweggerafft hat. Auch seine Abscheu vor dem blutigen Opfer, vor dem »widrigen und abscheulichen Duft« der heidnischen Brandopfer erwähnt Konstantin.

In erstaunlicher Weise entspricht die Betonung des »Lichts der Wahrheit« und der sittlichen Ordnung, ebenso die Verwerfung des blutigen Opfers den Vorstellungen der persischen zoroastrischen Religion. Doch trotz der dem Empfänger nahekommenden Einlassungen läßt Konstantin keinen Zweifel darüber, welchen Gott er bekennt und mit missionarischem Eifer dem Großkönig vor Augen hält.

Wie der persische Großkönig auf das Schreiben reagierte, ist nicht bekannt. Schapur II. handelte, indem er Armenien annektierte und das römische Zweistromland zwischen Euphrat und Tigris mit Waffengewalt bedrohte. Konstantin begann, im Spätjahr 336 zum großen Krieg gegen die Perser zu rüsten.

38 Konstantins Taufe und Tod

Das beginnende Jahr 337 stand im Zeichen der Kriegsvorbereitungen zum Feldzug gegen den persischen Vertrags- und Friedensbrecher, den Urfeind der Römer, gegen den schon Caesar rüstete und am Tag seiner Ermordung ausziehen wollte. Nur waren Konstantins Beweggründe plausibler. Möglicherweise hatten Constantius als Oberbefehlshaber des

Ostreichs und der zum »König der Armenier« bestimmte Hannibalianus bereits im Vorjahr kleinere Truppeneinheiten gegen die Perser geführt. Aber daß dem Kaiserneffen Hannibalianus »der Harem des persischen Königs in die Hände gefallen« war, gehört wohl der Legende an. Wenn erste Kämpfe, vielleicht im Zweistromland, stattfanden, so verliefen sie erfolglos.

Der Ablauf der Ereignisse bis ins Frühjahr 337 bleibt undurchsichtig. Ungeklärt ist auch das Verhandlungsergebnis einer persischen Gesandtschaft, die kurz vor Ostern nach Konstantinopel kam. Doch Gewißheit besteht über eine verstärkte Rüstung des Heeres, und um die Osterzeit setzte Konstantin erste Abteilungen in Bewegung. Die Bischöfe seiner Umgebung wurden verpflichtet, das Heer zu begleiten, damit während des Feldzugs der »nötige Gottesdienst« gefeiert werden konnte. Er ließ ein tragbares Zelt für Gottesdienste herstellen, um – wie schon im Kampf gegen Licinius – »durch inständiges Gebet Gott gnädig zu machen, an ihm einen Helfer und Beistand zu haben, und nur das zu tun, was ihm Gott in den Sinn geben wolle«.

Das Hauptquartier war inzwischen nach Nikomedia verlegt worden zur Koordinierung der strategischen Maßnahmen auf dem kleinasiatischen Festland. Konstantin selbst wollte das Osterfest noch in seiner Hauptstadt feiern. »Heiter und freudig«, so überliefert Eusebius, habe der Kaiser in Konstantinopel »den Tag des Erlösers« begangen.

Zu dieser Zeit zählte Konstantin zweiundfünfzig Jahre, und sein Biograph betont ausdrücklich, bis in dieses Alter habe der Kaiser, »von Krankheit und Schwäche unberührt«, seinen Körper sportlich geübt, habe er »reiten, marschieren und sich in den Kampf werfen« können. Aber dann, noch in den Ostertagen, befiel Konstantin ein Schwächeanfall, ein jähes Unwohlsein, das sich in den nächsten Tagen verschlimmerte, eine nicht näher beschriebene, doch wohl mit starkem Fieber verbundene Krankheit.

Da die Ärzte ratlos blieben, ließ Konstantin sich über den Bosporus nach Helenopolis bringen, dem nach seiner Mutter benannten Ort, der wegen seiner Heilquellen berühmt war. Er hoffte, er könne seinen geschwächten Leib im heißen Quellwasser gesundbaden, und vielleicht erhoffte er als wundergläubiger Mann, an der Verehrungsstätte des Märtyrers Lukian dessen Fürbitte oder Hilfe durch das Auflegen seiner wundertätigen Reliquien zu erlangen. Als sein Zustand sich nicht besserte und er fühlte, daß er dem Sterben nahe war, unternahm er den ersten Schritt, um in die Gemeinde der Christen aufgenommen zu werden. Vor dem anwesenden Bischof bekannte er seine Sünden.

Konstantin befahl, nach Nikomedia gebracht zu werden in den kaiserlichen Vorstadtpalast Ankyrona. In der siebten Woche nach Ostern spendete ihm dort der örtliche Bischof Eusebius von Nikomedia die Taufe nach dem vorgeschriebenen Ritus: dem Aussprechen des Taufbegehrens, dem Gelöbnis, Satan und seinem Blendwerk abzuschwören, dem Bekenntnis des Glaubens. Er soll gesagt haben, von nun an werde er sich »dem Volk Gottes zugesellen« und am gemeinsamen Gottesdienst teilnehmen. Nunmehr sei er den »Gottes würdigen Lebensregeln« verpflichtet. Den Purpur und das mit Edelsteinen geschmückte kaiserliche Prachtgewand legte er ab, um nur noch – bis zu seinem Ende – das weiße Kleid des Täuflings zu tragen, »da er keinen Purpur mehr berühren wollte«. »Jetzt weiß ich mich wahrhaft glücklich, jetzt weiß ich, daß ich des unsterblichen Lebens wert, des göttlichen Lichtes teilhaftig geworden bin.«

Eusebius schreibt Konstantin zu, er habe nach dem Vorbild des Erlösers die Taufe im Jordan gewünscht, ein auf die Nachfolge Christi bezogener und in damaliger Zeit durchaus »geläufiger Gedanke«, da »man im Jordan gemeinhin den Typus des Taufwassers sah«. Sollte dieser Hinweis den Aufschub und die Spättaufe Konstantins rechtfertigen? Im vierten Jahrhundert war jedoch der Aufschub der Taufe bis ins hohe Alter oder in die Nähe des Lebensendes nicht ungewöhnlich. Der Täufling erlangte die volle Sündenvergebung und hoffte, im Stand der Taufgnade von Gott aufgenommen zu werden. Aber unter den Christen war auch die Meinung verbreitet, »daß der Getaufte zu besonderer Heiligkeit verpflichtet sei und daß nach der Taufe begangene Sünden außer den Unannehmlichkeiten der Buße auch an sich doppelt schwer wögen«.

Hinzu kommt, daß der Kaiser bis zuletzt und trotz seiner wachsenden Hinwendung zum Christentum sich »dem heidnischen Staat noch verhaftet« fühlte. Man kann nicht außer acht lassen, daß die überwiegende Mehrheit der gesamten Bevölkerung nichtchristlichen Religionsvorstellungen anhing und die römische Staatsverfassung in der alten Religion begründet war. Als Pontifex maximus bekleidete Konstantin bis zu seinem Tode das höchste sakrale Amt der alten Staatsreligion, auch wenn er selbst bestimmte Zeremonien wie das blutige Opfer oder das kapitolinische Jupiteropfer verweigerte. Wie sehr ihn dieses Amt verpflichtete, zeigt noch sein letztes, am 21. Mai 337, dem Tag vor seinem Tode, erlassene Gesetz, das ehemalige altgläubige Priester und lebenslängliche Flamines von Abgaben freistellte.

Konstantins Taufe, die erste Taufe eines römischen Kaisers, war eine Ungeheuerlichkeit für das religiöse Empfinden der altrömisch Gläubigen und eine revolutionäre Tat für die Christen. Es ist undenkbar, daß Konstantin sich der folgenschweren Problematik seiner nun endgültig vollzogenen und öffentlich bekundeten Conversio nicht bewußt war. Das am ehesten könnte den Aufschub seiner Taufe erklären oder zumindest mitbewirkt haben.

Für die persönliche Entwicklung Konstantins war seine Taufe die letzte und glaubhafte Konsequenz, der Schlußakt eines Prozesses, dessen Fortgang auch ohne die Panegyrik des Eusebius nachweisbar und erkennbar ist: in der Religionspolitik seit 312, in den schriftlichen Zeugnissen Konstantins, in seiner Münzprägung, in seinen Kirchenbauten, in der christlichen Erziehung seiner Söhne, begonnen mit Crispus in Trier. Mit Recht wurde gesagt: Konstantins »Taufe markiert nicht den Anfang, sondern das Ende der Bekehrung«.

Wenige Tage nach seiner Taufe, am 22. Mai 337 um die Mittagsstunde, starb Konstantin im Alter von zweiundfünfzig Jahren. Bis in die Todesstunde war er bei vollem Bewußtsein. Er traf letzte Anordnungen, dankte den anwesenden Oberbefehlshabern und Würdenträgern für ihre Dienste, ließ ihnen Geschenke zukommen und übergab Bischof Eusebius von Nikomedia sein Testament. Sein Sohn Constantius sollte seinen Letzten Willen vollziehen.

Zu seinen Verfügungen auf dem Sterbelager gehörte die Rückberufung des nach Trier verbannten Patriarchen Athanasius. In einem Schreiben an seinen Sohn Constantinus, in dessen Obhut Athanasius lebte, versicherte Konstantin, er habe die Rechtgläubigkeit des standhaften Bischofs von Alexandria niemals angezweifelt.

Der Leichnam des Kaisers wurde nach Konstantinopel überführt und im Prunksaal des kaiserlichen Palastes erhöht aufgebahrt, in einem goldenen Sarg, bekleidet mit dem purpurnen, edelsteingeschmückten Festornat, um die Stirn das Juwelendiadem. Der düstere Pomp der Staatstrauer umgab den toten Kaiser. Lichter brannten auf hohen goldenen Leuchtern. Die Leibgarde hielt Tag und Nach Ehrenwache. Klagegesänge erfüllten den Raum. In gewohnter Rangfolge ehrten die Heerführer, die Comites mit ihren Staatsbeamten, Senatoren und Würdenträger ihren toten Herrn wie zu dessen Lebzeiten, indem sie sich zur Proskynese vor ihm niederwarfen. Ihnen folgten die Volksscharen, auch Frauen und Kinder, um den Weltherrscher noch einmal in seinem Glanz zu sehen und ihm zu huldigen.

Auch Rom trauerte um den großen Kaiser, der zu Lebzeiten der Ewigen Stadt den Rücken gekehrt hatte. Bäder und Märkte schlossen ihre Tore. Öffentliche Schauspiele und Lustbarkeiten blieben untersagt. Der Senat ließ zum Zeichen der Konsekration, der Vergöttlichung des verstorbenen Kaisers, Bilder Konstantins malen, wie er »auf dem Himmelsgewölbe ... in den Regionen des Äthers ruhend weilt«.

Aber das Unternehmen des altgläubigen römischen Senats war kaum mehr als ein Ansatz oder ein höchst unvollkommener Versuch zur Apotheose des Kaisers. Zum üblichen Ritual gehörte es, den verstorbenen Kaiser zum Marsfeld zu geleiten und ihn dort zu verbrennen, damit er sich aus der Asche wie Phönix emporschwinge zu den Göttern; auf früheren Konsekrationsmünzen dargestellt durch einen Scheiterhaufen und den zum Himmel fliegenden Adler. Schon um an diesem Ritual festzuhalten, bat der Senat dringend um die Überführung des Kaisers zur Bestattung in Rom. Aber das hatte Konstantin durch seine letzte Verfügung verwehrt. Er wollte in seiner neuen Hauptstadt beigesetzt werden.

Nicht nur die rituelle Feuerbestattung unterblieb, sondern »die Apotheose im eigentlichen Sinne als Einreihung des Toten unter die Götter mit Opfer und Kulthandlungen«. Wenn auf den Konsekrationsmünzen Konstantins der Titel *divus* erscheint, so in der Bedeutung eines »Ehrenprädikats« ohne die notwendige kultische Deckung durch die dem *divus* errichteten Altäre und dargebrachten Opfer. Möglicherweise kam das nominelle Prädikat des *divus* dem Verlangen der Römer entgegen. Jedoch die vollgültige altrömische Vergöttlichung hätte dem getauften Konstantin, der sich »dem Volk Gottes zugesellt« wußte, gründlich widersprochen.

Wer immer die Bildprägung der konstantinischen Konsekrationsmünzen veranlaßt haben mag, er kennzeichnete die von Konstantin begründete neue Situation durch das Fortlassen eindeutig heidnischer Symbole wie Scheiterhaufen und Adlerflug, wie Tempel und Altar.

Die Münzen stellten Konstantin »mit verhülltem Haupt dar, während die Kehrseite zeigte, wie er nach Art eines Wagenlenkers, auf einem Viergespann fahrend, von einer Hand, die von oben herab sich ihm entgegenstreckt, aufgenommen wird«. Diese »beibehaltene Symbolik der Himmelfahrt« entsprach sowohl altrömischer wie christlicher Vorstellung. Für die Christen lag es nahe, an das vorgegebene Bild der Himmelfahrt des Elias zu denken und in der herabgereichten Hand die Hand ihres Gottes zu erkennen.

Konstantins Beisetzung in Konstantinopel entsprach dem Willen des getauften Christen. Constantius, der einzige von den Kaisersöhnen in erreichbarer Nähe, wurde wahrscheinlich von seinem Feldzug auf dem Marsch nach Osten zurückgerufen. Nach seiner Ankunft in Konstantinopel veranlaßte er das Nötige zur Überführung des Leichnams in die von Konstantin selbst bestimmte Begräbnisstätte, zur Bestattung im Sarkophag und zum christlichen Totengottesdienst.

Vom Kaiserpalast über die Mese und das Forum Constantini zum nordwestlich gelegenen vierten Hügel, auf dem die Apostelkirche errichtet war, führte der letzte Weg des Kaisers durch seine Stadt. Constantius ging dem Trauerzug voran; Heeresabteilungen von Lanzenträgern und Schwerbewaffneten und die nachdrängenden Volksscharen gaben dem toten Kaiser das Geleit. Vor der Apostelkirche zogen sich die Heeresgruppen zurück, und nach der Einbettung Konstantins feierten die Priester mit dem gläubigen Volk die Totenliturgie mit den Fürbitten für den Verstorbenen.

In den letzten Jahren hatte Konstantin die Apostelkirche und (wahrscheinlich) »vor den Eingängen der Basilika« sein Mausoleum errichten lassen, um »nach seinem Hinscheiden noch der Gebete gewürdigt zu werden, die dort zu Ehren der Apostel dargebracht würden«. Eusebius schildert die Apostelkirche nachweislich als Augenzeuge um 337 oder kurz danach. Das bestätigt den Bau der Basilika durch Konstantin, gibt aber auch dem Hinweis auf die »hinzugebaute« Grabstätte besonderes Gewicht. Das Mausoleum entstand außerhalb der Basilika, denn Konstantin befahl, in seiner Grabstätte Gottesdienste zu feiern, und er ließ dort einen Altar aufstellen. Dies konnte Eusebius unmöglich auf die bereits geweihte Basilika beziehen.

Im Mausoleum, einem Rundbau nach der Tradition der römischen Mausoleen, standen zwölf Grabstelen, »gleichsam heilige Säulen zu Ehren und zum Gedächtnis der Apostelschar; mitten unter sie stellte Konstantin aber seinen eigenen Sarg, zu dessen beiden Seiten je sechs Apostelstelen«.

Erst später im Zuge einer rasch wachsenden Verehrung führte die Beisetzung Konstantins im Kreis der Apostel dazu, daß die Christen der Ostkirche in ihm den dreizehnten Apostel und den Isapostolos, den Apostelgleichen, sahen. Wahrscheinlich entsprach der Ehrentitel dem Wunsch Konstantins, denn Eusebius schreibt auch, der Kaiser habe den Begräbnisort gewählt, weil er »voraussah, daß seine Leiche nach dem Tode den Namen eines Apostels erhalten werde«. Schon im vierten Jahrhundert wurde Konstantin wegen seiner Verdienste um die Kirche und weil er noch in der Zeit der Taufgnade starb, von den Ostchristen als Heiliger verehrt (die römisch-katholische Kirche zählt ihn nicht zu den ausdrücklich anerkannten Heiligen). Als »apostelgleichen Konstantin« feiert ihn die Liturgie der griechisch-orthodoxen Kirche.

Es wurde vermutet, Konstantin habe in seiner herausgehobenen Beisetzung einen christlichen Ersatz für die altrömische Apotheose gesucht. Da an der Stelle der Apostelkirche vordem ein altgläubiges Zwölfgötterheiligtum stand, habe der Kaiser die alten Götter durch die zwölf Apostel ersetzt und sich selbst an deren Spitze gestellt, als dreizehnter göttliche Verehrung beanspruchend. In einem weiteren kühnen

Schluß, gestützt auf die angebliche bauliche Übereinstimmung zwischen der Grabeskirche Christi in Jerusalem und der Apostelkirche, wurde Konstantin die Absicht zugesprochen: »der erste christliche Kaiser wollte begraben sein wie Christus selber, und an seinem Grabe sollte man beten, wie in der Anastasis am Grabe Christi gebetet wurde ... der *divus imperator,* der den christlichen Staat gegründet, wollte begraben und nach seinem Tode verehrt sein nicht anders als der Sohn Gottes, der die christliche Religion gegründet hatte.«

Diese vielbeachtete, aber doch wohl forcierte Hypothese blieb nicht unangefochten. Durch die Rekonstruktion beider konstantinischen Basiliken konnte nachgewiesen werden, daß keine »Gleichheit der Grundrißgestaltung« vorliegt und die Apostelkirche nicht als Nachbildung der Grabeskirche Christi entstand.

Das ältere Zwölfgötterheiligtum auf dem Hügel der Apostelkirche kann als Beweis für eine beabsichtigte Apotheose nicht herhalten. Falls Konstantin von diesem Tempel wußte (was ungewiß ist, denn er ließ keinen Tempel abreißen, und der erste Hinweis stammt aus dem vierzehnten Jahrhundert), so verfuhr er nach üblichem Brauch. Auch andernorts entstanden Kirchen an der Stelle älterer Heiligtümer, vorwiegend, um dem Triumph des neuen über den alten Glauben Ausdruck zu geben.

Ein Versuch, die Vergöttlichung durch die Gleichstellung mit dem Sohn Gottes anzustreben, schlüge Konstantin nach »allem, was er bislang gesagt und getan hat, selber ins Gesicht«. Bei der anläßlich seines Regierungsjubiläums genannten »Seligpreisung«, als ihn nach Eusebius ein Kleriker im künftigen Leben zum Herrscher »mit dem Sohn Gottes« erhob, reagierte er unwillig und sprach von Vermessenheit. Kein Zweifel sollte aufkommen, gelobte er vor seiner Taufe, von nun an werde er sich »dem Volk Gottes zugesellen«.

Aber damit ist nicht alles gesagt. Mag Konstantin auch wie zu Lebzeiten den Anspruch göttlicher Verehrung zurückgewiesen haben, so verweist seine Beisetzung in der Mitte der Apostel und als dreizehnter dennoch auf das Selbstbewußtsein eines Herausgehobenen. Mit Gewißheit dokumentiert die von ihm selbst veranlaßte Grablegung mehr als den bloßen Wunsch, Anteil an den Gebeten für die Apostel zu gewinnen, daß sozusagen »von dem reichen Tisch, den er den Aposteln bestellte, stets Brosamen für ihn herabfallen würden«. Dieser Bescheidenheit entspricht die Beisetzung ganz und gar nicht. Sie entspricht noch weniger dem sendungs- und führungsbewußten Kaiser, der sich selbst als Bischof bezeichnet hat und damit als Nachfolger der Apostel.

Wenn Konstantin sich wiederholt Mitdiener, Mitknecht der Bischöfe nannte, wenn er wünschte, »in diesem und jenem Leben der Knechtschaft Gottes würdig erfunden zu werden«, dann widerspricht dies nicht seinem Bewußtsein, hoch über allen Menschen zu stehen. Seine kaiserliche Erhabenheit verdeutlichte sich in der Proskynese, die ihm erstaunlicherweise von der Kirche niemals streitig gemacht wurde. Es bestand darum kein Widerspruch zu seiner »Gottesknechtschaft«, weil er in seinem Sendungsbewußtsein glaubte, von Gott unmittelbar berufen und als Herrscher über die Welt gesetzt zu sein. Diese Berufung kann nur aus dem damaligen zeitgebundenen oder genauer aus dem konstantinischen Herrschaftsverständnis ermittelt werden.

Konstantin glaubte, die Pläne Gottes zu verwirklichen, und fühlte sich durch den göttlichen Beistand, der ihm zu seinen Siegen verhalf, bestätigt. Insofern gehörten für ihn seine Siege und der Sieg des Christentums untrennbar zusammen. Im Auftrag Gottes glaubte er zu handeln, als er seine Universalherrschaft, seinen Staat errichtete und sein »gottgewolltes Friedensreich« erstrebte, und so stand für ihn außer Frage, daß auch die Kirche diesem übergeordneten Auftrag dienen müsse. Sein Auftreten in Nicaea, seine Eingriffe in den Kirchenstreit haben gezeigt, wie Konstantin seinen Auftrag und die Einordnung der Kirche in sein Herrschaftsgefüge verstand.

Letzter Ausdruck, so scheint es, nicht seiner erstrebten Vergöttlichung, aber doch seiner Erwählung und infolgedessen seiner kaiserlichen Erhabenheit über die Menschen wie über die Kirche war seine Beisetzung in der Mitte der Apostel, den Aposteln gleich und als dreizehnter den geschlossenen Kreis der zwölf noch überragend.

Was legitimierte Konstantins Erwählungs- und Sendungsbewußtsein, was verlieh ihm – so fragen wir heute – Glaubwürdigkeit? Seine Siege? Seine unstrittigen militärischen und staatspolitischen Fähigkeiten und Erfolge? Am ehesten der gewaltlose Umbruch, der mit seinem Namen verbunden ist, die Ablösung einer müde gewordenen, von Verfall gezeichneten Kultur und die Heraufführung einer neuen, zukunftweisenden Welt- und Menschensicht, die das Christentum in die antike Welt einbrachte. Die historische Bedingtheit fand in Konstantin einen Mann, der – seinen Mitkaisern voraus – diesen weltbewegenden Prozeß erkannte und dessen Vollendung mit entschiedener Bereitschaft zu seinem kaiserlichen Auftrag machte. Ein Unternehmen, durchaus mit dem Machtanspruch des Alleinherrschers und dem Anspruch des Herausgehobenseins gekoppelt, jedoch nicht weniger dem erkennbaren Bemühen um Toleranz, Versöhnung und Frieden im gesamten Reich verpflichtet.

Dieses über persönliche Schwächen und Irritationen hinweggetragene Ethos Konstantins kann nicht hoch genug eingeschätzt werden, wenn man die verworrenen, haltlos gewordenen, von Haß und Streit erfüllten Jahrzehnte des Umbruchs bedenkt und die umstürzenden Vorgänge zwischen den Anfängen Konstantins und seiner Gründung Konstantinopels. Es gibt kein besseres, glaubhafteres und gewichtigeres Zeugnis als das einiger altrömischer Autoren. Sie erheben heftige Vorwürfe gegen den Abtrünnigen, der die Religion ihrer Väter verschmähte und sich den Christen zuwandte. Aber sie erkennen an, »daß Konstantin dem Staatsinteresse und geistigen Dingen sich hingegeben und sich durch Gesinnung und Zugänglichkeit um die Liebe seiner Untertanen bemüht habe«.

Siebter Teil

Nach Konstantins Tod

39 Die streitenden Erben

Noch im Todesjahr Konstantins oder kurz danach schrieb Eusebius seine Biographie über den Kaiser, dessen Lebensstationen er aus nächster Nähe miterlebt hatte. Die folgenden, die Erben des konstantinischen Reichs betreffenden Ereignisse konnte der Biograph nur noch im Ansatz darstellen, denn er starb vermutlich im Mai 339. Eusebius schreibt, Konstantin habe durch persönliche Unterweisung und schriftlich seinen Söhnen die Herrscherpflichten dargelegt, er habe sie angeleitet, »die Erkenntnis und die Furcht Gottes höher als allen Reichtum und höher selbst als die kaiserliche Würde zu schätzen«. Er habe seine Söhne ermahnt, sich »offen als Christen zu zeigen«, und ihnen »gottesfürchtige Männer« zur Seite gestellt. Nach allem Vorhergegangenen besteht kein Zweifel an der Glaubhaftigkeit dieser väterlichen Fürsorge.

Aber Eusebius irrte, wenn er feststellt, der »dreimalselige Kaiser« sei, wie das Weizenkorn die Ähre hervorbringt, »in der Nachfolge seiner Söhne vervielfältigt« worden. Er irrte nochmals, wenn er den Söhnen zuschreibt, »aus eigener Überzeugung und Lust noch weit über die Mahnungen ihres Vaters hinaus« habe sich »ihr Sinn auf die gottgefällige Heiligkeit gerichtet«. Schon die mit dem Antritt des väterlichen Erbes verbundenen Maßnahmen verkehrten das Lebensziel des auf Versöhnung und Frieden bedachten Kaisers.

Erinnern wir uns: Konstantin hatte seine Halbbrüder Dalmatius und Julius Constantius in Ehren aufgenommen und das familiäre Band durch zwei Eheschlüsse noch enger geknüpft. Dem jüngeren Dalmatius war, als Caesar den Kaisersöhnen gleichrangig, das balkanisch-griechische Zentralland mit Konstantinopel anvertraut worden. Die Vierteilung des Reichs hatte eindeutige, nach dem Willen Konstantins unantastbare Verhältnisse geschaffen. Soweit wäre das Vermächtnis des Kaisers verbindlich gewesen, hätten nicht die seinem Tod folgenden Ereignisse die Situation radikal verändert.

Noch bevor die Regularien der kaiserlichen Erbnachfolge erfüllt wurden, fiel nahezu die gesamte männliche Verwandtschaft des Kaisers, darunter seine beiden Halbbrüder, der jüngere Dalmatius und Hannibalianus, einem furchtbaren Blutbad zum Opfer. Selbst vor dem verdienten Präfekten Ablabius, dem langjährigen Vertrauten des Kaisers, machten die Mörder nicht halt. Einzig die Söhne des Julius Constantius, Gallus und Julianus, der spätere Kaiser Julian Apostata, noch im Kindesalter und von schwächlicher Gesundheit, entgingen dem Mordgericht.

Später kam das Gerücht auf, die beiden Halbbrüder hätten Konstantin vergiftet und seien darum getötet worden, eine Schutzbehauptung zweifelhafter Herkunft, die den Tatsachen zuwiderläuft. Eusebius verschweigt die Morde, verweist jedoch – mit Gewißheit auf die Morde bezogen – auf eine »höhere Eingebung aller Heere, die in den Ländern standen«. Demnach faßten die Heere »einmütig den Beschluß«, als Nachfolger des Kaisers sollte »kein anderer ... als einzig seine Söhne« anerkannt werden.

Konstantin hatte die zivile und die militärische Gewalt getrennt und damit die frühere Macht der Statthalter in den Ländern eingeschränkt. Andererseits hatte seine Heeresreform durch organisatorische Straffung und Zentralisierung unter seinem Oberbefehl das Machtpotential der Armee gestärkt. Es wäre denkbar, daß die führenden Befehlshaber bei der kaiserlichen Nachfolge ihre Mitsprache geltend machten, wie sie ja auch vor dem Eintreffen des Constantius in Konstantinopel die Staatsordnung sicherten. Aber galt das Vermächtnis des Kaisers, dessen Beliebtheit und Ansehen im Heer verbürgt ist, bei seinen Truppenführern und Soldaten so wenig? Und nahm nicht Constantius als einziger anwesender Kaisersohn, von seinem Vater zum Vollstrecker des Testaments bestimmt, sofort nach seinem Eintreffen das Staatsregiment in seine Hand?

Wie die Verhältnisse lagen, hätten die Befehlshaber des Heeres ohne Mitwissen und Einverständnis des Constantius nicht gehandelt. Sein weiteres Verhalten (er verfolgte die Anhänger der Ermordeten, eignete sich deren Vermögen an, verwischte die Mordspuren durch Verbrennung von Denunziationen) und seine später gezeigte Reue sprechen sogar dafür, in ihm den Urheber der Mordaktion zu erkennen, wie es die Mehrheit der antiken Autoren überliefert. Mitwissser müssen auch die Kaisersöhne Constantinus und Constans gewesen sein, wenn die in ihren Ländern stationierten Heeresverbände - wie Eusebius schreibt - ihre »Beschlüsse und Stimmen schriftlich mitteilten«. So jedenfalls, verzögert durch die Absprache und die Beseitigung der unwillkommenen Personen, kam die verspätete Ausrufung der drei Kaisersöhne zu Augusti am 9. September 337 zustande.

Es war ein Trauerstück von bitterer, makabrer Ironie, das dem Tod des großen Kaisers folgte. Aber damit war es noch nicht genug. Die weitere Entwicklung, soweit sie das Erbe Konstantins unmittelbar betrifft, zeigt überdeutlich, daß keiner der Söhne den staatspolitischen wie den charakterlichen Fähigkeiten des Vaters gewachsen war. Noch nicht einmal als Bewahrer des Erbes taugten die Nachfolger.

Geschichtliche Abläufe, ebenso Generationswechsel haben ihre eigentümliche Dialektik. Konstantins vom Schicksal begünstigter, doch von seiner Entschiedenheit getragener Aufstieg zur geschichtlichen Größe und Genialität blieb unwiederholbar. Seine zunehmend erkennbare Gabe zur Versöhnung im familiären und im politischen Bereich blieb an seine Person gebunden. Auf den unvergleichlichen Aufstieg folgte ein politischer wie menschlicher Verfall. Aber der schicksalhafte Zwang, der im Unwiederholbaren der singulären väterlichen Persönlichkeit und in der Schwäche der Söhne zum Ausdruck kommt, spricht Constantius, Constantinus und Constans als Handelnde nicht frei. Ein »entsetzliches Geschlecht« nannte Jacob Burckhardt die Söhne Konstantins, und der Historiker spricht unumwunden von der »Schändlichkeit ihres Charakters«.

Wie zu erwarten war, löste nach der blutigen Machtübernahme die Frage, wem nun das Herrschaftsgebiet des ermordeten Dalmatius zufallen sollte, den ersten Streit unter den Brüdern aus. Schließlich kam eine Einigung zustande. Offensichtlich verfügte der in Mailand residierende und inzwischen fünfzehnjährige Constans über die geschickteren Berater und Unterhändler. Seine älteren Brüder überließen ihm ungeteilt das frei gewordene balkanisch-griechische Reichsgebiet mit der Hauptstadt Konstantinopel. Allerdings blieb die großzügige Zuweisung nicht frei von Hintergedanken, zumindest auf seiten des Trierer Augustus Constantinus II. Er beanspruchte eine Art Vormundschaft über den jüngeren Constans und erließ ungeniert Gesetze für den Reichsteil des Bruders. So konnte der Eindruck entstehen, Constans sei »landlos« geblieben, was jedoch den tatsächlichen Verhältnissen nicht entsprach.

Der temperamentvolle, am Anfang seiner Regierung beliebte Augustus Constans konnte seine Herrschaft über Italien, Afrika, Illyrien und den neuerworbenen Reichsteil festigen. Seine Verwaltung, seine Kanzlei, seine Gesetzgebung wurden von Ansprüchen des kaiserlichen Bruders in Trier nicht angetastet. Die Vormundschaft oder Oberherrschaft des Constantinus schüttelte er bald ab. Constans bereitete seinem Bruder, als der im Frühjahr 340 mit seinen Truppen in Italien einmarschierte, bei Aquileia eine verheerende Niederlage. Noch nicht drei Jahre nach dem Tod des Vaters fiel der älteste Sohn Constantinus im Bruderkampf bei Aquileia.

Constans hatte sich nicht nur gegenüber seinem Bruder behauptet, sondern er beherrschte nun zusätzlich die Reichsgebiete Gallien, Britannien und Spanien. Der dritte Bruder, Constantius, kämpfte seit 338 im äußersten Osten gegen die Perser und mußte in der Ferne erfahren, wie sich die Machtkonstellation im Westreich unverhofft zugunsten des Constans änderte.

Die von Konstantin unendlich mühsam hergestellte und stets gefährdete Einheit der Kirche zerfiel unter der Zweierherrschaft. Der Augustus Constantius II., der im Ostreich ein despotisches Regiment führte, begünstigte und förderte den Arianismus. Constans nahm Partei für die im Westen stärkere »rechtgläubige« Kirche und deren führenden Bischof Athanasius. Er beschenkte die Kirchen und ging rigoros gegen die altrömischen Götterkulte, aber auch gegen häretische Strömungen wie den in Afrika wieder aufkommenden Donatismus vor.

Dem jugendlichen Augustus wird eine entschieden christliche Einstellung nachgesagt, doch das hinderte ihn nicht, mehr und mehr den Lastern der Herrschenden zu verfallen, einer erpresserischen Finanzpolitik und ausschweifender Genußsucht. Seine anfängliche Beliebtheit schwand in wenigen Jahren, selbst bei seinen Soldaten. Nur so konnte in Gallien ein Offizier namens Magnentius einen Aufstand anzetteln und die Truppen auf seine Seite ziehen. Am Ende war kein Soldat bereit, für den Augustus Constans zu kämpfen. Im Januar 350, als Magnentius in Autun zum Kaiser ausgerufen wurde, blieb Constans nur noch die Flucht. In der Kirche eines Pyrenäendorfs wurde er von den Häschern gefaßt und ermordet, zehn Jahre nach dem Tod seines Bruders Constantinus.

Dem letzten der Konstantinsöhne, Constantius, gelang es, im September des nächsten Jahres den Usurpator Magnentius in einer blutigen Schlacht in Pannonien zu besiegen. Magnentius entkam und behauptete sich noch zwei Jahre in Gallien, bis er in aussichtsloser Lage durch Selbstmord endete. Die Alleinherrschaft, das gewaltige Reich Konstantins vom Euphrat bis zum Hadrianswall in Britannien, vom Nil bis zur spanischen Atlantikküste fiel dem Augustus Constantius II. zu.

Es lag nicht nur an den Zeitumständen, sondern an der Person des Constantius, wenn ihm die Chance, das Erbe des Vaters wiederaufzurichten, aus den Händen glitt. In seiner zunehmend mißtrauischen, starren Haltung verkörperte er einen östlichen Despoten, autokratisch regierend, unfähig, die staats- und religionspolitischen Bedürfnisse seiner Zeit zu erkennen und durch eine geschmeidige, kluge Politik zu steuern, geschweige denn auszugleichen. Wie befremdend er dem Westen erscheinen mußte, zeigt die starre Feierlichkeit seines Einzugs in Rom im Jahre 357 nach der Schilderung eines antiken Autors: »Bewegungslos in seiner gold- und juwelenverzierten Prachtkarosse verharrend, von der Garde mit funkelnden Waffen umringt und von den gepanzerten gotischen Reitern begleitet, deren Dracheninsignien im Winde flatterten, gleich einem zelebrierenden Priester regungslos, starr, den Blick an den Menschen vorbei in die Ferne gerichtet, zeigte sich Constantius ›so, wie man ihn gewöhnlich in seinen Provinzen sah‹.«

Anders als sein Bruder Constans, der im Westen kirchliche

Entscheidungen respektiert und die Bischöfe nicht unter Zwang gesetzt hatte, forderte Constantius von den Bischöfen seines Reichs absoluten Gehorsam. Während der kirchlichen Auseinandersetzungen soll er den Bischöfen gedroht haben: »Was ich will, das hat als kirchliches Gesetz zu gelten ... Entweder ihr gehorcht, oder ihr geht in die Verbannung.« Die Gehorsamsforderung und das entsprechende Handeln des Kaisers deuten allerdings auf einen angestrebten Caesaropapismus, mag auch der Begriff zu dieser Zeit verfrüht und nicht vollgültig anwendbar sein.

Vor allem die Bischöfe des Westens verwahrten sich gegen den Eingriff des selbstherrlichen Kaisers in die kirchlichen Belange. Der greise Ossius von Corduba, als langjähriger Vertrauter Konstantins eine respektgebietende Persönlichkeit, schrieb an Constantius: »Dir hat Gott das Kaisertum in die Hand gegeben, uns die Sache der Kirche anvertraut, und wie derjenige, der Dir Deine Herrschaft raubt, Gott widerstreitet, der sie angeordnet hat, so scheue auch Du, große Schuld auf Dich zu laden, indem Du die Sache der Kirchen an dich reißest.«

Am meisten hatte Athanasius unter dem arianischen Souverän zu leiden. Constantius setzte den nach Alexandria zurückgekehrten Patriarchen ab, berief ihn wieder auf Drängen des Constans, verbannte ihn erneut, unterwarf ihn einem Hochverratsprozeß, dem sich Athanasius durch Flucht in die ägyptische Wüste entzog. Gewiß war der leidenschaftliche Verfechter der orthodoxen Lehre und der kirchlichen Unabhängigkeit persönlich schwierig, anfechtbar in seiner Selbstbezogenheit. Aber erinnern wir uns, wie Konstantin um Gerechtigkeit bemüht war und dem Glaubensstreiter seine Achtung nicht versagte. Weit entfernt von einem solchen, bis zuletzt auf Versöhnung bedachten Verhalten forderte Constantius die Unterordnung des Bischofs unter die kaiserliche Entscheidung auch in Glaubensfragen.

Eines muß man Constantius zugute halten: Er nahm sich, aus welchen Gründen immer, seiner jungen Vettern Gallus und Julianus an, die bei der Mordaktion im Jahre 337 verschont geblieben waren. Er ließ sie in einer kaiserlichen Villa in Kappadozien christlich erziehen. Die herangereiften Vettern ernannte er zu Caesaren, allerdings seinem Oberbefehl untertan ohne eigene Armee, ohne eigene Kanzlei, und er übertrug ihnen Provinzkommandos. Als Gallus, der in Antiochia residierte, sich einem kaiserlichen Befehl widersetzte, wurde er nach Konstantinopel zurückbeordert und 354 hingerichtet. Der verschlossene, doch politisch und militärisch agile Julianus verstand es besser, das Vertrauen des Oberkaisers zu erhalten. Er bewährte sich als Caesar in Gallien, so daß ihm Constantius den Oberbefehl über die Rheinarmee übertrug. Aber schon bald weckten die Kampferfolge des Julianus an der Rheingrenze und dessen Beliebtheit bei der Truppe das Mißtrauen des Oberkaisers.

Zu spät mußte Constantius erkennen, daß ihm in Julianus ein gefährlicher Rivale gegenüberstand. Ein letzter Versuch, die militärische Macht des gallischen Caesaren zu schwächen, scheiterte. Als Constantius für einen beginnenden Feldzug gegen die Perser größere Heeresverbände aus Gallien abziehen wollte, meuterte die Armee. Gegen den Willen des Oberkaisers rief das in Gallien stationierte Heer Julianus im Februar 360 zum Augustus aus.

Erst im Herbst des nächsten Jahres, nach Beendigung des Perserkriegs, konnte Constantius gegen den inzwischen mit seinem Heer bis auf den Balkan vorgerückten kaiserlichen Rivalen ziehen. Doch zum Kampf kam es nicht mehr. Auf seinem Rückmarsch, am 3. November 361 im kilikischen Tarsos, starb Constantius II. Der sterbende Kaiser fand sich mit den nicht mehr zu ändernden Tatsachen ab und erkannte seinen Vetter Julianus als kaiserlichen Nachfolger an.

Nur zwanzig Monate regierte Kaiser Julianus das Reich. In einem erneuten Krieg gegen die Perser erlag er Ende Juni 363 zweiunddreißigjährig einer tödlichen Verwundung. Mit ihm, dem Neffen Konstantins, erlosch die konstantinische Dynastie. Ironie der Geschichte: Als letzter konstantinischer Erbe wurde der hochbegabte, aber auch intellektuell überspannte Julian zum Apostata, zum Abtrünnigen, und zum Wortführer einer altrömischen Reaktion. Ein massiver, aber nur kurzlebiger Versuch, die alte Religion und Kultur wiederaufzurichten. Dem Tod nahe, soll Julian mit einem Freund über die Unsterblichkeit der Seele philosophiert haben, und eine spätere Legende legt ihm die an Christus gerichteten Worte in den Mund: »Du hast gesiegt, Galiläer!« Stärker, zukunftsträchtiger als die abgelebten Götterkulte war das von Konstantin begonnene Werk, die Heraufführung des Christentums und seiner ethischen Lebensnormen, trotz der problematischen Verbindung von Staat und Kirche.

40 Legenden um Konstantin

Die römische Kirche SS. Quattro Coronati, ein verwitterter Mauerblock mit einem eingebauten romanischen Viereckturm, liegt an der gleichnamigen Via zwischen Colosseum und Lateran. Sie ist den Vier Gekrönten, vier Soldaten-Märtyrern aus der Zeit Diokletians, geweiht. Aber nicht die Rückbesinnung auf die Anfangszeit des jungen Konstantin führt uns an diesen den meisten Rombesuchern unbekannten Ort, sondern ein Wandgemälde in der Silvesterkapelle, zu der man über den Hof gelangt. Das Wandgemälde gehört zu einem Mitte des dreizehnten Jahrhunderts geschaffenen Freskenzyklus, der die Legende um Konstantin und Papst Silvester erzählt. Eigentlich sind es mehrere legendäre Ansätze, die einmünden in die eine bildliche Darstellung eines Vorgangs von weittragender geschichtlicher Bedeutung.

Der thronende Silvester, die bischöfliche Mitra auf dem Haupt, empfängt von Konstantin die Tiara, noch nicht die spätere, mit dem dreifachen Kronreif versehene päpstliche Krone, aber doch das Sinnbild der Machtübertragung. Konstantin, barhäuptig, kniet in seinem von Edelsteinen funkelnden Ornat nieder, noch in Bewegung, während seine rechte Hand Silvester die Tiara reicht und die linke die Zügel eines weißen Pferdes hält, Zeichen des eben Angekommenseins und des Nichtverweilens. Der im byzantinischen Stil dargestellte Konstantin wird sich nach Byzanz-Konstantinopel zurückziehen, nachdem er Silvester und dessen päpstlichen Nachfolgern die Herrschaft über den Westen übertrug.

Das Wandgemälde, das diese wahrhaft weltbewegende Machtübertragung festhält, ist als Bild das abschließende Gegenstück zu der porphyrenen Tetrarchengruppe in Venedig. Das Dargestellte repräsentiert den ungeheuren geschichtlichen Sprung, der sich im ersten Drittel des vierten

Jahrhunderts vollzog. Zwischen den Tetrarchen, der Vätergeneration Konstantins, und dem, was das Wandbild vermittelt, vollendete sich das Lebenswerk Konstantins.

Längst weiß man, daß der Freskenzyklus der Silvesterkapelle auf Legenden basiert. Wir wissen, daß die sogenannte Konstantinische Schenkung das Werk einer genialen Fälschung war, *ben trovato,* gut erfunden, um den weltlichen Herrschaftsanspruch des Papsttums zu begründen und zu legitimieren. Aber die aus Legenden raffiniert zusammengesetzte Fälschung wurde zur rechtlichen Grundlage der päpstlichen Herrschaft. Legenden wurden zur geschichtlichen Realität und bestimmten über das Mittelalter hinaus, in ihren Ausläufern bis in die Neuzeit, den Gang der abendländischen, der europäischen Geschichte. Ohne die klerikalen Fälscher wäre die heillose Auseinandersetzung zwischen Papsttum und Kaisertum im Mittelalter, wäre die Entstehung des römischen Kirchenstaates undenkbar gewesen.

Erst Mitte des fünfzehnten Jahrhunderts konnten der päpstliche Humanist Lorenzo Valla und Nikolaus von Kues den schlüssigen Nachweis der Fälschung erbringen. Vorher hatten nicht wenige kritische Stimmen die sogenannte Schenkung und die korrumpierende Ausstattung der Päpste mit weltlicher Gewalt Konstantin zum Vorwurf gemacht. Walther von der Vogelweide beklagte, Konstantin habe dem »Stuhl zu Rom« zuviel gegeben, »Speer, Kreuz und Krone«, und daraus sei über die Welt »viel Leid« gekommen:

Künc Constantîn, der gap sô vil,
als ich es iu bescheiden wil,
dem stuol z Rôme, sper, kriuz unde krône.
. . .
Daz wirt der werlt her nâch vil leit.

Ähnlich wie der Deutsche klagt am Anfang des vierzehnten Jahrhunderts Dante in seiner »Göttlichen Komödie«:

Ahi, Costantin, di quanto mal fu matre,
Non la tua conversion, ma quella dote
Che da te prese il primo ricco patre.
O Konstantin, welch Übel, das ihr leidet,

Entsprang der Taufe nicht, der Mitgift doch,
Die einst der erste reiche Papst erbeutet.

Die »Mitgift«, das war die Konstantinische Schenkung, die Papst Silvester »erbeutet«. Dante erkennt die »gute Absicht« Konstantins an, doch er spricht von »böse Frucht«.

Sotto buona intenzion che fe' mal frutto,
Per cedere al pastor si fece greco.
Wo schlimme Frucht an guter Absicht hing,
Ward Grieche, um dem Hirten abzutreten.

Konstantin »ward Grieche«, wechselte von Rom nach Byzanz, »um dem Hirten«, dem Papst, den Westen abzutreten, und dabei »ging die Welt in Trümmer«, wie es im folgenden Vers heißt.

Vorwürfe dieser Art, noch zu ergänzen durch Petrarca, der in seinem Bucolicum Carmen den Kaiser in der Hölle ansiedelt, zeigen die folgenschwere Wirkung, die von der vermeintlichen Schenkung und Machtübertragung Konstantins ausging. Wie kam die angebliche Schenkung, die in einem angeblichen, überlieferten Erlaß Konstantins, dem Constitutum Constantini, niedergelegt ist, zustande?

Die erste, die in unserem Zusammenhang früheste Legende entstand gegen Ende des fünften Jahrhunderts. Sie erzählt die Lebensgeschichte des Papstes Silvester, der als Nachfolger des Miltiades von 314 bis 335 den römischen Bischofsstuhl innehatte. Zu den zentralen Ereignissen der Silvesterlegende gehört die Taufe Konstantins durch Silvester. Konstantin – so will es die Legende – wird unter dem Einfluß seiner Gattin zum Christenverfolger, und Silvester, der sich als Christ bekennt, muß fliehen. Aber nun wird Konstantin vom Aussatz befallen, und damit scheint der Erzähler eine ältere, »vielleicht in Syrien oder Armenien« entstandene Legende von der Lepra Konstantins aufgegriffen zu haben. Dem unheilbar erkrankten Kaiser erscheinen die Apostel Petrus und Paulus, die ihm sagen, allein Silvester könne ihn durch das Bad der Taufe vom Aussatz befreien. Konstantin läßt Silvester zurückrufen, er empfängt in den Thermen des Lateranpalastes die Taufe und wird auf wunderbare Weise geheilt. Zum Dank wendet der Kaiser seine Fürsorge den Christen zu, beginnt er mit dem Bau der Peterskirche und der Lateranbasilika.

Ein weiterer Teil der Silvesterlegende erzählt von einem Streitgespräch zwischen Silvester und jüdischen Rabbinern, das im Jahre 315 in Rom vor Konstantin und seiner Mutter Helena ausgetragen wird. Papst Silvester überzeugt die Widerstreitenden durch seine Rede- und Wunderkraft. Viele Juden, auch Helena, die zuvor den Juden zugeneigt war, empfangen die christliche Taufe.

Historisch wahr an dieser Legende ist lediglich Konstantins Aufenthalt in Rom anläßlich seines zehnjährigen Regierungsjubiläums. Mit Gewißheit wird er Silvester begegnet sein, denn er hatte bereits dem Vorgänger Miltiades den Lateranpalast übereignet und den Bau der Lateranbasilika beginnen lassen. Alles andere ist – historisch gesehen – fromme Erfindung, erdacht oder zusammengetragen im Sinne einer erbaulichen Darstellung wunderbarer Ereignisse.

Die Legende, im römischen Westen entstanden, kam römisch-katholischen Vorstellungen entgegen, denn die Silvestertaufe befreite Konstantin von dem Makel, durch einen arianischen Bischof, durch Eusebius von Nikomedia, in die Kirche aufgenommen worden zu sein. Die vorgezogene, nicht erst auf dem Sterbebett erhaltene Taufe machte Konstantin schon zu Lebzeiten zum Christen, und das Wunder der Heilung rechtfertigte die heiligmäßige Verehrung des Kaisers und des Bekenners Silvester. Das Verdienst, den ersten christlichen Kaiser bekehrt zu haben, fiel dem römischen Bischof zu und machte aller Welt dessen Vorrangstellung in der kirchlichen Hierarchie sichtbar.

Die Silvesterlegende wurde zwar in lateinischer und griechischer Fassung verbreitet, jedoch erhielt sie keine offizielle Bestätigung. Bis in die Mitte des achten Jahrhunderts haben die Päpste »eigentümlicherweise jede Anspielung auf die Silvesterlegende in amtlichen Schriftstücken vermieden«. Das wurde anders nach der Gründung des Kirchenstaates durch territoriale Schenkungen Pippins des Jüngeren an Papst Stephan II. im Jahre 756. Um diese Zeit entstand der »literarische Kern« jener Constitutum Constantini genannten Fälschung, der im Verlauf der nächsten vier Jahrzehnte ergänzt und gegen Ende des achten Jahrhunderts vervollständigt wurde.

Der »literarische Kern« des Constitutum Constantini wiederholt die Silvesterlegende, aber nun als Realität und mit Worten, die von den klerikalen Fälschern mit unverhohlener Dreistigkeit Konstantin in den Mund gelegt werden. Der Kaiser selbst berichtet den Vorgang, und zum Dank für seine Bekehrung und Heilung bestätigt er die oberste Gewalt des Papstes über die gesamte Kirche, und er stattet den Papst mit kaiserlicher Würde aus und verleiht ihm zum Zeichen der kaiserlichen Macht Krone und kaiserliche Insignien.

»Zur Nachahmung unserer Herrschaft« – so heißt es in der Urkunde – überläßt Konstantin dem Papst und dessen Nachfolgern die volle Machtfülle über »die Stadt Rom und alle italienischen und dem Westen zugehörenden Provinzen, Orte und Städte«. Und dies mit staatsrechtlicher Verbindlichkeit *usque in finem mundi,* bis an das Ende der Welt. Konstantin – auch das dokumentiert sein angeblicher Erlaß – verlegt seinen Regierungssitz nach Byzanz, »weil es nicht recht ist, daß dort, wo das höchste Priestertum und das Haupt der christlichen Religion vom himmlischen Kaiser eingesetzt ist, der weltliche Kaiser Macht habe«.

Der Historiker Eugen Ewig sieht »den eigentlichen Inhalt der Fälschung in der Lösung der römischen Kirche von jeder weltlichen Gewalt«. Nach dieser Argumentation waren für Rom im achten Jahrhundert die pippinische Schenkung und die Gründung des Kirchenstaates »nicht ausreichend begründet«. »Denn nach dem hier immer noch gültigen Weltbild war der Kaiser das unbestrittene weltliche Haupt der Christenheit. Die Päpste konnten dieses kaiserliche Monopol nur brechen, wenn sie selbst Kaiser oder kaisergleich wurden.« Aber damit kann nur der zur Zeit Pippins entstandene »literarische Kern« erklärt werden. Vor allem verführt eine solche Argumentation zum Verkennen des den Fälschern wichtigen aktiven Zugriffs zur weltlichen kaiserlichen Gewalt, der das Constitutum Constantini zum »Zeugnis überspannter päpstlicher Herrschaftsansprüche« machte.

Eine andere Erklärung geht aus vom mittelalterlichen Selbstverständnis des Papsttums, dem Bewußtsein, »›in geistlichem, nicht aber in weltlichem Sinn‹ über die Kaiserwürde« gestellt zu sein. Aus dieser Sicht betrachtet sich der Papst »nicht als ›Oberkaiser‹, sondern als Nachfolger Petri und Stellvertreter Christi, und das ist mehr. Seine Herrschaft und Autorität bleibt trotz aller ihm von Konstantin zuteil gewordenen Ehrungen eine wesentlich geistliche.« Die Differenzierung macht allerdings den hohen weltlichen Rechtsanspruch, den die Päpste aus der Konstantinischen Schenkung ableiteten, nicht unwirksam. Doch es wird verständlich, wenn Nikolaus von Kues, obwohl er die Unechtheit der Schenkung aufgedeckt hat, zugleich schreibt: »Selbst wenn alle jene Schriften [als gefälscht] wegfallen sollten, die heilige römische Kirche ist dennoch der erste Sitz höchster Macht und Größe unter allen.«

Die ungeheure Wirkung der Konstantinischen Schenkung, die über sieben Jahrhunderte Bestandteil der abendländischen Staatslehre war, ist heute kaum vorstellbar, und sie hat über die mittelalterliche Welt, wie Walther von der Vogelweide sagte, »viel Leid« gebracht. Nur, Konstantin hatte an der ihm zugeschriebenen Schenkung und Machtübertragung nicht den geringsten Anteil.

Aber Legenden besitzen ein zähes Leben. Noch siebzig Jahre nach der aufklärenden Beweisführung durch Lorenzo Valla und Nikolaus von Kues entstanden in einem Empfangssaal des Vatikans riesige Wandgemälde mit der Darstellung der Silvestertaufe und der Schenkung Konstantins. Der Medici-Papst Klemens VII., in der »Verflechtung geistlicher und weltlicher Interessen ... wohl der unheilvollste aller Päpste, die je auf dem römischen Stuhl gesessen«, ließ das Gemälde im Jahre 1525 vollenden, obgleich die Fälschung bereits nachgewiesen war.

41 Die Konstantinische Wende

Wer zwischen die Mühlsteine von Bewunderung und Abscheu, von Verehrung und Haß gerät, unterliegt der Gefahr, bis zur Unkenntlichkeit entstellt zu werden. Schon die antiken Autoren haben in ihren Urteilen begonnen, das janusköpfige Bild Konstantins zu prägen. Für die einen, die sich auf den Biographen Eusebius beriefen, war Konstantin der »gottgeliebte und dreimalselige« Kaiser, der die biblische Verheißung und den Willen Gottes erfüllte, indem er seine Kirche befreite, förderte, ihr zu höchstem Ansehen verhalf, und dies zum Nutzen aller Menschen. Für die anderen erklärte der altrömisch-gläubige Zosimos den Kaiser zum »Urheber der Gottlosigkeit«, der Haß erregte, weil »er sich von den heiligen Gebräuchen lossagte«. Julian Apostata beschuldigte Konstantin, er habe »seine Kinder mit sich aus der Versammlung der Götter« fortgenommen.

Vorwürfe trafen Konstantin zu allen Zeiten, wenn auch unterschiedlich motiviert. Kein anderer Herrscher des Westens und des Abendlandes zog gewichtigere, folgenreichere Vorwürfe auf sich. In der christlich geprägten Welt des Mittelalters, als die angebliche Konstantinische Schenkung den Machtanspruch des Papsttums legitimierte, sahen besorgte Kritiker in Konstantin den Urheber dieser unheilvollen Entwicklung und verdammten ihn. Wie anders wäre das Bild des Kaisers überliefert worden, hätte nicht die über sieben Jahrhunderte maßgebende Fälschung des Constitutum Constantini zur Verdüsterung beigetragen.

Als kein Zweifel mehr an der Unechtheit der Schenkung und Machtübertragung an Papst Silvester bestand, vor allem in der Renaissance, konzentrierten sich die Beschuldigungen auf einen anderen Bereich. Konstantins Regierungswechsel nach Byzanz, so heißt es wiederholt im fünfzehnten und sechzehnten Jahrhundert, habe Rom preisgegeben, den Westen geschwächt und die Barbaren zu ihrer Invasion ermutigt. Folglich treffe Konstantin die Schuld am Niedergang Roms.

Noch Martin Luther übernahm diesen Vorwurf, als er 1545 in seiner Streitschrift »Wider das Papsttum zu Rom, vom Teufel gestiftet« schrieb: »Da Constantinus der grosse den Keiserlichen sitz von Rom gen Constantinopel wand ... ist darnach Rom von tag zu tag geringer worden, bis die Gotten kamen und unter dem Keiser Honorio Rom gewonnen mit dem Welschenlande.«

Für die Autoren der Renaissance, der kulturgeschichtlichen Wiederentdeckung und Wiedergeburt der Antike, mag es verständlich sein, wenn sie Konstantin der Preisgabe Roms durch seinen Wechsel nach Byzanz beschuldigten.

Aber auch die römische Kirche blieb schon in den ersten Jahrhunderten nach dem Tode Konstantins um eine bemerkenswerte Nuance zurückhaltender als die Ostkirche.

Gewiß galt der Kaiser hier wie dort als »das Urbild des rechtgläubigen Herrschers«. In der gesamten offiziellen Kirche des Mittelalters steigerte sich die Verehrung des ersten christlichen Kaisers, und die römischen Päpste, gestärkt durch die Schenkung, hatten allen Grund, Konstantin dankbar zu sein. Dennoch zeigen gerade die Silvesterakten, die Dokumente der Schenkung, in der Gegensätzlichkeit zur Kaiserverehrung der Ostkirche »spezifisch römische Elemente«. Anders als in der Ostkirche erscheint Konstantin »in den Silvesterakten nicht als das apostelgleiche Haupt des neuen Gottesvolkes, sondern als der Kaiser, der das lateinische Kirchenrecht und den römischen Primat sanktionierte«.

Der Ostkirche blieb vorbehalten, Konstantin nach seinem Tode als Isapostolos, als Apostelgleichen, und später als den »dreizehnten Verkünder des Glaubens« zu feiern. Die griechisch-orthodoxe Kirche verehrt Konstantin als Heiligen und begeht sein und seiner Mutter Helena Heiligenfest jährlich am 21. Mai. Demgegenüber versagte die römisch-katholische Kirche, bei mancher mittelalterlichen Heiligsprechung großzügig eher Legenden als nachprüfbaren Fakten vertrauend, Konstantin die Ehre des Heiligen. Der Historiker Eugen Ewig vermutet, der Westen habe die »Verchristlichung des Kaiserkults schon früh als bedenklich empfunden«, das erkläre die Zurückhaltung. Aber nicht weniger werden zur unterschiedlichen Verehrung Konstantins im römischen Westen und im griechisch-byzantinischen Osten seine Preisgabe Roms, seine Übersiedlung nach Byzanz und Gründung Konstantinopels beigetragen haben.

Geschichtlich gesehen war die Ablösung Roms und die Gründung Konstantinopels als *nova Roma* eine unter den damaligen Voraussetzungen unerhört kühne und zukunftweisende Tat, »ein großer staatsmännischer Griff«. Nicht Eitelkeit verführte Konstantin zur Gründung seiner Stadt, sondern das Erkennen einer politischen, wirtschaftlichen und militärischen Notwendigkeit. Darüber hinaus entsprach die Neugründung der Hauptstadt ganz und gar der religionspolitischen Zielvorstellung des Kaisers, indem »ein christlich-griechischer an Stelle des heidnisch-römischen Staats entstehn« sollte (Th. Mommsen).

Der Westen verdankt Konstantinopel die Bewahrung der griechischen Geisteskultur und die Erhaltung des römischen Rechts. Nicht Athen, sondern Byzanz-Konstantinopel überlieferte die griechische Literatur. Nicht in Rom, sondern in Konstantinopel unter Kaiser Justinian wurde das römische Recht, das kostbarste Erbe der Römer, zusammengefaßt und dem Westen zurückgegeben. Erst recht militärisch erwies sich die erstarkte Hauptstadt an der empfindlichen Nahtstelle zwischen Okzident und Orient als mächtiges Bollwerk. Nach der konstantinischen Gründung wehrte Konstantinopel über elf Jahrhunderte den Ansturm der östlichen Völker ab und hielt damit der staatlichen und kulturellen Entfaltung im Westen den Rücken frei.

Die geschichtliche Entwicklung rechtfertigt Konstantins Unternehmen, und die auf den Niedergang Roms fixierten Autoren der Renaissance ließen außer acht, wie sehr Gründung und Ausbau Konstantinopels dem Westen zugute kam.

Noch einmal griff Voltaire den Wechsel von Rom nach Byzanz auf. »Es scheint«, bemerkte Voltaire, daß Konstantin durch seine Gründung Konstantinopels »den Okzident dem Orient geopfert hat«. Durch Konstantin habe sich alles im Reich geändert, durch seine *révolution* habe für Rom und das Kaisertum die *décadence* und die »Nacht« begonnen. Mit Voltaire und ein halbes Jahrhundert nach ihm mit dem Basler Historiker Jacob Burckhardt bekommt die kritische Wertung Konstantins eine neue, geschärfte Qualität. Schon Voltaire sah in Konstantin den brutalen Machtpolitiker, der nach Byzanz auswich, um dem verdienten Haß der Römer zu entgehen. Aber erst mit Burckhardt erreicht die Verurteilung Konstantins als rücksichtsloser, »mörderischer Egoist« einen an Schärfe und schriftstellerischer Energie kaum wiederholbaren Höhepunkt.

Jacob Burckhardt erkennt den »politisch großartigen Menschen« Konstantin und den Beinamen des »Großen« an. Er erklärt die politische Größe aus der »Tatkraft« des Herrschers, aus dem »gewaltigen Eindruck, den die römische Welt von Konstantin erhalten hatte. Sie war von ihm zuerst erobert, dann mit der neuen Religion versöhnt und in den wichtigsten Beziehungen neu eingerichtet worden.« Aber Burckhardt urteilt vernichtend, indem er Konstantin ausschließlich »Egoist im Purpurgewand« nennt, »der alles, was er tut und geschehen läßt, auf die Erhöhung seiner eigenen Macht bezieht und berechnet«. Vor allem der Hinwendung zum Christentum unterstellt der Historiker ein pures Zweckdenken und nennt Konstantin »ganz wesentlich unreligiös«.

Vielleicht ließ sich Burckhardt zu seiner radikalen Abwertung verleiten, um der nicht minder überzogenen Lobrederei christlicher Autoren ein anderes Bild des Kaisers entgegenzusetzen. Unleugbar wußte Konstantin, was sein Biograph Eusebius verschweigt, die Mittel zur Machtgewinnung und Machterhaltung zu handhaben, war er an politischem Durchsetzungsvermögen, an politischer wie militärischer Energie und Klugheit seinen Vor- und Mitkaisern überlegen. Wie anders hätte er sein Ziel, die Alleinherrschaft, erreicht? Doch gebietet intellektuelle Redlichkeit, aufgrund neuerer Forschungsergebnisse, neuerer Erkenntnisse und vor allem der überschaubaren »Selbstzeugnisse« ein differenzierteres Bild Konstantins zu zeichnen.

Burckhardt spricht auch von »geschichtlicher Notwendigkeit« und kommt damit den Ereignissen des frühen vierten Jahrhunderts näher als mit der Ausschließlichkeit seines Konstantinurteils. »Geschichtliche Notwendigkeit« sieht Burckhardt im Heraufkommen des Christentums, in der Ablösung der antiken Welt, der »alten Götter- und Weltanschauung«, ebenso im Handeln Konstantins, in der »wundersamen Verkettung von Taten und Schicksalen«. Mit anderen Worten sagt es der neuzeitliche Konstantinforscher Heinrich Kraft: »Die römische Welt war reif dafür, christlich zu werden, und Konstantin kam dem Gebot der Stunde nach, weil er sich als Christen glaubte.«

Beides ist miteinander verflochten (auch das meint Burckhardt): das zeitbedingt Vorgegebene und das Erkennen und Handeln. Damit kann sich der Handelnde nicht als bloßes Vollzugsorgan überindividueller Kräfte aus der Verantwortung stehlen, »denn die ›Zeit‹ ist das, was wir aus ihr machen, ist Mutter und Tochter unserer Handlungen zugleich«. Der Handelnde steht in dem ihm zugemessenen geschichtlichen Feld, in seiner Notwendigkeit, die sein Tun (oder Nichttun) herausfordert. Konstantin erkannte das Notwendige und handelte. Was dies bedeutet, läßt sich am ehesten aus dem Verhalten seiner Vor- und Mitkaiser erschließen.

Konstantins Hinwendung zum Christentum war ein lebenslanger Prozeß, der erst auf dem Sterbelager durch die Taufe seinen Abschluß fand. Aber woher können wir wissen, was jemand, der vor siebzehnhundert Jahren geboren wurde, im Innersten dachte, ob er religiös oder unreligiös war? Wir können uns nur an überlieferte geschichtliche Fakten und zugängliche Selbstzeugnisse halten. Aus diesen geht hervor, daß die Hinwendung zum Christentum trotz mancher Irritationen und Schwankungen folgerichtig und aufrichtig verlief. Konsequent führte der Weg Konstantins vom väterlichen Erbe des Monotheismus über die langjährige Verehrung des Sonnengottes, des Sol Invictus, zum Erkennen einer noch unbestimmten obersten Gottheit und schließlich zum Bekennen des einen Gottes der Christen.

Als Konstantin begann, sich dem Gott der Christen zuzuwenden, hatte er dessen helfende Macht erfahren. Er entsprach den Leitvorstellungen römischer Religiosität, nach denen eine selbstverständliche Wechselwirkung zwischen menschlicher Verehrung und göttlicher Hilfe bestand, ein *do ut des*. Dieser Kult wird zur staatserhaltenden Notwendigkeit, und im Prinzip bleibt diese Vorstellung in der konstantinischen Religionspolitik bestimmend, wenn auch mehr und mehr ins Christliche übertragen. Noch in einem seiner letzten Briefe, gerichtet an den Perserkönig Schapur II., spricht Konstantin von der »Kraft Gottes als Bundesgenossen«, die er erkannt und die ihn geleitet habe.

Aus der Sicht der kultisch-religiösen Vorstellung ist die Frage nach einem machtpolitischen Zweckdenken falsch gestellt, weil sie das damals Selbstverständliche mit heutigen neuzeitlichen Vorstellungen überlagert. Wenn Konstantin die kultisch-religiöse Verehrung mit der Staatsräson untrennbar verbunden sah, wenn er den christlichen Kult seinem Staatsplan verpflichtete, so folgte er seiner religiösen Überzeugung, und Vermutungen wie »politische Berechnung« oder »Egoismus« als ausschließlicher Beweggrund treffen nicht zu.

Ein anderes Problem ist, wieweit sich die Überzeugung Konstantins mit dem Selbstverständnis der christlichen Kirche vertrug. Zweifel meldeten die Donatisten mit ihrer Frage: »Was hat der Kaiser mit der Kirche zu tun?« Konstantins Verhalten im Kirchenstreit, der seine politischen Erwartungen enttäuschte, zeigte seine Unbeirrbarkeit.

Wozu ihn seine Überzeugung befähigte, kommt besonders im letzten Jahrzehnt seiner Regierung zum Ausdruck, als sich seine Hinwendung zum Christentum deutlicher abzeichnete. Nach der Meinung des antiken Autors Aurelius Victor erwies sich Konstantin in dieser Zeit – nach einem vortrefflichen Anfangsjahrzehnt und einer mittelmäßigen Periode – als politisch schwächlich und verschwenderisch. Nicht wenige Historiker folgten dieser Periodisierung. Zugegeben, in das erste Jahrzehnt fällt die Kühnheit des Aufbruchs, fallen militärische Siege und der entscheidende, politisch überlegene Vorstoß zur Verwirklichung der Alleinherrschaft. Weniger spektakulär verlief das letzte Jahrzehnt, abgesehen von der Gründung und dem Ausbau Konstantinopels, eher belastet durch staatsordnende Aufgaben und die nicht zur Ruhe kommenden Auseinandersetzungen innerhalb der Kirche.

Aber will man den Aktivismus höher bewerten als die staatserhaltende Kraft und Leistung? Soll man den Eroberer höher schätzen als den Kaiser, der erklärtermaßen ein »Friedensreich« erstrebte und danach handelte? Es war keine geringe Leistung und schon gar nicht Schwäche, wenn sich Konstantin wie kein anderer seiner Vor- und Mitkaiser um Frieden und Versöhnung bemühte: im gesamten Reich durch das Gebot der Toleranz gegenüber Andersgläubigen; in der Kirche durch ein unablässiges Bemühen, die streitenden Bischöfe zur Einigkeit zu bringen; in der eigenen Familie durch die Wiederaufnahme seiner Halbbrüder.

Konstantins eigentliche religions- und staatspolitische Leistung war ein Akt der Versöhnung. Er versöhnte die Kirche mit dem Staat und den Staat mit der Kirche, auch wenn dieses Unternehmen im Bannkreis »geschichtlicher Notwendigkeit« stand.

Die Zeit war reif für die Ablösung der alten Religion, für eine religionspolitische Wende, die nur dem jungen Christentum zugute kommen konnte. Aber Konstantin war es, der die Öffnung vollzog, der den Christen, der ehedem staatsfeindlichen Minorität, nicht nur Heimatrecht im Weltreich zubilligte, sondern der der Kirche eine den Staat tragende Funktion zumaß. Und fortan begriff sich die staatliche Macht, verkörpert im Kaisertum, als von Gott gegeben. »Dir hat Gott das Kaisertum in die Hand gegeben«, schrieb Ossius von Corduba an Constantius II., »wer Dir Deine Herrschaft raubt, widerstreitet Gott.«

Erst später, unter Kaiser Theodosius im Jahre 380 gesetzlich besiegelt, übernahm die christliche Religion als moralische und geistliche Autorität die Rolle der Staatsreligion. Mit der Staatsreligion leitete Theodosius eine Periode der Intoleranz ein, die im entschiedenen Widerspruch zu den Prinzipien der konstantinischen Versöhnungspolitik stand.

Die grundsätzliche Bereitschaft und »Offenheit auf den Staat hin« war in der »geschichtlichen Kontinuität« der Kirche längst vorgezeichnet. Es entsprach der katholischen, der allumfassenden Kirche, daß sie ihren Auftrag nicht in kultischer Absonderung, sondern in der Durchdringung des gesamten menschlichen Lebens und Zusammenlebens sah. »Die Kirche selbst rückte in die Funktion einer gesellschaftstragenden Instanz ein, die nicht nur theologisch das römische Imperium umschloß, sondern sich sogar politisch als tragender Faktor über dessen Zusammenbruch hinaus erwies.«

Die »staatsbejahende Haltung« der Christen, obwohl sie der Göttlichkeit des Kaisers widersprachen und das Kaiseropfer verweigerten, war vorgegeben, auch in der Anerkennung der von Gott gegebenen Herrschaft. Das bezeugen bereits ein Fürbittgebet des Klemens von Rom (92 bis 101) und eine Erklärung Tertullians zur Verteidigung des Christentums (um 197): »Wir beten auch für die Kaiser, für ihre Beamten und Mächtigen, für den Bestand der Welt, für allgemeine Ruhe, für Aufschub des Endes.« Fast mutet es wie eine Vorwegnahme der konstantinischen Religionspolitik an, wenn Justin um die Mitte des zweiten Jahrhunderts schreibt: »Ihr Kaiser habt in der ganzen Welt keine besseren Helfer und Verbündeten zur Aufrechterhaltung der politischen Ordnung als uns Christen.«

So gesehen, führte Konstantin das zu Ende, was in der kirchengeschichtlichen Entwicklung vorgegeben war; er erfüllte, wie es Eusebius und die christlichen Autoren verstanden, den Willen Gottes.

Indem er die Kirche befreite und zum Handeln fähig machte, löste Konstantin allerdings auch eine Problematik aus, die von neuzeitlichen Kritikern als »Beginn einer verhängnisvollen Fehlentwicklung der Kirche« bezeichnet wurde. Bereits der Kirchenvater Hieronymus beklagte die zunehmende Weltlichkeit der Kirche: »Als aber christliche Kaiser herrschten, ist sie an Macht und Reichtum größer, an Tugenden aber kleiner geworden.« Es fällt nicht schwer, tatsächliche Fehlentwicklungen der Kirche aufzuzählen, beginnend mit der theodosianischen Staatskirche, erst recht sichtbar im Machtanspruch der mittelalterlichen Päpste, die sich durch die angebliche Schenkung Konstantins legitimiert fühlten. Johann Gottfried Herder beschuldigte Konstantin, er habe das »zweiköpfige Ungeheuer« geschaffen, »das sich im Mittelalter als christliche Kirche gebärdete; und wohin ein Staatschristentum führe, das lehre Byzanz«.

Jedoch dies, die Verführung zur sogenannten »Machtkirche«, egal, ob Macht nach außen oder innerkirchlich praktiziert wird, ist ein jederzeit offenes, jederzeit virulentes Problem der Kirche. Es ist das Problem einer Kirche, die sich nicht in spiritueller Absonderung, sondern in der Welt verwirklicht als Welt- und Volkskirche und darum zwangsläufig der Spannung zwischen weltlicher Einlassung und geistlicher, transzendenter Aufgabe ausgesetzt ist.

Auch auf die Kirche bezogen, ihrer Bestimmung und ihrer Kontinuität entsprechend, stand der geschichtliche Vorgang, der als Konstantinische Wende bezeichnet wird, im Wirkfeld historischer Notwendigkeit. Aber man kann nicht von der Person Konstantins absehen, von seinem Erkennen und Entscheiden, von seiner Versöhnungspolitik: »Die sich in seiner Epoche vollziehende Entwicklung ist von ihm gewollt und gefördert, und zwar nicht aus politischen Zweckmäßigkeitserwägungen heraus, sondern aus innerer Überzeugung.«

Es war seine Leistung, daß er, obwohl römischer Kaiser und ausgehend von den Prinzipien antiker Religiosität, die zukunftsträchtige Kraft des Christentums erkannte und den weltbewegenden Umbruch ohne Gewalt vollzog.

Manche seiner Taten mag umstritten sein, umstritten schon deswegen, weil er im Übergang von der antiken zur christlichen Weltsicht das ihm Mitgegebene und ihn Verpflichtende nicht ganz abstreifen konnte. Mag man seine Bekehrung im theologischen Sinne »unvollkommen« nennen, und mag seine Gottesvorstellung vom ideologisch-politischen Denken des Römers durchsetzt sein. In seinem unbedingten Willen zum Frieden, zur Versöhnung und Toleranz stand Konstantin der christlichen Botschaft näher als seine christlichen Nachfolger und mancher Vertreter der offiziellen Kirche. Welch ein jederzeit gültiges, die freie Entscheidung achtendes Programm, das Konstantin sich selbst, seinen Statthaltern, der gesamten christlichen und andersgläubigen Bevölkerung des Reichs vorschrieb: »Keiner soll den andern belästigen; wie sein Herz es will, soll jeder es haben, jeder es halten.«

Wenn etwas den Beinamen des *Großen* rechtfertigt, so war es dies und die geschichtliche Wende, deren Vollstrecker Konstantin aus Erkenntnis und innerster Überzeugung wurde: »Meinen Dienst hat Gott gewollt und zur Ausführung seines Entschlusses für geeignet erachtet. Und so habe ich, angefangen vom Meere dort bei den Britannen und von den Ländern, in denen die Sonne nach dem Gesetz der Natur untergehen muß, in höherer Macht die überall herrschenden Schrecknisse vertrieben und zerstreut, damit das Menschengeschlecht, durch meine Vermittlung belehrt, zum Dienste des heiligsten Gesetzes zurückkehre und zugleich der seligste Glaube unter der mächtigen Leitung des Höchsten sich ausbreite.«

Dank

Allen Freunden und Bekannten, allen Helfern, die zum Gelingen dieses Buches beigetragen haben und bei den Recherchen behilflich waren, gilt mein Dank, insbesondere Frau Dr. Gisela Jeremias.

Eberhard Horst

Anhang

Zeittafel

284	Diokletian bei Nikomedia zum Augustus ausgerufen
um 285	Konstantin in Naissus (Nisch) geboren
286	Maximianus wird Augustus des Westens
293	Erste Tetrarchie: Augusti Diokletian und Maximianus; Caesaren Constantius Chlorus und Galerius
297	Manichäeredikt
299	Ausschluß der Christen vom Heeresdienst
303/304	Große Christenverfolgung
305	Diokletian und Maximianus danken ab. Augusti Constantius Chlorus (Westen) und Galerius (Osten). Neuernannte Caesaren Severus und Maximin Daia. Geburt von Konstantins erstem (unehelichen) Sohn Crispus
306	Tod des Constantius Chlorus. Severus wird Augustus des Westens. Konstantin wird in Eboracum (York) zum Kaiser ausgerufen, von Galerius als Caesar anerkannt. Maxentius in Rom zum Kaiser ausgerufen
306–312	Konstantin in Gallien, Residenz Trier, Kämpfe gegen die Germanen
307	Tod des Severus. Maximianus erneut Augustus. Er vermählt seine Tocher Fausta mit Konstantin, erkennt ihn als Augustus an
308	Kaisertreffen in Carnuntum. Maximianus muß abdanken. Licinius wird Augustus
310	Tod des Maximianus
311	Toleranzedikt des Galerius vor dessen Tod
312	Konstantins Romzug. Bei der Milvischen Brücke Sieg über Maxentius, dessen Tod. Konstantin Maximus Augustus
313	Mailänder Treffen. Licinius heiratet Konstantins Halbschwester Constantia. Licinius besiegt Maximin Daia, dessen Tod. Konstantin in Gallien (bis Mitte 315), Kämpfe gegen die Germanen. Donatistenstreit
314	Synode von Arles
315	Konstantin feiert in Rom seine Decennalien, Einweihung des Triumphbogens
316	Konstantin in Trier. Geburt des zweiten Sohnes Constantinus II. Im Herbst erster Krieg gegen Licinius. Tod des Diokletian in Salona (Spalato)
317	Konstantin holt Laktanz nach Trier als Erzieher des Crispus.

	Die Kaisersöhne Crispus, Constantinus und Licinianus werden zu Caesaren ernannt.
	Geburt des dritten Sohnes Constantius II.
317–320	Ausgleich zwischen Konstantin und Licinius.
	Wechselnde Residenzen Konstantins, vorwiegend in Sirmium und Serdica.
	Spannungen in der afrikanischen Kirche, Donatistenstreit, um 318 Beginn des Arianischen Streits
320	Crispus besiegt die Alamannen.
	Licinius' erste Maßnahmen gegen Christen
321	Feiern in Trier: Helena siebzigjährig, Crispus' Verheiratung.
	Konstantins Münzen fortan ohne Zeichen des Sol Invictus. Sonntagsgesetze
322	Crispus Befehlshaber der Flotte. Rüstung gegen Licinius
323	Licinius verfügt Opferzwang, Aktionen gegen Christen.
	Geburt von Konstantins viertem Sohn Constans
324	Konstantin besiegt Licinius bei Chrysopolis und wird Alleinherrscher.
	Helena und Fausta erhalten den Titel Augusta
325	Hinrichtung des Licinius.
	Konzil von Nicaea, Entscheidung im Arianischen Streit
326	Hinrichtung des Crispus und der Fausta.
	Konstantin zu seinen Vicennalien in Rom.
	Beginn der Bauarbeiten in Konstantinopel
327/328	Pilgerreise Helenas nach Jerusalem, Kirchenstiftungen
328	Athanasius, Gegner des Arius, Bischof von Alexandria
330	Einweihung der neuen Hauptstadt Konstantinopel.
	Um 329/330 Tod der Helena
332	Kämpfe an der Donau gegen die Goten
335	Feier der Tricennalien in Konstantinopel. Synode von Tyrus. Einweihung der Grabeskirche in Jerusalem.
	Athanasius nach Trier verbannt.
	Vierteilung des Reichs
336	Rüstung zum Krieg gegen die Perser
337	Tod Konstantins bei Nikomedia und Überführung nach Konstantinopel

Anmerkungen

Literaturangaben mit Kurztiteln, die das Nachschlagen in der alphabetischen Bibliographie erleichtern.

VC = Eusebius, Vita Constantini.
HE = Eusebius, Historia ecclesiastica.
d.m.p. = Laktanz, De mortibus persecutorum.
DI = Laktanz, Divinae Institutiones.
Paneg. = Panegyrici Latini.
RAC = Reallexikon für Antike und Christentum.
RE = Realencyclopädie der classischen Altertumswissenschaft.
CIL = Corpus Inscriptionum Latinorum.
WdF = Wege der Forschung (Darmstadt).

Motti

1. Heinrich Kraft, Konstantin, WdF 131, S. 18.
2. Rudolf Hernegger, Macht ohne Auftrag, S. 117.

Kapitel 1. Die Tetrarchen von Venedig

In der Tetrarchie, dem System Diokletians, waren den beiden rangältesten *Augusti* als Mitregenten zwei *Caesares* zugeteilt als Thronanwärter, aber in ihren Ländern schon eigenmächtig regierend.

Zur Tetrarchengruppe: Delbrueck, Antike Porphyrwerke, S. 84–91, 94–96. Delbrueck bestimmt die Paare als die älteren *Augusti* Diokletian/Maximianus und die jüngeren *Caesares* Constantius Chlorus/Galerius.

Schon Verzone, I due gruppi, vermutete 1958 eine Verbindung zum Philadelphion in Konstantinopel. Den Nachweis brachte der Fund 1965/1966. Hierzu: Naumann, Der antike Rundbau, Einzelfund. Die von Delbrueck vermutete Herkunft der Tetrarchengruppe aus Akkon/Syrien ist unzutreffend.

Zum Philadelphion: Delbrueck, Antike Porphyrwerke, S. 116/117; Müller-Wiener, Bildlexikon, S. 266/267. Hotz, Byzanz, S. 13, verweist auf die »Volksüberlieferung«, die in den Gestalten des »Philadelphion« die drei Söhne Konstantins sowie Dalmatius sah.

»Der dreimalselige Kaiser«: Euseb VC IV,72.

Konstantins »Selbstzeugnisse« in zwei maßgebenden Sammlungen: Dörries, Das Selbstzeugnis; H. Kraft, Kaiser K.s religiöse Entwicklung.

Konstantins Bildnisse, Statuen, Münzen: Delbrueck, Spätantike Kaiserporträts, S. 12–18, 110–129, mit Bildtafeln; Antike Porphyrwerke, S. 26–29.

»Talent für Regie«: Delbrueck, Spätantike Kaiserporträts, S. 18.

»Gotteslästerer«: Zosimos II,29,4/5; Julian Apostata, Caes. 336 Af, ed. Hertlein 434f. »pupillus«: Epitome de Caes. 41.

»widerlichsten aller Lobredner«; »verächtliche Erfindungen«: Burckhardt, Die Zeit Constantins, S. 239, 279. Zur Glaubwürdigkeit des Eusebius und Echtheit der Dokumente: Berkhof, Die Theologie des E.; Daniele, I documenti; Dempf, Eusebius; Dörries, Das Selbstzeugnis; Grant, Eusebius; Kaniuth, Die Beisetzung; H. Kraft, Kaiser K.s relig. Entwicklung; Ruhbach, Die polit. Theologie; Vogt, Die constant. Frage; Winkelmann, Zur Geschichte, Die Beurteilung.

Keine »absichtliche Entstellung«: Kaniuth, Die Beisetzung, S. 3.

»kein idealisiertes« Porträt: H. Kraft, Einleitung zu Eusebius, »Kirchengeschichte«, S. 71.

»kirchlich-theologisch orientiert«: Ruhbach, Die polit. Theologie, S. 250. Vgl. Euseb VC I,10. Darstellung der »gottgefälligen Taten« und eigene Eingrenzung: Euseb VC I,11.

»Liebhaber dramatischer Fiktionen«: Burckhardt, Die Zeit Constantins, S. 226.

Zu Laktanz: Lactanz et son temps. Ed. J. Fontaine-M. Perrin, Paris 1978; S. Søby Christensen, Lactantius the Historian, Kopenhagen 1980; Wlosok, Laktanz.

»Wortträger der kollektiven Stimme«: A. Kartaschow in: Ruhbach, Die Kirche, WdF 306, S. 150. Dort auch S. VIII u. 173.

»in besonderem Maße«; »Werkzeug Gottes«: Berkhof, Kirche und Kaiser, S. 98. Ebenso Ruhbach, Die polit. Theologie, S. 242 ff.

»Es gibt in der Geschichte«: Hernegger, Macht ohne Auftrag, S. 117.

»zwischen dem institut. Christentum«: Stockmeier, Glaube und Religion, S. 9.

Ende des konstant. Zeitalters: Dörries, Konstantin, S. 8. Hierzu: Dörries, Konstant. Wende; Stockmeier, Konstant. Wende; Hernegger, Macht ohne Auftrag; Rahner, Konstant. Wende.

»die geschichtliche Entwicklung« u. folgende Zitierung: Hernegger, Macht ohne Auftrag, S. 112.

Kapitel 2. Soldatenkaiser im dritten Jahrhundert

Die genaue Benennung *Soldatenkaiser* bezieht sich auf die Kaiser der Jahre 235 bis 284, von Maximin Thrax bis Numerianus. Nach Herkunft und Ausrufung durch die Truppe gehörte Diokletian durchaus zu dieser Reihe. Jedoch beginnt mit ihm das sogenannte *Dominat,* nachdem er den Titel *dominus et deus* übernahm. Aurel. Vict., Caes. 39,4

»Dich bewundert der Cantabrer«: frei nach Horaz, Oden IV,14.

Das Höchste mit dem Niedersten gemischt: Nach Aurel. Vict., Caes. 33,4.

»da er den Freimut«: Laktanz, d.m.p. 17.

Ardaschir (griech. Artaxerxes) aus dem Geschlecht der Sassaniden stürzte um 226 den herrschenden Partherkönig und erneuerte als »König der Könige« das altpersische Königtum. Sein Nachfolger Schapur I. (griech. Sapor), der sich »König von Iran und Nichtiran« nannte, regierte von 241 bis 272 und setzte die Offensive gegen die Römer fort. Ebenso Schapur II. (309 bis 379), gegen den Konstantin vor seinem Tod noch rüstete.

Außer den ständig bedrohten Grenzen an Euphrat, Donau und Rhein gab es weitere Kriegsherde. Araber fielen in Transjordanien und Syrien ein; die nubischen Blemmyer bedrohten Ägypten; in Nordafrika drangen hamitische Stämme über die Grenzen.

»ohne edle menschliche Bildung«: Aurel. Vict., Caes. 39,26.

Claudius Gothicus regierte von 268 bis 270. Als einer der wenigen Soldatenkaiser starb er eines natürlichen Todes. Zur angeblichen Abstammung Konstantins von Claudius Gothicus: siehe Anfang 7. Kapitel mit Anmerkung.

Aurelian regierte von 270 bis 275. Restitutor orbis: CIL VI,1112f. Zu seinem Tod: Hist. Aug., v. Aurel. 35,5f.; Laktanz, d.m.p.6.

Septimius Severus regierte von 193 bis 211. Dio Cassius 73–76; Hist. Aug., Sept. Severus; Herodian. 2–3; Euseb HE V,27. Sein Ausspruch »Seid einträchtig«: Dio Cassius 76,15.

Kapitel 3. Wirtschaftliche und soziale Krisen

»Der eigentliche dramatische Konflikt«: Seston, Propyläen Weltgeschichte Bd. 4, S. 491.

Zu den Räuberbanden: Rostovtzeff II, S. 183ff., 195,361ff.

Zu den wirtschaftlichen Verhältnissen, soziale Umschichtung, Steuerlast das maßgebende Standardwerk: Rostovtzeff, Gesellschaft u. Wirtschaft im röm. Kaiserreich II. Auch: Vogt, Constantin, S. 39–56; Hönn, Konstantin, S. 15–27; Christ, Der Untergang.

Dem Ausspruch des Septimius Severus, die Soldaten reich zu machen, die anderen zu verachten (Dio Cassius 76,15), entsprach das ebenso zynische Wort Caracallas: »Niemand darf Geld haben außer mir, damit ich es den Soldaten gebe.« Dio Cassius 77,10,4.

»die Moral so tief sank«: Aurel. Vict., Caes. 33,4; 10; 23.

Maximin Thrax, Bauernsohn aus Thrakien, regierte von 235 bis 238. »Er hätte sich durch seine Taten«: Herodian 7,3ff. Daß der Kaisergeschichte Herodians Ungenauigkeiten und Irrtümer vorgeworfen wurden, ändert nichts am prinzipiellen Wahrheitsgehalt des Zitats. Vgl. Burckhardt, Die Zeit Constantins, S. 11.

»So sehr stieg allmählich«: Laktanz, d.m.p.7.

»verliert bis zum praktischen ›Verschwinden‹«: W. Hankel, Caesar, München 1978, S. 292. Hankels Anmerkungen zur Wirtschafts- u. Finanzpolitik bis in die spätrömische Zeit sind beachtenswert. S. 287–303.

»Zwei Kamele«: Hönn, Konstantin, S. 75. Dort auch die zuvor genannten Preisvergleiche.

»Hyperinflation« u. folgende Zitierung: W. Hankel, Caesar, München 1978, S. 294.

»daß bisher jeder monokausale Erklärungsversuch«: Christ, Röm. Geschichte, S. 307, mit umfangreichem Literaturverzeichnis.

»Barbareneinfälle«: Diese Erklärung betonte Piganiol, L'Empire chrétien, S. 411–422; deutsch in: Christ, Der Untergang, S. 270–285. In diesem Sammelband weitere Erklärungsversuche nach heutigem Forschungsstand und Bibliographie.

Kaiser Probus regierte von 276 bis 282. »Es werde dem Staat«: Hist. Aug., Vobisc. Probus 20,4; 23,1. Hiernach das Zitierte: Hönn, Konstantin, S. 27. Vgl. auch Rostovtzeff II, S. 177.

Kapitel 4. Wechselnde Götterkulte

»griechisch-römischer Polytheismus«: Burckhardt, Die Zeit Constantins, S. 108.

»Die Frömmsten unter den Sterblichen«: Sallust, Cat. 12,3, auf die Vorfahren in der röm. Republik bezogen. »Wir haben die Völker«: Cicero, de harusp. resp. 19. Polybios 6,56 nennt im 2. Jh. v. Chr. die Römer »frömmer als die Götter selbst«.

»Durch Mischung mit den Kulten«: Burckhardt, Die Zeit Constantins, S. 115. Auch Hönn, Konstantin, S. 38; Vogt, Constantin, S. 57ff.

Zu den spätrömischen Mysterienkulten: Cumont, Les religions orientales; Cumont, Die Mysterien des Mithras; K. Prümm, Religionsgeschichtliches Handbuch für den Raum der altchristlichen Umwelt, Rom 1954; Taeger, Charisma II, S. 542ff.; Burckhardt, Die Zeit Constantins, S. 105–193, dort auch, S. 387–389, weitere Literatur.

Zum Manichäismus: G. Widengren, Mani und der Manichäismus, Stuttgart 1961. Mani starb 277. Eine »Kreuzigung«, wie oft zu lesen ist, gehört wohl in den Bereich der Legende. Vgl. Widengren, S. 47.

Zur Gnosis: K. Rudolph, Gnosis und Gnostizismus, WdF Bd. 262, Darmstadt 1973. »Verführungskraft« der Gnosis und Darlegung der christlichen Auffassung: R. Guardini, Jesus Christus, Würzburg 1940, S. 109–129. Auch Stockmeier, Glaube und Religion, S. 72–80.

Gallienus, 253 bis 268, wird von Eusebius HE VII,23, als »fromm und gottgefällig« bezeichnet. Seit 259 Alleinherrscher, hob Gallienus die christenfeindlichen Edikte seines Vaters, des Kaisers Valerianus, auf. Seine Freundschaft mit Plotin und Plan einer Philosophenstadt: Porphyr., vit. Plot. 12.

Plotin lebte von ca. 205 bis 270. Seine Werke gab sein Schüler Porphyrios heraus. »Grundlage im Abwehrkampf«: Hönn, Konstantin, S. 45. Dort auch zu Plotin. Ferner: Vogt, Constantin, S. 68, 69.

Zu Aurelian, 270 bis 275: Hist. Aug. v. Aurel.; Zos. 1,47ff.; Laktanz, d.m.p.6; Eusebius HE VII,30,20.

Verehrung des *Sol Invictus* durch Elagabal, 218 bis 222: Herodian 5,3,4; Aurel. Vict., Caes. 23,1. Staatskult durch Aurelian: Hist. Aug., v. Aurel. 1,3. 4; Eutrop 9,15. Sol Invictus »nahm in der Hierarchie«: Cumont, Les religions, S. 106. Sol Invictus auf Konstantins Münzen bis 321: Bruun, The Constant. Coinage, S. 45; Vogt, Die constant. Frage, S. 375.

Aurelian als *dominus et deus:* Groag, RE V 1405f.; Alföldi, Die monarchische Repräsentation; S. 210ff. Hier auch zum röm. Kaiserkult. Ferner: Ensslin, Gottkaiser; Wlosok, Römischer Kaiserkult. Diokletian als *dominus et deus:* Aurel. Vict., Caes. 39,4.

»Ihr dient dem Kaiser«: Tertullian, Apolog. 28.

»Nicht wenige Kaiser«: Aurel. Vict., Caes. 33,24.

»Die Welt ist alt geworden«: Cyprian schrieb dies 252 oder 253. Er starb 258 unter Kaiser Valerianus den Märtyrertod.

Kapitel 5. Die junge Christenkirche

»religiösen Leerraum«: Stockmeier, Glaube und Religion, S. 43.

»Zersetzung des Heidentums«: Burckhardt, Die Zeit Constantins, S. 193.

do ut des: Auf dieses Prinzip von Leistung und Gegenleistung verweisen: Latte, Röm. Religionsgeschichte, S. 39, 56 u.a.; K. Kraft, Das Silbermedaillon, WdF 131, S. 331; Stockmeier, Glaube und Religion, S. 29; Berkhof, Kirche und Kaiser, S. 56.

»so revolutionär sein Denken«: Schwartz, Kaiser Constantin, S. 66.

»nicht eine Bekehrung im Sinne«: K. Kraft, Das Silbermedaillon, WdF 131, S. 331. Hierzu: Straub, Konstantins Verzicht, Regeneratio S. 112.

Vorwurf der Götterlosigkeit: A. von Harnack, Der Vorwurf des Atheismus in den drei ersten Jahrhunderten, Leipzig 1905; Stockmeier, Glaube und Religion, S. 44–55; Vogt, Zur Religiosität der Christenverfolger; Vogt, Constantin, S. 76ff. Zeitgenössische Zeugnisse: »Daher werden wir Gottlose genannt«: Justin, Apolog. I 6,1 (ed. Goodspeed 29). »Die Götter verehrt ihr nicht«: Tertullian, Apolog. 10,1. Ferner: Origenes, Contra Celsum; Minucius Felix, Octavius.

»den Tatbestand des Religionsfrevels«: Vogt, Constantin, S. 77.

Brief des Plinius aus d.J. 112: Plin. epist. 10,97; Euseb HE III,33,1–3. Ergänzend: Euseb HE IV,9. Vgl. Schwartz, Kaiser Constantin, S. 17ff. (ausführlich auch zur Stellung der Bischöfe).

»Diese Einheit«: Cyprian, epist. 30.

Christlicher Einfluß auf einige Gesetze Konstantins: Vogt, Constantin, RAC 356–359; Vogt, Zur Frage des christlichen Einflusses; Dörries, Das Selbstzeugnis, S. 265–277; Dörries, Konstantin, S. 63–67. Einzelne Gesetze: Humane Behandlung der Sklaven: Cod. Theod. 9,2,1 f. – Abstellung der Gladiatorenkämpfe: Cod. Theod. 15,12,1. – Abschaffung der Todesstrafe durch Kreuzigung: Sozom. 1,8. – Unterstützung verarmter Eltern zur Verhinderung der Kindaussetzung: Cod. Theod. 11,27,1.

»Wie kann man Krieg führen«: Tertullian, De idol. cap. 19. Frühchristl. Stellung zum Kriegsdienst: Campenhausen, Der Kriegsdienst; Karpp, Die Stellung der Alten Kirche; Dörries, Konstantin, S. 80–84.

»Wenn alle es machen wollten«: Origenes, Contra Cels. VIII,68.

»Wir helfen den Kaisern«: Origenes, Contra Cels. VIII,73.

»kultisches Reinhalten«: Dörries, Konstantin, S. 83ff., verweist auf diese Problematik, verbunden mit einem »spiritualistischen Rückzug aus der Weltwirklichkeit«.

»er habe sich offen als Knecht«: Euseb VC I,6.

Der *Clemensbrief* war bekannt und wurde in den Gemeinden verlesen: Euseb HE III,10,15–16; V,6,2–4.

Konzilsbeschlüsse von Arles 314, Kirche und Staat betreffend: Arles, can. 3, Hefele-Leclercq, Histoire I (1907), S. 282. Zu Arles: siehe 24. Kapitel.

»Wer im Frieden die Waffen wegwirft«, »Nicht minder wichtig«: Dörries, Konstantin, S. 85.

Ausbreitung des Christentums: A. von Harnack, Die Mission und Ausbreitung des Christentums in den ersten drei Jahrhunderten, 4. Aufl. 1924; Handbuch der Kirchengeschichte, Hrsg. von H. Jedin, Bd. I, 1965; H. Lietzmann, Geschichte der alten Kirche, Bd. 3, 1961; W.H.C. Frend, The Rise of Christianity, 1979. »bei etwa fünfzig Millionen Einwohnern«: Hönn, Konstantin, S. 61.

»mit ebensoviel Glück«: Vogt, Constantin, S. 96.

Kapitel 6. Diokletians altrömische Ordnung

Numerians Ermordung, Diokletians Ausrufung zum Kaiser: Zos. 1,73,1–2; Eutrop 9,20,1; Aurel. Vict., Caes. 39,14. Die Weissagung zur Tötung des Ebers: Hist. Aug., Car. 13,2.

Schlacht an der Morawa: Eutrop 9,20,2. Ermordung des Carinus: Aurel. Vict. Caes. 39,11.

Zu Diokletian: Seston, Diocletianus, RAC III, S. 1036ff.; Enßlin, Valerius Diocletianus, RE VII A (1948), S. 2419ff.; Seston, Dioclétien et la tétrarchie; Burckhardt, Die Zeit Constantins, S. 26–52, 223–238; Vogt, Constantin, S. 95–133; Hönn, Konstantin, S. 68–81.

»fast so aus, als habe eine Generalsrevolte«: Seston, Propyläen Weltgeschichte IV, S. 492.

»Unserm frommen und religiösen Sinn«: Mosaicarum et Romanarum legum Collatio 6,4,1.

»Zum erstenmal hatte das Römische Reich«: Seston, Propyläen Weltgeschichte IV, S. 495.

»ungeheure Teuerung« und Folgendes: Laktanz, d.m.p. 7.

»einen Retter des Reiches«: Burckhardt, Die Zeit Constantins, S. 224.

Maximianus stammte aus der Gegend von Sirmium, um 240 geboren.

Carausius, in Gallien Unterführer des Maximianus, wurde wegen Unterschlagung von Kriegsbeute verurteilt. Daraufhin desertierte er mit seiner Truppe und Flotte, ließ sich 286 zum Kaiser ausrufen. Er beherrschte Britannien mit dem gallischen Brückenkopf Gesoriacum (Boulogne). C. wurde 293 von einem Usurpator in eigenen Reihen erschlagen. Erst Constantius Chlorus gelang 296 die Rückgewinnung Britanniens.

Diokletian als *Iovius,* Maximianus als *Herculius:* Aurel. Vict., Caes. 39,18; Epitome de Caes. 40,10; Laktanz, d.m.p.8 u. 52,3.

»Unseren Herren Diokletian und Maximian«: Vogt, Constantin, S. 103; Seeck, Geschichte des Untergangs Bd. 1, S. 440.

Tetrarchie im Jahr 293: Aurel. Vict., Caes. 39,30, führt die Einrichtung auf kriegerische Notwendigkeiten zurück. Nach Laktanz, d.m.p. 18, soll Diokletian gesagt haben: »es müsse im Staate zwei Höhere geben als Herrscher und zwei Geringere als Helfer.«

Zu den Tetrarchen: s.o. Zu Diokletian. Ferner: Enßlin, Maximianus Herculius, RE XIV (1930), S. 2486ff.; Enßlin, Galerius, RE XIV (1930), S. 2516ff.; Seeck, Constantius I., RE IV (1900), S. 1040ff. Die Altersangaben stützen sich auf Vermutungen. Vgl. Seeck, Geschichte des Untergangs Bd. 1, S. 433–437.

Diokletian »als Sklave geboren«: Seeck, a.a.O., S. 433. Die Thermen des Diokletian wurden von 298 bis 305 errichtet. Der einzige Rombesuch 303: Laktanz, d.m.p. 17; Eutrop 9,27,2. Siehe Anfang 2. Kapitel.

»sichtbar und gegenwärtig gewordener Jupiter«: Hönn, Konstantin, S. 76, Vgl. Alföldi, Die monarchische Repräsentation, S. 222, 224.

dominus et deus: Aurel. Vict., Caes. 39,4. Bei früheren Kaisern: Domitian (81 bis 96): Sueton, Domit. 13,2. Aurelian (270 bis 275): Groag, RE V, S. 1405f.

Diokletians Ornat: Aurel. Vict., Caes. 39,2–4; Eutrop 9,26; Zonar. 12,31; Alföldi, a.a.O., S. 8, 122, 154, 183.

Hofzeremoniell und Proskynese: Aurel. Vict., Caes. 39, 2–4; Eumen. Paneg. III,11; Eutrop 9,26; Alföldi, a.a.O., S. 3–5, 13, 41, 58. Alföldi, a.a.O., S. 46ff., beweist, daß zwischen griechischer und persischer Proskynese »kein wesentlicher Unterschied« bestand, daß es für die Adoratio ebenso altrömische Beispiele gab. Bei Diokletian zum erstenmal im Winter 288/289 bei der Zusammenkunft mit Maximianus in Mailand: Eumen. Paneg. III,11.

»starke italisch-römische Wurzeln«: Alföldi, a.a.O., S. 4.

»Während er sich als Dominus«: Aurel. Vict., Caes. 39,4.

»das Reich in Ordnung gebracht«: Vogt, Constantin, S. 109.

»politisches Andenken ganz anders«: Burckhardt, Die Zeit Constantins, S. 224. Dort auch: »scharfsichtigster Beurteiler seiner Zeit.«

Kapitel 7. Constantius Chlorus

»Zweckdienlichste«: Euseb VC I,11.

Konstantin als Enkel des Claudius Gothicus: Paneg. VII (VI), 2,2: *ab illo enim divo Claudio manat in te avita cognatio* ... Spätere Zitierungen sind von diesem Panegyriker aus dem Jahr 310 übernommen. Laktanz und Eusebius nennen Claudius Gothicus bezeichnenderweise nicht. Erst im 5. Jh. erscheint bei Anon. Vales. 1,1 eine abgewandelte Herkunft: Demnach soll die Mutter des Constantius Chlorus eine Tocher des Crispus, des Bruders von Claudius Gothicus, gewesen sein. Seeck, Geschichte des Untergangs Bd. 1, S. 491/492, spricht von »Erfindung jenes Stammbaums« und »Fälschungen«. Hönn, Konstantin, S. 82 z. 229, übernimmt die Genealogie. Ablehnung bei: Vogt, Constantin, S. 140; Delbrueck, Spätantike Kaiserporträts, S. 11.

Konstantins Geburtsjahr 285: In der Konstantinliteratur unterschiedliche Jahresdaten, teils durch Konstantins eigene »Stilisierung« ausgelöst, dürften durch den Nachweis Vogts überholt sein: J. Vogt, Streitfragen um Konstantin den Großen, Mitteilg. d. Deutsch. Archäolog. Instituts, Röm. Abt. 58 (1943), S. 190–203; Vogt, Constantin, S. 141; H. Kraft, Konstantins religiöse Entwicklung, S. 1; Dörries, Konstantin, S. 176. Ausführlich belegte Diskussion bei Seeck, a.a.O., S. 434ff., der das Jahr 288 nennt. Bei genauer Prüfung könnte auch nach Seeck das Jahr 285 gelten.

Zu Constantius Chlorus: R. Andreotti, Costanzo Cloro, Didaskaleion N. S. 9, 1930; J. Moreau, Constantius I., Jahrb. f. Antike u. Christentum 2, Münster 1959. Seine Herkunft: Aurel. Vict., Caes. 39,26; 40,12.

Konkubinat mit Helena: Zos. 2,8,2. Hierzu: Vogt, Constantin, S. 140. Helena als *stabularia:* Ambrosius, De obitu Theodosii, MPL 16,399, CSEL 73,393.

»schwächliche Gesundheit«: Laktanz, d.m.p. 20,1.

Prätorianerpräfekt: Eumen. Paneg. II,11. Hierzu: Seeck, a.a.O., S. 452.

Residenz Trier: Trier, S. 22, 104, 178; Kempf, Das Haus, S. 8.

redditor lucis aeternae: Alföldi, Die monarch. Repräsentation, S. 57/58, mit Abb., Vogt, Constantin, S. 106. Hierzu ferner: Socrates HE I,2; Piganiol, L'empereur Constantin, S. 35/36.

»von Natur aus mild«: Laktanz, d.m.p. 20,1. »Nur mein Vater«: Euseb VC II,49. »Ein ausgezeichneter Mann«: Eutrop X,2f. Verhältnis zu Untertanen: Euseb VC I,14; Eutrop IX,23; X,1–2.

»für größere Tischgesellschaften«: Hönn, Konstantin, S. 86.
Zu Laktanz: Leben und Datierungsfragen: Seeck, a.a.O., S. 457–461. Literatur: siehe Anm. 1. Kapitel. Auf Laktanz als Lehrer Konstantins verweist H. Kraft, Konstantin, WdF 131, S. 9.
Verlobungsgemälde in Aquileia: Eumen. Paneg. VI, 6. Hierzu: Seeck, a.a.O., S. 435; Vogt, Constantin, S. 141. Fausta, die Konstantin 307 heiraten wird, war Stiefschwester von Theodora, der Gattin des Constantius Chlorus.
Konstantin mit Diokletian in Palästina: Euseb VC I,19. Dort auch: »Kaum aus den Knabenjahren«. Zur Datierung: Seeck, a.a.O., S. 435.
Kriegsdienst unter Galerius: Eumen. Paneg. VII,3; Anon. Vales. 2,3. Hierzu: Seeck, a.a.O., S. 436.
Zeuge des Beginns der Christenverfolgung: Euseb VC II,51–53.
»zu einer großen Dienerin Gottes« wird Helena erst durch Konstantin: Euseb VC III,47.
Constantius Chlorus als »Vorläufer, als Wegbereiter«: H. Kraft, Konstantins relig. Entwicklung, S. 2. Hier, S. 2–7, ausführlich zur religiösen Haltung des Caesars Constantius. Hierzu auch: Vogt, Constantinus, RAC III, S. 313/314. Sein Monotheismus: Socrates HE I,2. Seine christenfreundliche Haltung: Euseb HE VIII,13,13; VC I,16; Laktanz, d.m.p. 15,7; 16.
»bei all seinen Handlungen«: Euseb VC II,49 (eine Aussage Konstantins).
»sein ganzes Haus«: Euseb VC I,17.
Zerstörung von Kirchen: Laktanz, d.m.p. 15,7. »Er zerstörte weder Kirchengebäude«: Euseb HE VIII,13,13.
»den Christen die Ausübung«: Laktanz, d.m.p. 24,9. Dem Text gemäß schon 306 in Eboracum oder Trier verordnet.
»nicht politisch« motiviert: H. Kraft, a.a.O., S. 6.
Zu den Töchtern Anastasia und Constantia: H. Kraft, a.a.O., S. 5–7. Christliche Gemeinde am Trierer Hof: Euseb VC I,17,3. »Christliche Luft«: Lietzmann, Geschichte d. alten Kirche Bd. 3, S. 144, 148, 268. Auch: Vogt, Heiden und Christen; Schoenebeck, Beiträge zur Religionspolitik, S. 72ff.
Donatisten bitten 313 um gallische Richter: Optatus I,22 = Soden, Urkunden z. Donatismus 11. Hierzu: H. Kraft, a.a.O., S. 4.
»nicht für ungesetzlich erachten«: Hönn, Konstantin, S. 86, Verweis auf Sozomenos, im 5. Jh. Fortsetzer der Kirchengeschichte des Eusebius.

Kapitel 8. Christenverfolgung

Zur Christenverfolgung: J. Moreau, Die Christenverfolgung im Röm. Reich, Berlin 1971; Vogt, Christenverfolgung, RAC II, S. 1159–1208; Burckhardt, Die Zeit Constantins, S. 223–236; Dörries, Konstantin, S. 11–17; Stade, Der Politiker Diokletian; Stöver, Christenverfolgung, S. 221–231; Vogt, Constantin, S. 121–131; Vogt, Zur Religiosität der Christenverfolger.
»den Staat umstürzen«: Burckhardt, a.a.O. S. 229, 233.
»Haupttriebfeder« Galerius: Dörries, Konstantin, S. 12, mit der Vorbemerkung: der »gewichtige Entschluß ist der des Kaisers selbst«.
»Die Christenverfolgungen waren seine Waffe«: Grégoire, Die »Bekehrung«, WdF 131, S. 183.
»von Frevelmut entflammt«: Laktanz, d.m.p. 10. Dort ebenso die gestörte Opferhandlung. Hierokles: Laktanz, d.m.p. 16.

»wie weitgehend er«: Vogt, Constantin, S. 126, unter Berufung auf Gelzer, Der Urheber, der durch seinen Nachweis die Urheberschaft des Galerius entkräftet. Ablehnung des Galerius als Urheber auch bei: Burckhardt, a.a.O. S. 225/226; Stade, Der Politiker Diokletian; Moreau, Lactance, S. 289, 316; Vogt, Constantin, S. 126/127.

Auf Galerius' Mutter verweist: Laktanz, d.m.p. 11.

Manichäeredikt: Mommsen, Mosaic. et Rom. Coll. 15,3; Stade, a.a.O. S. 84, 162. »Die alte Religion«: zitiert nach Dörries, Konstantin, S. 11. Die Herkunft des Manichäismus aus dem Feindland Persien mag mitgewirkt haben, doch maßgebend für die Verfolgung ist die religiöse Argumentation.

»Sichtung und Säuberung« der Armee: Euseb HE VIII,4,3; Laktanz, d.m.p. 10. »Probe«: Euseb HE VIII,4,2.

Die Verfolgungsedikte sind im Wortlaut nicht überliefert. Die Angaben nach: Laktanz, d.m.p. 10–16; Euseb HE VIII,2,4–5. Gesamtschilderung: Euseb HE VIII,2–16. Vgl. Vogt, Constantin, S. 128; Stöver, Christenverfolgung, S. 227.

Anfang der Verfolgung, Palastbrand: Laktanz, d.m.p. 13–14; Euseb HE VIII,5. »Blitz« als Ursache: Euseb, Rede Konstantins *ad Sanctorum coetum* 25.

Diokletian in Rom: Laktanz, d.m.p. 17,2; Zon. XII,32 p.642C; Eutrop IX,27,2. Nach Seeck, Geschichte des Untergangs Bd. 1, S. 37, vom 17. November bis 18. Dezember 303. Vgl. Vogt, Constantin, S. 131/132. Konsulat: Es gab immer noch als Erbe der Republik das Doppelkonsulat, doch zur Farce geworden, als Ehrenamt beansprucht von Diokletian wie später von Konstantin oder ihren Mitregenten zugewiesen.

Diokletians Erkrankung: Laktanz, d.m.p. 17. Vogt, Constantin, S. 130, hält die Datierung des 4. Edikts nach der Erholung Diokletians für denkbar. Doch widerspräche das der Krankheitsdatierung des Laktanz.

»Die einen starben« und weitere Ziterung: Euseb HE VIII,8; 9,3–5; 11,1; 12,1–2 u. 6–7.

»keine hundert Märtyrer«: Vogt, Constantin, S. 130.

»unwiderstehlichen Gottessehnsucht«: Hermann Pohlmeier, in Stöver, Christenverfolgung, S. 251–255, beachtenswert zu diesem Aspekt des frühchristlichen Martyriums.

»des Mordens müde«: Euseb HE VIII,12,8.

Kapitel 9. Diokletians Abdankung

»Diokletian, groß in Erfindung«: Laktanz, d.m.p. 7,1.

Laktanz bis 305 oder 306 in Nikomedia: Seeck, Geschichte des Untergangs Bd. 1, S. 459.

»Er war ein hervorragender Mensch«: Hist. Aug., Num. c. 13. Vgl. Burckhardt, Die Zeit Constantins, S. 224.

»beklemmende Ahnung«: Vogt, Constantin, S. 131.

»gegen seinen Willen«: Grégoire, Die »Bekehrung«, WdF 131, S. 185.

Eid des Maximianus in Rom 303: Eumen. Paneg. VII,15. Vgl. Seeck, a.a.O., S. 37; Enßlin, Maximianus, RE XIV, S. 2510.

Abdankung 1. Mai 305 bei Nikomedia: Laktanz, d.m.p. 19 (mit Datum). Dort die Zitate: »alle auf Konstantin blickten«, »Oben auf der Tribüne«.

Hierzu auch: Eutrop IX,27,2 u. 28; Zon. XII,32 p. 642C (mit der Bemerkung, der tiefere Grund der Abdankung läge im Mißerfolg gegenüber den Christen und in der enttäuschten Regierungstätigkeit Diokletians).

»Tribun obersten Ranges«, »kriegerische Tüchtigkeit«: Laktanz, d.m.p. 18,10. Hierzu auch: Euseb VC 19 u. 20.

Maximin Daia zum Caesar ernannt: Laktanz, d.m.p. 18,14 u. 19; Zos. II,8,1; Epitome d. Caes. 40,1; 18. Maximin Daia als Christenverfolger: Euseb HE VIII,14,9; IX,1.

Severus zum Caesar ernannt: Laktanz, d.m.p. 18,12 u. 19; Anon. Vales. 4,9; Eutrop IX,27,2.

Gebietsübernahme der zweiten Tetrarchie: Vogt, Constantin, S. 143. Hiervon abweichend: Seeck, a.a.O., S. 42, der Constantius Chlorus neben Gallien und Britannien auch Spanien zuweist.

Zum Palast in Split: G. Niemann, Der Palast Diokletians in Spalato, Wien 1910; F. Bulič, Kaiser Diokletians Palast in Split, Zagreb 1929; Jerko u. Tomislav Marasovič, Der Palast des Diokletian, Wien 1969; S. McNally, Der Diokletianspalast in Split, in: Antike Welt 10. Jg., Heft 2/1979.

Treffen in Carnuntum 308: Laktanz, d.m.p. 29,2; Zos. II, 10,4; Epitome d. Caes. 39,6. Siehe auch 15. Kapitel. »Ich wünschte, ihr könntet«: Hönn, Konstantin, S. 81.

Tod Diokletians 3. Dezember 316: Mommsen, Chron. min. I, 231, 316; Enßlin, Valerius Diocletianus, RE VII A 2, S. 2493.

Kapitel 10. Konstantin entkommt Galerius

»höchstpersönlich«, »überrascht und voll Verbitterung«: Voelkl, Kaiser Konstantin, S. 15.

»als den alleinigen Herrn«: Laktanz, d.m.p. 20,1.

»einer Kombination des Oberkaisers«: Burckhardt, Die Zeit Constantins, S. 239.

»Nach der Erlangung«: Laktanz, d.m.p. 21,1.

Galerius' despotische Regierung: »weil er dies nicht offen«, »Die Beredsamkeit«, »Kopf- und Vermögenssteuern«: Laktanz, d.m.p. 21–23.

Konstantins Jugendbildnisse: Delbrueck, Spätantike Kaiserporträts, S. 12, Tafel I,1,2; S. 110f., Tafel 26.

Eigenschaften als junger Mann: Euseb VC I,19; Laktanz, d.m.p. 18.

Konkubinat mit Minervina: Zos. II,20,2; Epitome d. Caes. 41,4; Zon. XIII,2 p. 5 D.

Zu Konstantins Liebesbeziehungen: Seeck, Geschichte des Untergangs Bd. 1, S. 67,68. Dort, S. 67: »niemals seine Kaisergewalt«, »kaum je ohne Liebschaft«; S. 66: »keine Tugend fester eingeprägt«. Das Edikt zum Verbot, eine Konkubine neben der eigenen Frau zu unterhalten, erließ Konstantin am 14. Juni 326: Cod. Just. V,26,1.

Zweikampf mit dem Sarmaten und Löwenkampf: Anon. Vales. 2,3; Praxagoras (bei Phot. bibl. 62 p. 21 A 1); Zon. XII,33 p. 645 B; Laktanz, d.m.p. 24,4. Eumen. Paneg. VII,3, nennt die »freiwillige Tapferkeit«.

Zur Tapferkeit Konstantins: Seeck, a.a.O., S. 48–50.

»in die Hofintrigen seit der Christenverfolgung«: Burckhardt, a.a.O., S. 141.

»nur deshalb unterblieben«: Seeck, a.a.O., S. 74. Zu Licinius: Laktanz, d.m.p. 20,3; Zos. II, 11; Eutrop X,4,1; Aurel. Vict., Caes. 40,8. Licinius wurde um 250 geboren, zählte also 305 bereits 55 Jahre.

Bitte des Constantius und Konstantins Flucht: Laktanz, d.m.p. 24; Anon. Vales. 2,4; Aurel, Vict., Caes. 40,2; Epitome d. Caes. 41,2; Zos. II,8,3. Euseb VC I,20,2, spricht von Nachstellungen des Galerius.

Vogt, Constantin, S. 143, schreibt, es sei möglich, daß die Anforderung Konstantins erfunden sei. Aber die Vorgänge sprechen eher für eine tatsächlich erfolgte Anforderung. Vielleicht hat Laktanz die Krankheit übertrieben, doch war Constantius auf jeden Fall gesundheitlich geschwächt. Er starb nicht lange nach Konstantins Ankunft. Vgl. das folgende Kapitel.

Caesars Gewaltritt: Horst, Caesar, Düsseldorf 1980, S. 172.

Gesoriacum (Boulogne) wurde vom Jahre 310 an Bononia genannt nach der schon früher so benannten Oberstadt.

»Nicht mit der Post«: Eumen. Paneg. VII,7,5.

Kapitel 11. Ausrufung Konstantins zum Kaiser

Tod des Constantius Chlorus: Euseb VC I,21; Laktanz, d.m.p. 24,8; Anon. Vales. 4. Bestattung in Trier: Jul. Apost., epist. ad Athen. 287 A.

Auf die Überführung nach Rom und Beisetzung im »Sarkophag der Helena« verweist: Kempf, Das Haus der hl. Helena, S. 10. Der Porphyrsarkophag (heute im Vatikanischen Museum), ein Bisoma für ein kaiserliches Paar, 2,68 m lang, 1,84 m breit, stand im Mausoleum der Helena in Rom. Zum Sarkophag: Delbrueck, Antike Porphyrwerke, S. 215.

Konstantin durch Constantius »eingesetzt«: Euseb VC I,21.

»Der Vater sah«: Suda, s. v. Constantinus (10. Jh.). »Constantius Chlorus lag krank«: Zonaras (12. Jh.). Beide Zitate bei: Burckhardt, Die Zeit Constantins, S. 242/243.

Empfehlung des Constantius: Laktanz, d.m.p. 24,8.

Ausrufung Konstantins zum Augustus: Laktanz, d.m.p. 25,5; Euseb VC I,22. »Schon beim ersten Ausritt«: Eumen. Paneg. VII (VI), 5. Vgl. Seeck, Geschichte des Untergangs Bd. 1, S. 73/74. Nach späteren, ungenauen Berichten (Anon. Vales. 2,4; Zos. II,9,1) soll Konstantin zum Caesar, nicht zum Augustus ausgerufen worden sein. Das wäre angesichts der Heeresakklamation undenkbar. Vgl. Seeck, a.a.O., S. 73 u. 482; Vogt, Constantin, S. 143/144. Datum 25. Juli 306: Mommsen, Chron. min. I (1892), 231.

»So hoch ist der Adel«: Eumen. Paneg. VI (VII), 3. Vgl. Anfang 7. Kapitel.

»Berufungsbewußtsein«: Dörries, Konstantin, S. 24.

Auf den »Usurpator« Konstantin verweisen: Schwartz, Zur Geschichte des Athanasius, WdF 131, S. 109; Schwartz, Kaiser Constantin, S. 54; Burckhardt, a.a.O., S. 242.

Caesarernennung durch Galerius: Laktanz, d.m.p. 25,3–5. Münze: *Constantinus Caesar Vivas Herculi Caes. Vincas:* Maurice, Numismatique I (1908), L Anm. 2.

»großherzige Entsagung«: Seeck, a.a.O., S. 76.

»bewußt und absichtlich«, nicht »in Widerspruch«: H. Kraft, Konstantins religiöse Entwicklung, S. 2.

Angleichung an Constantius bei der Münzprägung: Delbrueck, Spätantike Kaiserporträts, S. 12.

»erste Verordnung«, »den Christen die Ausübung ihrer Religion wieder zu gestatten«: Laktanz, d.m.p. 24,9. Hierzu: H. Kraft, a.a.O., S. 7 mit Anm. 1; Schwartz, Zur Geschichte des Athanasius, WdF 131, S. 111.

Konstantins negative Wertung bei altrömischen Autoren vom Vortrefflichen zum Räuber und zum *pupillus:* Epitome de Caes. 41; Eutrop X, 7. Vgl. Burckhardt, a.a.O., S. 318/319 mit Anm. 15.

Kapitel 12. Die Kaiserresidenz Trier

»nach der Herrschaft über die Welt«: Eutrop X,5 (um 370).

Machtergreifung des Maxentius: siehe 13. Kapitel.

Zu Trier: Trier, Führer; W. Reusch, Augusta Treverorum, Trier 1978; Der Trierer Dom, Rhein. Verein für Denkmalspflege u. Landschaftsschutz, Jahrb. 1978/1979, Neuss 1980.

Die Porta Nigra wurde nicht etwa zur Zeit Konstantins erbaut, wie von der älteren Forschung vertreten, sondern im letzten Drittel des 2. Jhs.: Trier, Führer, S. 61. Die im 11. Jh. eingebaute Doppelkirche wurde zur Zeit Napoleons bis 1815 wieder herausgenommen. Jedoch blieb die im 12. Jh. an den Ostturm angebaute romanische Chorapsis mit Zwerggalerie erhalten.

urbs opulentissima: Pomponius Mela i.J. 41; Trier, Führer, S. 2.

»Hier waren trierische Wein- und Geschirrhändler«: Reusch, a.a.O., S. 7.

»In dieser Zeit aber stammen«, »mit ihren Kindern«: Kempf, Das Haus der hl. Helena, S. 7/8. »Diener Gottes« am Hof in Trier: Euseb VC I,17,2.

»erste Verordnung« Konstantins: Laktanz, d.m.p. 24,9. Siehe Ende 11. Kapitel.

»Daher wurden Unzählige«, »Die Franken wissen«: Zitiert bei Hönn, Konstantin, S. 95, 96. Eumen. Paneg. VI (VII),18,3f.; 10,2; 11,3; Eutrop X,3,2. Vgl. Euseb VC I,25.

»immer wieder auf sein Heer beruft«: H. Kraft, Konstantins relig. Entwicklung, S. 7 mit Anm. 2.

Verbannung Theodoras nach Tolosa: Voelkl, Kaiser Konstantin, S. 17; Kempf, a.a.O., S. 8. Vgl. Vogt, Constantin, S. 248/249.

Helena als *nobilissima femina:* Voelkl, Kaiser Konstantin, S. 17. Ihre Ehrungen: Euseb VC III,47; Vogt, Constantin, S. 249. Münzprägungen und Bildnisse: Delbrueck, Spätantike Kaiserporträts, S. 11, 62ff., 84ff., 165ff. Sie wurde 325 zur Augusta ernannt, erhielt kurz danach das Diadem.

Berufung des Laktanz nach Trier 317: Seeck, Geschichte des Untergangs Bd. 1, S. 460. Vogt, Constantin, S. 183, nennt das Jahr 316. Vgl. Vogt, Die Constant. Frage, WdF 131, S. 387.

Konstantin residierte in Trier 306 bis 312. Spätere Besuche sind bezeugt für die Jahre 316 und 328/329: Voelkl, a.a.O., S. 79, 172. Nach Voelkl, a.a.O., S. 113, war Konstantin auch 321 in Trier, angesichts der Jubiläen eine berechtigte Vermutung, die auch Euseb VC IV,17 erklären könnte. Hingegen nennt H. Kraft, Konstantins relig. Entwicklung, S. 65, ausdrücklich nur die Jahre 316 und 328.

Helena bis 322 in Trier: Kempf, a.a.O., S. 9.

Vita der hl. Helena von Altmann von Hautvilliers: Der Trierer Dom, S. 18, 73 Anm. 10 u. 11. Dort ebenso, Anm. 12 u. 13, die Berichte aus dem 11. Jh.

Zu Agritius, 4. Trierer Bischof: Der Trierer Dom, S. 18,117,408. L. Duchesne,

Fastes épiscopaux de l'ancienne Gaule III, Paris 1915, S. 32; F. Pauly, Aus der Geschichte des Bistums Trier I: Die Bischöfe bis zum Ende des Mittelalters, Trier 1969, S. 15ff.

»ein Conglomerat«: H. V. Sauerland, Trierer Geschichtsquellen des 11. Jahrhunderts, Trier 1889, S. 73. Vgl. G. Kentenich, Die älteste Nachricht über den Trierer Dom, Tr. Zeitschr. 1, Trier 1926, S. 92. Hierzu: Th. K. Kempf, Legende–Überlieferung–Forschung, Trier 1959, S. 16.

»unter den Böden frühchristlicher Anlagen«, Baubeginn 326: Kempf, Das Haus der hl. Helena, S. 4,10. Zur Baugeschichte der konstant. Doppelkathedrale: Der Trierer Dom, S. 18–23, 112–113.

»mit denen, die im Palaste weilten«: Euseb VC IV,17. Auf das Jahr 321 bezogen: Kempf, a.a.O., S. 9.

Zu den Deckengemälden: Alföldi, Zur Erklärung der konstant. Deckengemälde; Th. K. Kempf, Die konstantinischen Deckenmalereien aus dem Trierer Dom, Archäolog. Korrespondenzblatt 7, Mainz 1977; Für die vermutliche Zuweisung: Kempf, a.a.O., S. 4–6.

Helenas 70. Geburtstag 321: Kempf, a.a.O., S. 6. Sie war ein Jahr jünger als der 250 geborene Constantius Chlorus: J. Moreau, Constantius I., Nachträge zum RAC, Jahrb. f. Antike u. Christentum 2, Münster 1959, S. 158.

Einfluß Helenas auf Konstantin: Zos. II,29,2; Epitome de Caes. 41,12; Euseb VC III,47.

»natürliche Ähnlichkeit« mit Helena auf Konstantins frühen Bildnissen: Delbrueck, Spätantike Kaiserporträts, S. 12,14.

Kapitel 13. Maxentius, Usurpator in Rom

Galerius verfügt Steuern für Rom: Laktanz, d.m.p. 23 u. 26,2. Auflösung der Prätorianer: Laktanz, d.m.p. 26,3.

Bildnis Konstantins in Rom: Zos. II,9,2.

Zu Maxentius: E. Groag, Maxentius, RE 14 (1930), S. 2417–2484. »häßlich und unansehnlich«: nach Seeck, Geschichte des Untergangs Bd. 1, S. 80. Vgl. Euseb HE VIII,14ff.; Euseb VC I,33-36; Eumen. Paneg. IX,4.

Ausrufung des Maxentius zum Kaiser: Zos. II,9,3; Paneg. XII, 16,2; Eutrop X,2,3; Laktanz, d.m.p. 26,1–3. Zur Datierung 28. Oktober 306: Seeck, a.a.O., S. 80, 484 Anm. 27.

Maxentius als *Princeps invictus:* Seeck, a.a.O., S. 82. 484 Anm. 5; Voelkl, Kaiser Konstantin, S. 16.

Maximianus' Brief an Diokletian: Eutrop X,2,3; Zon. XII, 33 p. 644 B. Seeck, a.a.O., S. 84.

Maximianus in Rom, erneut Kaiser: Laktanz, d.m.p. 26,6; Eumen. Paneg. VI (VII),10ff. »seiner Pflicht, das Reich«: Seeck, a.a.O., S. 85.

»Ich habe dir die Herrschaft«: Eumen. Paneg. VI (VII),12,6.

Severus vor Rom: Laktanz, d.m.p. 26,6–8; Eumen. Paneg. VI (VII),10; IX, 3; Eutrop X,2,4; Anon. Vales. 4,9. In manchen Geschichtsbüchern wird die zeitliche Abfolge falsch oder unklar dargestellt. Laktanz schreibt eindeutig, zeitlich *vor* der Ankunft des Maximianus im Rom sei Severus nach Ravenna geflüchtet.

Severus kapituliert in Ravenna, Versprechen des Maximianus: Laktanz, d.m.p. 26,9; Anon. Vales. 4,10; Zos. II,10,2.

Maximianus von Ravenna zu Konstantin: Seeck, a.a.O., S. 87; Vogt, Constantin, S. 146: siehe hierzu 14. Kapitel.

Galerius vor Rom: Laktanz, d.m.p. 27; Eumen. Paneg. IX,3; 15; Anon. Vales. 3,6–7; Zos. II,10,3. Zur Ermordung des Severus: Seeck, a.a.O., S. 487 Anm. 92,11. Die genaue Datierung, auch der Strafexpedition des Galerius, ist unsicher, aber kaum vor Spätsommer oder Herbst anzusetzen.

Maxentius' Gewaltherrschaft in Rom: Euseb HE VIII,14,1–16. Maximianus' Versuch zur Degradierung des Maxentius: Laktanz, d.m.p. 28.

»als es durch die historische Wirklichkeit«: Vogt, Constantin, S. 157. In diesem Sinne korrigierte vor allem Grégoire, Die »Bekehrung«, WdF 131, S. 187–190, das überlieferte Bild des Maxentius. Ebenso: Schwartz, Kaiser Constantin, S. 59/60. Anders, wohl doch zu negativ, wertet Maxentius: Dörries, Konstantin, S. 29.

»der erste Wohltäter«: Grégoire, a.a.O., S. 188. Einstellung der Christenverfolgung in Rom: Euseb HE VIII,14,1.

»eine echte Rebellion«: Grégoire, a.a.O., S. 190.

Optatus von Mileve, Optat. I,18: »Tempestas persecutionis peracta et definita est . . . iubente Deo, indulgentiam mittente Maxentio, Christianis libertas est restitua.«

Kapitel 14. Konstantin heiratet Fausta

Maximianus im Frühjahr 307 zu Konstantin: Laktanz, d.m.p. 27,1. Vgl. Seeck, Geschichte des Untergangs Bd. 1, S. 87; Vogt, Constantin, S. 146; Vogt, Constantin, RAC III, S. 314; Hönn, Konstantin, S. 93. In der älteren Literatur wird das Jahr 306 genannt, nach Mommsen, Hermes 32, 341, und noch bei Schwartz, Zur Geschichte, WdF 131, S. 110. Das kann jedoch nicht mit der Ereignisfolge nach dem 28. Oktober 306 (Maxentius' Usurpation) übereinstimmen. Als Augustus konnte Maximianus nicht vor Frühjahr 307 nach Gallien gekommen sein.

Maxentius »von seiner Mutter Eutropia untergeschoben«: Hönn, Konstantin, S. 92. Auf Münzbildnissen »dem Vater ganz unähnlich«: Delbrueck, Spätantike Kaiserporträts, S. 18.

Zum Konsulat für 307: Schwartz, Zur Geschichte, WdF 131, S. 111; Voelkl, Kaiser Konstantin, S. 19: Hier wird, anders als bei Schwartz, das Konsulat Maximianus/Konstantin als ersternanntes bezeichnet. Doch wäre das wegen der vor den Usurpationen bestandenen Legitimität des Galerius und der stets vorausbestimmten Konsuln undenkbar. Man muß schon das Konsulat Maximianus/Konstantin als Gegenkonsulat betrachten.

Münzen, »deren Umschrift«: Seeck, a.a.O., S. 88. Berufung auf Zeitschr. f. Numismatik XVII, S. 48.

»Rücksicht auf Galerius«: Vogt, Constantin, S. 146.

imperatores semper Herculii: Eumen. Paneg. VI (VII),2. *Constantine Auguste:* Paneg. VI (VII),8.

»die der tetrarchischen Ordnung«: Vogt, Die Constant. Frage, WdF 131, S. 348. Trierer Rede des Eumenius 307: Eumen. Paneg. VI (VII). Vgl. Schwartz, a.a.O., S. 111.

»ganze Hintergründigkeit« des Maximianus: Vogt, Constantin, S. 146. Drängen auf Konstantins Waffenhilfe: Zos. II,10,6.

Alter der Fausta: um 300 etwa dreijährig mit Konstantin verlobt: Vogt, Constantin, S. 141. Demnach wäre sie bei der Hochzeit etwa zehnjährig. So auch: H. Kraft, Konstantins relig. Entwicklung, S. 129. Nach Seeck, a.a.O., S. 88, war sie neunjährig.

Heirat mit zwölf Jahren nach röm. Recht: L. Friedlaender, Darstellungen aus der Sittengeschichte Roms, Leipzig 1919/1920, Bd. 1, S. 505.

»vermutlich echtesten« Münzbild: Delbrueck, Spätantike Kaiserporträts, S. 18, vgl. S. 87. Die Marmorbüste der Fausta befindet sich im Louvre, Paris. Hierzu: Delbrueck, a.a.O., S. 18; Antike Porphyrwerke, S. 166.

Eutropia »unternehmend und klug«: Vogt, Constantin, S. 248. Vgl. Voelkl, Kaiser Konstantin, S. 20. Eutropias »große Wohltaten« und Frömmigkeit: Euseb VC III, 52. Es ist bemerkenswert, daß Konstantin selbst dies seiner Schwiegermutter zuspricht. Zu Helena: vor allem Euseb VC III, 41–47.

Faustaporträt auf rohen Lampenbildern: Delbrueck, Spätantike Kaiserporträts, S. 19, 167.

Kapitel 15. Kaisertreffen in Carnuntum

»Aber Gott, den er sich«: Laktanz, d.m.p. 20.

Konsulat Diokletian/Galerius für 308 und Gegenkonsulat: Voelkl, Kaiser Konstantin, S. 23.

Treffen in Carnuntum: Laktanz, d.m.p. 29,2; Zos. II, 10,4; CIL III, 4413; Mommsen, Chron. min. I (1892), S. 231, 308.

Zur Datierung: Burckhardt, Die Zeit Constantins, S. 245, nennt 307; Voelkl, Kaiser Konstantin, S. 23, nennt das Frühjahr 308. Beide Datierungen widersprechen der Ereignisfolge. Zudem erhielt als Ergebnis des Treffens Licinius am 11. November 308 den Purpur. Nachweis bei: Seeck, Geschichte des Untergangs Bd. 1, S. 489. Das eher richtige Herbstdatum 308 auch bei: Vogt, Constantin, S. 147; Schwartz, Zur Geschichte, WdF 131, S. 113.

Licinius Augustus: Laktanz, d.m.p. 29,2; Euseb HE VIII,13,15; Mommsen, Chron. min. I, S. 231 f.; Mommsen, Herm. 32,543; 36,503.

Konsulat für 309, Ablehnung Konstantins: Voelkl, Kaiser Konstantin, S. 28.

Maximin Daia und Konstantin *filii Augustorum:* Laktanz, d.m.p. 32; Maurice, Numismatique I, LXV–LXVII.

Trierer Lobrede 310: Eumen. Paneg. VII (VI). Hierzu: Schwartz: a.a.O., S. 114, der Konstantins Annahme des Titels *filius Augustorum* betont. Anders Vogt, Constantin, S. 148, der Konstantins wie Maximins Ablehnung vermerkt. Zur Lobrede auch: Vogt, Die constant. Frage, WdF 131, S. 348; Dörries, Konstantin, S. 24.

Maximin Daia übernimmt Augustustitel 310: Laktanz, d.m.p. 32,5; Euseb HE VIII,13,15; Epitome de Caes. 40,18.

Licinius ohne Land: Zos. II,11; Anon. Vales. 5,13.

Zu L. Domitius Alexander und Abfall Afrikas: Zos. II,12; Epitome des Caes. 40,2; Maurice, Numismatique I, LXVII. Vgl. Seeck, a.a.O., S. 98–100. Dort, S. 99: »Greis von ruheliebender.«

Hungersnöte in Rom und Italien: Eumen. Paneg. IX,4; Euseb HE VIII, 14,6; Euseb VC I,36.

Wiedereroberung Afrikas: Zos. II,14; Aurel. Vict. Caes. 40, 17–19; Epitome de Caes. 40,28.

Kapitel 16. Maximianus' unrühmliches Ende

Maximianus in Trier: Eumen. Paneg. VII (VI),14ff.; Laktanz, d.m.p. 29,3.

Konstantins Beanspruchung in Gallien, Germanenkrieg: C. Jullian, Histoire de la Gaule VII, Paris 1926, S. 99ff.

Maximianus Augustus in Arelate, Raub des Staatsschatzes: Laktanz, d.m.p. 29,5. Eine »wahrscheinliche« Konspiration mit Maxentius, »um dessen Flotte ...«, sieht: Seeck, Geschichte des Untergangs Bd. 1, S. 106. Maximianus wollte Konstantin »beseitigen«: Baynes, Konstantin, WdF 131, S. 150. Ebenso gegen Konstantin gerichtet: Voelkl, Kaiser Konstantin, S. 34. Dagegen sieht Hönn, Konstantin, S. 97, das Vorhaben gegen Maxentius gerichtet.

Maximianus' Tod 310: Eumen. Paneg. VII (VI),18–20; Mommsen, Chron. min. I,231. Eutrop X,3: *poenas dedit iustissimo exitu.* Natürlicher Tod: Zos. II,11. Selbstmord: Zon. XII,33. Durch Erhängen: Epitome de Caes. 40,5; Laktanz, d.m.p. 30. Dort auch »die freie Wahl« und die Episode mit Fausta. Tod in Massilia: Burckhardt, Die Zeit Constantins, S. 246.

»ein absurdes Märchen«: Burckhardt, a.a.O., S. 246.

Konstantins angebliche Annexion Spaniens 310: Hönn, Konstantin, S. 97; Stein, Geschichte, S. 133. Annexion, ebenso Konzil von Elvira 309: Voelkl, Kaiser Konstantin, S. 29. Seeck, a.a.O., S. 42, 455, schlägt Spanien von vornherein Constantius Chlorus und Konstantin zu, wonach dort weder Severus noch Maxentius herrschten. Eine in der Forschung isolierte und nicht haltbare Behauptung.

Konzil von Elvira »vielleicht 311/312«: Vogt, Die Bedeutung des Jahres 312, WdF 131, S. 256.

»sprechen für ein ausgeglichenes Verhältnis«: H. Kraft, Konstantins relig. Entwicklung, S. 17.

Konzil von Elvira: Hefele-Leclercq, Histoire des conciles d'après les documents originaux I, Paris 1907, S. 212–264; Voelkl, Kaiser Konstantin, S. 29–32. – Konzil unter Maxentius' Regierung »nach heute vorherrschender Meinung«: H. Kraft, a.a.O., S. 17. Vgl. Schoenebeck, Beiträge zur Rel. Politik, S. 16ff.; Piganiol, L'empereur, S. 81ff.; Vogt, Die Bedeutung des Jahres 312, WdF 131, S. 256.

Maxentius erhebt Maximianus unter die Götter und beschuldigt Konstantin: Laktanz, d.m.p. 43,4; Zos. II,14,1; CIL IX,4516. Die Gedenkmünze: Maurice, Numismatique I, LXVII, 191.

»einen gewissen Rechtstitel«: Vogt, Constantin, S. 155.

Konstantin läßt das Andenken an Maximianus ächten: Laktanz, d.m.p. 42,1; Euseb HE VIII,13,15; VC I,47. CIL II,1439.

Das Jahr 310 im Verhältnis zu 312: Trotz meiner Hervorhebung des Jahres 310 scheint es mir unhaltbar zu sein, die Ereignisse im Jahr 312 als bedeutungslos und Erfindung der christlichen Apologetik abzuwerten. So bei: Seston, La vision paienne, S. 373ff.; Seston, La conversion, S. 250ff.; Schoenebeck, a.a.O., S. 27.

»aufs empfindlichste durchkreuzt«: Seeck, a.a.O., S. 109/110.

Lösung von den Herkuliern, Sol Invictus als »Wahl- und Begleitgott«: Vogt, Constantin, S. 150. Vgl. Vogt, Die Constant. Frage, WdF 131, S. 348/349; Dörries, Konstantin, S. 25; Vogt, Constantinus, RAC III, S. 315.

Münze mit Doppelprofil Konstantin/Sonnengott: Delbrueck, Spätantike Kaiserporträts, Taf. I,8. Maurice, Numismatique II, S. 238 ff.

»ganz persönliche Entscheidung«: Vogt, Constantinus, RAC III, S. 315; Schoenebeck, a.a.O., S. 24,35.

»Er eignet sich besonders«, »religionspolitische Maßnahme«, »Recht auf Oberherrschaft«: H. Kraft, a.a.O., S. 8,14,10.

Apollotempel von Grand: Ortsbestimmung nach: Jullian, a.a.O., S. 107. Orgels, La Première vision, S. 194 ff., nennt Gründe für Nimes als Tempelort. Vgl. Vogt, Die Constant. Frage, S. 349.

Vision im Apollotempel: Eumen. Paneg. VII (VI),21,3 ff.

Die »heidnische Vision«, davon abhängig die erdichtete Legende der christlichen Vision 312: vor allem bei: Grégoire, Die »Bekehrung«, WdF 131, S. 204–207; Grégoire, La vision, S. 341 ff. – Gegenargumente vor allem bei: Vogt, Die Constant. Frage, S. 348/350; Vogt, Die Bedeutung des Jahres 312, S. 247,268/270; K. Kraft, Das Silbermedaillon, WdF 131, S. 315/317; Alföldi, The helmet, S. 9 f.; H. Kraft, a.a.O., S. 10 ff.

»irreführend«: Vogt, Die Constant. Frage, S. 350.

Dreimal *vidisti:* darauf, ebenso auf »etwas Einmaliges und Besonderes«, verweist H. Kraft, a.a.O., S. 11. Er nennt, S. 14, die Vision von 310 »nichts Unwahrscheinliches«.

Kapitel 17. Das Toleranzedikt von Serdica

»dachte an keine Erweiterung«: Seeck, Geschichte des Untergangs, Bd. I, S. 113.

Konsulat Galerius/Maximin Daia für 311: Voelkl, Kaiser Konstantin, S. 37.

Krankheit und Tod des Galerius: Laktanz, d.m.p. 33; Euseb HE VIII, 16, 3–5; Euseb VC I, 57.

Datierung der Schrift *De mortibus persecutorum:* Seeck, a.a.O., S. 460/461, nennt 317 bis 320. Vogt, Constantinus, RAC III, S. 308, und Die Bedeutung des Jahres 312, WdF 131, S. 266, nennt »um 318«.

»Beispiele zu zeigen«, »Die wider Gott«: Laktanz, d.m.p. 1.

Toleranzedikt vom 30. April 311: Serdica als Verfassungsort und Sterbeort des Galerius gilt heute als gesichert. Vgl. Grégoire, Die »Bekehrung«, WdF 131, S. 193; auch Vogt, Constantin, S. 152. Fälschlich wird noch, so bei Hönn, Konstantin, S. 103, die Residenz Nikomedia genannt. Aber dort wurde das Edikt nach Laktanz »angeschlagen«, nicht »erlassen«.
Wortlaut des Edikts übereinstimmend bei: Laktanz, d.m.p. 34 (latein.); Euseb HE VIII,17,3–10 (in griech. Übersetzung).

»Im Kampfe mit solchen Leiden«: Euseb HE VIII,17,1.

Licinius am Sterbelager des Galerius: Laktanz, d.m.p. 35.

Einflußnahme auf das Toleranzedikt: Konstantin als Veranlasser vermutet: Schwartz, Kaiser Constantin, S. 58. Licinius als Veranlasser sieht: Grégoire, a.a.O., S. 193/194; auch Stöver, Christenverfolgung, S. 237. Gegen Licinius als Veranlasser argumentieren: Vogt, Constantin, S. 152; K. Kraft, Das Silbermedaillon, WdF 131, S. 319; Vogt, Constantinus, RAC III, S. 317/318.

»unbeholfene Aufrichtigkeit«: Vogt, Constantin, S. 152; »der mürrische, ja grollende Ton«: Grégoire, a.a.O., S. 193.

Wortlaut des Toleranzedikts nach: Laktanz, d.m.p. 34.
»Kleinmütig in der Bedrängnis«: Seeck, a.a.O., S. 112.
Auf den »Polytheisten« Galerius verweist ausdrücklich in diesem Zusammenhang: Vogt, Constantinus, RAC III, S. 317.
Zur Duldung der Christen durch Maxentius: siehe 13. Kapitel.
»Ausgangspunkt für Konstantins Christenpolitik«: Vogt, Die Constant. Frage, WdF 131, S. 380.

Kapitel 18. Nach Galerius' Tod
»daß die miteinander rivalisierenden«: Vogt, Constantin, S. 153.
Besitznahme Kleinasiens durch Maximin Daia, der Länder bis zum Bosporus durch Licinius: Laktanz, d.m.p. 36. Die Datierung ist gesichert, weil Maximin Daia am 1. Juni 311 in Nikomedia den Census aufhob, Steuernachlaß gewährte: Vgl. Grégoire, Die »Bekehrung«, WdF 131, S. 195.
Übereinkommen »mitten auf der Meerenge«: Laktanz, d.m.p. 36,3; d.m.p. 43,2; Euseb HE IX,10,2.
Duldung der Christen durch Maximin Daia, Anweisung an Sabinus und dessen Erlaß: Euseb HE IX,1,1–6.
»von unsagbarer Freude«, »Scharen um Scharen«: Euseb HE IX, 1,10–11.
Prisca und Valeria bei Maximin Daia: Laktanz, d.m.p. 39. Deren Verbannung nach Syrien: Laktanz, d.m.p. 41,1.
Erneute Christenverfolgung nach sechs Monaten: Euseb HE IX, 2ff.; Laktanz, d.m.p. 36. Die Datierung stützt sich auf die Daten einiger Märtyrertode: Am 24. November 311 wurde Petrus von Alexandrien, am 7. Januar 312 der Presbyter Lukian in Nikomedia hingerichtet. Nachweis bei: Schwartz, Zur Geschichte, WdF 131, S. 122/123.
Maximins Erlasse und Sendschreiben zur Religionspolitik: Euseb HE IX,7, 3ff.; IX,9a; IX,10,7ff.
»daß man in ihm einen aufgeklärten«: Grégoire, a.a.O., S. 199.
Einstellung der Verfolgung Ende 312: Euseb HE IX,9a. Nach Euseb HE IX,9,12, veranlaßt durch Konstantin und Licinius. Laktanz, d.m.p. 37,1, nennt nur ein Schreiben Konstantins. Zur Datierung Ende 312: Piganiol, L'empereur, S. 86ff.; dazu Laqueur, Eusebius, S. 163ff.; ebenso datieren: H. Kraft, Konstantins relig. Entwicklung, S. 62; Vogt, Constantin, S. 167; Grégoire, a.a.O., S. 199.
Innenpolitische Schwierigkeiten des Maximin Daia: Euseb HE IX,8,1–12.
»durch Belehrung und Freundlichkeit«: Euseb HE IX,9a,9.
Konstantins Bündnis mit Licinius, dessen Verlobung mit Constantia: Laktanz, d.m.p. 43,2; Zos. II,17,2. Vgl. Vogt, Constantin, S. 156/157; Seeck, Geschichte des Untergangs Bd. 1, S. 493. Schwartz, Zur Geschichte, WdF 131, S. 117, hebt eine Verbindung Konstantins mit Maximin Daia hervor. Doch diese blieb unwirksam angesichts des wichtigeren Bündnisses mit Licinius.
Konsulat Konstantin/Licinius für 312: Voelkl, Kaiser Konstantin, S. 40.
»bei einem etwaigen Angriff«: Vogt, Constantin, S. 157.
Maximins Bündnis mit Maxentius: Laktanz, d.m.p. 43,1.

Kapitel 19. Konstantins Zug gegen Maxentius

Zur Vorgeschichte: E. Groag, Maxentius, RE XIV, S. 2470 ff.; Schoenebeck, Beiträge zur Religionsgeschichte, S. 4 ff.

Maxentius beschuldigt Konstantin: Laktanz, d.m.p. 43,4; Zos. II,14,1; Nazar. Paneg. X,12.

Wirtschaftliche Krise, Abfall Afrikas: siehe Ende 15. Kapitel.

Zur Propaganda Konstantins: Vogt, Constantin, S. 157. Maxentius als Bastard bezeichnet: Eumen. Paneg. IX,4. Vgl. auch Schwartz, Zur Geschichte, WdF 131, S. 117/118.

»Mitleid mit den bedrückten«: Euseb HE IX,9,2. »Knechtschaft eines Tyrannen«: Euseb VC I,26,1. Schandtaten des Maxentius: Euseb HE VIII, 14; IX,9,2–4.

»roh, gefühllos«: Aurel. Vict. Caes. 40,18 ff.

Maxentius' Duldung der Christen: siehe Ende 13. Kapitel. Hierzu: Grégoire, Die »Bekehrung«, WdF 131, S. 187–190; Vogt, Die Bedeutung des Jahres 312, WdF 131, S. 256; Groag, a.a.O., S. 2470 ff. Osterfeier 312 in Rom: Mommsen, Chron. min. I,62. Vgl. Schoenebeck, a.a.O., S. 4, 23; Schwartz, a.a.O., S. 126.

»nicht frommer Eifer«: Schwartz, Kaiser Constantin, S. 60. Unhaltbar ist die Behauptung von Seeck, Geschichte des Untergangs Bd. 1, S. 118, wonach allein Maxentius zum Krieg trieb und Konstantin um Frieden bemüht war.

Konstantins Zug *contra haruspicum monita:* H. Kraft, Konstantins relig. Entwicklung, S. 18; Seeck, a.a.O., S. 119. Hierzu: Eumen. Paneg. IX,2; Libanios, orat. XXX,6.

»Sendungsbewußtsein«: H. Kraft, a.a.O., S. 18; Straub, Konstantins christl. Sendungsbewußtsein, S. 72 ff.

»Wo ihm sein Recht«: Straub, a.a.O., S. 78.

Heeresstärke Konstantins: Zosimos II,15,1, nennt: 90 000 und 8000 Pferde. Auf ein Viertel seiner gesamten Streitmacht verweist: Eumen. Paneg. IX, 3. Vgl. Seeck, a.a.O., S. 494. Unterschiedlich bezifferte Heeresstärke: Burckhardt, Die Zeit Constantins, S. 249, nennt: 100 000 Mann; Lissner, So lebten die röm. Kaiser, S. 410, nennt: 90 000 und 8000 Reiter; Vogt, Constantin, S. 158, nennt: 40 000; Seeck, a.a.O., S. 119, nennt: 25 000, was wohl am nächsten kommt, ergänzt durch in Italien übergelaufene Truppenteile.

Zum Kriegszug: Eumen. Paneg. IX,3 ff. Seeck, a.a.O., S. 125, datiert die Kämpfe in Oberitalien bis Herbst 312.

Kapitel 20. Schlacht an der Milvischen Brücke

Heeresstärke des Maxentius: Zos. II,15,2; Laktanz, d.m.p. 44,2; Euseb HE IX,9,3; Euseb VC I,37. Unterschiedliche Zahlenangaben: Voelkl, Kaiser Konstantin, S. 42, nennt mehr als 300 000 Mann; Seeck, Geschichte des Untergangs Bd. 1, S. 119, nennt: 170 000 Mann und 18 000 Pferde, nach Zosimos; Vogt, Constantin, S. 158, nennt: 100 000 Mann.

»verkündet ihm den Untergang«: Laktanz, d.m.p. 44,1.

»tiefer Blickenden«: zitiert nach Hönn, Konstantin, S. 105. Eumen. Paneg. IX,2,4; 3,3. (i. J. 313).

Ossius (Hosius) von Corduba: siehe 16. Kapitel. Der spanische Bischof als wahrscheinlicher Begleiter Konstantins 312: Seeck, a.a.O., S. 495/496; Vogt, Die constant. Frage, WdF 131, S. 366; Straub, Konstantins Verzicht, Regeneratio, S. 107; Delaruelle, La conversion, S. 96; Ehrhardt, Religionspolitik und Gesetzgebung, WdF 131, S. 409. Ehrhardt weist darauf hin, daß Ossius »von einer spanischen Synode abgesetzt und von einer gallischen rehabilitiert worden« sei. Nach: Augustin, Contra Epist. Parmen. I.4.7; 5.10.

»Ratgeber«: Euseb VC I, 32, spricht ausdrücklich von christlichen Ratgebern. Vgl. auch VC I,42.

»religiös gesehen«: H. Kraft, Konstantins relig. Entwicklung, S. 18.

»im Vertrauen auf göttlichen Beistand«: Euseb HE IX, 9,3–4.

Maxentius' pervertierte Zeichendeutung: Nach Euseb HE VIII, 14,5, ließ er u. a. »bald schwangere Frauen öffnen, bald die Eingeweide neugeborener Kinder durchforschen«.

Maxentius' Wohnungswechsel am 26. Oktober: Eumen. Paneg. IX,16.

Das Orakel zum 28. Oktober: Zos. II,16,1; Laktanz: d.m.p. 44,8. Der Kaiser Maxentius regierte seit dem 28. Oktober 306.

Zur Schlacht an der Milvischen Brücke (Ponte Molle): Laktanz, d.m.p. 44; Zos. II,16; Aurel. Vict. Caes. 40,23; Nazar. Paneg. X, 28 ff., Eumen. Paneg. IX,16 f. Ausführliche Schilderung bei: Seeck, a.a.O., S. 130 ff., 496 f. Zur Schlacht auch: L'Orange-v. Gerkan, Konstantinsbogen, S. 59 ff.

»Wie zur Zeit des Moses«: Euseb HE IX,9,5–7 (gekürzt). Vgl. Euseb VC I, 37.

Kapitel 21. In diesem Zeichen wirst du siegen

Bekehrung Konstantins kein »nach Tag und Stunde datierbares Ereignis«: H. Kraft, Konstantin, WdF 131, S. 3, 15.

»lang dauernde Hinwendung«: H. Kraft, Konstantins relig. Entwicklung, S. 24.

»ihm der Christengott als wirksame Potenz«: K. Kraft, Das Silbermedaillon, WdF 131, S. 330/331.

»Konstantin wurde im Traum gemahnt«: Laktanz, d.m.p. 44,5.

Christusmonogramm »bei den Christen da und dort«: Vogt, Constantin, S. 162; Schoenebeck, Beiträge zur Religionspolitik, S. 26 f.

»lange Zeit danach«: Euseb VC I,28. Die gesamte Visionserzählung: Euseb VC I,28–31.

Zum Labarum: wohl aus *laureatum,* das Lorbeerbekränzte, gebildet. Hierzu: Grégoire, Byzantion 4 (1927/1928), S. 477 ff.; Byzantion 12 (1937), S. 277 ff.; Vogt, Constantinus, RAC III, S. 323/325. Kaum vor 324 als Feldzeichen; im letzten Kampf gegen Licinius: Euseb VC II, 7, 9.

Zur Visionserzählung (Eusebius) und zum Traumerlebnis (Laktanz): Aus der überreichen Literatur nenne ich die für meine Arbeit wichtigsten Schriften nach Erscheinungsjahr: Grégoire, Die »Bekehrung«, WdF 131, S. 175 ff. (1930/1931); A. Alföldi, Hoc signo victor eris, WdF 131, S. 224 ff. (1939); Vogt, Die Bedeutung des Jahres 312, WdF 131, S. 247 ff. (1944); Pio Fr. De'Cavalieri, Constantiniana (1953); Delaruelle, La conversion (1953); K. Kraft, Das Silbermedaillon, WdF 131, S. 297 ff. (1954/1955); H. Kraft,

Konstantins relig. Entwicklung, S. 19–27 (1955); Dörries, Konstantin, S. 28–36 (1958); Vogt, Constantin, S. 161 ff. (1960).
Einen Überblick über den Forschungsstand vermitteln: Vogt, Die constant. Frage, WdF 131, S. 345 ff. (1955); Vogt, Constantinus, RAC III, S. 318/325 (1957).

»nicht nur unglaubhaft«, »die Zeichen legendarischer Entstellung«: H. Kraft, a.a.O., S. 19.

»Verbindung von Zeichen und Namen«, »entschieden ein Argument«: Vogt, Die constant. Frage, S. 367; De'Cavalieri, Constantiniana, S. 22 f.

Zur Vision im Apollotempel von Grand: siehe 16. Kapitel. »Motiv wesensverschieden«: Vogt, a.a.O., S. 362. Triftige Gründe gegen die Abhängigkeit von der heidnischen Vision auch bei: K. Kraft, a.a.O., S. 311 ff.

»festem Bewußtsein, daß Gott ihm geholfen habe«: Euseb HE IX,9,10.

Zur Veröffentlichung der Kirchengeschichte: Eusebius, Kirchengeschichte, Herausgegeben u. eingeleitet von H. Kraft, München 1981, S. 75–77.

Helm mit Christusmonogramm »schon um den Zeitpunkt der Schlacht«: A. Alföldi, Hoc signo, S. 227; The helmet of Constantine. Bestätigend: Vogt, Die constant. Frage, S. 376. Dagegen argumentieren: H. Grégoire, Byzantion 7 (1932), S. 652 ff.; Seston, La conversion, S. 250 ff. Aber auch: K. Kraft, a.a.O., S. 309.

Datierung der drei genannten Münzen auf 315: Delbrueck, Spätantike Kaiserporträts, S. 72; Alföldi, Hoc signo, S. 228; K. Kraft, a.a.O., S. 298 ff. Als Prägeort gilt Ticinum. Abbildungen der drei Münzen: K. Kraft, a.a.O., Tafel I,1; 3; 2a u. 2b. Abbildung der zweiten Münze (seit 1930 Eremitage Leningrad): Delbrueck, a.a.O., Tafel I,11.

Zur besterhaltenen dritten Münze, dem Münchener Silbermedaillon, ausführlich: K. Kraft, a.a.O., S. 297 ff. M. R. Alföldi, Die Constantinische Goldprägung, S. 138 ff. nennt gewichtige Gründe für die Datierung des Silbermedaillons auf das Jahr 313. Auf jeden Fall kann die Beziehung zur Schlacht an der Milvischen Brücke und die Autorisierung durch Konstantin nicht bezweifelt werden. Vgl. auch: Bruun, The Christian Signs, S. 5 ff.

»Festmünze«: K. Kraft, a.a.O., S. 308.

Münzen von Siscia mit Christogramm (317/318): Alföldi, The helmet, S. 10 ff.; Alföldi, The Conversion, S. 41. Abbildung: Delbrueck, a.a.O., Tafel I,12; K. Kraft, a.a.O., Tafel III,10.

»daß die Verwendung des Christogramms«: K. Kraft, a.a.O., S. 307.

Kolossalkopf Konstantins im Palazzo dei Conservatori: Delbrueck, a.a.O., S. 121–129; Tafel 37–44. Delbrueck setzt die Entstehungszeit um 330 an. Die Entstehungszeit 313 bis 315 weisen nach: Kähler, Konstantin 313, S. 23–24,29; K. Kraft, a.a.O., S. 336–344. Ebenso Grégoire, La statue, S. 135 ff.

»fast versucht, die gleiche Künstlerhand«, »frappierende Ähnlichkeit«: K. Kraft, a.a.O., S. 340. »sehr imposant«: Delbrueck, a.a.O., S. 125.

Standbild Konstantins »am belebtesten Platze«, »in dem festen Bewußtsein«: Euseb HE IX,9,10. Die Identität von Eusebs Standbild und Kolossalstatue betonen vor allem: Kähler, Konstantin 313; Cecchelli, Il trionfo, S. 13–40, 113–118; 143–145; K. Kraft, a.a.O., S. 343.

Inschrift: »Durch dieses heilbringende Zeichen«: Euseb HE IX,9,11. Vgl. Euseb VC I,40.

Grégoire, La statue, S. 141–143, vermutet als Attribut der Statue ein Vexillum, dessen gekreuzte Lanzenschäfte von den Christen als Kreuz mißverstanden wurde. Eindeutig das christliche Siegeszeichen Konstantins sehen: Kähler, Cecchelli, K. Kraft. Ebenso: Vogt, Constantinus, RAC III, S. 326; Alföldi, Schweiz. Münzblätter 4 (1954), S. 81 ff.

Die Statue mit ihrem Attribut als »Bekenntnis Konstantins«; Vogt, a.a.O., S. 326.

Kapitel 22. Rom feiert Konstantin

Einzug in Rom: Eumen. Paneg. IX,18–20; Euseb HE IX,9,9; VC I,39.

Die vom Senat dedizierte goldene Statue, *divinitati simulacrum aureum* (Paneg. IX,25), ist nicht identisch mit dem marmornen Standbild in der Maxentius-Basilika. Vgl. Voelkl, Kaiser Konstantin, S. 46. Ebenso: Vogt, Die constant. Frage, WdF 131, S. 352.

Konstantin rangältester Augustus: Laktanz, d.m.p. 44, 11; CIL V 8021; 8060; 8963; VI 507.

Konsulat Konstantin/Maximin Daia für 313: Seeck, Geschichte des Untergangs Bd. 1, S. 500.

»Was soll ich von deinen«: Eumen. Paneg. IX, 20. Zit. nach Hönn, Konstantin, S. 107/108.

»selbst der Senat forderte«: Seeck, a.a.O., S. 137.

Unterlassung des Jupiteropfers: Straub, Konstantins Verzicht, Regeneratio, S. 100 ff.; Vogt, Die Bedeutung des Jahres 312, WdF 131, S. 251/252; Kaniuth, Die Beisetzung, S. 52.

»Wenn also Konstantin den Gang«: Vogt, a.a.O., S. 252. Opferunterlassung 315: Euseb VC I,48. »von den heiligen Gebräuchen losgesagt«: Zos. II, 29,5. Ferner: Zos. II,7,2. »nie mehr Opfer dargebracht«: Dörries, Konstantin, S. 37.

Keine Opfertiere auf dem Triumphbogen; Medaillon aus der Zeit Hadrians: L'Orange-v. Gerkan, Der spätantike Bildschmuck, S. 77, 168.

»Gegensatz zwischen Vorher und Nachher«, »Konstantin selbst weiß nichts«: H. Kraft, Konstantins relig. Entwicklung, S. 15/16, aufschlußreich für diesen Zusammenhang. Vgl. K. Kraft, Das Silbermedaillon, WdF 131, S. 330/336, der von einer »unvollkommenen« Bekehrung spricht und sie »typisch römisch« nennt.

Sol invictus auf Münzbildern bis 320: Schoenebeck, Beiträge zur Religionspolitik, S. 28 ff. Sol invictus auf dem Triumphbogen: L'Orange-v. Gerkan, a.a.O., S. 162, 177, 178. Dort, S. 178, »die neue Epoche«.

Inschrift des Triumphbogens: CIL VI 1139. Latein./deutsch bei: Hönn, Konstantin, S. 113.

»persönliche Prägung«: Vogt, Die constant. Frage, S. 351; Altheim, Aus Spätantike, S. 47 ff.

»in geheimem Einvernehmen mit jenem göttlichen Geist«: Eumen. Paneg. IX,2,4 f.; 3,3; Vogt, a.a.O., S. 351. Vgl. Vogt, Die Bedeutung des Jahres 312, S. 263/266.

»die göttliche Hilfe in einer Weise«: Vogt, Constantin, S. 165.

»Zeitwende«, »an Stelle der zusammengebrochenen«: Schwartz, Kaiser Constantin, S. 63, 65.

Lateranpalast und Lateranbasilika: Seit der Zeit Neros (Verschwörung des Plautius Lateranus) war der Palast der Laterani persönlicher Besitz des röm. Kaisers. Datierung der Schenkung um 312/313: Vogt, Constantinus, RAC III, S. 368; Vogt, Bemerkungen zum Gang der Constantinforschung, S. 378. Vgl.: Piganiol, L'empereur, S. 112ff.; Schoenebeck, a.a.O., S. 89; Alföldi, The Conversion, S. 51f.; De'Cavalieri, Constantiniana, S. 119.

Schreiben an Maximin Daia Ende 312: Laktanz, d.m.p. 37,1. Vgl. 18. Kapitel. Datierung: Piganiol, L'empereur, S. 86ff.; H. Kraft, Konstantins relig. Entwicklung, S. 62; Vogt, Die constant. Frage, S. 381.

Drei Briefe nach Afrika: Datierung nach: H. Kraft, a.a.O., S. 30/31. Erster Brief, an Anullinus: Euseb HE X,5,15–17; H. Kraft, a.a.O., S. 160; Dörries, Das Selbstzeugnis, 16. Brief 2, an Caecilian: Euseb HE X,6,1–5; H. Kraft, a.a.O., S. 161; Dörries, Das Selbstzeugnis, 17. Brief 3, an Anullinus: Euseb HE X,7,1–2; H. Kraft, a.a.O., S. 164; Dörries, a.a.O., 18.

»entscheidenden Schritt zur Integration«: Stockmeier, Glaube und Religion, S. 89.

»konsequenten Anwendung«: H. Kraft, a.a.O., S. 48. Dörries, Konstantin, S. 39. Auch Stockmeier, a.a.O., S. 48, spricht von »Leitvorstellungen antiker Religion und römischer Kultpraxis« und von einer »Motivation« Konstantins, die sich nicht mit dem »ursprünglichen Selbstverständnis« der Kirche deckte.

»daß der von den Christen verehrte Gott«. H. Kraft, a.a.O., S. 47.

Kapitel 23. Das Mailänder Treffen

Konstantin bei der Spendenverteilung: Bildfries auf dem Triumphbogen. L'Orange-v. Gerkan, Der spätantike Bildschmuck, S. 89–102; Alföldi, Die monarch. Repräsentation, Taf. 4 u. 5.

Konstantinsthermen: Voelkl, S. 49. Zur Statue auf dem Kapitolsplatz: Delbrueck, Spätantike Kaiserporträts, S. 113ff., Taf. 30–32. Zur Statue vor San Giovanni in Laterano: Delbrueck, a.a.O., S. 118f., Taf. 33. Die Thermen als vermuteter Fundort: Delbrueck, a.a.O., S. 117/118.

Erste Münzen nach 312: Maurice, Numismatique I, Taf. 17, 17/18. Münze (Tarragona) mit Maximus Augustus: Maurice, Taf. 17, 16.

Mailänder Treffen: Vermählung der Constantia: Laktanz, d.m.p. 45,1; Zos. II,17,2; Aurel. Vict. Caes. 41,4; Euseb HE X,8,4.

Ähnlichkeit der Constantia mit Konstantin: Kempf, Das Haus der hl. Helena, S. 5 und Abb. 5 (Trierer Deckenmalerei). Ihr Münzbild: Delbrueck, a.a.O., S. 86, Taf. 11.

Konstantin »niemals mit Maximin gebrochen«: Grégoire, Die »Bekehrung«, WdF 131, S. 208.

»heftige Auseinandersetzungen«, »Dies sollte beiden«, »nicht mehr um Erlaubnis«: Seeck, Geschichte des Untergangs Bd. 1, S. 141.

Licinius als »gottgeliebter« Mann: Euseb HE IX,9,1.

»das Christentum in Zukunft«: H. Kraft, Konstantins relig. Entwicklung, S. 32.

Dem Christentum zugeneigte Kaiserinnen, vor allem Theodora: H. Kraft, a.a.O., S. 4–7; Vogt, Heiden und Christen; Vogt, Constantin, S. 248.

»Erweiterung«: Vogt, Die constant. Frage, WdF 131, S. 381/382.

Kein Edikt von Mailand: Seeck, Das sogenannte Edikt von Mailand, Zeitschr. f. Kirchengesch. XII (1891), S. 381; Vogt, Constantinus, RAC III, S. 329/330; Grégoire, a.a.O., S. 211/213, der auch keine sachliche Einwirkung Konstantins auf die Erlasse des Licinius sieht. Ebenso: Moreau, Litterae Licinii, S. 100ff.

Erlasse des Licinius: Am 13. Juni 313 in Nikomedia: Laktanz, d.m.p. 48. Nach Palästina gesandt: Euseb HE X,5,1–14. Hierzu: Nesselhauf, Das Toleranzgesetz; Vogt, Die constant. Frage, S. 381/383; Dörries, Das Selbstzeugnis, S. 228ff.; Baynes, Konstantin, WdF 131, S. 153/154; Schwartz, Zur Geschichte, WdF 131, S. 127/130.

»Im Zusammenhang« (Laktanz): zit. nach Hönn, Konstantin, S. 114.

»die göttliche Gunst«: Laktanz 48,11. *»summa divinitas«:* Laktanz 48,3. Freie Entscheidung: Laktanz 48,2,5,6. Vgl. Dörries, Konstantin, S. 40; Vogt, a.a.O., S. 382. Dort, S. 382: »eine auf Erfahrung begründete«, »treibende Kraft«.

Zug des Maximin Daia durch Kleinasien, Eroberung von Byzanz: Laktanz, d.m.p. 45; Anon. Vales. 5,13.

Konstantin war am 10. März 313 noch in Mailand: Nachweis bei Schwartz, a.a.O., S. 127.

Krieg gegen die Rheinfranken: Eumen. Paneg. IX,21,5; Zos. II,17.

»zwei volle Jahre, bis mindestens Mai 315«: Habicht, Zur Geschichte, S. 369, 370. Nach der neuen Datierung fällt Konstantins erster Krieg gegen Licinius in den Herbst 316, abweichend von der bisherigen Datierung auf 314. Nachweise bei: Bruun, The Constantinian coinage (1953), S. 15ff., und umfassender: Habicht, Zur Geschichte, Hermes 86 (1958), S. 360–378. Vogt, Constantin (1949), S. 175, hat in der Erstauflage, ebenso in Constantinus, RAC III, S. 337, den Konflikt noch auf 314, wie herkömmlich, datiert. Jedoch in der Neuauflage von Vogt, Constantin (1960), S. 172, korrigierte der Verfasser den Krieg auf 316. Siehe hierzu 26. Kapitel.

Während Konstantins Aufenthalt in Gallien erlassene Konstitutionen: am 29. Oktober, 8. November und 30. Dezember 314 aus Trier, am 21. März 315 aus Chalons-sur-Saône, am 28. April 315 wieder aus Trier. Nachweise bei Habicht, a.a.O., S. 368–369.

Kapitel 24. Anfänge des Donatistenstreits

Zum Donatismus: v. Soden–v. Campenhausen (Hrsg.), Urkunden zur Entstehungsgeschichte (= v. Soden); H. Kraft, Konstantins relig. Entwicklung, S. 28ff., Briefe 1–11 (= H. Kraft); Dörries, Das Selbstzeugnis (= Dörries); Frend, The Donatist Church; Vogt, Constantinus, RAC III, S. 330/333; Vogt, Constantin, S. 175/177; Baynes, Konstantin, WdF 131, S. 154/158; Hönn, Konstantin, S. 156/169.

Erste Briefe nach Afrika: Nachweis im 22. Kapitel.

Denkschrift der Donatisten, Bitte um gallische Richter: Optatus I,22; v. Soden 11. Hierzu: H. Kraft, S. 4, 32/35.

Einladung nach Rom, an Miltiades: Euseb HE X,5,18–20; H. Kraft, S. 166ff.; Dörries 20.

»Caecilian soll geprüft werden«: H. Kraft, S. 168.

Entscheidung der Bischöfe in Rom, 2. 10. 313: Optatus I, 23; v. Soden 13A. Vgl. Instinsky, Bischofsstuhl und Kaiserthron, S. 59–82.

»Männer, zu brüderlicher Einmütigkeit« (Einladung zur Synode nach Arles); Euseb HE X,5,21–24; H. Kraft, S. 170, Brief 5; Dörries 24.

Konzilsbeschlüsse in Arles, 314: Hefele-Leclercq, Histoire I (1907), S. 275ff. Zur Synode: H. Kraft, S. 37–43; Voelkl, Konstantin, S. 61–63; Dörries, Konstantin, S. 84–86. Beschlüsse zum Staats- und Heeresdienst: siehe 5. Kapitel.

Konstantins persönliches Eingreifen: H. Kraft, S. 39–45. »die Donatisten in der Kirche zu halten«: H. Kraft, S. 44.

»Schlüssel zum Verständnis«: Jones, Constantine, S. 111.

»Ich erachte es als einen Verstoß«: Optatus App. III; v. Soden 14; H. Kraft, S. 177, Brief 6; Dörries 24. Vgl. Straub, Regeneratio, S. 147. Hiernach zitiert.

»von niemand anderem als Konstantin«: H. Kraft, S. 183.

»Was hat der Kaiser mit der Kirche zu tun?«: Optatus III,3; CSEL 26,73. Dörries, Konstantin, S. 104.

Rückkehr der verbannten Bischöfe: v. Soden 30. »Kein Unrecht soll erwidert werden«: v. Soden 31; H. Kraft, S. 196, Brief 11; Dörries 38.

»Gegensatz für Konstantin nicht Donatismus–Katholizismus, sondern Streit–Frieden oder Schisma–Einheit«: darauf verweist H. Kraft, S. 189.

»von einem Standpunkt aus«: H. Kraft, S. 56. Ähnlich betont Vogt, Die constant. Frage, WdF 131, S. 384, daß Konstantin sich nun »diesem Kult zugehörig weiß«.

Entlassungsschreiben nach Arles, »Früher gab es«: Optatus App. V; v. Soden 18; Dörries 28. Zit. nach H. Kraft, S. 184, Brief 7. »Gedenkt meiner«: Vogt, Constantin, S. 179, vermutet, hier habe ein Bischof dem Kaiser die Feder geführt. Jedoch der sehr kritisch sichtende H. Kraft, S. 179, bezeichnet die zitierten Stellen als echt.

Brief an Celsus, Vikar von Afrika, »Was hätte ich entsprechend«: Optatus App.; v. Soden 23; Dörries 35; H. Kraft, S. 194, Brief 10. Zitiert nach Vogt, Die constant. Frage, S. 385.

Kapitel 25. Licinius besiegt Maximin Daia

Schlacht auf dem Campus Serenus, 30. April 313: Laktanz, d.m.p. 46 u. 47, mit Datum: Zos. II,17,3; Euseb HE IX,10,2–4. Hierzu: Seeck, Geschichte des Untergangs Bd. 1, S. 150–152.

»Schon standen sich die Heere« und Gebet: Laktanz, d.m.p. 46.

Licinius »Verfechter des Christentums«, »erster Kaiser«: Grégoire, Die »Bekehrung«, WdF 131, S. 207–211; ebenso Moreau, Lactance, S. 449–453.

»von der Entscheidung Konstantins« beeinflußt: Vogt, Die Bedeutung des Jahres 312, WdF 131, S. 266.

»Anrufung eines Schlachthelfers«: K. Kraft, Das Silbermedaillon, WdF 131, S. 321.

»zum Gespött geworden«: Seeck, a.a.O., S. 503. Mit Hinweis, daß der Laktanz-Bericht nicht als Fabel abgewertet werden kann.

Tod des Maximin Daia: Laktanz, d.m.p. 49; Eutrop X,4, 4; Aurel. Vict. Caes. 41,1; Euseb HE IX,10,14; VC I,58.

Licinius »an Rohheit und Grausamkeit«: Seeck, a.a.O., S. 155.

Ausrottung der gegnerischen Familien: Laktanz, d.m.p. 50; Euseb HE IX, 11,7. Tod der Valeria und Prisca: Laktanz, d.m.p. 51.

Kapitel 26. Ein Verrat führt zum Krieg

Verschiedenheit des Charakters von Konstantin und Licinius: Aurel. Vict. Caes. 41,3–5.

Liciniusporträt am Triumphbogen: im Medaillon über dem östlichen Seitendurchgang. Hierzu: L'Orange-v. Gerkan, Der spätantike Bilderschmuck, S. 169 ff. u. Taf. 45.

Münzprägungen zum Decennalienjahr 315: K. Kraft, Das Silbermedaillon, WdF 131, S. 298 ff.

Baugeschichte der Maxentius-Basilika und zur Kolossalstatue: Kähler, Konstantin 313; K. Kraft, a.a.O., S. 336 ff.

Standbild »mit dem heilbringenden Zeichen«: Euseb HE IX, 9,10. Vgl. Ende 21. Kapitel.

Predigt des Eusebius in Tyrus: Euseb HE X, 4, 2 ff. »mitten in jener Stadt«: HE X,4,16. Dort auch: »über allen erhabene Kaiser«. Hierzu: Straub, Konstantins Verzicht, Regeneratio, S. 115/116. Zur Opferverweigerung: vgl. 22. Kapitel.

»Verstärkung seiner Stellung«: Vogt, Constantin, S. 172.

Intrige und Hinrichtung des Bassianus: Anon. Vales. 14–15. Auf die durch Licinius veranlaßte Intrige verweist: Euseb VC I,47,2; 50, 2; HE X,8, 5–6. Hierzu: Habicht, Zur Geschichte, S. 374–375; Vogt, Constantin, S. 173; Seeck, Geschichte des Untergangs Bd. 1, S. 156/158; Stein, Geschichte I, S. 11.

Geburt des Sohnes Constantinus II.: RE IV (1901), S. 1026, mit der Vermutung, eine Arelatenserin sei die Mutter, Geburt Februar 317. Voelkl, Kaiser Konstantin, S. 80: »Sohn der Fausta«, geboren Februar 316. Vogt, Constantin, S. 174: »Fausta hatte eben (1. März 317) ihren ersten Sohn geboren.« Fausta konnte das Kind nicht im Februar 317 geboren haben, was also für 316 spräche, denn zuverlässig bezeugt ist die Geburt des dritten Konstantinsohnes: am 7. August 317 gebar Fausta den Constantinus II. (RE IV, S. 1044 n. 4).

Schlacht bei Cibalae: Datierung 8. Oktober 316 nach dem neuesten, überzeugenden Nachweis, wonach das von Aurelias Victor 41, 2 erwähnte Triennium, die dreijährige Friedenszeit nach dem Tod des Maximin Daia (313), stimmt. Nachweise bei: Habicht, Zur Geschichte (1958), S. 362 ff.; Bruun, The Constantinian coinage, S. 15 ff. Ebenso: Vogt, Constantin (1960), S. 173.

Zur Schlacht und zum weiteren Vorgehen: Seeck, a.a.O., S. 159 ff.

»Deshalb sind wir nicht hierhergekommen«: Petrus Patricius, de legat. Müller, Fragm. Histor. Graec. IV,189. Zit. bei: H. Kraft, Konstantins relig. Entwicklung, S. 64. Der gleichlautende Brieftext bei: H. Kraft, a.a.O., S. 203, Brief 13,10. »auch den Krieg«: H. Kraft, a.a.O., S. 64.

Tötung des Valens, Teilung des Reichs: Zos. II,20, 1; Epit. de Caes. 40,9; Sozom. I,6,6; Eutrop X,5.

Datierung des Friedensschlusses: Habicht, a.a.O., S. 365/366.

Tod Diokletians 3. Dezember 316: Mommsen, Chron. min. I,231; Zos. II,8, 1. Hierzu: Seeck, a.a.O. S. 501; Enßlin, Valerius Diocletianus, RE VII A (1948), S. 2493; Seston, Diocletianus, RAC III (1957), S. 1036.
Ernennung der Caesaren 1. März 317: Anon. Vales. 19; Aurel. Vict. Caes. 41, 5; Zos. II,20,2; Epit. de Caes. 41,4.

Kapitel 27. Friedensjahre – Reisejahre
Sexennium, sechs Friedensjahre: Aurel. Vict. Caes. 41,8. Hierzu: Habicht, Zur Geschichte, S. 363.
Zum Donatistenstreit 316: H. Kraft, Konstantins relig. Entwicklung, S. 44. Entscheidung für Caecilian 10. November 316: Habicht, a.a.O., S. 373; Lietzmann, Geschichte der Alten Kirche Bd. 3, S. 77.
Konstantin in Trier 328 bis 329: mehrfach bezeugt anläßlich von Kämpfen gegen die Alamannen: Eutrop X,3,2. Voelkl, Kaiser Konstantin, S. 172; H. Kraft, a.a.O., S. 140. Zum Jahr 321: ungesichert. Th. K. Kempf, Das Haus der hl. Helena, S. 9 u. 10.
Als Hinweis vor allem: Nazarius Paneg. X (321). Vgl. 12. Kapitel.
Laktanz in Trier 317: Seeck, Geschichte des Untergangs Bd. 1, S. 460.
»Roma mea Serdica est«: H. Kraft, a.a.O., S. 66; Müller, Fragm. Histor. Graec. IV, 199 (15,1).
Geburt des Constantius II. am 7. August 317: RE IV (1901), S. 1044 n.4; CIL I, 302.
Konsulat für die Jahre 318 und 319: Voelkl, a.a.O., S. 90, 95.
Verfügungen zum staatlichen Postwesen, zu Sattelstellen, Nachtbleiben: Cod. Theod. 8, 5,1; Mommsen, Theodosiani libri XVI cum constitutionibus Sirmondianis I, 375 (Berlin 1954, 2. Aufl.); Dörries, Das Selbstzeugnis, S. 168 n.21. Hierzu: Voelkl, a.a.O., S. 69/70.
Gegen die Mißhandlung staatlicher Zugtiere: Cod. Theod. 8, 5,2; Mommsen, a.a.O., I, 375; Dörries, a.a.O., S. 171 n.30.
»Das Lösegeld floß«: Voelkl, a.a.O., S. 71.
Beisetzung des Galerius 311 in Romilianum: Epit. de Caes. 40,16.

Kapitel 28. Erste Gesetze, christlich beeinflußt
Der Gesetzgeber Konstantin: Dörries, Das Selbstzeugnis, S. 162–207, 266 ff.; Vogt, Constantinus, RAC III, S. 336, 356–359. Zum christlichen Einfluß: Ehrhardt, Religionspolitik und Gesetzgebung, WdF 131, S. 388–456; H. Kraft, Konstantins relig. Entwicklung, S. 68–73; Vogt, Zur Frage des christl. Einflusses.
Kleinmünzen von Siscia 317/318 : Alföldi, The helmet, S. 10 ff.; K. Kraft, Das Silbermedaillon, WdF 131, S. 306, Taf. III, 10.
»schon eine Spitze«: Vogt, Constantinus, RAC III, S. 337.
»Eingedenk der ihnen von Gott«: Euseb HE IX, 11,8.
»schöpferisch und Reformator«: Hönn, Konstantin, S. 138. »Mangel an Bildung«: Seeck, Geschichte des Untergangs Bd. 1, S. 54.
Verbot privater Haruspizien: Cod. Theod. 9,16,1 u. 2 (319); Cod. Theod. 16,10,1 (320). Hierzu: Ehrhardt, a.a.O., S. 430; H. Kraft, a.a.O., S. 72. H. Karpp, Konstantins Gesetze gegen die private Haruspizin. Zeitschr. f. neutest. Wissenschaft 41/1942, S. 145 ff.

»als Schöngeist glänzen«, »schlecht disponiert«: Seeck, a.a.O., S. 53.

Zum Eindringen des Volksrechts in die Gesetzgebung: L. Mitteis, Reichsrecht und Volksrecht, Leipzig 1891, S. 548ff.

»Es ist die Zeit«, »Der Kaiser erneuert«: Dörries, Konstantin, S. 64/65.

Verbot der Brandmarkung, »Das Antlitz«: Cod. Theod. 9,40,2.

Verbot der Gladiatorenkämpfe: Cod. Theod. 15,12,1; Euseb VC IV,25.

»Wer, woher, wes Standes«: Cod. Theod. 9,1. Zit. nach Burckhardt, Die Zeit Constantins, S. 318.

»vor Schädigung ihrer Gesundheit« und zum Folgenden: Hönn, Konstantin, S. 142.

»damit der einzelne« (Schutz vor dem Fiskus): Cod. Theod. 10,1,5.

»indem er die Aufnahme ausgesetzter Kinder« Vogt, Constantin, S. 207.

Zur Sklaverei: Dörries, Konstantin, S. 71–76. Die Freilassungsgesetze 316 und 321: Cod. Just. 1,31,1; Cod. Theod. 4,7,1.

»ehe der Kaiser Christ wurde«: Ehrhardt, a.a.O., S. 398. Ausführlich zum Einfluß hellenistischer Rechtsauffassungen. Ebenso: Schwartz, Kaiser Constantin, S. 70.

Novator turbatorque priscarum legum: Julian Apostata, bei Amm. Marc. 12,10,8.

»konkretes Beispiel hellenistischen Einflusses«: Ehrhardt, a.a.O., S. 399.

Abschaffung der Kreuzigung: Sozom. I,8; Aurel. Victor, Caes. 41,4. Hierzu: Ehrhardt, a.a.O., S. 427f.

Anerkennung der bischöflichen Gerichtsbarkeit: Cod. Theod. 1,27,1; Const. Sirm. I. Dörries, Das Selbstzeugnis, S. 197, Nr. 123; H. Kraft, a.a.O., S. 70ff. Vogt, Constantinus, RAC III, S. 336, nennt als Erlaßjahr des ersten Gesetzes 318. Ehrhardt, a.a.O., S. 445, vermutet nach 330, setzt aber frühere Gesetze voraus.

Steuerfreiheit des Klerus: Brief vom März 313: Euseb HE X,7,1.H. Kraft, a.a.O., S. 164, Brief 3. Siehe 22. Kapitel. Ausdehnung auf alle Provinzen: Cod. Theod. 16,2,2. Hierzu: H. Kraft, a.a.O., S. 69. Letztwillige Verfügung zugunsten der Kirche: Cod. Theod. 16,2,4.

Aufhebung der Erbschaftsbeschränkungen bei Kinderlosen: Cod. Theod. 8,16,1. »Alte Gesetze quälten«: Euseb VC VI,26. Hierzu: Ehrhardt, a.a.O., S. 449–451.

»nur durch den Tod des Inhabers«: H. Kraft, a.a.O., S. 70.

Sonntagsgesetze, 321 erlassen: Cod. Just. 3,12,2; Cod. Theod. 2,8,1; Euseb VC IV, 18 u. 23. Dörries, Das Selbstzeugnis, S. 181f., Nr. 65, 66; Dörries, Konstantin, S. 88–94; Ehrhardt, a.a.O., S. 45–48.

»Wir begehen den ersten Wochentag«: Barnabas XV, 8 u. Ignatius ad Magn. IX, 1. »Am Herrentag«: Didaskalie (ed. Funk) II,59,2. Beide Zitate nach Dörries, Konstantin, S. 90.

»Alle Richter« und »Wie es unwürdig schien«: beide Gesetzestexte zit. nach Dörries, Konstantin, S. 90.

Kein Bild des Sol seit 322 auf Münzen: Bruun, The Constantinian Coinage, S. 45; Schoenebeck, Beiträge zur Religionspolitik, S. 92ff. Verzicht auf den Titel »invictus« und auf die Strahlenkrone 324: Kaniuth, Die Beisetzung, S. 50, 64. Dort, S. 50: »Loslösung der Identifizierung«: Hierzu bestätigend: Karayannopulos, Konstantin und der Kaiserkult, WdF 372, S.

489ff.; Vogt, Constantinus, RAC III, S. 327; Vogt, Die constant. Frage, WdF 131, S. 375.
»den Tag des Erlösers zu feiern«: Euseb VC IV, 18. Sonntagsgebet der Soldaten: VC IV, 20.
»ungleiche, fahrige Gemütsart«: Burckhardt, a.a.O., S. 318.
»aufgehört hat, ein religiös heidnischer Staat zu sein«: Schoenebeck, a.a.O., S. 49. Ebenso: H. Kraft, a.a.O., S. 66.

Kapitel 29. Licinius und der Arianische Streit
Die »höchsten Kaiser erweiterten und mehrten«: Euseb HE X,2,2. »Verworfenheit und Schlechtigkeit«: HE X,8,2.
»verwegenen Plan, die Kirche«: Schwartz, Kaiser Constantin, S. 71.
Licinius »champion du christianisme«: Grégoire, Die »Bekehrung«, WdF 131, S. 207ff. Hierzu, widersprechend: K. Kraft, Das Silbermedaillon, WdF 131, S. 314ff.
»harten Steuerdruck und gewissenlosen Konfiskationen«: Seeck, Geschichte des Untergangs Bd. 1, S. 166.
»mit altrömischer Strenge«: Hönn, Konstantin, S. 118.
Schisma des Melitius: Schwartz, a.a.O., S. 116/117; Hönn, Konstantin, S. 173; H. Kraft, Konstantins relig. Entwicklung, S. 90.
Arius »mehrfach die Partei gewechselt«: H. Kraft, a.a.O., S. 90. »um der Kirche«: Schwartz, a.a.O., S. 117.
»eine weiche Künstlernatur«: Schwartz, a.a.O., S. 115. Nach Philostorgios II,2 soll Arius Schiffer-, Müller- und Marschlieder gedichtet haben, um seine Lehre populär zu machen.
Zum Arianischen Streit: Urkunden zur Geschichte, Hrsg. Opitz; Schwartz, a.a.O., S. 114–122; H. Kraft, a.a.O., S. 87ff.; Vogt, Constantin, S. 192ff.; Hönn, Konstantin, S. 169ff.
»Der unaussprechliche Gott«: Arius in einem Schreiben an Bischof Alexander. Zit. nach Hönn, Konstantin, S. 171.
»unzertrennliche und unteilbare Einheit«: Athanasius, zit. nach Hönn, a.a.O., S. 170/171.
»So verkündeten die Vertreter«: Seeck, a.a.O., S. 171. Die Abfolge der Bischofssynoden nach Seeck, a.a.O., S. 170/171.
Christenfeindliche Maßnahmen: Euseb VC I, 51–56; HE X,8,10–19. Verbot der Bischofssynoden: VC I,51; Sozom. I,2. »keinen Gehorsam fand«: VC I,54,1. Zur Datierung der Maßnahmen ab 320: Seeck, a.a.O., S. 509/510. Unbewiesen und unglaubhaft ist die Behauptung Burckhardts, Die Zeit Constantins, S. 260, wonach nicht der Arianische Streit die Maßnahmen des Licinius auslöste. Vielmehr seien Licinius »Geduld und Besonnenheit« ausgegangen, »als er die furchtbare Tücke seines Gegners [Konstantin] inne wurde, und er verwünschte seine frühere Nachgiebigkeit gegen die Christen«. Dies, die Übervorteilung durch den Christenfreund Konstantin, mag mitgewirkt haben, doch den konkreten Anlaß gab der Kirchenstreit.
Konsuln für 319 bis 322: Voelkl, Kaiser Konstantin, S. 95, 103, 112, 120.
Feiern in Trier, März 321: Voelkl, a.a.O., S. 112/113; Kempf, Das Haus der hl. Helena, S. 5f., 9f. Siehe auch Ende 12. Kapitel. »den Sieger über die

Alamannen«: Voelkl, a.a.O., S. 113. Wie Voelkl setzt auch Kempf, a.a.O., die Anwesenheit Konstantins in Trier voraus. Kempf bezieht den Eusebius-Bericht VC IV,17, wonach der Kaiser »in seinem Palast eine Art Kirche Gottes eingerichtet hat« und dort betete, auf das Jahr 321 und auf Trier.

Trierer Lobrede des Nazarius: Naz. Paneg. X (321). Hierzu: Vogt, Die constant. Frage, WdF 131, S. 353/354.

Flottenkommando für Crispus: Zos. II, 22–23. Voelkl, a.a.O., S. 121, 122; Vogt, Constantin, S. 187; Seeck, a.a.O., S. 178f.

Kapitel 30. Das Ende der Zweierherrschaft

Kämpfe gegen Sarmaten (322) und Goten (323): Zos. II,21. Jahresdaten nach: Stein, Geschichte I, S. 158f.; Hönn, Konstantin, S. 120; Vogt, Constantin, S. 186/187; Seeck, Geschichte des Untergangs Bd. 1, S. 176.

Sarmaten als »leibeigene Bauern« angesiedelt: Hönn, Konstantin, S. 120.

Von Byzanz »den Feldzug ... eingeleitet«: Seeck, a.a.O., S. 176. Seeck, S. 511, schreibt ein am 13. April 323 in Byzanz erlassenes Gesetz Konstantin zu.

»Gotensieger«: Münze bei Maurice, Numismatique I (1908), CXXIII.

Gesandtschaften, Kriegserklärung des Licinius: Anon. Vales. 5,21–22; Euseb VC I,50.

Geburt des dritten ehelichen Kaisersohnes Constans, 323: RE IV (1901), S. 948 n.3.

Rivalität der Kaisersöhne: Voelkl, Kaiser Konstantin, S. 129. »Versöhnungsmedaille«: Maurice, a.a.O., S. 453, CXXIX, Taf. 23,7; Delbrueck, Spätantike Kaiserporträts, S. 78 n.4, Taf. 5,4. Münze *Helena Nob. Fem. Fausta Nob. Fem.:* Maurice, a.a.O., CXXVI, CXXXII. Münze zu Ehren des Maximianus: Maurice, a.a.O., S. 326. »seiner Frau den letzten Rest«: Voelkl, a.a.O., S. 129.

Heereszahlen: Zos. II,22. So auch bei Seeck, a.a.O., S. 175/176; Vogt, Constantin, S. 187. Hilfskorps der Goten: Jordan. Get. XXI. Nur so ist zu verstehen, daß die Goten »gegen Licinius ihre Waffen trugen«. Anders bei Burckhardt, Die Zeit Constantins, S. 260, wonach Konstantin die Goten »aufgefordert« habe, in Thrakien einzufallen. Doch gegen diese Behauptung sprechen: die Siegesfeier des »Gotenbezwingers« Konstantin und seine Räumung Thrakiens.

Licinius ehrt die Götter, schmäht Konstantin: Euseb VC II,5. Eusebius beruft sich auf einen Ohrenzeugen.

Das Labarum als Feldzeichen: Euseb VC I,31; II,9; II,16; Gebetszelt, von Priestern begleitet: VC II,4; II,12 u. 14.

Kriegsverlauf: Zos. II, 22ff.; Euseb VC II, 3–18; Anon. Vales. 5,23–28. Ausführlich bei Seeck, a.a.O., S. 175–183.

Schlacht bei Adrianopel: Zos. II, 22,3. CIL I,268; Mommsen, Chron. Min. I,232. Die Jahresdatierung war lange umstritten. Schwartz, Zur Geschichte, WdF 131, S. 133–140, führt gute Gründe für 323 an. Doch gilt das Jahr 324 als zuverlässiger nachweisbar. So bei: Seeck, a.a.O., S. 178, 181, 511; Vogt, Constantinus, RAC III, S. 338; Vogt, Constantin, S. 187/188; Hönn, Konstantin, S. 121.

Ernennung des Martinianus zum Augustus: Anon. Vales. 5,25; Zos. II,25,2. Hierzu: Seeck, a.a.O., S. 180, 512.

Schlacht bei Chrysopolis: Zos. II,26,3. CIL I,272; Mommsen, Chron. Min. I,232. Zur Jahresdatierung wie bei Adrianopel.

Constantia als Bittende: Anon. Vales. 5,28; Zos. II,28. Übergabe des Purpurs: Epit. de Caes. 41,7. »daß ihm die Mitregentschaft«: Seeck, a.a.O., S. 181.

Tod des Licinius: »Hochverrat«: Seeck, a.a.O., S. 183, 513. Nach: Sokrat. I,4,4; Zon. XIII,1 p.3B; Anon. Vales. 5,29 (»fürchtete, Licinius möchte«). Ebenso: Vogt, Constantin, S. 188. Dagegen betonen Konstantins Eidbruch, »ohne Scheu«: Eutrop X,6,1; Zos. II,28,2. So auch: Burckhardt, a.a.O., S. 262; Hönn, Konstantin, S. 122.

»seiner Leidenschaft die Zügel«: Ehrhardt, Religionspolitik und Gesetzgebung, WdF 131, S. 425. »nach dem Kriegsrechte«: Euseb VC II,18.

Tod des Licinianus: Eutrop X,6,3. Das genannte Gesetz: Cod. Theod.: 4,6,2 u. 3. Datierung 336 und hierzu: Seeck: a.a.O., S. 184/185. Anders und ungenau bei Burckhardt, a.a.O., S. 263, wonach der »kaum elfjährige« Licinianus 326 »ermordet« wurde. »bei einer Züchtigung«: Vogt, Constantin, S. 188.

»kalte, schreckliche Herrschbegier« und »mörderischer Egoist«: Burckhardt, a.a.O., S. 262, 272. »die Alleinherrschaft nie erstrebt«: Seeck, a.a.O., S. 186.

»Meinen Dienst«: Euseb VC II,28. Das Schreiben an die östlichen Provinzen: VC II,24–42. »religiöses Sendungsbewußtsein«: Straub, Konstantins Verzicht, Regeneratio, S. 118.

Konstantins Schreiben an die Orientalen, noch in RE IV (1901), S. 1020, als »Fälschung« bezeichnet, wurde durch einen ägyptischen Papyrusfund (P. London 878) gesichert. Ein bemerkenwerter Beitrag zur Echtheitsfrage der von Eusebius überlieferten Dokumente. Zum Papyrusfragment: Jones, Notes on the Genuinesness (1954); Aland, Eine Wende (1954); Vogt, Die constant. Frage, WdF 131, S. 380; Straub, Palingenesia, Regeneratio, S. 89 ff.

»Dich nun, höchster Gott«: Euseb VC II,55.

Kapitel 31. Das Konzil von Nicaea

»wer von uns«: Euseb VC II,5. »Konstantin aber«: VC II,19.

»Daß Dein Volk« und »Doch darf keiner«: Euseb VC II,56 u. 60.

Aufhebung der Gesetze des Licinius: Cod. Theod. 15,14,1 (16. Dezember 324). Dörries, Das Selbstzeugnis, S. 187 n.3.

Julius Julianus: RE X (1917), S. 92 n.32. CIL III, 13734. Konsul 325: Voelkl, Kaiser Konstantin, S. 137. Eine Tochter des Julianus, Basilina, heiratete Julius Constantius, einen Halbbruder Konstantins. Der 331 in Konstantinopel geborene Sohn dieser Ehe wurde der spätere Kaiser Julian Apostata.

Schreiben an Alexander und Arius: Euseb VC II, 64–72. H. Kraft, Konstantins relig. Entwicklung, S. 213 ff., Brief 16. Hierzu: H. Kraft, S. 87–96.

Beide »Aufgaben«: H. Kraft, a.a.O., S. 87. Dort, S. 89: »Daran, daß die Kirche seiner Sendung dient, ist im Jahre 324 kein Zweifel mehr möglich.«

»auf einen christlichen Kaiser«: Straub, Konstantin als Koinos Episkopos, Regeneratio, S. 144.

Gescheiterte Mission des Ossius, Synode in Antiochia: H. Kraft, a.a.O., S. 96/97. Der Bischofsstuhl in Antiochia wurde am 20. Dezember 324 vakant.

Einberufung des Konzils: Euseb VC III,6; H. Kraft, a.a.O., S. 218, Brief 17.

Konzil von Nicaea: Euseb VC III,7–16; Hefele-Leclercq, Histoire I (1907), S. 386–632. Zum Konzil: H. Kraft, a.a.O., S. 98–108; Dörries, Das Selbstzeugnis, S. 55ff., 286ff.; Schwartz, Kaiser Constantin, S. 126–140; Vogt, Constantinus, RAC III, S. 340–343; Vogt, Constantin, S. 195–198; Hönn, Konstantin, S. 176–181.

Zahl der Konzilsväter: Euseb VC III,8, nennt mehr als 250 Bischöfe. Von 220 Bischöfen sind Unterschriften überliefert. In der legendären Überlieferung kam die Zahl 318 auf.

Konstantin behielt »die Zügel in der Hand«: H. Kraft, a.a.O., S. 102. Konstantin als »Leiter« ebenso bei: Schwartz, a.a.O., S. 127; Baynes, Konstantin, WdF 131, S. 164; Seston, Constantine as a bishop, S. 130. Straub, a.a.O., S. 148, sieht Konstantin als »Präsident«, »während die Bischöfe von höchstem Rang als Vorsitzende fungierten«.

Anklageschriften der Bischöfe: Rufinus, zit. nach Hönn, a.a.O., S. 177: Voelkl, a.a.O., S. 140. »Nun, so nimm die Leiter«: Sokrat. I, 10.

»allmählich die streitsüchtigen«: Euseb VC III,13.

Zu *homousios:* Dörries, Das Selbstzeugnis, S. 74ff.; H. Kraft, a.a.O., S. 104/105; H. Kraft, Homousios, Zeitschr. f. Kirchengesch. 66 (1954/1955), S. 1–12. »vieldeutige Unbestimmtheit«: Schwartz, a.a.O., S. 131. Nicaenische Glaubensformel: Hefele-Leclercq, a.a.O., S. 442–448.

»den Beschlüssen durch seine Bestätigung«: Schwartz, a.a.O., S. 140. »Gefühle überströmender Dankbarkeit«: E. Caspar, Geschichte des Papsttums (1930), Bd. 1, S. 114. Hierzu auch: Schwartz, a.a.O., S. 139/140; H. Kraft, a.a.O., S. 99; Hönn, a.a.O., S. 181.

»Reichskirche«: so Schwartz, a.a.O., S. 128ff. »Was hat der Kaiser mit der Kirche«: Optatus III,3. Siehe 24. Kapitel.

»Die Kirche ist weniger Objekt«: H. Kraft, a.a.O., S. 99.

»Mitknecht«: Euseb VC III,17 u. 20.

»Bischof für die außerhalb der Kirche«: Euseb VC IV, 24. Hierzu: H. Kraft, a.a.O., S. 105–108; Vogt, Constantinus, RAC III, S. 360. Straub, Konstantin als episkopos ton ektos, Regeneratio, S. 119–133. Ausführlich mit Literaturangaben und zur Problematik des Ausspruchs.

Kapitel 32. Eine Familientragödie

»An Größe überragte«: Euseb VC III,10.

»dunkelste aller Maßnahmen«: H. Kraft, Konstantins relig. Entwicklung, S. 128.

Hinrichtung des Crispus und der Fausta: Amm. Marc. 14,11,20; Zos. 2,29,2; Philostorgios II, 4; Soz. 1,5. Hierzu: H. Kraft, a.a.O., S. 128–132; O. Seeck, Verwandtenmorde, Zeitschr. f. wiss. Theol. 33 (1890), S. 63ff.

Burckhardt, Die Zeit Constantins, S. 263, spricht von Mord. Vogt, Constantin, S. 250, verweist auf die Bindung Konstantins »als Gesetzgeber«. H.

Kraft, a.a.O., S. 131, vermutet ebenso ein *crimen capitale,* einen Ehebruch, der gesetzlich »zur Aburteilung« kam. So auch Voelkl, Kaiser Konstantin, S. 149.

Münzbilder des Crispus: Delbrueck, Spätantike Kaiserporträts, S. 24 u. Taf. 5,1–7.

Fausta Aug. Helena Aug.: Maurice, Numismatique I (1908), CXXXIII, S. 470.

»Vorschrift der Prozeßordnung«: H. Kraft, a.a.O., S. 131.

Todesstrafe für Ehebruch im mosaischen Gesetz: 3 Mos. 20, 10–11.

Gesetze Konstantins zum Schutz der Ehe: Vogt, Constantinus, RAC III, S. 358; H. Kraft, a.a.O., S. 131. Verbot des Konkubinats: Cod. Just. 5,26,1. Gesetze gegen Ehebruch: Cod. Theod. 9,7,1 u. 2. »die Klage und damit die Bestrafung«: H. Kraft, a.a.O., S. 131.

Datierung der Hinrichtungen: im März 326 nach Seeck, a.a.O., und Seeck, Regesten für 326. Auch die Abfolge bei Zosimos 2,29, spricht für das Datum vor den Vicennalien. Anders, nach den Vicennalien, bei Maurice, Numismatique I, CXXXIX f. u. S. 354.

Vicennalien in Rom: 25. Juli 326. Seeck, Regesten für 326. »er verschmähte das Hinaufgehen«: Zos. 2,29,5. Zur Opferverweigerung 315: siehe 22. Kapitel.

Konstantin mit dem Diadem: Delbrueck, a.a.O., S. 14, 16, 58 ff.; Maurice, a.a.O., S. 472 f.; Alföldi, Die monarch. Repräsentation, S. 138, 158.

Proskynese: Kaniuth, Die Beisetzung, S. 45, 50 f. Hierzu auch: Ende 6. Kapitel (Diokletian).

Optatianus Porfyrius wurde 329 und 333 Stadtpräfekt von Rom. Seine Gedichte: E. Kluge, P. Optatiani Porfyrii carmina, Leipzig 1926. Zu den Gedichten: Voelkl, a.a.O., S. 175, 329; Vogt, Constantin, S. 230 f.

Kirchenbauten Konstantins (allgemein): Euseb VC I, 42,2; II,46; III,47,4. H. Kraft, a.a.O., S. 114–123; Vogt, Constantinus, RAC III, S. 367–370; Dörries, Konstantin, S. 119–125; Hönn, Konstantin, S. 182–184. Die Meinung Burckhardts, Die Zeit Constantins, S. 333, Konstantins Kirchenbauten beschränkten sich »in Wirklichkeit auf ein verhältnismäßig Weniges«, wurde von der Forschung längst überholt.

Kirchenbauten in Rom: F. W. Deichmann, Frühchristliche Kirchen im Rom, Basel 1948; Krautheimer, Rome – Profile of a City; Voelkl, a.a.O., S. 153 f., 327; Dörries, Konstantin, S. 123–125.

»der Kaiser mit eigener Hand«: Voelkl, a.a.O., S. 154.

Kirchenbau in Antiochia, »eine an Größe«: Euseb VC III, 50.

Grabeskirche in Jerusalem: Abtrage- und Bauarbeiten: Euseb VC III, 26–32. Beschreibung der Kirche: VC III, 33–40. Hierzu: Voelkl, a.a.O., S. 157 f., 327; Dörries, a.a.O., S. 119 f.

Basilika in Trier 326: Kempf, Erläuterungen zum Grundriß, Trierer Dom, S. 113; Cüppers, Die Trierer Doppelkirchenanlage, Trierer Dom, S. 119; Kempf, Das Haus der hl. Helena, S. 10. Hier auch zum Abbruch der kaiserlichen Wohnanlagen und des Prunksaales mit der Deckenmalerei. Siehe auch Ende 12. Kapitel.

»Da er aber sozusagen«: Zos. 2,30.

Kapitel 33. Helenas Pilgerreise und Tod

Helenas Wechsel nach Rom 322: Kempf, Das Haus der hl. Helena, S. 9.

Helena Augusta und Diadem: Delbrueck, Spätantike Kaiserporträts, S. 11, 63f., 84ff.; Maurice, Numismatique I, CXXXIII, S. 470. Verfügung über den kaiserlichen Schatz: Euseb VC III, 47.

Helenas Pilgerreise: Euseb VC III, 41–45. Zur Datierung um 327: Voelkl, Kaiser Konstantin, S. 158f.; Kempf, a.a.O., S. 10.

Legende der Kreuzauffindung: Ambrosius, De obitu Thedosii 43–47; Rufin. H. E. 10,7/8 (etwa 403). Hierzu: Vogt, Constantinus, RAC III, S. 372f.; Kempf, a.a.O., S. 11; Karayannopulos, Konstantin, WdF 372, S. 501.

Diadem mit Nägeln vom Kreuz: Ambrosius, De obit. Theod. 47. Ein Stück des Kreuzes in der Statue Konstantins: Sokrat. H. E. I,17. Hierzu: Kaniuth, Die Beisetzung, S. 77.

Drepanum in Helenopolis umbenannt: Euseb VC IV, 61,1; Philostorg. II,12. Im Jahre 327 nach: Voelkl, a.a.O., S. 159; Hönn, Konstantin, S. 83. Anders bei Kempf, a.a.O., S. 16, der die Umbenennung nach dem Tod Helenas datiert. Der erste Hinweis auf Drepanum als Geburtsort Helenas stammt aus dem 6. Jh., von Prokop. So auch bei: Kempf, a.a.O., S. 15; Hönn, a.a.O., S. 83. Ablehnend bei Vogt, Constantin, S. 140.

Pilgerreise der Eutropia: Nach Konstantins Brief an Makarius und die Bischöfe Palästinas: Euseb VC III, 52–53. »opfern und beten, um von dem Schmerz«: Voelkl, a.a.O., S. 160. Voelkl ordnet die Pilgerreise in das Jahr 327 ein.

»von den einflußreichsten Staatsstellungen«: Voelkl, a.a.O., S. 177.

Helenas Tod, »an die achtzig Jahre alt«, und Beisetzung im Mausoleum: Euseb VC III, 46–47; Sokrat. I,17; Rufin. 10,12. Im Jahre 329: Voelkl, a.a.O., S. 177; Vogt, Constantin, S. 249. Im Jahre 330: Kempf, a.a.O., S. 10.

Zum Sarkophag, heute im vatikanischen Museo Pio-Clementino in Rom: Delbrueck, Antike Porphyrwerke, S. 215. Nach Delbrueck entstand der Sarkophag um 306, wahrscheinlich Constantius Chlorus zubestimmt. Der Sarkophag ist ein Bisoma für ein kaiserliches Paar. So vermutet Kempf, a.a.O., S. 10, daß Konstantin »nach dem Tode seiner Mutter auch die Gebeine seines Vaters nach Rom übertragen ließ, womit das Fehlen jeglicher örtlichen Nachricht über das Kaisergrab in Trier erklärt wäre«.

Kapitel 34. Konstantinopel, das neue Rom.

Zu Konstantinopel: A. M. Schneider, Konstantinopel, Gesicht und Gestalt einer Weltmetropole, Mainz/Berlin 1956; Müller-Wiener, Bildlexikon zur Topographie; Hotz, Byzanz, Konstantinopel, Istanbul; Kleiss, Topographisch-archäolog. Plan.

Gründung Konstantins: Vogt, Constantinus, RAC III, S. 348–353; Hönn, Konstantin, S. 145–155; Dörries, Konstantin, S. 55–60; Burckhardt, Die Zeit Constantins, S. 325–332.

Pläne um Troja (Ilion), Chalkedon, Serdica: Zos. 2,30,2; Zon. 13,3,1f.; Sozom. H. E. 2,3,2. Göttliche Eingebung: Cod. Theod. 13,5,7; Sozom. 2,3. »Wie weit willst du gehen?«: Nikephoros Kallistos 8,4; Philostorg. 2,9.

»ausschließlich persönliche Eitelkeit«: Seeck, Geschichte des Untergangs Bd. 3, S. 426.

»das Überholte und politisch Untaugliche«: E. Horst, Caesar, Düsseldorf 1980, S. 328, 359f.

»Wahl des Orts ein großer staatsmännischer Griff«: Th. Mommsen, Das Aufkommen des Byzantinismus, Vorlesungsauszug. Zuerst in: Frankfurter Allgemeine Zeitung Nr. 222, 25. September 1982, S. 25.

»er befahl, Konstantinopel das neue Rom zu nennen«: Sokrat. H. E. 2,16; Sozom. 2,3. Neues Rom: Mommsen, Chron. Min. I, 233.

»mitten in der vergoldeten Täfelung« das Kreuz: Euseb VC III, 49. »zu Ehren der Märtyrer«: VC III, 48.

Tempel der Tyche und Rhea: Zos. 2,31. »politische Begriffe«: Vogt, Constantin, S. 216.

»Erfüllt wurde« und »Gebunden wurden«: Euseb VC III, 54.

Zum Kunstraub: Burckhardt, a.a.O., S. 329–332. »schändlichsten und massenhaftesten Kunstraub«: Burckhardt, S. 330.

Zum Standbild Konstantins: Preger, Konstantinos-Helios; Karayannopulus, Konstantin, WdF 372, S. 485–508. Siehe hierzu das folgende Kapitel 35.

Zur Tetrarchengruppe auf dem Philadelphion: Naumann, Der antike Rundbau, Einzelfund; Müller-Wiener, a.a.O., S. 266/267. Siehe hierzu 1. Kapitel.

Zur Apostelkirche: Euseb VC IV, 58–60; Prokop. De aedif. I,4; Philostorg. III,2. A. Heisenberg, Grabeskirche und Apostelkirche II, Leipzig 1908; Kaniuth, Die Beisetzung, S. 9–38; Vogt, Der Erbauer der Apostelkirche; Krautheimer, Zu Konstantins Apostelkirche.

Gründung Konstantinopels am 11. Mai 330: Mommsen, Chron. Min. I, 233, 643, 466. Horoskop und Weiheriten: Zos. 13,5,6f.; Sokrat. H. E. I,40. Diadem in endgültiger Form: Hönn, Konstantin, S. 126, 154.

Gedenkmünze Konstantins: Delbrueck, Spätantike Kaiserporträts, S. 14, Taf. 4,37. Zur Tyche: Alföldi, On the foundation, S. 10, 15. Gedenkmünzen mit Roma und Constantinopolis: Schoenebeck, Beiträge zur Religionspolitik, Taf. 6,1 u. 5; Maurice, Numismatique II, S. 484f.

Kapitel 35. Helios oder der Christengott?

»Stadt von allem Götzendienst gereinigt«: Euseb VC III, 48.

Sopatros »zu seiner Rechten«: Eunapius, zit. bei Burckhardt, Die Zeit Constantins, S. 283. Zu Sopatros, Nikagoras und Hermogenes auch: Vogt, Constantin, S. 212, 214; Piganiol, L'empereur Constantin, S. 160; Alföldi, The Conversion, S. 99.

Zerstörung der Tempel von Aphaka, Aegae und Heliopolis: Euseb VC III, 55,56 u. 58. »unnatürliche Unzucht«: VC III, 55.

Verzicht auf den Kaiserkult: Kaniuth, Die Beisetzung, S. 53f. Verbot kultischer Verehrung durch Gesetz: Euseb VC IV, 16.

Tempel von Hispellum: Inschrift CIL XI,2,5265. Datierung zwischen 326 und 333: Karayannopulus, Konstantin, WdF 372, S. 491. Hierzu: Karayannopulos, S. 491–494; Dörries, Das Selbstzeugnis, S. 209–212; Kaniuth, a.a.O., S. 53. Burckhardt, a.a.O., S. 282, bemerkt, daß bei der Inschrift »jeder denken konnte, was er wollte«. Dagegen betont Karayannopulos, S. 493, die »Entkultisierung« des Tempels. Ebenso Vogt, Constantin, S. 204.

»er geht von christlichen Grundsätzen aus«: Karayannopulos, a.a.O., S. 494. »konfuse Verbindung«, »heidnische Sympathien«: Burckhardt, a.a.O., S. 274, 281.

Tempel der Tyche, der Rhea und der Dioskuren: Zos. 2,31. »mehr Genien- als Göttercharakter«: H. Kraft, Konstantins relig. Entwicklung, S. 117.

Wiederholung der Weiheprozession: Burckhardt, a.a.O., S. 327; Hönn, Konstantin, S. 154. Umgestaltung der Rhea, »Mißachtung des Göttlichen«: Zos. 2,31,2.

Auf »heidnische Tempel« des alten Byzanz verweist: Burckhardt, a.a.O., S. 331. »keinen Tempel des kapitolinischen Jupiter«: Vogt, Constantin, S. 217, u. Constantinus, RAC III, S. 353.

Freistellung der Flamines 335: Cod. Theod. 12,1,21. Freistellung der Sacerdotales und der Flamines perpetui 337: Cod. Theod. 12,5,2. Burckhardt, S. 282, wertet die Gesetze als »heidnische Sympathien«. Anders, eher zutreffend bei Dörries, Das Selbstzeugnis, S. 201: »Bestätigung der gesellschaftlichen Rangordnung«.

»die sakrale Mitte«: Vogt, a.a.O., S. 350.

Nach 324 Verzicht auf *invictus* und die Strahlenkrone: Kaniuth, Die Beisetzung, S. 50, 64. M. R. Alföldi, Die Sol-Comes-Münze, Mullus, S. 10–16, berichtet 1964 von einer neuentdeckten, »zwischen Ende 324 und Sommer 325« in Antiochia geprägten Münze. Auf der V-Seite Konstantin, auf der R-Seite Sol mit Strahlenkrone. Ein spätes Einzelstück und letzte Prägung mit dem Sonnengott.

»Diese Sonnenreligion gehörte«, »Christus als Sonne«: Straub, Konstantins christl. Sendungsbewußtsein, Regeneratio, S. 82.

»Der Kaiser, der die welthistorische Bedeutung«: Preger, Konstantinos-Helios, S. 469. Preger in der Identifizierung Konstantin-Helios folgend: Dölger, Sol Salutis, S. 68; Bréhier, Constantin, S. 263; Stähelin, Constantin, S. 411. Hierzu auch: Vogt, a.a.O., S. 351; Kaniuth, a.a.O., S. 48, 77.

»weder die Identifizierung Konstantins«: Karayannopulos, a.a.O., S. 507. Ebenso Pregers Argumente ablehnend: Dörries, Konstantin, S. 180.

Geschichtliche Daten der Konstantinsäule und Abbildung: Müller-Wiener, Bildlexikon zur Topographie, S. 255–257.

Weltkugel und Strahlenkranz führt Preger, a.a.O., S. 459, als Beweis für Helios an. Strahlen wie auch die Lanze erwähnt zuerst Joh. Malalas 312,12 BC, nachdem 542 die Lanze durch ein Erdbeben zerbrach und durch ein Zepter ersetzt wurde. Weltkugel mit Kreuz: Nikephoros Kallistos VII,49. Hierzu und zum Bericht aus dem 12. Jh. (Anna Komnena): Karayannopulos, a.a.O., S. 498–504. »Metallplatten, vielleicht vergoldete«: Karayannopulos, S. 501.

Zur zitierten Inschrift (Leon Grammatikos 11. Jh.) und anderen Inschriften: Karayannopulos, S. 499; Preger, S. 460, 462.

Zu den Legenden: Vogt, a.a.O., S. 350–351; Dagron, Naissance d'une capitale, S. 36–39, 307. Kreuzessplitter in der Statue: Sokrat. H. E. I, 17. Kreuzesnägel: Zon. 13,3,26; Ambrosius, De obit. Theod. 47. Helenas Auffindung des Kreuzes: siehe 33. Kapitel.

Palladium und christliche Reliquien im Säulensockel: Hesychios Illustr. 41; Chron. Paschale 528; Anon. Banduri 14. Die Reliquien und Verweis auf die archäologische Untersuchung durch C. Vett und E. Mamboury: Hotz, Byzanz, S. 111; Müller-Wiener, a.a.O., S. 256.

Kapitel 36. Arius und Athanasius

Aufnahme des Arius durch Eusebius und Theognius; deren Verbannung: H. Kraft, Konstantins relig. Entwicklung, Brief 20 u. 21, S. 228 z.229; Dörries, Das Selbstzeugnis, S. 70, 76.

»das erste kirchliche Strafgericht«: H. Kraft, S. 134. Die schon nach 316 von Konstantin verbannten Donatistenbischöfe waren »keine Glieder der katholischen Kirche«.

Konstantin fordert Arius zur Rückkehr auf: H. Kraft, Brief 23, S. 239. Kraft datiert die »echten« Stellen des Briefes in das Jahr 326.

Synode von Nicaea 327: H. Kraft, S. 136. Danach ein erneuter Rückruf an Arius, geradezu wohlwollend: H. Kraft, Brief 24, S. 242 (27. November 327).

Absetzung der Bischöfe Eustathius und Marcell: Schwartz, Kaiser Constantin, S. 140-143. H. Kraft, S. 139, nennt sieben weitere verdrängte Bischöfe.

Athanasius 328 Bischof von Alexandria: Sokrat. I,15; Sozom. II,17. H. Kraft, Brief 32, S. 252. Brief 32 B mit Befehl und Drohung Konstantins.

Erste Klage der Melitianer gegen Athanasius: Urkunden, Opitz, Nr. 142; Sokrat. I,27. Hierzu: Schwartz, a.a.O., S. 150/151; Voelkl, Kaiser Konstantin, S. 187. »Ich habe euern Bischof«: H. Kraft, Brief 33, S. 254 (im Jahr 331/332).

Gotenkrieg 332: Voelkl, a.a.O., S. 194. Sieg bei Marcianopolis: Mommsen, Chron. Min. I, 234.

Anklage wegen Ermordung des Bischofs Arsenius: Sokrat. I,27; Sozom. II,23; Athan., Apol. c. Ar. 65–67. Schwartz, a.a.O., S. 151/152.

Konstantins Halbbruder Dalmatius wurde 333 Konsul, der Halbbruder Julius Constantius 335: Voelkl, a.a.O., S. 198, 214. Julius Constantius heiratete Basilina, die Tochter des von Konstantin übernommenen Präfekten Julius Julianus. Basilina starb 331 in Konstantinopel an der Geburt ihres Sohnes, des späteren Kaisers Julian Apostata: Voelkl, a.a.O., S. 181, 193.

Suchaktion des Athanasius, Widerlegung der Mordanklage: Athan., a.a.O., 67; Sozom. II, 23; H. Kraft, Brief 34, S. 255 (im Jahr 332/333 mit Vorwürfen gegen die »fluchwürdigen« Melitianer).

Synode in Tyrus: Euseb VC IV, 41 u. 42; H. Kraft, Brief 36, S. 257; Hefele-Leclercq, Histoire I, S. 656–666. Arsenius wird vorgeführt: Sokrat. I,29. Untersuchungskommission, Protest der ägypt. Bischöfe: Athan., a.a.O., 72.73.75. Flucht des Athanasius, seine Absetzung: a.a.O.,82.83.

Fortsetzung der Synode in Jerusalem, Weihe der Grabeskirche: Euseb VC IV, 43–45.

Tod des Arius: Sokrat. I,37–38; Sozom. II,29–30. Voelkl, a.a.O., S. 228; Dörries, Konstantin, S. 113.

»Ich weiß nicht, was eure Synode«: Athan., a.a.O., II 86; H. Kraft, Brief 37, S. 258/259.

Politische Verdächtigung und Verbannung des Athanasius: Athan., a.a.O., II 9.87; Dörries, Das Selbstzeugnis, S. 123f.; Schwartz, a.a.O., S. 158. Hierzu: H. Kraft, S. 145/146.

Konstantin im ersten Jahrzehnt vortrefflich, dann Räuber, dann Verschwender: Eutrop X,7; Epit. de Caes. 41.
»ist ein einziger Versuch«: H. Kraft, S. 146.

Kapitel 37. Die Vierteilung des Reichs
Aufstand des Calocaerus: Aurel. Vict., Caes. 41,10; Anon. Vales. 6,35.
»größere sprachliche und sachliche Gewandtheit«: Ehrhardt, Religionspolitik u. Gesetzgebung, WdF 131, S. 397. Hier, S. 394ff., zur Reorganisation der Kanzlei, Umarbeitung von Edikten.
»das einzige durchgezeichnete Gesicht«: Schoenebeck, Beiträge zur Religionspolitik, S. 85.
Zu Ablabius: Wellmann, RE I (1893), S. 101 n.1. Präfekt des Ostreichs: CIL III, 352.7000; Cod. Theod. 16,8,2. Tötung des Sopatros: Zosim. 2,40,3; Eunap. vit. soph., ed. Boissonade (1849), S. 463f. Hierzu: Ehrhardt, a.a.O., S. 453. Konsul 331: Voelkl, Kaiser Konstantin, S. 186. »Gerechtigkeitssinn«: Dörries, Das Selbstzeugnis, S. 197; Voelkl, a.a.O., S. 199. Verlobung seiner Tochter Olympia mit Constans: RE 18, S. 183.
»letzte große politische Entscheidung«: Burckhardt, Die Zeit Constantins, S. 264.
Teilung des Reichs: Euseb VC IV,51; Zosim. 2,39, 3-4; Anon. Vales. 6,35. Hierzu: Burckhardt, a.a.O., S. 264–265; Voelkl, a.a.O., S. 218/219; Hönn, Konstantin, S. 130/131.
Dalmatius als Caesar: Aurel. Vict., Caes. 41,12; Mommsen, Chron. Min. I, 231. Hannibalianus künftiger »König der Armenier«: Anon. Vales. 6,35; RE 7 (1912), S. 2352 n.3.
»Ein Mann von gewaltiger Größe«: Eutrop X,5.
»diese Perle in den Händen«: Burckhardt, a.a.O., S. 265.
Julius Constantius Konsul 335: Voelkl, a.a.O., S. 214. Heirat des Kaisersohnes Constantius: Euseb VC IV,49.
Tricennalien: Euseb VC IV, 47–50. Maurice, Numismatique I, CLXXI. Festrede des Eusebius: De laudibus Constantini 1–10: Patrologiae cursus completus, series graeca 20, 1315–1375. Voelkl, a.a.O., S. 220/222. »selig pries«: Euseb VC IV, 48. Hierzu: H. Kraft, Konstantins relig. Entwicklung, S. 150.
Ehrung durch die Inder: Euseb VC IV, 50.
Münzbildnisse anläßlich der Tricennalien: Delbrueck, Spätantike Kaiserporträts, S. 14, Taf. 4,41–47.
Schapur II. (griech. Sapor): Seeck, RE I A (1920), S. 2334–2354. Hierzu: Vogt, Constantin, S. 237/238; Voelkl, a.a.O., S. 209/210, 233. »Bruder des Sonnengottes«: Amm. 17,5,3.
Schreiben Konstantins an Schapur II.: Euseb VC IV, 9–13.Dörries, Das Selbstzeugnis, S. 125/127; H. Kraft, a.a.O., Brief 40, S. 261/262: »das konstantinischste aller Schreiben«. Hierzu: Baynes, Konstantin, WdF 131, S. 170/171; Dörries, Konstantin, S. 95/96; Vogt, Constantin, S. 237/238; Stockmeier, Glaube und Religion, S. 85/86. Stockmeier verweist auf die Betonung der »Erkenntnis«. Das heißt: Konstantin »bewegt sich im Strom jener gnostisierenden Bewegung der Spätantike, die auf das Christentum nachhaltigen Einfluß ausübte«.

Kapitel 38. Konstantins Taufe und Tod

Caesars vereitelter Feldzug: E. Horst, Caesar, Düsseldorf 1980, S. 347.

»Harem des persischen Königs«: Voelkl, Kaiser Konstantin, S. 233. Hier auch über erfolglose Kämpfe des Constantius. Ruf. Fest. 26; Eutrop X,8,2.

Persische Gesandtschaft: Euseb VC IV,57.

Beginnender Abmarsch, Verpflichtung der Bischöfe, Zelt »nach Art einer Kirche«: Euseb VC IV,56. »durch inständiges Gebet«: VC II,14.

»Heiter und freudig«: Euseb VC IV,60. »von Krankheit und Schwäche unberührt«: VC IV, 53.

Erkrankung, Heilversuche in Helenopolis, dann Ankyrona: Euseb VC IV,61; Aurel. Vict., Caes. 41,15–16; Eutrop X,8,2; Anon. Vales. 6,35.

Taufe in Ancyrona (Zitate): Euseb VC IV,62–63. Eusebius war kein Augenzeuge der Taufe. Die sinngemäß glaubhaften Aussprüche Konstantins wußte er vom Hörensagen, oder er hat sie aus »Aussprachen Konstantins selbst komponiert«: H. Kraft, Konstantins relig. Entwicklung, S. 151.

»geläufiger Gedanke« und das Folgende: H. Kraft, a.a.O., S. 151 f. Nachweise zur nicht seltenen Spättaufe: Dölger, Konstantin (1913), S. 377–472. Ebenso: Dörries, Das Selbstzeugnis, S. 414 f. Dagegen betont Schwartz, Zur Geschichte, WdF 131, S. 141, daß es für Konstantin »unmöglich« war, »durch das Taufbekenntnis eine Kluft zwischen sich und der größeren Hälfte seiner Untertanen aufzurichten«.

Das letzte, am 21. Mai 337 erlassene Gesetz: Cod. Theod. 12,5,2. Hierzu: Dörries, a.a.O., S. 204.

»Taufe markiert nicht den Anfang«: H. Kraft, Konstantin, WdF 131, S. 15, 4.

Letzte Anordnungen: Euseb VC IV, 63; Philostorg. II,16; Sokrat. I,39. Rückberufung des Athanasius: Sokrat. II,3; Athan., Apol. c. Ar. 87.

Tod Konstantins am 22. Mai 337: Euseb VC IV,64; Sokrat. I,23. Mommsen, Chron. Min. I, 235.

Überführung, Staatstrauer: Euseb VC IV, 66-69; Sokrat. I, 40. Franchi De'Cavalieri, I Funerali; Kaniuth, Die Beisetzung, S. 6–9; Voelkl, a.a.O., S. 238/239.

Rom trauert; »auf dem Himmelsgewölbe«: Euseb VC IV,69.

Kaiserapotheose nach altem Ritus: L. Koep, Consecratio, RAC III, S. 276–294; E. Bickermann, Die römische Kaiserapotheose, WdF 372, S. 98–121. »die Apotheose im eigentlichen Sinne«: Koep, Die Konsekrationsmünzen, WdF 372, S. 512. Hier auch: »Ehrenprädikat«. Zur Verflachung der Divus-Titelatur: Koep, Divus, RAC III, S. 1255 f.; Kaniuth, a.a.O., S. 66 f.

Konsekrationsmünzen Konstantins: Koep, a.a.O., S. 509–527, Taf. I b; Kaniuth, a.a.O., S. 7, 69. »mit verhülltem Haupt«: Euseb VC IV, 73. Eusebs Beschreibung entspricht den Münzbildern: Maurice, Numismatique III, Pl. 3, 26; I, S. 497 f. »beibehaltene Symbolik«: Koep, a.a.O., S. 523.

Bestattung Konstantins: Euseb VC IV,70–71; Aurel. Vict., Caes. 41,17; Epitome de Caes. 41,17; Anon. Vales. 6,35.

Mausoleum »vor den Eingängen«: Kaniuth, a.a.O., S. 17, mit Nachweis S. 11–17. Ebenso Vogt, Constantinus, RAC III, S. 370. Das »hinzugebaute« Grabmal: Euseb VC IV, 60. Auch Heisenberg, Grabeskirche und Apostelkirche II, S. 100f., betont, Eusebius habe den befohlenen Gottesdienst und die Altaraufstellung »unmöglich« auf die Basilika beziehen wollen. Anders bei Krautheimer, Zu Konstantins Apostelkirche, Mullus, S. 224–229, der die Grabstätte *in* der Apostelkirche sieht. »nach seinem Hinscheiden«: Euseb VC IV,60. Eusebius als Augenzeugen weist nach: Krautheimer, a.a.O., S. 224–229.

»gleichsam heilige Säulen«: Euseb VC IV, 60.

Dreizehnter Apostel, Isapostulos: Kaniuth, a.a.O., S. 35–38, 62/63; H. Kraft, a.a.O., S. 156/157; Dörries, a.a.O., S. 417–424. Heiliger der Ostkirche: Kaniuth, S. 62/63; Karayannopulos, Konstantin, WdF 372, S. 506f. »voraussah, daß seine Leiche«: Euseb VC IV,60.

»der erste christliche Kaiser wollte begraben sein wie Christus«: Heisenberg, a.a.O., S. 115/116. Darauf gestützt ähnlich: O. Weinreich, Triskaidekadische Studien, Religionsgeschichtl. Versuche 16, 1916, S. 3ff. Auch Koch, Konstantin den Store, S. 105, sieht die Parallele zwischen Grabeskirche und Apostelkirche. Schoenebeck, Beiträge zur Religionspolitik, S. 87, nennt die Beisetzung zurückhaltender »eine Art christlicher Consecration«. Widerlegt wurde die Hypothese Heisenbergs durch: Kaniuth, a.a.O., S. 17–26: keine »Gleichheit«. Ebenso auch: Vogt, a.a.O., S. 371; Dörries, a.a.O., S. 419–424; H. Kraft, a.a.O., S. 157.

»allem, was er bislang gesagt und getan«: Dörries, a.a.O., S. 419. »Seligpreisung« durch einen Kleriker: Euseb VC IV,48. »dem Volk Gottes zugesellen«: VC IV, 62.

»von dem reichen Tisch«: Dörries, a.a.O., S. 422. Bischof (für die außerhalb der Kirche Lebenden): Euseb VC IV,24. Siehe Ende 31. Kapitel.

»in diesem und jenem Leben«: Euseb VC IV,48. Vgl. H. Kraft, a.a.O., S. 158/159. Kraft, S. 156, betont die »geschlossene Einheit« der Zwölfzahl: »der dreizehnte steht über, nicht in dem Kreis«. Ebenso Vogt, Constantin, S. 255.

»daß Konstantin dem Staatsinteresse«: Eutrop X,7. Zit. nach Hönn, Konstantin, S. 200. Ähnlich auch: Aurel. Vict., Caes. 41, 69f.; Epitome de Caes. 41,14.

Kapitel 39. Die streitenden Erben

Tod des Eusebius 30. Mai 339: Eusebius Pamphili, Bibliothek der Kirchenväter 9 (1913), I. Band, S. XXXI.

»die Erkenntnis und die Furcht Gottes«: Euseb VC IV,52. »dreimalselige Kaiser«: VC IV,72.

Angebliche Vergiftung Konstantins: Philostorg. II,4,16.

»höhere Eingebung aller Heere«: Euseb VC IV,68. Zu Konstantins Heeresreform: van Berchem, L'armée.

Ermordung der männlichen Verwandten: Von Constantius geduldet, nicht angestiftet: Eutrop X,9. Constantius als Urheber: Zos. 2,40; Amm. 21,16,8; Julian Apostata, Epist. ad Athen. 270 C; Athan., hist. Ar. ad mon. 69. Späteres Verhalten des Constantius, seine Reue: RE IV (1901), S. 1027, 1046.

»Beschlüsse und Stimmen schriftlich«: Euseb VC IV,68.

Kaisersöhne als Augusti 8. September 337: Euseb VC IV,68; Mommsen, Chron. Min. I,235.

»entsetzliches Geschlecht«, »Schändlichkeit«: Burckhardt, Die Zeit Constantins, S. 323, 297.

Zu Constans: Seeck, RE IV, S. 948 ff. »landlos«: Seston, Die konstantinische Dynastie, Propyläen Weltgeschichte IV,2, S. 507.

Vormundschaft des Bruders Constantinus II.: Zos. 2,39,2. Scheitern der Vormundschaft: Piganiol, Hist. Romaine IV,2 (1947), S. 75. Kampf bei Aquileia und Tod des Constantinus: Zos. 2,41; Zon. 13,5; Epitome de Caes. 41,20 f.; Eutrop X,9.

Constans begünstigt die Kirche: Athan., Apol. ad Const. 7; Cod. Theod. 16,2,8. Vorgehen gegen altröm. Kulte: Cod. Theod. 16,10,2 f. Gegen die Donatisten: Opt. Mil. 3,3; Frend, The Donatist Church, S. 169 ff.

Aufstand des Magnentius, Constans' Flucht und Ermordung: Zos. 2,42; Zon. 13,6; Epitome de Caes. 41,23.

Sieg über Magnentius bei Mursa an der Drau (Pannonien): Eutrop X,12; Zos. 2,50 f.; Zon. 13,8.

Zu Constantius II.: Seeck, RE IV, S. 1044 ff. »Bewegungslos in seiner gold- und juwelenverzierten«: nach Amm. 16,10,9 f. Zit. Seston, a.a.O., S. 512.

»Was ich will«: Athan. hist. Ar. 33,7. Hierzu: Schneemelcher, Kirche und Staat, WdF 306, S. 138; von Campenhausen, Die ersten Konflikte, WdF 306, S. 18; Berkhof, Die Kirche auf dem Weg zum Byzantinismus, WdF 306, S. 22–41. Gegen die Anwendung des Begriffs Caesaropapismus: Enßlin, Staat und Kirche, WdF 306, S. 82.

»Dir hat Gott das Kaisertum«: Athan., hist. Ar. 44. Der von Athanasius überlieferte, nicht datierte Brief stammt wohl aus d. J. 355/356: Schneemelcher, a.a.O., S. 138.

Zu Julian Apostata: J. Bidez, La vie de l'empereur Julian, 1930, deutsch: Julian der Abtrünnige, München 1940; Julian Apostata, WdF 509, Hrsg. von R. Klein, Darmstadt 1978; G. W. Bowersock, Julian the Apostate, 1978. Ausrufung zum Augustus in Lutetia (Paris): Amm. 20,8,20 ff.

Tod des Constantius II. am 3. November 361 in Tarsos: Eutrop X,15,2. Tod des Julian Apostata Ende Juni 363: Amm. 25,3,6 ff.

»Du hast gesiegt, Galiläer«: Seston, a.a.O., S. 518.

Kapitel 40. Legenden um Konstantin

Zur Fälschung des Constitutum Constantini: W. Levison, Konstantinische Schenkung und Silvesterlegende, Miscellanea F. Ehrle, Rom 1924, II, S. 159–247; G. Laehr, Die konstant. Schenkung in der abendländ. Literatur des Mittelalters bis zur Mitte des 14. Jhs., Berlin 1926; Gericke, Wann entstand die Konstantinische Schenkung?, S. 1–88; H. Fuhrmann, Konstantinische Schenkung und abendländ. Kaisertum, Deutsch. Archiv für Erforschung des Mittelalters 22, 1966, S. 67–178.

»Künc Constantîn«: Die Gedichte Walthers von der Vogelweide, Hrsg. von C. von Kraus, Berlin 1936, S. 32.

»Ahi, Constantin, di quanto«: Dante, Die Göttliche Komödie, Inferno XIX, 115/117. »Sotto buona intenzion«: Paradiso XX, 56/57. Übertragung von W. G. Hertz.

Zur Silvesterlegende: Levison, a.a.O., S. 159–247; Gerland, Konstantin in Geschichte und Sage, S. 14, 45/46; Caspar, Geschichte des Papsttums I, S. 125/130; Vogt, Constantinus, RAC III, S. 374/376.

Zur angeblichen Lepra Konstantins: Gerland, a.a.O., S. 14, 46. »vielleicht in Syrien oder Armenien« entstanden.

Auf die Begegnung Konstantins mit Silvester 315 verweist: Piganiol, L'empereur Constantin, S. 111/112.

Verbreitung der Silvesterlegende: Ewig, Das Bild Constantins in den ersten Jahrhunderten, S. 12–17, 25. »eigentümliche Weise jede Anspielung«: Ewig, S. 17.

»literarischer Kern«: Gericke, a.a.O., S. 3. Zum Constitutum: siehe 1. Anmerkung, Kapitel 40.

»Zur Nachahmung unserer Herrschaft«: Gericke, a.a.O., S. 87/88, § 17. Zur zit. Stelle: Gericke, S. 25-30. Text des Constitutum bei Gericke nach: K. Zeumer, Festschr. f. R. v. Gneist, Berlin 1888, S. 47–59.

»weil es nicht recht ist«: Gericke, Constitutum § 18.

»den eigentlichen Inhalt der Fälschung«: Ewig, a.a.O., S. 31.

»Zeugnis überspannter päpstlicher«: Gericke, a.a.O., S. 75. Gericke betont auch den im Constitutum hervorgehobenen römischen Primat und die Zurücksetzung Konstantinopels. Beides ist schon in der Silvesterlegende grundgelegt.

»in geistlichem, nicht aber im weltlichen Sinn«: Gericke, a.a.O., S. 61. Gericke stimmt R. Bork, Greifsw. Wiss. Zeitschr. 4, S. 250, 248, zu. Demnach wäre aus der Schenkungsurkunde der Begriff des »Oberkaisers« nicht abzuleiten, wohl aber der geistliche Primat des Papstes.

Die Gemälde im Vatikan, heute in der Sala di Costantino, nach dem Tod Raffaels von Giulio Romano und Francesco Penni gemalt. »Verflechtung geistlicher und weltlicher Interessen«: Leopold von Ranke, Die römischen Päpste in den letzten vier Jahrhunderten, 1834–1836. Neuausgabe Frankfurt/Wien/Zürich 1962, S. 84/85.

Kapitel 41. Die Konstantinische Wende

»Urheber der Gottlosigkeit«: Zos. 2,29,4/5. »seine Kinder mit sich«: Julian Apostata, Caes. 336 Af., ed. A. Hertlein 434f.

Schuld am Niedergang Roms: Leonardo Bruni (gest. 1444) und andere, die den Wechsel Konstantins nach Byzanz verurteilen, nennt: Demandt, Der Fall Roms, S. 95, 101, 116, 142f., 148, 217.

»Da Constantinus der grosse«: Luthers Werke in Auswahl, Hrsg. von Otto Clemen, 1950ff., 54, 296.

»das Urbild des rechtgläubigen«: Ewig, Das Bild Constantins, S. 14. »spezifische römische Elemente«, »in den Silvesterakten«: Ewig, S. 14. Verehrung Konstantins und Heiligsprechung in der Ostkirche: Ewig, S. 1–9. Zur Konstantintradition im Westen: Ewig, S. 10–46. »Verchristlichung des Kaiserkults«: Ewig, S. 14.

»ein großer staatsmännischer Griff«, »ein christlich-griechischer an Stelle«: Th. Mommsen, Das Aufkommen des Byzantinismus, Vorlesungsauszug. In: Frankfurter Allgemeine Zeitung, Nr. 222, 25. September 1982, S. 25.

Das Voltaire-Zitat »Es scheint« (»Il semble qu'il ait immolé l'Occident à

L'Orient«): Voltaire, Essai sur les mœurs. Ed. R. Pomeau, Paris 1963, I, S. 299. Vgl. Demandt, Der Fall Roms, S. 140.

»mörderischer Egoist«: Burckhardt, Die Zeit Constantins, S. 272.

»politisch großartigen Menschen«, Name des »Großen« unbestritten: Burckhardt, S. 281, 315.

»Egoist im Purpurgewand«, »ganz wesentlich unreligiös«: Burckhardt, S. 301, 371.

»Selbstzeugnisse« Konstantins: zusammengefaßt und ausgewertet bei: Dörries, Das Selbstzeugnis (1954); H. Kraft, Konstantins relig. Entwicklung (1955).

»Geschichtliche Notwendigkeit«: Burckhardt, a.a.O., S. 105, 241.

»Die römische Welt war reif«: H. Kraft, Konstantin, WdF 131, S. 18. »Denn die ›Zeit‹ ist das«: Demandt, Der Fall Roms, S. 616.

»Kraft Gottes als Bundesgenossen«: Schreiben an Schapur II., siehe Ende 37. Kapitel.

»Was hat der Kaiser«: siehe 24. Kapitel (Donatistenstreit).

»Dir hat Gott das Kaisertum«: Athan., hist. Ar. 44.

Staatsreligion unter Kaiser Theodosius dem Großen: Cod. Theod. 16,1,2 u. 16,2,25. Vgl. Stockmeier, Glaube u. Religion, S. 100f.; Enßlin, Die Religionspolitik des Kaisers Theodosius, WdF 306, S. 87–111.

»kirchengeschichtliche Kontinuität«: herausgestellt bei Stockmeier, Konstantinische Wende, *gegen* den Begriff der *Konstantinischen Wende*. »Offenheit auf den Staat hin«: Stockmeier, S. 17. Hierzu auch: H. Rahner, Konstantinische Wende? Dem entgegen nennt Vogt, Constantin, S. 260, Konstantin den »Gestalter der Wende«. Ebenso Straub, Konstantins Verzicht, Regeneratio, S. 115. Einen zusammenfassenden Überblick vermittelt: Ruhbach (Hrsg.), Die Kirche angesichts der Konstantinischen Wende, WdF 306.

»Die Kirche selbst«: Stockmeier, Glaube und Religion, S. 99.

»staatsbejahende Haltung« der Kirche: Stockmeier, Konstantinische Wende, S. 14–18. Dort, S. 15/16, die genannten Zeugnisse von Klemens, Tertullian und Justin mit Nachweis.

»Beginn einer verhängnisvollen Fehlentwicklung«: P. Giloth, Kirche an der Schwelle zur Zukunft, Hochland 53 (1960), S. 97–106, 101. Dem entgegengesetzt argumentiert: H. Rahner, Konstantinische Wende?

»Als aber christliche Kaiser«: Hieronymus, Vorrede zur Vita Malchi. Zit. nach Dörries, Konstantin, S. 149.

»zweiköpfige Ungeheuer«: J. G. Herder, Ideen zur Philosophie der Geschichte der Menschheit II, S. 335, 340. Zit. nach Demandt, Der Fall Roms, S. 153.

»Die sich in seiner Epoche«: Aland, Die religiöse Haltung Konstantins, S. 600.

Bekehrung Konstantins »unvollkommen« im theologischen Sinne: K. Kraft, Das Silbermedaillon, WdF 131, S. 330–336.

»Keiner soll den andern belästigen«: an die Bewohner der östlichen Provinzen: Euseb VC II, 56; H. Kraft, a.a.O., S. 210, Brief 15.

»Meinen Dienst hat Gott gewollt«: an die Bewohner Palästinas: Euseb VC II, 28; H. Kraft, a.a.O., S. 203, Brief 13. Vgl. Straub, a.a.O., S. 118.

Quellen

Ammianus Marcellinus (Amm.)
verfaßte Ende des 4. Jahrhunderts, die Historien des Tacitus fortsetzend, ein Geschichtswerk, von dem nur die Bücher für die Jahre ab 353 bis 378 erhalten sind. Ed. C. U. Clark, 1910–1915; Ed. J. Fontaine, 1968, 1970, 1978.

Anonymus Valesianus (Anon. Vales.)
Unbekannter altgläubiger Verfasser einer wohl im 5. Jahrhundert skizzierten Konstantin-Vita, der Ammian benutzte. Später von einem christlichen Autor ergänzt. Dem Text beigefügt eine kleine Theoderich-Vita. Ed. Excerpta Valesiana, von J. Moreau, 1961.

Arianismus
Urkunden zur Geschichte des arianischen Streites. In: Athanasius, Werke III, 1. Hrsg. H.-G. Opitz (1934/35).

Aurelius Victor (Aurel. Vict.)
Schrieb um 360 kurzgefaßte Kaiserviten (Augustus bis Constantius II.): *Caesares*. E. F. Pichlmayr–R. Gruendel, Leipzig 1911, Neudruck 1966.

Codex Theodosianus (Cod. Theod.)
Durch Kaiser Theodosius II. veranlaßte Sammlung der seit Konstantin (312) erlassenen Gesetze, im Jahre 438 veröffentlicht. Ed. Th. Mommsen, Berlin 1905; P. Krüger, Berlin 1923–1926 (Bücher I–VIII).

Donatismus
Urkunden zur Entstehungsgeschichte des Donatismus. Hrsg. H. von Soden und H. von Campenhausen. 2. Aufl., Bonn 1950.

Eusebius von Caesarea
Historia ecclesiastica (HE). Patrologiae cursus completus. Series graeca 20 (Migne). Bibliothek der Kirchenväter N. F. I, 1932 (Haeuser). Kirchengeschichte, Hrsg. und eingel. von Heinrich Kraft, 2. Aufl., München 1981.
Vita Constantini (VC). Patrologiae cursus completus. Series graeca 19 (Migne). Bibliothek der Kirchenväter 19, 1913 (Pfättich).

Epitome de Caesaribus (Epit. de Caes.)
Anonym überlieferter Abriß der römischen Geschichte bis Kaiser Theodosius, Ende des 4. Jahrhunderts veröffentlicht. Ed. F. Pichlmayr, Leipzig 1911.

Eutropius (Eutrop)
Der Kanzleivorsteher des Kaisers Valens (364–378) verfaßte ein *Breviarium ab urbe condita,* bis zum Jahre 364 reichend. Ed. F. Rühl, Leipzig 1919.

Historia Augusta (Hist. Aug.)
Eine Sammlung von dreißig Kaiserviten von Hadrian bis Numerianus

(117–285), mehrere Verfasser. Ed. D. Magie, London 1960/61; E. Hohl, Bd. I, Leipzig 1927/1955, Bd. II, 1927. Neuausgabe bearb. und hrsg. von E. Mertens und A. Rösger, Zürich/München 1976.

Lactantius (Laktanz)

De mortibus persecutorum (d.m.p.). Corpus scriptorum ecclesiasticorum latinorum 27, 1892 (Brandt-Laubmann). Bibliothek der Kirchenväter 36, München 1919.

Divinae institutiones (DI). Corpus scriptorum ecclesiasticorum latinorum 27, 1900 (Brandt-Laubmann). Bibliothek der Kirchenväter 36, München 1919.

Optatus von Mileve (Optat.)

Der nordafrikanische Bischof schrieb um 365 mehrere Bücher gegen die Donatisten, später ergänzt durch eine Urkundensammlung zum Donatistenstreit. Siehe: Donatismus, Urkunden.

Panegyrici latini (Paneg.)

Sammlung von Lobreden vorwiegend gallischer Rhetoren auf die Kaiser Maximianus, Constantius Chlorus, Konstantin u.a. Ed. W. A. Baehrens, Leipzig 1911. Französ. Ausgabe: E. Galletier, Paris 1949/1955.

Sokrates (Sokrat.)

Verfaßte unter Kaiser Theodosius II. eine Kirchengeschichte für die Jahre 305 bis 439, eine Fortsetzung der Kirchengeschichte des Eusebius. Ed. R. Hussey, Oxford 1853. Nachdrucke 1878 und 1893.

Zosimos (Zos.)

Schrieb um das Jahr 500 eine *Nea Historia* für die Zeit von Augustus bis zum Jahre 410. Er erklärt den Verfall Roms aus der Abkehr von den alten Göttern, darum Konstantin wegen dessen Hinwendung zum Christengott beschuldigend. Ed. L. Mendelssohn, Leipzig 1887. Nachdruck Hildesheim 1963.

Bibliographie

Eine Zusammenfassung der Quellen und Bibliographie zu Konstantin und seiner Zeit (Auswahl der maßgebenden Literatur) vermittelt Karl Christ, Römische Geschichte, Darmstadt 1980, S. 247–300. Derselbe Verfasser gab ein Verzeichnis neuerer Literatur in seinen bibliographischen Hinweisen zu Jacob Burckhardt, Die Zeit Constantins des Großen, Neuausgabe München 1982, S. 377–399. Das folgende Literaturverzeichnis umfaßt vorwiegend die benutzte, zitierte oder im Zusammenhang wichtige Literatur.

Aland, K.: Eine Wende in der Konstantin-Forschung. In: Forschungen und Fortschritte 28, Berlin 1954, S. 213–217.
ders.: Die religiöse Haltung Kaiser Konstantins. In: Studia Patristica I, Berlin 1957, S. 549–600.
ders.: Konstantin der Große. In: Die Relig. i. Gesch. u. Gegenw., Tübingen 1959, S. 1785.
ders.: Das Konstantinische Zeitalter. In: Kirchengesch. Entwürfe, Gütersloh 1960, S. 165–201.
ders.: Kaiser und Kirche von Konstantin bis Byzanz. In: Kirchengesch. Entwürfe, Gütersloh 1960, S. 257–279. Auch in: Ruhbach, Die Kirche, WdF 306, S. 42–73.
Alföldi, A.: The Helmet of Constantine with the Christian Monogram. In: Journ. Rom. Stud. 22 (1932), S. 9–23.
ders.: Hoc signo victor eris. In: Pisciculi (F. J. Dölger dargeboten). Stud. z. Relig. u. Kultur d. Altertums, Münster 1939. Auch in: Kraft, Konstantin, WdF 131, S. 224–246.
ders.: On the foundation of Constantinople. In: Journ. Rom. Stud. 37 (1947).
ders.: The Conversion of Constantine and Pagan Rome. Oxford 1948, [2]1969.
ders.: Zur Erklärung der konstantinischen Deckengemälde in Trier. In: Historia 4 (1955), S. 131–150.
ders.: Die monarchische Repräsentation im römischen Kaiserreiche. Darmstadt [3]1980.
Alföldi, M. R.: Die Constantinische Goldprägung. Mainz/Bonn 1963.
ders.: Die Sol-Comes-Münze vom Jahre 325. Neues zur Bekehrung Constantins. In: Mullus, Festschr. f. Th. Klauser (1964). S. 10–16.
ders.: Der Sieg der Arianer an Constantins Hof. In: Atti VI Congr. Intern. Archeol. Christ., Studi Antichità Christ. 26 (1965), S. 753 ff.
Altheim, F.: Niedergang der Alten Welt, 2 Bde. Frankfurt 1952.
ders.: Der unbesiegte Gott. Hamburg 1957.
ders.: Konstantins Triumph von 312. In: Zeitschr. f. Religions- u. Geistesgesch. 9 (Marburg 1957), S. 221–231.

Anastos, M. V.: The Edict of Milan. A Defence of its Traditional Authorship and Designation. In: Rev. Et. byzant. Fr. 25 (1967), S. 13–41.
Andreotti, R.: Recenti contributi alla cronologia constantiniana. In: Latomus, Rev. d'études lat. 23 (1964), fasc. 3, S. 537–555.
Bakhuizen van den Brink, J. N.: Constantijn de Grote. In: Meded. Nederl. Akad. d. Wiss. 38 (1975), S. 227ff.
Baynes, N. H.: Constantine the Great and the Christian Church. In: Proc. Brit. Acad. 15 (1929), S. 341–368. Deutsch in: Kraft, Konstantin, WdF 131, S. 145–174.
Berchem, D. van: L'armée de Dioclétien et la réforme constantinienne. Bibl. arch. et hist. Instit. franc. d'arch. de Beyrouth 56 (1952).
Berkhof, H.: Die Theologie des Eusebios von Caesarea. Amsterdam 1939.
ders.: De Kerk en de Keizer. Amsterdam 1946. Deutsch: Kirche und Kaiser. Zürich 1947.
Bowder, D.: The Age of Constantine and Julian. London 1978.
Bréhier, L.: Constantin et la fondation de Constantinople. In: Rev. Historique 119 (Paris 1915), S. 241–272.
Brezzi, P.: La politica religiosa di Constantino. Napoli 1964.
Brieger, Th.: Constantin der Große. Kirchengeschichtlicher Essay. Gotha 1880. S. 5–33 (Constantin als Religionspolitiker) in: Kraft, Konstantin, WdF 131, S. 56–84.
Bruun, P.: The Constantinian Coinage of Arelate. Helsinki 1953.
ders.: The Christian Signs on the Coins of Constantine. In: Arctos 3 (1962), S. 5–35.
ders.: Zur constantinischen Goldprägung. In: Hamb. Beitr. z. Numism. 18–19 (1964/1965), S. 117–130.
Burckhardt, J.: Die Zeit Constantins des Großen. Basel 1853. Neuausgabe München 1982 (²1880).
Calderone, S.: Constantino e il cattolicesimo. Vol. 1. Firenze 1962.
Campenhausen, H. von: Der Kriegsdienst der Christen in der Kirche des Altertums. In: Offener Horizont. Festschr. f. Karl Jaspers (1953), S. 255–264.
Caspar, E.: Geschichte des Papsttums. Von den Anfängen bis zur Höhe der Weltherrschaft, 2 Bde., Tübingen 1930–1933.
Cecchelli, C.: Il trionfo della croce. Rom 1954.
Christ, K. (Hrsg.): Der Untergang des römischen Reiches. Wege der Forschung 269. Darmstadt 1970.
ders.: Römische Geschichte. Einführung, Quellenkunde, Bibliographie. Darmstadt ³1980.
Cumont, Fr.: Les religions orientales dans le paganisme romain. Paris 1927. Die orientalischen Religionen im römischen Heidentum. Deutsch Nachdruck Darmstadt 1981.
ders.: Die Mysterien des Mithra. Paris 1923. Deutsch Nachdruck Darmstadt 1981.
Cüppers, H: Augusta Treverorum – Trier. In: Trier, Führer, S. 1–28.
ders.: Die Trierer Doppelkirchenanlage der constantinischen und valentinianischen Zeit. In: Der Trierer Dom, Neuss 1980, S. 117–121.
ders.: Dom und Domfreiheit in spätrömischer und frühmittelalterlicher Zeit. In: Trier, Führer, S. 104–114.

Dagron, G.: Naissance d'une capitale. Constantinople et ses institutions de 330 à 451. Paris 1974.
Daniele, I.: I documenti Constantiniani della »Vita Constantini« di Eusebio di Cesarea. Rom 1938.
De'Cavalieri, Pio Fr.: I funerali ed il sepolcro di Constantino Magno. Mélanges d'arch. et d'hist. 36, Paris/Rom (1916/1917).
ders.: Constantiniana. Studi e Testi 171, Città del Vaticano 1953.
De Giovanni, L.: Constantino e il mondo pagano. Napoli 1977.
Delaruelle, E.: La conversion de Constantin, état de la question. Bull. de litt. ecclésiastique 54 (1953), S. 37–54 u. S. 80ff.
Delbrueck, R.: Antike Porphyrwerke. Studien zur spätantiken Kunstgeschichte 6 (1932).
ders.: Spätantike Kaiserporträts. Studien zur spätantiken Kunstgeschichte 8 (1933).
Demandt, A.: Der Fall Roms. Die Auflösung des römischen Reiches im Urteil der Nachwelt. München 1984.
Dempf, A.: Eusebius als Historiker. Sitzungsber. Bayer. Akad. d. Wiss., Phil.-hist. Abt. 11 (1964).
Dölger, Fr. J. (Hrsg.): Konstantin der Große und seine Zeit. Festgabe z. Konstantins-Jubiläum 1913. RQS Suppl. 19 (Rom 1913).
ders.: Sol Salutis. Liturgiegesch. Forschg. 4/5 (Münster 1925).
Dörries, H.: Das Selbstzeugnis Kaiser Konstantins. Abh. Akad. d. Wiss. Göttingen III, 34 (1954).
ders.: Konstantin der Große. Urban-Bücher 29. Stuttgart 1958.
ders.: Konstantinische Wende und Glaubensfreiheit. In: Wort und Stunde I (1965), S. 1–117.
Eadie, J. W.: The conversion of Constantine. Huntington/N. Y. 1977.
Ehrhardt, A. A. T.: Constantin des Großen Religionspolitik und Gesetzgebung. In: Zeitschr. Savigny-Stift. f. Rechtsgesch. 72 (1955), S. 127–190. Auch in: Kraft, Konstantin, WdF 131, S. 388–456.
ders.: Some aspects of Constantine's legislation. In: Studia Patristica 2 (1957), S. 114–121.
Enßlin, W.: Gottkaiser und Kaiser von Gottes Gnaden. Sitzungsber. Bayer. Akad. d. Wiss., Phil.-hist. Abt. 6 (1943).
ders.: Staat und Kirche von Konstantin d. Gr. bis Theodosius d. Gr. In: Akten d. IX. Intern. Kongr. f. Byz. Stud. II (Athen 1956), S. 404–415. Auch in: Ruhbach, Die Kirche, WdF 306, S. 74–86.
Ewig, E.: Das Bild Constantins des Großen in den ersten Jahrhunderten des abendländischen Mittelalters. In: Histor. Jahrb. 75 (1956), S. 1–46.
Frend, W. H. C.: Donatismus. In: Reallexikon f. Antike u. Christentum IV, S. 128–147.
ders.: The Donatist Church. Oxford 1952.
Gelzer, M.: Der Urheber der Christenverfolgung von 303. In: Vom Wesen u. Wandel der Kirche, Festschr. E. Vischer, Basel 1935, S. 35–44.
Gericke, W.: Wann entstand die Konstantinische Schenkung? In: Zeitschr. Savigny-Stift. f. Rechtsgesch. 74 (1957), S. 1–88.
Gerland, E.: Konstantin der Große in Geschichte und Sage. In: Texte u. Forsch. z. byz.-neugriech. Phil. 23 (Athen 1937), S. 1–93.

Grégoire, H.: La ›conversion‹ de Constantin. In: Rev. de l'Uni. d. Bruxelles 36 (1930/1931), S. 231–272. Deutsch in: Kraft, Konstantin, WdF 131, S. 175–223.

ders.: La statue de Constantin et le igne de la croix. In: L'antiquité classique I (1932), S. 135–143.

ders.: La vie de Constantin par Eusèbe n'est pas authentique et Constantin ne s'est pas converti en 312. In: Byzantion 13 (1938), S. 561–583.

ders.: La vision de Constantin ›liquidée‹. In: Byzantion 14 (1939), S. 341–351.

ders.: Les persécutions dans l'Empire Romain. Brüssel 1951.

Habicht, Chr.: Zur Geschichte des Kaisers Konstantin. In: Hermes 86 (1958), S. 360–378.

Heisenberg, A.: Grabeskirche und Apostelkirche. Zwei Basiliken Konstantins. Leipzig 1908.

Hernegger, R.: Macht ohne Auftrag. Die Entstehung der Staats- und Volkskirche. Olten/Freiburg 1963.

Hönn, K.: Konstantin der Große. Leipzig 1940, [2]1945.

Hotz, W.: Byzanz, Konstantinopel, Istanbul. Handbuch der Kunstdenkmäler. Darmstadt 1978.

Instinsky, H. U.: Bischofsstuhl und Kaiserthron. München 1955.

Jones, A. H. M.: Constantine the Great and the Conversion of Europe. London 1948.

ders.: Notes on the Genuineness of the Constantinian Documents in Eusebius's Life of Constantine. In: Journ. Eccl. Hist. 5 (1954), S. 196–200.

Kaegi, W.: Vom Nachleben Constantins. In: Schweiz. Zeitschr. f. Geschichte N.F. 8 (1958), S. 289–326.

Kähler, H.: Konstantin 313. In: Jahrb. d. Deutsch. Arch. Inst. Rom 67 (1952), S. 1–30.

ders.: Zur Datierung des Sarkophags von Manastirine im Archäologischen Museum von Split. In: Mullus, Festschr. f. Th. Klauser (1964), S. 173–180.

Kaniuth, A.: Die Beisetzung Konstantins des Großen. Untersuchungen zur religiösen Haltung des Kaisers. Breslauer Hist. Forschg. 18 (1941).

Kantorowicz, E. H.: Constantinus Strator. Marginalien zum Constitutum Constantini. In: Mullus, Festschr. f. Th. Klauser (1964), S. 181–189.

Karayannopulos, J.: Konstantin der Große und der Kaiserkult. In: Historia 5 (1956), S. 341–357. Auch in: Wlosok, Römischer Kaiserkult, WdF 372, S. 485–508.

Karpp, H.: Die Stellung der Alten Kirche zu Kriegsdienst und Krieg. In: Evang. Theol. Jg. 17 (1957), S. 496–515.

Kempf, Th. K.: Das Haus der heiligen Helena. Neues Trier. Jahrb., Beiheft 1978.

ders.: Erläuterungen zum Grundriß der frühchristlichen Doppelkirchenanlage in Trier. In: Der Trierer Dom, Neuss 1980, S. 112–116.

Kleiss, W.: Topographisch-archäologischer Plan von Istanbul. Tübingen 1967.

Koch, H.: Konstantin den Store. Festskrift Pax romana–pax christiana. Kopenhagen 1952/1961, S. 4–111.

ders.: Constantin le Grand. In: Byzanz 25–27 (1955–1957), S. 457–472.

Koep, L.: Die Konsekrationsmünzen Kaiser Konstantins und ihre religionspolitische Bedeutung. In: Jahrb. f. Antike u. Christentum 1 (1958), S. 94–104. Auch in: Wlosok, Römischer Kaiserkult, WdF 372, S. 509–527.

Kraft, H.: Kaiser Konstantins religiöse Entwicklung. Beiträge z. hist. Theologie 20, Tübingen 1955.

ders.: Kaiser Konstantin und das Bischofsamt. In: Saeculum 8 (1957), S. 32–42.

ders.: Zur Taufe Kaiser Konstantins. In: Studia Patristica I (1957), S. 642–648.

ders.: Konstantin der Große. Wege der Forschung 131. Darmstadt 1974.

Kraft, K.: Das Silbermedaillon Constantins des Großen mit dem Christusmonogramm auf dem Helm. In: Jahrb. f. Numism. u. Geldgesch. 1955, S. 151 ff. Auch in: Kraft, Konstantin, WdF 131, S. 297–344.

Krautheimer, R.: Zu Konstantins Apostelkirche in Konstantinopel. In: Mullus, Festschr. f. Th. Klauser (1964), S. 224–229.

ders.: Rome. Profile of a city, 312–1308. Princeton 1979.

Kunkel, W.: Römische Rechtsgeschichte, Köln/Wien [7]1973.

Kurfess, A.: Zu Kaiser Konstantins Rede an die Versammlung der Heiligen. In: Phil. Wochenschr. 58 (1930), S. 366–368.

ders.: Zur Echtheitsfrage und Datierung der Rede Konstantins an die Versammlung der Heiligen. In: Zeitschr. f. Religions- u. Geistesgesch. I (Marburg 1948/1949), Heft 4.

Laqueur, R.: Eusebius als Historiker seiner Zeit. Berlin 1929.

Latte, K.: Römische Religionsgeschichte. Handb. d. Altertumswiss. V, 4. München 1960.

Lietzmann, H.: Geschichte der alten Kirche 3. Berlin 1938, [3]1961.

ders.: Die Anfänge des Problems Kirche und Staat. In: Kleine Schriften I (Berlin 1958), S. 202–214. Auch in: Ruhbach, Die Kirche, WdF 306, S. 1–13.

ders.: Der Glaube Konstantins des Großen. In: Kleine Schriften I (Berlin 1958), S. 186–201.

Lippold, A.: Constantin der Große. In: Der kleine Pauly, Lexik. d. Antike 1. München 1979.

Lissner, I.: So lebten die römischen Kaiser. Olten/Freiburg 1969, [5]1979.

L'Orange, H. P.: Studien zur Geschichte des spätantiken Porträts. Inst. f. sammenlignende Kulturforskning. Oslo 1933.

L'Orange, H. P., Gerkan, A. v.: Der spätantike Bildschmuck des Konstantinbogens. Studien zur spätantiken Kunstgesch. 10. Berlin 1939.

ders.: Studies on the Iconography of Cosmic Kingship in the Ancient World. Oslo 1953.

Macmullen, R.: Constantine. London 1970.

Maurice, J.: Numismatique Constantinienne, 3 Bde. Paris 1906–1913.

Moreau, J.: Sur la vision de Constantin (312). In: Rev. d. Études Anc. 55 (Bordeaux 1953), S. 307–333.

ders.: Litterae Licinii. In: Ann. Univ. Sarav. 3 (Saarbrücken 1953), S. 89–105.

ders.: Lactance. De la mort des persécuteurs. Sources chrét. 39, Paris 1954.

ders.: Vérité historique et propagande politique chez Lactance et dans la Vita Constantini. In: Ann. Univ. Sarav. 4 (Saarbrücken 1955), S. 89–97.

ders.: Zum Problem der Vita Constantini. In: Historia 4 (1955), S. 234–245.
Müller-Wiener, W.: Bildlexikon zur Topographie Istanbuls. Tübingen 1977.
Naumann, R.: Der antike Rundbau beim Myrelaion. Einzelfund. In: Istanbuler Mitteilungen 16 (1966), S. 209–211.
Nesselhauf, H.: Das Toleranzgesetz des Licinius. In: Histor. Jahrb. 74 (1955), S. 44 ff.
Orgels, P.: La première vision de Constantin (310) et le temple d'Apollon à Nîmes. In: Bull. Acad. Belg. 34 (1948), S. 176–208.
ders.: A propos des erreurs historiques de la Vita Constantini. In: Mélanges H. Grégoire 4 (1953), S. 575–611.
Palanque, J. R.: De Constantin à Charlemagne à travers le chaos barbare. Je sais – je crois 74. Paris 1959.
ders.: Constantin, empereur chrétien, d'après ses récents historiens. In: Études mediévales off. à Aug. Fliche. Paris 1952, S. 133–142.
Peterson, E.: Der Monotheismus als politisches Problem. Leipzig 1935. Neudruck in: Theologische Traktate. München 1951.
Piganiol, A.: L'empereur Constantin. Paris 1932.
ders.: L'empire chrétien. Paris 1947, ²1972. Kapitel »Die Ursachen des Untergangs des römischen Reiches«. Deutsch in: Christ, Der Untergang, WdF 269, S. 270–285.
ders.: L'état actuel de la question constantinienne. In: Historia I (1950), S. 82–96.
Preger, Th.: Konstantinos-Helios. In: Hermes 36 (1901), S. 457 ff.
Rahner, H.: Konstantinische Wende? In: Stimmen der Zeit 86 (1960/1961), S. 419–428.
Realencyclopädie der classischen Altertumswissenschaft, Pauly-Wissowa. Zitiert RE.
Rostovtzeff, M.: Gesellschaft und Wirtschaft im römischen Kaiserreich, 2 Bde. Leipzig 1929.
Ruhbach, G. (Hrsg.): Die Kirche angesichts der konstantinischen Wende. Wege der Forschung 306, Darmstadt 1976.
ders.: Die politische Theologie Eusebs von Caesarea. In: Ruhbach, WdF 306, S. 236–258.
Scheidweiler, F.: Nochmals die ›Vita Constantini‹. In: Byz. Zeitschr. 49 (1956), S. 1–32.
Schmitt, C.: Eusebius als der Prototyp politischer Theologie. In: Politische Theologie II, Berlin 1970, S. 68–88. Auch in: Ruhbach, Die Kirche, WdF 306, S. 220–235.
Schneemelcher, W.: Kirche und Staat im 4. Jahrhundert. Bonn 1970. Auch in: Ruhbach, Die Kirche, WdF 306, S. 122–148.
Schoenebeck, H. v.: Beiträge zur Religionspolitik des Maxentius und Constantin. Klio, Beiheft 43 (1939), Neudruck 1962.
Schwartz, E.: Zur Geschichte des Athanasius. Der Aufstieg Konstantins zur Alleinherrschaft. In: Nachr. v. d. königl. Gesellsch. d. Wiss. Göttingen, Phil.-hist. Kl. 5 (1904), S. 518–547. Auch in: Kraft, Konstantin, WdF 131, S. 109–144.
ders.: Kaiser Constantin und die christliche Kirche. Leipzig/Berlin 1936, Nachdruck Darmstadt 1969.

ders.: Charakterköpfe der Antike. Constantin. Stuttgart [4]1954.
Seeck, O.: Geschichte des Untergangs der antiken Welt 1–3, Stuttgart [4]1921, Nachdruck Darmstadt 1966.
Seston, W.: Diocletianus. Reallexikon f. Antike u. Christentum III.
ders.: La vision paienne de 310 et les origines du chrisme constantinien. Mélanges Cumont (1936), S. 373–395.
ders.: La conversion de Constantin et l'opinion paienne. In: Rev. Hist. Phil. Rélig. 16 (1936), S. 250–264.
ders.: Recherches sur la chronologie du règne de Constantin le Grand. In: Rev. d. études anciennes 39 (1937), S. 197–218.
ders.: Dioclétien et la tétrarchie. Paris 1946.
ders. Constantine as a ›bishop‹. In: Journ. Rom. Stud. 37 (1947), S. 127–131.
ders.: Die Constantinische Frage. Faits politiques, armées, finances. In: Relaz. X. Congr. Intern. Scienze Stor. 2 (1955), S. 375–443.
ders.: Konstantin: das Problem des christlichen Reiches. In: Propyläen-Weltgeschichte, Hrsg. G. Mann u. A. Heuss. Bd. 4 (1963), S. 500ff.
Simon, D. V.: Konstantinisches Kaiserrecht. Frankfurt 1977.
Spada, A. F.: La sagra di san Constantino. Cagliari 1972.
Stade, K.: Der Politiker Diokletian und die letzte große Christenverfolgung. Diss. Frankfurt 1926.
Stähelin, F.: Constantin der Große und das Christentum. In: Zeitschr. f. Schweiz. Gesch. 17 (1937), S. 385–417.
Stein, E.: Geschichte des spätrömischen Reiches I. Wien 1948: Vom römischen zum byzantinischen Staate.
Stockmeier, P.: Konstantinische Wende und kirchengeschichtliche Kontinuität. In: Histor. Jahrb. 82 (1963), S. 1–21.
ders.: Glaube und Religion in der frühen Kirche. Freiburg 1973.
Stöver, H. D.: Christenverfolgung im Römischen Reich. Düsseldorf 1982.
Straub, J.: Konstantins christliches Sendungsbewußtsein. In: Das neue Bild d. Antike II (1942), S. 374–394. Auch in: Straub, Regeneratio, S. 70–88.
ders.: Palingenesia. Bemerkungen zu einem Papyrus aus der Zeit des Licinius. In: Histor. Jahrb. 74 (1955), S. 653–661. Auch in: Straub, Regeneratio, S. 89–99.
ders.: Konstantins Verzicht auf den Gang zum Kapitol. In: Historia 4 (1955), S. 297–313. Auch in: Straub, Regeneratio, S. 100–118.
ders.: Kaiser Konstantin als episkopos ton ektos. In: Studia Patristica I (1957), S. 678–695. Auch in: Straub, Regeneratio, S. 119–133.
ders.: Konstantin als koinos episkopos. In: Dumbarton Oaks Papers 21 (1967), S. 37–55. Auch in: Straub, Regeneratio, S. 134–158.
ders.: Regeneratio Imperii. Darmstadt 1972.
Stroheker, K. Fr.: Das konstantinische Jahrhundert im Lichte der Neuerscheinungen 1940–1951. In: Saeculum 3 (1952), S. 654–680.
Taeger, F.: Charisma. Studien zur Geschichte des antiken Herrscherkultes I, Stuttgart 1957, II, 1960.
The Roman Imperial Coinage VII. London 1966.
Trier; Führer zu vor- und frühgeschichtlichen Denkmälern. Mainz 1977.
Verzone, P.: I due gruppi di porfiro di S. Marco in Venezia ed il Philadelphion di Constantinopoli. In: Palladio VIII (1958), S. 8–14.

Vittinghoff, Fr.: Eusebius als Verfasser der »Vita Constantini«. In: Rhein. Museum 96 (1953), S. 330–373.

ders.: Konstantin der Große und das »Konstantinische Zeitalter« der Kirche. In: Staat u. Kirche i. Wandel d. Jahrhunderte. Stuttgart 1966.

Voelkl, L.: Der Kaiser Konstantin. München 1957.

Vogt, J.: Die Bedeutung des Jahres 312 für die Religionspolitik Konstantins des Großen. In: Zeitschr. f. Kirchengesch. 61 (1942), S. 171–190. Auch in: Kraft, Konstantin, WdF 131, S. 247–272.

ders.: Zur Frage des christlichen Einflusses auf die Gesetzgebung Konstantins des Großen. In: Festschr. L. Wenger II. Münch. Beitr. z. Papyrusforsch. u. antik. Rechtsgesch. 35 (1945), S. 118–148.

ders.: Constantin der Große und sein Jahrhundert. München 1949, Neuaufl. 1960.

ders.: Der Erbauer der Apostelkirche in Konstantinopel. In: Hermes 81 (1953), S. 111–117.

ders.: Die Constantinische Frage. Die Bekehrung Constantins. In: Relaz. X. Congr. Intern. Scienze Stor. Vol. VI (1955), S. 733–779. Auch in: Kraft, Konstantin, WdF 131, S. 345–387.

ders.: Constantinus der Große. In: Reallexikon f. Antike und Christentum (RAC) III, S. 306–379. Stuttgart 1957.

ders.: Das römische Weltreich im Zeitalter Konstantins des Großen. In: Saeculum 9 (1958), S. 308–321.

ders.: Heiden und Christen in der Familie Konstantins des Großen. In: Eranion, Festschr. F. Hommel (1961), S. 149–168.

ders.: Zur Religiosität der Christenverfolger im Römischen Reich. Sitzungsb. Heidelb. Akad. d. Wiss., Phil.-hist. Kl. 1 (1962).

ders.: Bemerkungen zum Gang der Constantinforschung. In: Mullus, Festschr. f. Th. Klauser (1964), S. 374–379.

Winkelmann, F. W.: Zur Geschichte des Authentizitätsproblems der Vita Constantini. In: Klio 40 (1962), S. 187–243.

ders.: Die Beurteilung des Eusebius von Cäsarea und seiner Vita Constantini im griechischen Osten. Byzant. Beiträge. Hrsg. Joh. Irmscher. Berlin 1964.

Wlosok, A.: Laktanz und die philosophische Gnosis. Sitzungsb. Heidelb. Akad. d. Wiss., Phil.-hist. Kl. 2 (1960).

ders.: (Hrsg.) Römischer Kaiserkult. Wege der Forschung 372. Darmstadt 1978.

Zink, J.: Die Baugeschichte des Trierer Domes von den Anfängen im 4. Jh. bis zur letzten Restaurierung. In: Der Trierer Dom, Neuss 1980, S. 17–111.

Personenregister

K

L

M

Ortsregister

Eberhard Horst

»Eberhard Horst erweist sich als gewissenhaft recherchierender Berichterstatter und auch – was erst den Reiz seiner Bücher ausmacht – als ein mit Imagination begabter Erzähler, dem es gelingt, weit Zurückliegendes buchstäblich zu ›vergegenwärtigen‹«
Süddeutsche Zeitung

Die Familie Konstantins des Großen

Constantius Chlorus
Flavius Valerius Constantius
geb. um 250, gest. 306,
reg. 305–306
∞ 1. Flavia Helena
(Konkubine)

Konstantin der Große
Flavius Valerius
Constantinus Augustus
um 285–337, reg. 306–337

Dalmatius
ermord. 338

Julius Constantius
ermord. 338
∞ 1. Galla
2. Basilina
gest. 331

Julian Aposta
331–363, reg.

∞ 1. Minervina
(Konkubine)

2. Flavia Maxima Fausta
Hochz. 307, ermord. 326

Flavius Julius Crispus
geb. um 305, ermord. 326
∞ Helena
Hochz. um 321

Constantinus (II)
316–340
reg. 337–340

Constantia
gest. 354